/张华夏科学哲学著译系列/ 任远 编

现代科学与伦理世界

道德哲学的探索与反思

张华夏 ◎ 著

中国社会科学出版社

图书在版编目（CIP）数据

现代科学与伦理世界：道德哲学的探索与反思／张华夏著 .—北京：中国社会科学出版社，2020.7

（张华夏科学哲学著译系列）

ISBN 978-7-5203-6752-3

Ⅰ.①现… Ⅱ.①张… Ⅲ.①伦理学—研究 Ⅳ.①B82

中国版本图书馆 CIP 数据核字（2020）第 117724 号

出 版 人	赵剑英
责任编辑	孙　萍
责任校对	李　剑
责任印制	王　超

出　版	中国社会科学出版社
社　址	北京鼓楼西大街甲 158 号
邮　编	100720
网　址	http://www.csspw.cn
发行部	010-84083685
门市部	010-84029450
经　销	新华书店及其他书店
印刷装订	北京君升印刷有限公司
版　次	2020 年 7 月第 1 版
印　次	2020 年 7 月第 1 次印刷
开　本	710×1000　1/16
印　张	32.75
字　数	456 千字
定　价	186.00 元

凡购买中国社会科学出版社图书，如有质量问题请与本社营销中心联系调换
电话：010-84083683
版权所有　侵权必究

出版前言

张华夏先生（1932年12月—2019年11月），广东东莞人，中国著名哲学家，曾先后长期执教于华中科技大学和中山大学，在自然辩证法和科学技术哲学等领域取得了杰出成就。

2018年春，中山大学哲学系有感于学人著作系统蒐集不易，由张华夏先生本人从其出版的二十部著译中挑选出六部代表性作品，交由中国社会科学出版社另行刊布。这六部作品是：卷一《系统观念与哲学探索：一种系统主义哲学体系的建构与批评》（张志林、张华夏主编）、卷二《技术解释研究》（张华夏、张志林著）、卷三《现代科学与伦理世界：道德哲学的探索与反思》（张华夏著）、卷四《科学的结构：后逻辑经验主义的科学哲学探索》（张华夏著）、卷五《科学哲学导论》（卡尔纳普原著，张华夏、李平译）、卷六《自然科学的哲学》（译著，亨普尔原著，另由中国人民大学出版社再版）。其中两部译著初版于20世纪80年代，影响一时广布。四部专著皆为张华夏先生从中山大学退休后总结毕生所学而又别开生面之著作，备受学界瞩目。此次再刊，张华夏先生对卷一内容稍加订正，对卷四增补近年研究成果，其余各卷内容未加改动。张华夏先生并于2018年夏口述及逐句订正了《我的哲学思想和研究背景——张华夏教授访谈录》，交由文集编者，总结其学术思想与平生遭际，置于此系列卷首代序。

这六部著译，初版或再版时由不同出版社刊行，编辑格式体例不一，引用、译名及文字亦时有漏讹。此次重刊由编者统一体例并校订。若仍有错失之处当由编者负责。

　　2019年11月，先生罹疾驾鹤西去而文集刊行未克功成。诚不惜哉！愿以此文集出版告慰先生之灵。

编者
2020年5月

第1版序

陈晓平

张华夏教授是我尊敬和爱戴的学者和师长。凡较多地接触过科学哲学的人都知道，张先生是我国科学哲学的先驱之一，为我国科学哲学领域的开拓和发展做出了不可磨灭的贡献。就我所知，有不少人做学问只是作为生存的手段，而张先生做学问不仅是作为生存的手段，更主要的是作为生存本身。正因为如此，他退休后用于学术研究的精力和时间不但没有减少，反而由于摆脱了大量教学工作和行政事务而有所增加，从而出现他从事学术研究和创作的新高峰。在不到两年的时间里，他完成了两本重要的哲学专著：一本是关于本体论的，即《实在与过程》，已于1997年1月出版；另一本就是摆在我们面前的这本关于道德哲学或伦理学的著作。虽然这两本书完成于近两年，但对它们的构思却早已开始，可以说，这两本书是张先生从事哲学研究四十余年的结晶。张先生还计划完成另一部关于认识论的著作，那样他便构建了一个包括本体论、道德论（亦即伦理学或人生论）和认识论三大领域的完整的哲学体系。我盼望并且相信在不久的将来可以读到张先生关于认识论的新作。

在本书的前言中张先生谈及："到本书出版的时候，我已经66岁了，我能胜任我的研究逻辑加给我的研究工作吗？说实话，这些研究工作在正常的情况下是应该在40多岁的时候做的。历史阴差

◈ 第1版序

阳错，使我的工作耽误了20年，这种耽误，自己也有责任。所以现在的问题不是我'是'66岁的问题，而是我'应该'是46岁。就按照这个'应该'年龄而不是按自然年龄或心理年龄来工作吧！"张先生所表达出来的这种深沉的历史责任感和执着勤奋的精神深深地打动了我，使我不禁想起曹操的诗句：老骥伏枥，志在千里；烈士暮年，壮心不已。这句诗难道不正是对张先生的真实写照吗？

张先生的文风正如其人，总是显得轻松自如而又深思熟虑。张先生是我的老师辈，但我和他在一起完全没有拘束的感觉，如同与朋友们在一起。不过，一讨论起哲学问题来，我们之间常常难免爆发激烈的论战，彼此当仁不让，毫不客气。就在他写作此书的过程中，我们之间就伦理学问题有过几次争论，其中一次是在中山大学哲学系的科学哲学论坛上。我们激烈争论的场面被袁伟时老师用照相机拍了下来，并登在《开放时代》1998年第7、8月号的内封面上。

尽管我和张先生之间有着朋友一般的关系，然而，当张先生提出让我给他的这本书写序的时候，我还是多少感到有些吃惊。按照惯例，有资格给张先生的书写序之人应是相关领域德高望重的权威人士，而我尽管近年来对伦理学颇感兴趣，但原来的主攻方向并不是伦理学，更不是该领域的权威人士。不过，张先生接下来的话使我安下心来。他说："我希望你给予批评，写一个不同一般的序。"我知道，张先生说这话是出于真心，而不是客套，于是，我答应下来。对我来说，给张先生的这本书写序是一项严肃的学术任务，我必须而且愿意花费时间和精力来做这件事。

读张先生的这本书我花了一个多月的时间。这并不是因为此书难读，实际上此书的文字十分晓畅，而是因为此书所讨论的问题和内容颇为发人深思和引人入胜。此书的视野非常宽阔，紧随当代科学前沿所涉及的各种伦理学问题，富有浓厚的时代气息。此书的史料颇为翔实，几乎对每一个问题的讨论不仅有科学史的依据，而且有哲学史和伦理学史的依据，给读者提供了丰富的信息。更为重要的是，此书的观点相当地明确，其思路和论证也相当地清晰，体现出一个有着深厚科学哲学背景和分析哲学素养的哲学家的特有风格。我读此书的过程既是学习的过程，也是研究的过程。因为此书所提出的问题、所展示的材料、所阐述的观点和所给出的论证不断地刺激我的大脑，激发我的兴趣和灵感，使我情不自禁地一次又一次地阅读，长时间地进行独立思考。这就是我阅读此本文字晓畅的著作竟花了长达一个多月时间的原因。

这本书读完了，我增加了不少知识，同时也确立了一些新的伦理学观点，而这些新观点在一定程度上是建立在对张先生观点的批判和吸收上的。著名科学哲学家波普尔认为，一个理论具有可证伪性是它堪称科学理论的必要条件。我以为这个观点是对的。事实上，一个理论越是吸引我，我就越是有兴趣挑它的毛病，同时我自己提出的观点或理论也力求具有可证伪性。一个理论具有可证伪性并不等于它被证伪，因此，我对张先生的伦理学体系的某些批评未必成立，即使成立，对张先生的整本书来说也是瑕不掩瑜的。以下就来具体谈谈我对张先生伦理学观点的批判和吸收。在此之前，我建议读者最好跳过以下内容，而去直接阅读张先生的著作，如果有兴趣的话，再回过头来读这部分内容。

张先生把他的伦理学体系称为"系统主义伦理体系"，也称为"非本质主义伦理体系"。张先生在本书中先后给出两个这样的伦理系统，其一是第三章给出的功利主义的非本质主义的伦理系统，也叫作"系统功利主义"；其二是第五章给出的超功利主义的非本质主义的伦理系统。前者的非本质主义体现为这样一种不确定性，即行为功利和准则功利时常会发生冲突，而对此冲突的解决仅仅依据功利主义原则是办不到的，必须结合具体的情境，包括考虑行为者对行为功利和准则功利的主观权重。这种非本质主义只是局部的，从整体上讲它还是本质主义的；因为无论行为功利还是准则功利，毕竟都是功利，其道德评价最终还是依据功利主义的基本原则，即使最大多数人的最大幸福得到增加。与此不同，后者的非本质主义则是整体的，它体现在这样一种不确定性中，即基本伦理原则（道德公理）不只功利原则一条，而有多条，至少可以归结为四条，即环境保护原则、功利原则、正义原则和仁爱原则。而这四条基本原则时常导致价值冲突，对此冲突的解决只能结合具体情境，包括行为者对这四条伦理原则的主观权重，没有哪一条原则有着绝对的优先权。在对这两种非本质主义伦理系统的取舍上，张先生最终采纳了后一种整体的非本质主义，而放弃了前一种局部的非本质主义；或者说，张先生认为后者比前者更好。

然而，在笔者看来，局部的非本质主义比起整体的非本质主义更为可取。因为后者的四条基本伦理原则时常发生冲突，因而是不一致的；用不一致的原则作为一个系统的公理或出发点，这个"系统"已经不成为系统了。而前者尽管在局部存在不一致性，但在总体上是一致的，即统一在功利主义原则的公理之上，因而还可以成为一个公理系统。当然，它不是一个纯演绎的公理系统，而是一个情境推理的公理系统，正是在这个意义上，它是一个非本质主义的公理系统。事实上，爱因斯坦已经给出这种伦理公理系统的基本思想，张先生是对爱因斯坦的这一思想给予进一步的系统化和精致化。在我看来这是一个非常重要的、恰到好处的成果，然而，张先生却又多走了一步，提出整体的非本质主义的伦理体系，这无异于画蛇添足。

张先生之所以在建构了系统功利主义的伦理系统之后又去建构一个超功利主义的伦理系统，是因为在他看来前者面临许多难以对付的反例；但在笔者看来，这些所谓"反例"都是可以化为正例的。为了说明这一点，让我们首先回顾一下张先生的系统功利主义的伦理系统。

此系统的唯一公理是功利主义原则，即使最大多数人的最大利益（幸福）得到增加。由此公理（基本伦理原则）以及特定的情境可以推出许多定理即伦理准则，如要诚实和守信用，要互相关心和互相帮助，要孝顺长辈和爱护后代，要爱祖国爱人民，要尊重他人，要努力学习和勤奋工作，要爱护公物，要保护环境，等等。遵守这些伦理准则，有利于功利主义基本原则的实现，因此，伦理准则本身具有一定的功利价值。伦理准则直接规范人们的具体行为，从而使基本伦理原则间接地起到规范人们行为的作用。不过，人们的行为所产生的后果也可直接与基本伦理原则发生联系，从而使行为本身具有直接的功利价值。例如，邓亚萍参与希望工程，资助一个失学儿童上学，直到大学毕业。邓亚萍的这一行为为我们国家减少一个文盲，甚至增加一个大学生，是直接符合功利主义原则的，这就是邓亚萍这一行为的行为功利价值；此外，这一行为还符合爱护儿童、关心他人和互相帮助等伦理准则，对促进社会良好风气的形成和发扬起到积极的作用，而社会良好风气又有利于功利主义基本原则的实现，因此，这一行为还具有准则功利价值。

在许多场合，一个行为的行为功利价值和准则功利价值是相互一致的，上面这个例子就是如此；然而，在有些时候，一个行为的行为功利价值和准则功利价值是相反的，是彼此冲突的。张先生举了一个据说是实际发生的例子：在第二次世界大战期间，波兰有一个德军关押犹太人的集中营，其中一个分营所关押的 80 个人中有 13 个人越狱逃跑，但被德军追回。德军官命令枪毙这 13 个人，但有一个附加条件，即每人必须在其余 67 个人中选一人陪死，否则 80 个人全被枪毙。于是，这 13 个人便面临行为功利和准则功利的冲突：到底应该不应该找一个无辜的人来陪自己去死？从行为功利的角度来看，应该找一个人陪死，因为这样做可以挽救 54 个人的生命。但是，从准则功利主义的角度来看，不应该找一个无辜的人陪死，因为这样做是违反仁爱原则的。

为了解决诸如此类的价值冲突或伦理冲突，张先生引入一个多元复合函数，即：

$$U_c(x) = f(U_r(x), U_d(x))$$

这里 $U_c(x)$ 叫作行为 x 的系统功利函数，中间变量 $U_r(x)$

和 $U_d(x)$ 分别叫作行为 x 的准则效用函数和行为效用函数。在可以线性化的简单情况中，这一多元复合函数可以表述为：

$$U_c(x) = f(U_r(x), U_d(x)) = RU_r(x) + DU_d(x)$$

这里 R 为准则功利系数，D 为行为功利系数。及和 D 的数值是因人而异的，比例 R/D 可以反映在不同人们那里这两个系数之间的重要差别。对于一个更注重准则功利的人，$R/D > 1$；而对于一个更注重行为功利的人，$R/D < 1$。在一种极端情况下，D 的取值为 0，从而 R/D 趋于无穷大，持这种态度或靠近这种态度的人叫作"准则功利主义"；另一种极端情况是，R 的取值为 0，从而 R/D 为 0，持这种态度或靠近这种态度的人叫作"行为功利主义"。张先生所主张的系统功利主义介于这两种极端态度之间，因而 R/D 是一个有限值。

由于伦理准则有着促进社会优良风气的社会价值，与中国传统哲学中的"义"的观念比较接近，所以张先生把系数 R/D 叫作"义利系数"。孔子曰："君子喻于义，小人喻于利"，此话可以被翻译为：君子的义利系数接近无穷大，小人的义利系数接近无穷小。显然，系统功利主义的伦理态度介于孔子所说的君子和小人之间。系统功利主义并非在一切场合中都以伦理准则为依据，也并非在一切场合都以行为的直接后果为依据，而是根据行为出现的具体情境来作具体的分析：在一些情况下伦理准则所起的作用大些，在另一些情况下行为后果所起的作用大些，但在任何情况下都是综合考虑准则功利和行为功利的结果。这种局部的不确定性和总体的确定性是系统功利主义伦理体系的重要特征。

现在，让我们来看看在系统功利主义的伦理体系中，上面提到的那个伦理冲突局面是如何得到处理的。假定被德军抓回的那 13 个人的义利系数 $R/D = 2$。又假定：在这个案例中违反伦理准则即找人陪死所带来的道义损失可以折算为损失 10 条人命，而其直接后果所带来的是正效用即挽救 54 个人的生命亦即只损失另外 13 条人命；不违反伦理准则即不找人陪死所带来的道义收益可以折算为挽救 10 条人命，而其直接后果所带来的是负效用即导致另外 67 个人死亡。根据系统功利函数可得：

$$U_c（找人陪死）= RU_r（找人陪死）+ DU_d（找人陪死）$$
$$= 2 \times (-10) + 1 \times (-13) = -33$$

$$U_c（不找人陪死）= RU_r（不找人陪死）+ DU_d（不找人陪死）$$
$$= 2 \times (10) + 1 \times (-67) = -47$$

因为 $-33 > -47$，所以那 13 个被德军抓回的人应当选择找人陪死的行为方案。据说那 13 个人确实作了这样的选择。为了说明系统功利的局部非本质主义特征，我们不妨把道德选择的行为情境作一点改变，即德军官的附加条件是：被抓回的那 13 个人必须每人找 3 个人陪死，否则 80 个人全部被枪毙。为简便起见，假定遵守或违反伦理准则所折算的功利价值以及义利系数与前一情境相同。于是可得：

$$U_c（找人陪死）= RU_r（找人陪死）+ DU_d（找人陪死）$$
$$= 2 \times (-10) + 1 \times (-39) = -59$$

$$U_c（不找人陪死）= RU_r（不找人陪死）+ DU_d（不找人陪死）$$
$$= 2 \times (10) + 1 \times (-67) = -47$$

由于 $-47 > -59$，所以那 13 个被德军抓回的人应当选择不找人陪死的行为方案。由此可见，由于情境不同，关于同一个问题所作的伦理评价和伦理选择也往往是不同的。在系统功利主义的伦理体系中，行为功利和准则功利之间不存在谁决定谁的问题，因此它们都不能被看作伦理体系的本质。不过，这种非本质主义的特征只是局部的，因为，在我们综合考虑二者之后，还是选择那个具有较大系统功利的行为方案。这意味着，我们最终还是以功利主义原则为本质的。需要指出，对以上案例所给出的义利系数和准则功利的折算值以及以人命为效用单位都是假定的，具有一定的任意性，但这并不妨碍我们对系统功利主义伦理体系的局部非本质主义和整体本质主义特征所作的说明。

以上就是张先生所建构的系统功利主义的伦理体系。接下来笔者试图将张先生看作该体系严重"反例"化解为正例，从而进一步表明该体系的正当性。

第一个例子是关于人体实验和医学伦理方面的。世界医学联合会于1964年通过，并于1975年和1983年修订了一份国际公约即《赫尔辛基宣言》。这个宣言一方面肯定进行人体实验是必要的，另一方面又对人体实验作了若干伦理学方面的限制，其中一条说："对研究对象利益的关注必须始终高于科学和社会的利益。"因此，在任何情况下，作为实验对象的人必须是自愿的，并且可以随时退出实验。这条限制似乎有悖于功利主义原则，因为它的着眼点并不是最大多数人的最大利益，而是实验对象的个人利益。按照张先生的说法，这条限制体现了康德的反功利主义的义务论立场，即每一个人都是目的而不仅是手段。但是，在笔者看来，这条限制是与系统功利主义的立场完全一致的。首先，功利主义原则的出发点是"自利的个人"，为了避免众多自利的个人之间的冲突，他们缔结了某种社会契约，此社会契约的宗旨就是符合多数人的利益，使最大多数人的最大幸福得以增加。如果允许医生强迫一个人做人体实验，那么，一个人的最基本的利益即生存或保持身体完整的权利将被剥夺，这从根本上是有损于最大多数人的利益的。尽管从表面上看，被做实验的人是少数，而由实验所得到的医学结果可以为多数人带来利益。然而问题在于，这使任何人都面对被作为医学实验对象的可能性，因此任何人的人身安全都受到威胁。保障人身安全可以看作功利主义原则之下的一条伦理准则，因此，不以人体做实验的行为具有准则功利价值。其次，在实验对象自愿的某些情况下允许医生进行人体实验，具有行为功利价值，因为由此得到的医学结果对整个社会是有益的，尽管这种行为不能完全保障实验对象的人身安全。由此可见，赫尔辛基宣言中关于人体实验的规定既非仅仅依据康德原则或保障人身安全准则得出的，也非仅仅依据行为后果的功利价值得出的，而是综合考虑和权衡准则功利和行为功利的结果，因而是符合系统功利主义原则的。

第1版序

　　第二个例子是关于胚胎以及后代权利的问题。随着分子生物学和基因工程的发展，人类正在越来越多地干预后代的基因、孕育和出生过程，于是，这种干预过程所导致的伦理学问题越来越尖锐地摆在当今人们的面前。其中一个问题是：人的胚胎有没有人权？一种回答是没有，因为胚胎没有意识，不能向社会提出其愿望或要求。但这样一来，就连出生不久的婴儿、痴呆病患者和昏迷病人等都不再拥有人权，因而可以随便拿他们做医学实验，这样做是明显不道德的。于是，人们便将人权的概念加以推广，推广到能够表达或者曾经表达或者将要表达自身利益的一切人身上，其中也包括胚胎，因为胚胎最终将成为能够表达自身利益的人。为此，包括张先生在内的许多当代伦理学家主张这样一条生命伦理学原则："未出生的人类胚胎以及后代人都具有某种权利，这些权利应该受到尊重，我们应该像考虑本代人具有的利益一样来考虑他们的利益，而不应任意侵犯他们的权利。"并说："这个原则正是康德人类生命尊严原理的具体表现"。笔者也大致赞成这条伦理原则，不过，这个生命伦理学原则以及康德的生命尊严原理之所以成立，是因为它们具有准则功利价值，对它们的遵守将使功利主义的基本原则即增加最大多数人的最大幸福得以实现。我们知道，胚胎联系着人们的后代，一个人的后代是他本人生存的延续，大多数人都有延续自己生存和繁衍后代的愿望和要求；生物学表明，这几乎是一切动物种类都具有的本能需要。对胚胎赋予一定的人权以及相应的保护措施是符合人们的这一基本需要的，因而是符合功利主义原则的。这只是问题的一个方面，问题的另一个方面是，人们也不应当赋予胚胎与现代人同等的权利，因为胚胎的利益与当下活着的人们的利益有时会发生冲突，这时就有必要从行为功利的角度去考虑和权衡。如规定对多少时间以后的胎儿不许做人工流产手术或进行医学实验，这是出于对胚胎人权准则的考虑；同时又规定对这以前的胎儿可以做手术或做实验，这又是出于对做手术或做实验的行为功利的考虑。事实上，类似这样的规定正是当今绝大多数国家所奉行的，也是张

— 9 —

第1版序

先生所赞同的，而它们与系统功利主义的原则完全符合，而不是相反。

第三个例子是关于生态伦理学的。当代生态伦理思想有浅层和深层之分。浅层生态伦理思想认为，我们保护生态环境的目的最终还是为了使人类及其后代拥有清洁的水、空气和其他美好的生存条件，因此是一种人类中心主义和功利主义的态度。与此不同，深层生态伦理思想主张，人类以外的其他生命也都具有自己独立的内在价值，保护生态环境的目的是为了保持地球生物圈的完整性，而无论这样做对人类有利还是不利。张先生赞同深层生态伦理思想，为此引入一个独立于功利原则的基本伦理原则即环境保护原则。然而，在我看来，深层生态伦理思想是自相矛盾的，从逻辑上就难以成立。既然无论对人类有利与否，我们都必须尊重其他生命的生存权利，那么，我们就没有权利去打死一只正在叮我们身体的蚊子，我们也没有权利吃肉，甚至没有权利吃粮食和蔬菜。显然，主张深层生态伦理思想的人自己也做不到这一点。于是，他们同时又说："人类除了维护生存的需要之外，没有权利降低生命世界的丰富性和多样性。"但没有给出人类维护生存需要的标准是什么，因而这句话等于没有说。事实上，素食主义者认为，此标准是吃素，而非素食主义者认为，此标准是吃肉。既然如此，我们又有什么理由反对另外一些人把标准定为吃熊掌或猴头呢？可见，所谓深层生态伦理思想由于其理论上的自相矛盾反而给破坏生态环境的人提供了借口。然而，系统功利主义的生态伦理思想却不会导致这种情况。首先，由于大多数人有吃肉的生理需要，因而允许人们吃肉；其次，由于保护生态平衡对人类的生存环境有好处，所以要对人们吃肉加以限制，即不允许吃野生动物，只能吃人工饲养的动物。这是综合考虑吃肉的行为功利和保护生态平衡的准则功利的结果，其出发点是系统功利原则。事实上，人们也正是这样做的。当然，随着人们生活习惯的改变或制造食物能力的提高，人们的社会契约也会随之改变，但不管怎样改变，都是以大多数人的最大幸福为最终依据的。

在刚才这个讨论中，我们把张先生所提出的环境保护原则归于功利原则之下，使之成为次一级的伦理准则。在我看来，张先生的另外两条基本原则，即仁爱原则和正义原则也可降低为功利原则之下的伦理准则。仁爱原则要求人们之间要有互相仁爱的精神，如果真能如此，那么人们就会自觉地遵守社会契约，因为社会契约是社会成员缔结的，代表着大多数人的愿望和利益。需要强调的是，仁爱原则的具体内容需要随着社会契约的改变而改变。例如，中国旧时的仁爱原则包括这样的内容：父母在，不远游。不远游的目的是为了守在父母身边履行孝道，以满足自己和父母之间的仁爱之情。在旧时中国以家庭生产为本位的农业社会里，这种仁爱精神是有利于社会和国家的，因而是有利于大多数人的。但是，在今天以社会生产为本位的社会中还保持这种仁爱精神，那便是胸无大志没有出息和道德境界不高的表现，因为这样做于社会、国家、个人都是不利的；当今社会需要人们发扬一种更为广阔的博爱精神，即四海为家，好男儿志在四方。因此我们说，能够成为道德规范的仁爱原则最终必须是以功利原则为指导的；正是在这个意义上，仁爱原则是隶属于功利原则的一个准则。

我们知道，伦理学中的义务论（道义论）恰好是反对这一论点的。中国传统儒家就是主张仁爱原则高于功利原则的。在儒家看来，履行仁爱原则就是"行义"，履行功利原则就是"为利"，"君子喻于义，小人喻于利"就是他们进行道德评价的根本尺度。在他们的仁义道德理论中，最基本的原则之一是孔子提出的"己所不欲，勿施于人"。现在，我们就来看一下，这条原则真的能够高于功利原则吗？

实践表明，实行市场经济制度对于提高我国经济水平和改善人民生活是非常必要的，是符合我国大多数人的利益的。市场经济的核心机制就是自由竞争，优胜劣汰。在公平竞争的基础上，一个经营者因其产品的价廉物美而占领市场，以致同行业的其他经营者亏损甚至破产。他的这种行为在一定意义上违反了"己所不欲,勿施于人"的道德诫令,难道我们应该为此在道德上谴责他吗?显然是不应该的,相反,我们应该说他很好地履行了一个经营者的社会职责,是具有良好职业道德的。然而,按照儒家的仁爱至上的观点,我们必须谴责他,其结果就是使我们放弃市场经济,回到改革开放以前那种大家吃大锅饭而一起受穷的状况。这种仁爱是真的还是假的?倒是值得我们认真考虑一下。笔者认为,把仁爱原则置于功利原则之上,使之处于绝对权威的地位,常常会对人们的行为形成误导,使仁爱本身是什么都成为问题;相反,把仁爱原则置于功利原则之下,以最大多数人的最大利益为准绳不断加以调整,不但不会减少仁爱原则对人们行为的规范作用,反而会使其作用发挥得更为恰当,因而得到增强。

  这个结论同样适合于正义原则,事实上,正义原则与仁爱原则是密切相关的,上面这个例子就是既涉及仁爱原则又涉及正义原则的。在市场经济中,社会财富的分配上必然会出现某种不平等,甚至导致工厂破产和工人失业,使他们的利益受到损害,这便在一定程度上违反了罗尔斯的所谓正义原则,当然也就违反了儒家的仁爱原则。我们是否应当因此而放弃由计划经济向市场经济的转变呢?不应当。历史的经验告诉我们,过分地强调平等原则反而有损于大多数人的利益,因而是不可取的。较为适当的途径是在坚持市场经济的同时采取一些补救措施,如建立社会保险制度或其他社会保障制度。建立社会保障制度既有利于市场经济的建设,同时又在一定程度上维护了失业人员和老弱病残者的利益,从而在满足功利原则的前提下体现了正义原则和仁爱原则。这正是系统功利主义的做法。

  实际上,罗尔斯的第一条正义原则即平等的自由原则和康德的"人是目的"道德律令是功利主义原则的必不可少的组成部分,这表现在功利主义的创始人边沁和穆勒的格言中:"每一个人只能算一个,任何人都不能算作一个以上。"(见本书第79页)否则就无法知道大多数人的意愿和利益是什么，功利主义原则自然也就归于无效。应该说，少数服从多数的民主政治原则是功利主义原则的应有之义。① 罗尔斯的第二条正义原则即公平机会原则和适度差别原则可以归入仁爱原则，罗尔斯本人就明确谈道，适度差别原则体现了博爱精神。② 前面曾把环境保护原则归入功利原则，其实环保原则还包含着对其他动物和生物以及整个大自然的普遍热爱之情，这部分内容可以归入仁爱原则。这样，张先生提出的四条基本原则就被归结为两条，即功利原则和仁爱原则；而且功利原则是基本原则，起着决定性作用，而仁爱原则是次级原则，起着辅助的作用。相应的，任何一个道德行为直接符合功利原则而形成的价值就是它的行为效用，而通过符合仁爱原则而形成的间接功利价值就是它的准则效用；对一个行为作道德评价必须同时考虑这两种效用而不可偏废。这样，我们就回到了张先生首先建立而后放弃的系统功利主义。以上表明，系统功利主义的伦理体系不仅比较简明清晰，而且可以容纳超功利主义的伦理体系的所有评价功能。

笔者基本接受系统功利主义的伦理体系，自认为是一个系统功

---

① 罗尔斯不同意这种说法。他反对功利主义的理由之一就是，功利主义需要借助于一个超越于当事人之外的"公平的观察者"来计算或估量社会利益的总和，因此，他认为功利主义是反契约论和反民主的。罗素则认为，从边沁和穆勒的功利主义传统可以导致两种相反的主张，一种是民主主义的，另一种是专制主义的。但就边沁和穆勒本人来说，他们属于民主主义和自由主义，"是无意之间为社会主义学说铺平道路的人"（参见罗素《西方哲学史》下卷，商务印书馆1976年版，第327—336页）。笔者大致赞同罗素的看法。在笔者看来，罗尔斯对功利主义所说的功利实际上作了一种狭隘的理解，即只将它理解为物质利益，因此社会利益总和可以由旁观者来计算；但是，功利主义所说的功利并非只是物质利益，而是包括精神利益在内的。穆勒就明确地说："做一个不满足的人总比做一个满足的猪要好些，做一个不满足的苏格拉底，总比做一个满足的傻子要好些。"（见本书第76页）而精神利益是绝不能由第三者来计算的，因为只有当事人才知道他的精神利益是什么；相应的，最大多数人的最大幸福不能由某一个统治者来确定，而只能通过少数服从多数的民主原则来确定。当然，罗尔斯对功利主义的误解在一定程度上是由于传统功利主义的某些不恰当的表述或术语（如"社会满足的最大净余额"等）造成的，但是，反契约论和反民主绝不是功利主义原则的应有之义。事实上，罗尔斯本人也不得不同意大多数学者的一种看法："功利主义者是思想自由和公民自由的坚强捍卫者"（约翰·罗尔斯：《正义论》，中国社会科学出版社1988年版，第26页）。

② 参见罗尔斯《正义论》，第100—101页。

◇ 第1版序

利主义者。然而我注意到，许多人一听到功利主义这几个字就感觉不好，原因之一是人们关于"功利主义"一词的用法比较混乱，这使他们受到误导。有鉴于此，我们有必要对"功利主义"一词的含义略作澄清。首先，系统功利主义不同于个人功利主义，尽管个人功利主义是它最初的出发点。在理性的指导和调节下，系统功利主义以及经典功利主义都已超越个人功利主义，而是以增加最大多数人的最大幸福为目标的，这种功利主义属于社会功利主义。其次，系统功利主义不同于物质功利主义，它不仅追求物质利益，而且追求精神利益，其中包括情感利益和理性自由。张先生在本书第二章即"狭义价值论"中给出了一个人类需要的圈层结构，其中把人的基本需要分为三种，即生理需要、精神需要和社会需要，进而分为三个层次，即生存、福利和自我实现。尽管我并不完全赞同此模型的具体内容，但我认为这样一个多维基本需要模型对于系统功利主义的伦理体系是十分必要的。总之，系统功利主义绝不等于个人物质功利主义，也不等于社会物质功利主义，而是社会多维功利主义。本来还有一些重要问题需要讨论，如多维基本需要模型、霍布斯问题、社会正义问题和广义价值论等，但考虑到这个序已经写得够长了，还是留待以后再讨论吧。

张先生在本书的前言中谈道，此书本应在他46岁时写成，但由于历史原因拖到66岁才写成。巧得很，我现在正好46岁，也在考虑写一本伦理学的书，不过要完成它还需要一两年的时间。不论我何时写完伦理学的书，张先生的这本书已为我下一步的研究工作提供了巨大的帮助，其中包括基本思想的确立和事实材料的积累。在此，我由衷地感谢张华夏教授为我以及大家提供了这样一本难得的好书。

1999年元旦前夕
写于华南师范大学

第 2 版序言

我从事哲学的学习和研究，已有五六十年了。开始时的主要兴趣是在科学哲学，到了 20 世纪 90 年代，由于科学技术发展提出的伦理学问题逐渐突出，又由于 1988—1990 年到英国进行学术访问所受到的启发，所以从 90 年代我便开始腾出一些精力和时间注意道德哲学问题。这种研究的逐渐积累便产生了本书的初版：《现代科学与伦理世界——道德哲学的探索与反思》（1999）。科学哲学的学者由于较为熟悉科学技术的历史及其内容，所以他们研究道德哲学时有不同的视野，能较好地发挥学科交叉的优势，本书也力图体现这种优势。

在本书中，我是采用一种交叉视野来分析道德哲学问题的，上篇叫作"现代科学视野中的价值与伦理"。力图对价值问题与伦理问题进行一种科学的论证。例如运用系统科学和生态科学的原理分析价值理论，特别是广义价值理论；运用博弈论的数学成果，分析人类伦理道德的起源，以及功利主义和道义论的突现，以说明"经济人"是怎样变成"道德人"的；运用生物学的"利他基因"来说明伦理学中的"仁爱"原则是有一定的生物学根据的。不过这种做法只是将科学原理和科学哲学作为研究道德哲学的一种辅助工具和表现形式，并不企图采取科学方法来建立道德科学。单独使用科学和科学方法是不能解决道德问题的，例如，从自利的个人，经过多次不确定性非零和博弈，到达道德原则的社会契约选择，中间有一个不可逾越的反复学习与实践理性的提升过程，不是用数学方法

◇ 第2版序言

就能解决人类伦理关系之起源的。

本书下篇，我进入另一种视野，就是分析现代伦理视野中的科学与技术，主要讨论科学伦理与科学技术发展所提出的主要伦理问题。简言之，要用一种人文的观点来看待科学技术的发展，在这方面我着重分析科学共同体的伦理规范，核科技和核伦理，分子生物学与基因工程的发展与生命伦理，生态科学的发展与生态伦理。用这种交叉视野来研究道德哲学可能是本书不同于其他道德哲学著作的特点。这可能是本书被要求再版的原因。我希望读者阅读本书时能特别注意这种交叉视野的优点及其局限性。

从本书第1版（1999）到第2版（2009），经过了十年。这本书本来是历史的产物，并且自出版以来有各种不同的评说。因此这次再版，除对初版的一些错别字之外不作任何改动。但由于近十年来，我还陆续地对本书提出和分析的问题进行了进一步的研究，散见于各种杂志的多篇论文。其中有一些问题，如整合的多元主义道德理论何以可能的问题（第十一章），哲学的价值论如何运用于经济学的问题（第十二章），广义价值理论的控制论论证问题（第十三章），全球一体化的经济发展以及科技商业化和传统的科学的精神气质（"为科学而科学"）的冲突问题（第十四、第十五章），以及科学合理性与价值合理性和社会交往合理性的区别与联系问题（第十六章）等，我认为都是十分重要的，于是便将这些问题的分析整合成本书的第三篇，即续篇：现代科学与伦理的拓广研究，作为本书第2版的一个补充。

到本书出版之时，我已77岁了，深感这个年龄段的人，已经很难攻下科学与哲学的难题了，因此本书再版后希望同行特别是青年同行多多批评指正，在讨论中共同提高。在这里我要特别感谢中国社会科学院哲学所的甘绍平教授，他对我的基本道德哲学观点提出过尖锐批评，并向我推荐了哈贝马斯的交往合理性和商谈伦理学的基本观点，推动我进一步思考科学与伦理、程序伦理与规范伦理的关系问题。我还要感谢华南师范大学公共管理学院哲学所的范冬萍教授和陈晓平教授，范冬萍教授与我合作研究科学伦理多年，还共同主编过《基因与伦理》（羊城晚报出版社，2003）一书，没有与他们的共同讨论和争论，我的研究很难深入下去。还要特别感谢大连理工大学人文社会科学院的刘则渊教授和王前教授，他们多次邀请我参加他们举办的高水平的技术哲学和技术伦理学的国际、国内学术会议，使我受益良多。我还要感谢北京大学的刘华杰教授，他们的研究小组最近与我共同讨论科学与伦理问题，这就使我有可能完成本书续篇的最后一章。

张华夏

2009 年春节于广州

前　言

余致力哲学研究，凡四十余年，主要的专业是科学哲学。在一个很长的时间里，对价值哲学和道德哲学并不关心也不重视，总觉得这个领域可能涉及太多道德说教，而在科技大发展、社会大变革的时代，道德说教总是苍白无力的。这种认识，很可能是受到科学主义思潮的影响。好像对于社会的发展和哲学思潮的演进来说，只有科学技术才是至高无上的。不过有几件事情却深深地改变了我的这种看法。

首先是科学哲学的发展。我们是在 20 世纪 70 年代末 80 年代初接受逻辑经验论和卡尔·波普尔证伪主义的科学哲学的。可是这个时候，在世界范围里却是历史学派在科学哲学领域占了上风。于是我们也就很快发现了科学哲学的所谓标准学派的缺陷，在相当大的程度上采取历史主义的观点看待科学哲学问题。科学哲学讨论的问题是：科学究竟是什么？固然我们可以在一定的领域里将科学看作是科学家们为追求真理而运用逻辑与认识论的方法去探索自然的过程。可是科学毕竟是一种社会的活动，它是现代社会生活方式的一个组成部分，有自己的社会共同体。这种科学共同体，为了最有效地增长人类的知识有一套成文的或不成文的道德规范。这些道德规范对现代科学的产生和发展起到非常巨大的作用。科学哲学的研究本身便使我逐渐深入地进入了伦理学，特别是科学伦理学的领域。后来我在这个领域发表的几篇论文，如《多层次经济运行机制和多层次经济学》（《自然辩证法研究》1994 年第 7 期）、《科学研

◇ 前　言

究的规范理想与实际运作》(《现代与传统》1995年3月)、《科学本身不是价值中立的吗?》(《自然辩证法研究》1995年第6期)、《克隆技术与社会伦理》(《开放时代》1997年7、8月号)、《现代科学技术与传统儒家伦理》(《开放时代》1998年1、2月号),反映了我对伦理学和价值学说的研究心得。

在现代,科学哲学家是不可能回避伦理问题的。科学技术正因为对社会发生如此重大的影响,人类如果没有正确的价值观念和伦理观念就控制不住科学技术。核技术使人类驾驭了像太阳一般的核能量,政治家和科学家如果没有对人类负责的态度,后果便不堪设想;克隆技术和生命科学使人类掌握了上帝般的造人技巧,如果法学家和科学家没有正确的伦理观念,我们的后代就不堪设想;工业社会的科学技术震撼了整个生物圈,如果我们没有生态伦理,地球也不堪设想。所以科学哲学家研究伦理问题便日益成为他们的正业。这反映于20世纪80年代以后的世界性的科学哲学的标准教材和标准选读本中,几乎没有一个这样的读本不包括科学与价值、科学与伦理、科学与文化和科学与社会的篇章。哲学有三个基本的部分,这就是本体论、认识论和价值学说,因此作为对科学进行哲学反思的科学哲学自然也就包括科学本体论、科学认识论与科学逻辑和科学的伦理学三大部分,仅仅将科学伦理学放入科学社会学中进行研究是不正确的,在科学社会学中科学伦理学主要是作描述性和经验性的研究,而不能作系统的反思性和规范性的研究。

对科学伦理学和科学技术发展所提出来的伦理问题要进行研究必须正本清源,反思回溯到那些最基本的价值哲学和道德哲学概念:什么是价值,什么是伦理,什么是功利,什么是正义或公正,什么是权利,什么是义务,什么是德性等。这些基本的道德哲学范畴在哲学体系中处于一个什么样的地位呢?它们仅仅是作为思想品质教育的基本概念呢,还是把它们看作基本的哲学问题呢?有一件事给我的印象极深,导致我对伦理学在哲学体系中的地位的认识发生根本的转变。这就是1988—1990年我作为访问学者在苏格兰阿伯丁大学进修哲学和研究哲学，我被阿伯丁大学哲学系的同行问的第一个问题便是："你是一个科学哲学家呢，还是一个道德哲学家呢？"再来看看他们的哲学课程，几乎有一半是道德哲学的课程。不仅道德哲学导论、伦理学、科学伦理学、环境伦理学、应用伦理学、战争与环境、伦理学与国际关系、医学伦理、商业伦理等属于道德哲学的范畴，就连政治哲学（包括马克思主义）、法律哲学、美学都归入道德哲学的大类。我想，他们这样地对哲学进行分类，也许是他们忠实于苏格兰哲学家休谟关于"事实命题"和"价值命题"的二分法。大家知道休谟有个著名理论就是从"事实命题"中的"是"是不能推出"价值命题"中的"应该"的。不久，我又访问了苏格兰最古老的大学圣安佐大学（University of St. Andrews）。一进哲学系的大门我便大吃一惊，原来这里有两个哲学系。第一个哲学系是道德哲学系（The Department of Moral Philosophy），第二个哲学系是逻辑与形上学系（The Department of Logic & Metaphysics）。一栋罗马式的十分对称的古典建筑物，左边一个门挂着道德哲学系的牌子，右边一个门挂着逻辑与形上学系的牌子，以极其形象的方式向人们展示出当代哲学的两个基本门类。由于认识到自己过去的哲学研究有偏重于对事实命题进行哲学分析，而忽视对价值命题进行哲学分析的缺点，我便在阿伯丁大学修习了道德哲学导论、环境伦理学、基因工程和胚胎研究的伦理学、科学家的社会责任等几门课程，算是对自己进行道德哲学基本原理及其应用的补课。不过如果不是因为别的动机，我是不会将对道德哲学原理的研究和对科学技术伦理学的研究联系起来写成这本专著的。

1990 年我从英国回国，就下决心清理我自己年轻时代的哲学见解和哲学信仰，在基本哲学的见解上走出苏俄 20 世纪 30 年代教科书哲学体系，这个哲学体系对我国哲学界影响如此之深，以至于一直到现在许多哲学界和政治界人士都把它当作金科玉律。在 70 年代和 80 年代，我个人在对当代科学的自然观念的研究中，即在自然哲学和自然辩证法的研究中，吸取了当代系统科学的基本思路和

◇ 前　言

图1　圣安佐大学的道德哲学系和逻辑与形上学系

基本方法，建立一个信念，即认为整个自然界或整个宇宙不过就是物质系统层次的自组织演化过程，而将事物看作一个系统的整体，看作适应性自稳定的体系，看作适应性自组织的过程，看作多层次的演进过程。这种认识不过就是一种用以代替或超越机械的分析还原方法的思维方式，即系统主义的思维方式。问题就在于要用系统的思维方式去考察本体论、认识论和价值论的基本哲学问题，吸取当代各家各派哲学的优秀成果，取其所长，补其所缺，占领哲学制高点进行综合创新，建立系统主义哲学的新体系。按照这个意图，

前　言

1997年初我出版了一本本体论著作，书名为《实在与过程——本体论哲学的探索与反思》。本体论有两大问题，这就是实在是什么？过程及其机制是什么？运用系统的观点，我将实在看作是实体、关系与过程的三位一体，将实体实在论、过程实在论和关系实在论统一起来。至于过程及其机制，单用因果决定性不能说明问题，必须将随机非决定性提到本体论的地位看作支配任何过程的一种机制，进而看到因果性和随机性并不能完全解释自然界和社会生活的各种现象，于是必须引进一种广义的目的性机制才能说明自然现象特别是复杂系统的现象。于是因果性、随机性和目的性便构成我的过程哲学的三大范畴。这三大范畴及其协同作用便构成我论证任何事物、任何系统运行的三驾马车。我的本体论的最后一个范畴"目的性与自由意志"恰好就是价值论的第一个范畴，无论内在价值、工具价值和整体价值都必须在目的性的范畴下进行论证。这样我的本体论研究逻辑驱使我进入价值论的研究，从而再进入道德哲学的新领域，这样我只好下决心整理我近十年来对道德哲学和科学伦理学的研究心得，写出这本书。我深信，广义地说科学伦理学是科学哲学的一个组成部分，而科学的伦理学如果离开道德哲学基本问题的论述就没有根基。我的研究动因，主要是从激动人心的科学家的伦理规范和科学家的社会责任问题开始，从现代科学技术发展所提出一系列重大的、困惑着整个社会的伦理问题开始，一步一步地追索到基本的道德哲学问题和价值哲学问题的解决。不过在本书的表述上却不能不从最抽象的问题开始，建立自己的假说演绎体系。因此本书的前两章首先讨论价值哲学问题。运用系统主义的思想方法，建立广义价值论（第一章）和狭义价值论（第二章），然后从价值论演绎出伦理学，进入对规范伦理学的分析。在讨论了道德形成的问题之后，我就着重分析当代的功利主义（第三章）和道义主义特别是罗尔斯的正义论（第四章）。由于不满意当代功利主义和当代道义主义的立场，我首先提出一种系统功利主义的理论，试图将行为功利主义和准则功利主义整合起来，进而运用系统主义的思考方

◇ 前　言

式，建立自己的系统主义的规范伦理理论（第五章），力图超越并涵盖功利主义和道义主义。这当然是一种理论上的冒险，不过如果不是醉心于此，我就不会写这本书了。由于中国人不能离开自己的老祖宗来讨论伦理问题，所以在我建立自己的系统主义的规范伦理理论之后，就设计了专门一章讨论在现代科学技术视野下的儒家伦理问题（第六章）。只有在这些准备工作进行了之后，我才能运用我们的价值观和伦理观讨论科学社会的伦理规范和科学家的社会责任（第七章）、讨论核科学与核伦理（第八章）、讨论分子生物学与生命伦理（第九章）和环境科学与生态伦理（第十章）问题。生态伦理中的深层生态伦理问题，本质上就是一个广义价值问题。因此第十章的论证又回到了第一章，构成一个大循环和大圆圈。我深信一切哲学问题只有放进哲学系统中才能解决。所以要么就不解决哲学问题，要么就系统地解决哲学问题，又是这种研究逻辑驱使我在本书中的研究跨度较大。

　　请读者注意，本书最有争议的地方，就是我在第五章中提出的系统主义的和非本质主义的伦理观念，这个观念不同于功利主义也不同于道义主义的道德一元论观念，它们都过分地渴望找出道德观念的绝对普遍的本质。事实上，伦理世界是由不能相互还原或推出的多个基本道德原则所支配的，这些基本原则至少包括功利原则、正义原则、仁爱原则和生态伦理原则。这些基本原则之间，和任何价值规范之间一样，在特定情景下是相互冲突的。只要我们找到解决这些价值冲突或规范冲突的原则（例如优先原则、权重原则或其他协调原则），这些原则之间的冲突就不会导致两难的处境，更不会导致逻辑的矛盾。考虑到这一点，在我运用系统功利主义不能满意地解决从第七章到第十章的应用伦理问题的时候，我的理论立场便从系统功利主义跃迁到系统型的非本质主义的伦理立场上，陈晓平教授在为本书写的序言中非常准确地说明我这"多走一步"的思路。虽然我并不同意陈教授对我多走一步的批评，但是我认为他提出了一个非常重要和关键的元伦理问题：如何运用公理方法（例如

前　言

爱因斯坦的公理方法）来建立伦理体系？价值冲突、规范冲突与逻辑矛盾的关系如何？伦理体系的理论结构有何特点？非本质主义的伦理体系的公理体系何以可能或不可能？我希望读者能细心地研究我与陈晓平教授的分歧与争论。

到本书初版的时候，我已经66岁了，我能胜任我的研究逻辑加给我的研究工作吗？说实话，这些研究工作在正常的情况下是应该在40多岁的时候做的。历史阴差阳错，使我的工作耽误了20年，这种耽误，自己也有责任。所以现在的问题不是我"是"66岁的问题，而是我"应该"是46岁。就按照这个"应该"年龄而不是按自然年龄或心理年龄来工作吧！我们在年轻的时候不是追求自由的学术和学术的自由吗？本着这样一种伦理立场，在十年间断研究工作的基础上我花了一年多的写作时间完成了这本著作。在完成了这本著作之后，我个人感到特别高兴。因为我个人有三个部头的写作计划，第一个部头《实在与过程——对本体论的探索与反思》，第二个部头《现代科学与伦理世界——对价值论和道德哲学的探索与反思》，第三个部头《认识与真理——对知识论的探索与反思》。这三个部头是我毕生对基本哲学问题的探索与反思。这对于我来说当然是十分重要的。不过在我完成了《实在与过程》一书后，由于健康不佳，我自己对能否完成"第二卷"和"第三卷"已丧失信心，我在《实在与过程》一书结语最后一句话中写道："如果环境条件和本人的健康状况容许我继续研究和写作，并有足够的灵感的话，我很愿意推出哲学原理第二卷，它是对认识论哲学的探索与反思，还可能有哲学原理第三卷"，这就是对价值哲学和人本身的探索与反思，称为"多元价值说"。现在我能够将第三卷提前完成实在出乎我的所料，而且如果读者研究这本书的第五章，就会发现我的系统主义规范伦理立场，事实上也是一种多元的伦理价值立场，不同于一元论的功利主义和道义主义或义务论。所以在这里我首先要感谢李醒民研究员、程承斌编审和《中国科学哲学论丛》的编委们，没有他们的信任、支持和督促，这本书大概还要拖

◇ 前　言

一两年的时间才能完成。其次，我还要感谢华南师范大学张志林教授和陈晓平教授，以及张立洪先生和陈友芳先生，当我遇到理论困难的时候，他们总是能够抽出时间和我进行长时间的讨论和辩论。并且，张志林的建构型反本质主义理论作为方法论工具，帮助我解决系统主义规范伦理和多元伦理价值的建构问题。再次，我还要感谢中山大学的冯平教授，她慷慨地让我阅读她的数量可观的价值学和伦理学私人藏书并与我进行了有关问题的讨论。还有，我特别要感谢英国阿伯丁大学文学院院长 R. Cameron 教授，阿伯丁大学哲学系系主任 E. Mathews 教授和阿伯丁大学 Nigel Dower 讲师，在我在英国进修期间，他们关于"科学与社会责任""政治哲学""基因工程与胚胎研究的价值问题""能源与环境问题""世界贫穷问题"等课程的系统讲授使我大开眼界。本书的某些地方，吸取了他们的有关观点。最后，我还要感谢中山大学管理信息中心杨朝晖小姐，她负责了全书书稿的打字，她的高超电脑技术，大大地减少了校对和出版的麻烦。

目 录

上篇 现代科学视野中的价值与伦理

第一章 广义价值论 ···································· (5)
  一 有机哲学与广义价值 ···························· (6)
  二 系统论与自然价值 ······························ (11)
  三 生命世界的内在价值与工具价值 ·················· (14)
  四 生态价值与生态伦理 ···························· (20)
  五 广义价值论对人类伦理的启示 ···················· (23)
  六 结论 ·· (27)

第二章 狭义价值论 ···································· (29)
  一 价值主体与价值客体 ···························· (30)
  二 价值自身 ······································ (40)
  三 价值的分类 ···································· (47)
  四 价值的差异、冲突与协调 ························ (53)
  五 结论 ·· (59)

第三章 规范伦理学和功利主义 ·························· (61)
  一 道德的本质与根源 ······························ (62)

目 录

　　二　博弈论与伦理规范 …………………………………… (73)
　　三　道德推理的特征 ……………………………………… (82)
　　四　行为功利主义与准则功利主义 ……………………… (88)
　　五　效用函数与系统功利主义 …………………………… (96)
　　六　结论 …………………………………………………… (102)

第四章　规范伦理学和道义论 ………………………………… (104)
　　一　康德的道义论 ………………………………………… (105)
　　二　罗尔斯的正义论 ……………………………………… (110)
　　三　结论 …………………………………………………… (118)

第五章　系统主义的规范伦理 ………………………………… (119)
　　一　系统主义的规范伦理的基本要点 …………………… (120)
　　二　基本道德规范及其相互调整 ………………………… (121)
　　三　伦理价值的组成与结构 ……………………………… (127)
　　四　情景推理和反本质主义的伦理观念 ………………… (134)
　　五　基本的道德权利与义务 ……………………………… (141)
　　六　人权问题 ……………………………………………… (146)
　　七　结论 …………………………………………………… (152)

第六章　现代科学视野中的传统儒家伦理 …………………… (154)
　　一　用新时代的观点来看旧伦理的问题 ………………… (154)
　　二　孔、孟、荀的人性论与社会生物学 ………………… (156)
　　三　儒家天人观与生态伦理学 …………………………… (161)
　　四　孔孟家庭伦理与21世纪的家庭 ……………………… (164)
　　五　结论 …………………………………………………… (165)

目 录

下篇 现代伦理视野中的科学与技术

第七章 科学共同体的伦理规范与科学家的社会责任……（171）
 一 科学和科学共同体……（172）
 二 科学社会的伦理规范……（179）
 三 科学工作者在科学社会中的权利与义务……（189）
 四 科学社会中的不规范建制与不道德行为……（193）
 五 从小科学到大科学，从学术性科学组织到
  工业性科学组织……（202）
 六 科学家的社会责任……（209）
 七 结论……（215）

第八章 核科学与核伦理……（217）
 一 核科学的"春天"和"核冬天"……（217）
 二 核科学伦理：世界主义与民族主义……（226）
 三 核政治伦理：从国家中心主义到人类中心主义……（239）
 四 结论……（248）

第九章 基因工程与生命伦理……（250）
 一 分子生物学与基因工程的创立……（252）
 二 基因工程和克隆技术的发展带来的伦理问题……（255）
 三 "扮演上帝"与"过分干预自然"……（263）
 四 人权向未出生的后代延伸……（273）
 五 基因工程与生殖技术对家庭伦理的冲击……（284）
 六 结论……（287）

目录

第十章 生态科学与环境伦理 ……………………………… (288)
    一 生态科学与伦理问题 ……………………………… (288)
    二 环境权利与代际伦理 ……………………………… (295)
    三 动物伦理与动物的权利 …………………………… (303)
    四 走出人类中心主义 ………………………………… (310)
    五 深层生态伦理 ……………………………………… (315)
    六 结论 ………………………………………………… (320)

结语 健全的社会和整全的人 ………………………………… (322)

主要参考文献 ………………………………………………… (325)

续篇 现代科学与伦理的拓广研究

第十一章 论道德推理的结构 ………………………………… (341)
    一 健全社会伦理价值系统的组成与结构 …………… (341)
    二 道德推理的逻辑结构 ……………………………… (344)
    三 道德多元论的公理体系何以可能 ………………… (348)
    四 伦理公理系统中的协调公理 ……………………… (351)
    五 情景推理和 DrN 模型 ……………………………… (354)
    六 数学、科学、伦理学在推理结构上的比较 ……… (358)

第十二章 主观价值和客观价值的概念及其在经济学中的应用 ……………………………………… (360)
    一 什么是价值 ………………………………………… (361)
    二 主观价值及其在经济学中的应用 ………………… (364)
    三 从主客体关系价值说来看劳动价值论的局限性 … (368)

四　从社会福利（welfare）概念来看主观价
　　　　值论的局限……………………………………（373）
　　五　客观价值论的社会福利概念……………………（377）

第十三章　从感知控制到生态伦理
　　　　　　——PCT 的价值学诠释…………………（382）
　　一　感知控制论及其哲学意义…………………………（383）
　　二　感知控制论模型的价值论诠释……………………（391）
　　三　从感知控制理论到深层生态伦理…………………（404）
　　四　我们就控制论价值学与美国控制系统
　　　　小组的对话……………………………………（408）

第十四章　论新时代科学精神气质的坚持与扩展
　　　　　　——对默顿规范的拓广研究……………（414）
　　一　近年来科技政策转变引发的几个问题……………（414）
　　二　基本的科学精神会过时吗？………………………（418）
　　三　科学的外部规范……………………………………（426）
　　四　"为科学而科学"在人类多元价值体系
　　　　中的地位………………………………………（432）

第十五章　人类基因解码的社会、伦理冲击………（434）
　　一　从三个维度看科学的社会效应……………………（434）
　　二　基因专利大论争……………………………………（437）
　　三　基因资源大争夺……………………………………（442）
　　四　改变人性，重新设计新人类………………………（447）

目 录

第十六章　科学发展与伦理问题
　　　　——敬答刘华杰教授……………………………………（451）
　一　第一轮问题：对科学发展出现的伦理问题，
　　　科学家有道德责任吗？………………………………（451）
　二　第二轮问题：科学理性能解决伦理问题吗？…………（459）
　三　对上文的几点评论………………………………………（469）
　四　田松问题：工业文明与科学理性批判…………………（474）

续篇参考文献……………………………………………………（481）

上篇　现代科学视野中的价值与伦理

本书的上篇讨论价值与伦理的问题。因为没有一般的、基本的和现代的价值与伦理之概念，我们就不能讨论现代科学的伦理与价值问题。这是由于后者属于应用伦理学的领域，而应用伦理学已预设了基础伦理学。

价值学说是从伦理学中发展起来的。开始它是从属于应当做什么和应当做的是什么的伦理学问题的讨论，从属于什么是善的或幸福的生活，什么是个人最好的品德和最好的目标的讨论。但慢慢地发现伦理学应该以价值学说为前提，而价值论超出了前者的界限。可以有不是伦理的价值，如经济价值、科学价值等，但却不会有并非价值的伦理。这样价值理论及其组成部分评价理论便有成为一种独立学科的趋势。因此按照逻辑的顺序本篇应该首先讨论价值问题，然后运用价值的一些基本概念去讨论伦理问题，即道德哲学问题。

本篇事实上讨论的是一个包含价值学说的道德哲学概论，并不是讨论科学伦理学问题。不过它与一般道德哲学概论不同，它力图从现代科学的视野中去考察价值与伦理。现代的科学与哲学，学科之间是深深地相互渗透的。系统科学的理论与方法、博弈论、生态科学和环境科学、生物学特别是社会生物学、经济科学特别是福利经济学以及计算机的技术都深深地影响到伦理学的基本概念。例如由于系统科学与生态科学的发展，伦理学家们扩展了传统的只是属于人的狭义的价值理论而提出广义的价值理论，即认为生命系统、生态系统乃至一切自组织系统都有其内在的价值。本篇在讨论价值论时，正是接受了这种观点将价值论的讨论分为两章，第一章讨论广义价值论，第二章讨论狭义价值论。博弈论是一门 20 世纪下半叶才发展起来的新兴的系统科学技术和数学学科。它是研究博弈情境下博弈参加者的理性选择的理论，为解决人与自然以及人与人之间的相互协同和相互竞争问题而提供的非常美妙的数学工具。它在经济学、社会学、政治学、军事学、演化生物学、统计学、企业管理、计算机与人工智能等方面以及在伦理学中都有广泛的应用。它的应用引起了这些学科的革命性突破，被誉为"社会科学的统一场论"[①]。本书正是企图运用这种理论来讨论规范伦理的起源与本质问题，并运用这种理论力图将当代伦理学的两大派系，功利主义和道义主义统一起来。正是以这种精神，本书的第三章讨论规范伦理与功利主义，第四章讨论规范伦理与道义主义，第五章讨论作者自己的规范伦理学观点，名为系统主义的规范伦理学。再者，本篇之所以取名为"现代科学视野中的价值与伦理"还有一个原因，这就是本篇力图使用现代科学方法论来讨论价值与伦理问题。我们特别重视爱因斯坦关于将公理方法运用于伦理学的论述和关于科学理论的结构的论述。我们认为，这是爱因斯坦给伦理学留下的重要遗产。将爱因斯坦的论述用于分析各种伦理体系，我们发现伦理学的公理体系及其理论结构有两大特点：（1）由于伦理公理之间可能存在着价值冲突和规范冲突，因此伦理公理体系必须附加协调公理，说明当这种冲突发生时如何解决，才能保持公理的相容性。（2）由于情景或境遇在伦理推理中起着相当关键的作用，因此必须构造出情景推理的各种逻辑模型，它们在伦理学的理论结构中占着重要的地位。本书的第三章第三节和第五章第二节至第四节特别讨论了这些问题。最后，中国人讨论伦理学不能不讨论中国人的传统伦理，特别是儒家的学说，恰好，现代社会生物学、现代生态科学和未来学为这种讨论提供一种新的角度。所以本篇第六章讨论现代科技视野中的儒家伦理。有了这种现代科学视野中的价值与伦理的讨论，我们便可进入本书的下篇"现代伦理视野中的科学与技术"的研究了。

---

① 张培刚：《微观经济学的产生和发展》，湖南人民出版社1997年版，第417页。

第一章

广义价值论

　　本章的目的是想在系统科学、生命科学和生态科学的基础上，借助于某些系统哲学家和生态伦理学家对价值论的本体论前提的研究，提出和阐明一种广义价值论的概念架构，为价值论的研究也为人文伦理和生态伦理的研究提供一种形上学和价值学的基础。理解广义价值论有两个困难：第一个困难涉及一些现代科学，如系统科学、生命科学和生态科学的基本哲学问题，这些问题许多伦理学者是不熟悉的；第二个困难是，它一开口就与一些传统伦理学的传统价值学说的概念相冲突。接受这些观点很容易有心理障碍，然而万事开头难，我的这本道德哲学著作也不例外。

　　近年来，特别是近一二十年来，由于环境伦理和生态伦理的兴起，一系列全新价值观念和价值理论的提出，引起了传统伦理学家们的反对。特别是近年被介绍过来的美国生态伦理学家莱奥波尔德（A. Leopold）和霍尔姆斯·罗尔斯顿（H. Rolston）等人所提出的观点：例如大地伦理、自然价值与经济价值，内在价值与工具价值的划分；动物的权利和后代人权的概念；他们对被人们称之为经验主义的"第三个教条"的事实判断与价值判断二分法的质疑；以及生态中心主义伦理理论的提出等。这些观点都不被我国正统的伦理学家和马克思主义的理论家们所接受，认为这些观点"作为伦理观存在的合法性正受到质疑"；它是一种"完全抛开人类生存利益的尺度"，企图从生态规律之"是"中直接推导出生态道德的"应当"，是混淆了事实与价值，从而一再陷入逻辑和理论的困境。[①] 很显然，如果站在传统伦理观念立场，去理解环境伦理和生态伦理所提出的那些新概念、新原理及其结论，自然会认为这是一种"极其奇怪的议论"[②]，或者是一种不仅"在理论上是错误的，而且在实践上也是有害的"议论，因而必然要拒斥这些概念。而首当其冲的是"自然价值""内在价值""工具价值"等价值问题。不幸的是，他们并不考察将伦理与价值的范围从社会扩展到自然界和生物圈，将价值主体从人类扩展到生物界的理由为什么不能成立；也不去仔细思量他们"那一套与自己的新伦理观相适应的全新概念体系"有什么问题，却简单地因为它们与传统价值概念相矛盾而否定他们立论的前提。因为，照他们说，"众所周知，事物的价值是相对于人或人的需要而言的"，"准确"说来"所有伦理规范都是用来调整人与人的社会关系"[③] 的。而生态伦理与广义价值学说恰好正是要挑战这些众所周知的、被认为是"准确说来"的传统。因而他们对生态伦理主流派的批判便使人觉得有点隔靴搔痒了，因为他们在讨论这些问题之前，结论已经有了。本章所要做的工作之一，不但要重新研究他们的结论，而且要重新研究他们的前提：价值概念的前提。

一　有机哲学与广义价值

近年来无论国外或国内的系统哲学家、生态伦理学家以及生态学哲学家，都在企图扩展"价值"的概念，使它不仅能运用于社会系统领域，不仅能运用于作为价值主体的人与作为价值对象的客体之间相互关系领域，而且能适用于一切开放系统，或复杂系统即自组织、自维持系统，或至少适合于一切生物系统和生态系统。这种

---

① 参见刘福森《自然中心主义生态伦理观的理论困境》，《中国社会科学》1997年第3期。
② 汪信砚：《人类中心主义与当代生态环境问题》，《自然辩证法研究》1996年第12期。
③ 同上。

广义的和狭义的价值观念,李德顺教授和朱葆伟教授称为"类价值"(quasi-value,即准价值)或"前价值"(prevalue)①,罗尔斯顿称为"前主观价值"(pre-subjectivevalue)或"自然价值"(natural value)②,卡尔·波普尔(K. Popper)则称为"客观价值"(objective value)③,怀特海则称为"价值评价"(valuation)④。我个人认为,用广义价值(general value)一词更为合适一些,因为它在某种程度上涵盖了类价值、前价值、自然价值、客观价值的含义,并在这基础上也涵盖了狭义价值(special value)即传统意义的价值范畴。我们一般所说的"价值"是相对于广义的自然价值来说的,它是属于狭义的人文价值(human value)范畴。价值哲学主要讨论的就是这种人文价值,不过我们应该而且可能在广义价值论的基础上来讨论我们通常所说的价值。

怀特海(A. N. Whitehead,1861—1947)是广义价值论的创始人,所以讨论广义价值应从怀特海的有机哲学(organic philosophy)说起。怀特海的有机哲学主要反映在他的两本哲学著作中,这就是《科学与近代世界》(1925)和《过程与实在》(1929)。有机哲学或机体哲学是在20世纪初由于量子力学和相对论的出现导致机械唯物论崩溃的基础上形成的本体论哲学。机体哲学是当今系统哲学的前身,它反对将物质客体看作不变质量、不变质料在绝对定域的空间中运动的机械实体,而主张万物都是相互作用着、相互摄受着的事件或过程,"每一件事物在全部时间内存在于所有的地方","事件与一切存在都有关,尤其与其他事件有关"。这样事件便是一切事物的终极要素。一切事物无论是电子也好,生物也好,人类社会也好

---

① 朱葆伟:《机体与价值》,载吴国盛主编《自然哲学》第1辑,中国社会科学出版社1994年版,第154页。

② H. Rolston, "A Value in Nature Subjective or Objective", in *Environmental Philosophy*, R. Elliot and Arran Gave ed. Open University Press, 1983, pp. 142–144.

③ 卡尔·波普尔:《波普尔思想自述》,上海译文出版社1998年版,第247页。

④ A. N. Whitehead, *Process and Reality*, Cambridge Press, 1929, pp. 36, 340.

都不过是某种相互联系、相互作用的统一起来的事件的持续模式或事件的一种有机组织，这就是有机体。于是"电子也是最小的机体""原子自身也转化成一个机体"。怀特海将一切事物看作如同今天系统科学所说的开放系统那样的东西，他叫作"机体"。他认为一切科学都变成对"机体"的研究，"现代理论的基本精神就是说明较简单的前期机体状态向复杂机体的进化过程。因此，这一理论便迫切地要求一种机体观念作为自然的基础。它也要求有一种潜在的活动（实体活动）表现在个别体现状态之中，并在机体达成态中发生演化。机体是价值发生态的单位，是为本身而发生的永恒客观性状的真正组合"。"实际事件是各种不同的实有由于在该模式中具有真正结合性，因而被摄入一个价值之中，并且排斥其他实有的过程……但价值的重要性各有不同，因而每一个事件对于事件共同体说来虽然都是必需的，但它所贡献的分量则由其本身内在的东西所决定"①，这样"演化问题是价值持续形态的持续谐和转入超出其本身的较高达成态的发展过程"②。

怀特海不将世界的终极实在看作机械的粒子，而将世界的单元看作系统有机体。那么很显然，世界是一个机体的形成过程，从简单的机体向复杂的机体的演化过程。它又怎么将这个机体形成过程看作价值的形成过程、价值发生过程和价值选择（按重要性进行选择）过程的呢？他怎么将机体由低级向高级发展过程看作由实现初级的价值目标的达成态进展到价值的高级达成态的呢？

原来怀特海主要是在《过程与实在》一书中回答了这个问题。他认为，万物（即一切机体）形成和发展的机制是事件之间的相互作用、相互渗透的过程。这个相互作用不是粒子机械碰撞的机械作用，而是实际事物之间的主动的有选择"摄受"（prehension）过

---

① 怀特海：《科学与近代世界》，商务印书馆1959年版，第99—104页。
② 同上书，第92页。

程。这个"摄受"是一种抽象的哲学术语,它包含吸收(absorb)、传递(pass)、进入或摄入(ingress)和对象化(objectification)等意思。用现代的科学术语来叙述,所谓相互作用实质上是系统之间的物质、信息、能量的相互交换(发出、发射与吸取和接受)的过程,因此说相互作用就是摄受,在科学上也是说得通的。

那么,如何从哲学上分析"摄受"呢?怀特海说,所有的摄受有三个要素:(1)"摄受主体",即正在进行摄受的实际事物,它摄受的是具体的要素。(2)"摄受资料"(datum),即被摄受者,它不但包括其他实际事物,而且包括永恒对象(例如在事物生成过程起决定作用的潜能、模式、数量关系、空间模式等)。我想,一个动物的卵子对精子的相互作用(摄受)就不仅摄受了物质与能量,而且摄受了遗传物质的基因模式或发展潜能。这就是他所说的"永恒客体"。(3)"主体方式"(subjective form),它说明摄受主体"怎样摄受它的资料",采取什么形式、什么格调(affective-tone)、什么标准来摄受,也就是说按什么"价值"来摄受。所以,由于主体方式不同,怀特海将摄受分为肯定摄受和否定摄受两种。所谓肯定摄受就是肯定地摄取各种元素组成事物的真正结构,而否定摄受就是拒斥摄受。我想一种最原始的生物鞭毛虫,它对环境不断进行试探性的相互作用,遇到食物时,就肯定地加以摄受,而遇到有害物质时,就加以拒斥与逃避,这是否定的摄受。一个原子大概也不是对一切外来作用于它的粒子或能量子都作肯定的摄受,依其特殊的主体方式,它肯定摄受了某些能量子而发生能级跃迁,肯定摄受了某些高能粒子发生核聚变或核裂变而进行重组。由于怀特海类比于有机体来看事物,所以他说:"有许多种不同的主体方式,如情绪、评价、目标、逆反、厌恶、自觉性等"但"主体方式不是必然地包含自觉性"[1]。而主体方式归根结底是由主体目标决定的。"评价的特征只是主体目标(subjective aim)的结果,决定了它们整合

---

[1] A. N. Whitehead, *Processe and Reality*, pp. 29 – 33.

起来是什么,这个过程自身的特征是什么。"① 这个主体目标,一般说来就是"自为事物"的"自我保持、持续、重现等"②。这样实际事物便依价值而将事件组织起来,成为复杂的有机体。

以上便是我们尽可能从合理因素上来阅读怀特海的有机哲学著作。我们发现广义的价值概念来自系统(机体)的主体性。所谓主体性就是事物系统是其运动变化和相互作用的主体(agents)。系统主体有自己的目标、主体方式和价值标准,决定了在它与其他事物的相互作用中,在物质、信息、能量的交换中有自己的选择性。机体系统的价值是表述系统主体目标和达到目标的主体方式和主体选择性的范畴。怀特海的广义价值论至少对于有机体以及一切具有目的性的系统是成立的。怀特海的广义价值是不是拟人观呢?不是或不全是的。它的那些范畴如机体、摄受、主体、主体方式、目的、适应、选择等正如他说的"不是必然包含自觉性",但它对于生命系统是适用的。那么它是不是泛生命观呢?是的。怀特海哲学有泛生论或客观唯心论的倾向,对于他的论点,我们应该批判地接受。不过如果说达尔文进化论出现以前的哲学本体论和自然观,总的来说是将自然看作一部大机器,连生命机体也是一部机器,用力学的观点看世界的话,那么达尔文进化论出现之后的哲学本体论和自然观,则主要将自然界看作一个有机的整体,连无机世界的事物也看作一种有机体。用生命科学的观点看世界,将某些从生命科学中发现的概念提炼后适当推广到解释整个世界,这并非一定不可。马克思不也是将社会看作社会有机体的吗?当今世界的本体论和价值论思潮,的确从机械论返回有机论或整体论,不可避免要对近代休谟时代的价值论以及现代英美分析哲学的价值论作重新审视。这就不可避免地做出一些从传统价值学说和传统伦理观念看来是奇谈怪论的东西。

---

① A. N. Whitehead, *Processe and Reality*, p. 341.
② 怀特海:《科学与近代世界》,第101—102页。

二 系统论与自然价值

在20世纪,那种将事物的终极实在看作不变实体或微粒的外部运动的机械观,经过相对论、量子力学、基本粒子物理学和系统科学的多次冲击,衰落下去了,代之而起的是一种整体的系统的世界观。在某种意义上说,唯物辩证法思潮,也是当代整体主义和系统主义思潮的组成部分。怀特海的有机哲学不过是系统主义哲学的先驱,世界的基本单元或"终极的实在"不是不变实体,而是系统。系统不是不变实体的聚合物,而是有内部过程的实在事件的有机组织。按一般系统论创始人贝塔朗菲的说法:"系统就是相互联系的元素的集合。"[①] 这个定义嫌太一般化了,没有说出系统的内部过程。工程控制论创始人S.贝尔(S. Beer)将系统定义为"具有动态学联系的元素之统一体"(A System is any cohesive collection of items that are dynamically related)[②]。它不是不变实体的集合,而是过程的一种结构,是某种实在事件与过程的关系结构的持续性表现。一旦这种相互关系或结构的过程持续性结束,系统即行解体。因此,必须从动态结构上理解系统,系统哲学家们以E.拉兹洛(Ervin Laszlo)和P.切克兰德(Peter Checkland)为代表,曾经总结了系统的四大特征:(1)整体突现性。系统的元素之间,它们的关系是如此密切,以至于不仅形成元素之间的型构与结构,而且这种由关系而形成的约束改变了组元的性质与功能,它们按整体组织起来,突然出现了组元集合所不具有的整体性质,形成系统的个体性特征。例如生命有机体就出现了其组元大分子所不具有的新陈代谢、自我更新、自我复制的突现性质。(2)等级层次性。突现产生了组织层次,每一层次以比它低一层次所不存在的突现性质为其特

[①] 贝塔朗菲:《一般系统论》,社会科学文献出版社1987年版,第46页。
[②] S. Beer, *Cybernetic and Management*, John Wiley and Sons, New York, 1959.

征，于是系统成了多层次的复杂体系。例如生物就是一个由生命大分子、细胞器、细胞、组织、器官等层次组成的复杂体系。（3）适应性自稳定。如果系统不是与环境无关，不是变成不变实体处于平衡态的封闭体系，那么它就应该是开放系统，与环境进行不断的物质、能量、信息的交换中通过自我调节（自动控制）、自我维持或自我修复才能保持自己在环境中的稳定性和亚稳定性。适应性自稳定是系统的这样一种性质，它基本的变量和状态是一个具有上限和下限的域，如外部环境的干扰不超过这个域时，系统整体总是能组织自己的流，缓冲和抵消外部干扰，使它恢复其恒稳状态，以达到适应环境的目的。这里存在着信息流、负反馈和自动控制的机制。生命的自动调节、自我保护的机能达到适应性自稳，这是众所周知的。（4）适应性自组织。当外部环境的干扰超过上述所说的稳定域时，系统在一定条件下能够通过分叉与突变，重新组织它的实体、过程的力，从旧的稳态进展到更能对抗外界干扰的新稳态。这样系统便在"自然选择"下向更加复杂、更加有序和有更多等级层次演化。世界没有什么不变的质料或实体，实体不过是动态过程的有机结构和关系网络的纽结，这就是系统哲学和辩证哲学本体论的精髓所在。由上述四点组成的自然观念和思维方式叫作系统主义的世界观和系统主义的思维方式。

　　世界上一切事物，不是系统就是系统的组成部分，不是复杂的开放系统就是复杂开放系统的组成部分。上述的一般系统，尤其是复杂开放系统的一般特征，向我们指明一个问题，系统，至少是复杂系统具有自己的目的性。这里所说的目的，不是人类特有的"内在动机""目的意识""目的意向"的意思。所谓目的性，广义地说，就是系统的这样一种状态：物质系统的运动、活动与行为总是倾向于达到它，而不论其初始条件如何。于是这个被趋向的状态的实现，就叫作系统的目标（the goal of the system），为达到目标的条件、事件与行为，被称为手段。系统趋向目标的行为叫作合目的性行为，或目标定向行为。很明显，这个广义的目标范畴是客观的范畴，是用系统论语言表达而不是用心理学语言表达的。不仅人类具有目的性行为。其他生物乃至于非生物世界也有目的性行为。原子受激，它总是倾向于发射能量子以返回它的低能级基态，这是一种目的性行为，自稳定就是它的目的。恒温器、电冰箱、导弹以及其他人工的或自然的自动控制系统都是一个目标定向系统。以上所说的适应性自稳定状态就是复杂系统的目标。系统科学用了一连串的概念来表达这个目的性，贝塔朗菲一般系统论称之为"等终性"（有时又译为"果决性"）；不论初始条件如何，系统总要达到相同的最终状态。例如蝾螈胚胎，不论从两个融合在一起的胚胎、半个胚胎或四分之一个胚胎开始发育，都会成长为一条完整的蝾螈，这就是等终性。N. 维纳称之为"由反馈来控制的目的"，普利高津的耗散结构理论称为"定态"，哈肯的协同学称目的性为"吸引子""目的点"或"目的环"，它是通过序参量的控制而达到目的。系统是"有调节的、有目的的自组织起来的""系统自己非要拖到目的点或目的环上才能罢休，这就是系统的自组织"[①]。既然自调节、自稳定、自组织系统有它的目的，那么这个目的（目标状态、目的环、目的点等）便是这些系统的内在价值之所在，而达到系统目的的手段（条件、事件与行为等）便具有了自己的工具价值。这些价值都可以离开人而独立存在的，从一种较宽的标准来看，我们可以称之为自然价值。所以系统哲学家拉兹洛将内在价值称为规范价值（Normative Value），而将工具价值称为显价值（Manifest Value）。他说："价值现在能够在控制论意义上被理解为是系统动态行为的客观因素……这些系统包括雷达导向高射炮、声呐导航鱼雷、自动导航器，以及由恒温器控制的普遍加热系统，这样的人造伺服装置。这些系统并不是与价值无涉的，它们纳入（incorporate）了规范或价值，其行为调整到实现这些规范与价值。"拉兹洛有个奇特

[①] 哈肯：《协同学及其最新应用领域》，见《系统论、信息论、控制论经典文献选编》，求实出版社1989年版，第219页；钱学森等：《论系统工程》，湖南科学技术出版社1982年版，第78页。

观点，他认为这个"目标或价值"是由工程师装入系统中还是系统自身具有的是不重要的，有意义的问题是价值在系统中的地位。其实人的价值观念和偏爱也是由基因和文化从外部"赋予人的"。至于适应性自稳定系统，拉兹洛说："存在着促使系统返回稳定态的应变称为系统的价值或效用，而减少这种特别应变的驱动代表系统的价值等级结构。"这样显价值便与系统对环境的适应发生必然联系。"显价值表示系统在与和它相关的环境的相互作用过程中所获得的适应状态。规范价值是显价值的基础，如同编进恒温器中的（目标）值是温度计的气温读数的基础一样。"[1] 可见，系统哲学对于广义价值做出了比怀特海有机论更加精细和更加接近科学的论述。

三 生命世界的内在价值与工具价值

如果说非生命的目标定向系统，其价值范畴还不是表现得十分充分，以至于严格说来，我们应该按李德顺教授的意见将它称为"准价值"的话，那么在生命系统中，价值的范畴，包括价值、内在价值与工具价值，自我的利益、评价、目标、手段和选择，好与坏，行动者（agents）这些范畴就已经有了其充分明确的意义以至于我们完全可以称之为自然价值了。那么生命系统有什么基本特征而使得生命系统具有价值呢？分子生物学家雅克·莫诺曾经指出，生命系统有三大特征：（1）生命是赋有目的性和计划性的客体。这个目的性是在结构中显示出来的，并决定了它的行为与行动，其目的是指向维护自己及其物种的生存和繁殖。（2）自主的形态发生。不是依赖外力，而是从内部自己构造自己，能自我维持、自我更新、自我生长和自我修复。（3）繁殖的不变性，即物种特有的内容

---

[1] E. Laszlo, "A Systems Philosophy of Human Value", in *Systems Science and World Order*, E. Laszlo ed., Pergamon Press, 1983, pp. 48 – 60.

（由遗传信息决定）世代相传。① 因此生命系统的自我调节（self-regulation）不仅是调节到维持自己的一定稳定的状态变量（如体温、血压、体积等），而且是指向一个中心目的或最高目的，就是维持自己的生存与繁殖，它的整个结构、行为和活动都是合乎这个目的的。其次生命系统的自我维持（self-maintenace）不仅是一种普通的自我调节，而且是自我维持、自我解决燃料供应，即物质、能量的供应，并且这种自我维持是自我定向的不依赖于外界命令信号而取得的。这些都是生命系统与非生命系统或机器系统的根本区别之所在。因此生命系统就存在着"自我"：自我利益（self-interest），自我目的（purpose in themselves），即它是自己为了自己的"自为"（being-for-itself）存在，即具有自己的内部价值。保护自己，实现自己的生存与繁殖这个目的本身是生物所追求的，我们就将它看作生物内部的"善"，或内在价值。

从现代系统哲学和生态伦理学家们关于内部价值的论点中，我们可以看出内在价值有三个特点：

（1）生命系统的内在价值是目的定向的而不是手段定向的。所谓目的定向，就是生命系统维持自身生存与繁殖这个最高目的，自身就是自我利益，就是价值本身，就是自己赋予自己存在的价值（to be valuable to oneself）或是自己派给自己存在的价值（valueswhich assigns its own existence），并不是维持自己的生存利益或是为了别的什么目的，成为其他目的的手段价值，而是目的本身就是价值。生态伦理学家 P. 泰勒（Paul Taylor）认为，有机体是生命目的论中心的系统，它旨在努力保护自身，以自己的方式实现自身的善。他说"它的内部功能和外部活动都是目的定向的，它在所有时间里总是趋向于维持自己的有机体的存在，并依靠繁殖同类和不断适应变化着的环境成功地实现这一点。正如这个有机体固有的统一

---

① 参见雅克·莫诺《偶然性和必然性》，上海外国自然科学哲学编译组译，上海人民出版社1977年版，第5、9页。

的功能，即指向实现自身的善，使它成为活动的目的中心"，它就是生物的"内部的价值"①。我们能否从这种自然的"内部价值"中导出某种伦理结论？生态伦理学家 F. 玛菲斯（Freya Mathews）认为，一旦一个系统有了内部价值，它就有一种要求，要求"它的存在不应受到破坏而应受到保护"，"一旦我们认识到它具有自我自为存在的内在价值，我们就必须是在我们的注意力中将它与其他事物分开对待，不论我们是否高兴，我们已进入了一个价值场。用康德的话说，它是一个以自身为目标的存在，而不仅是作为我们目标的手段，这样我们就有一种道德责任来对待它"。"这是我们要尊重自然这种态度的基础。"② 对于"内部价值"对于人类伦理的意义，我们在这里暂且不加评述。在后面的讨论中，我们将会逐渐展开这个问题。

（2）生命系统的内部价值是客观的而不是主观的。所谓客观的，就是自身固有的，不以任何外部观察者、评价者和行动者的需要、愿望、利益为转移，它是与人类评价主体分开的。它可以不需要别的评价者与行动者，它自身就是评价者与行动者。例如某种细菌，就是有评价周围环境和自身行为的能力。它能区分有利还是有害的环境刺激，趋向对它有营养的物质，而避开对它有害的物质。根据科什兰（Koshland）于 1977 年的研究，这种评价与行动的能力来自分子记忆机制。所以生态哲学家罗尔斯顿说"自然界不仅是价值的载体，而且是价值的源泉"③。因此，自然的非人类的内在价值以及后面所说的工具价值对于人们的语言表述来说，"事实判断"与"价值判断"的二分法失效。或者明确一点说，对于这种自然内在价值，可以用事实判断来表述。

（3）内在价值，依其价值主体从低级到高级发展，也有一个从

---

① Paul Taylor, *Respect for Nature*, Princeton University Press, Princeton, 1986, pp. 121 – 122. See F. Mathews, *The Ecological Self*, p. 175.

② F. Mathews, *The Ecological Self*, Routledge, London, 1991, pp. 118 – 119, 177.

③ 罗尔斯顿：《环境伦理学：自然界的价值以及人对自然界的义务》，见《国外自然科学哲学问题》，中国社会科学出版社 1994 年版，第 290 页。

第一章　广义价值论

低级向高级发展的问题。用罗尔斯顿的话说，自然界"有计划地""朝向价值进化"，"一门更加深刻的环境伦理学，穿越整个地球连续统一体，探索真实的价值。价值在自然演替的等级中增加，而且是不断地出现在有顺序的价值序列中。这个系统是有价值的，能产生价值，人类评价者也是其产物之一"①。因此生态伦理学认为，不同生命系统的内在价值的大小，原则上是可以比较的，可以排序的。如果找到测量标准，也是可以计量的。例如可以按对环境的适应能力，或者按它们的自我维生的能力，或者按照它们的复杂性，来比较不同生物个体的内在价值之大小等。

　　有了内在价值的概念，工具价值的概念就比较清楚了。一个系统的目标是维持自己的生存，就对其周围环境和自己的行为与特征产生一种需要（needs），凡有助于维持自己生存的就是善，反之就是恶。它的生存的目标是内在的，也是最高的价值，而达到这种目标的手段便具有工具价值。一块石头不是自我维生系统，它被保全起来或者它被加热了、熔解了或被打碎了对它无所谓好与坏、善与恶、是否满足了需要，因为它没有自为的目的。一个电冰箱要调节温度"需要"电源，指的是没有电源它不能继续运行，但继续运行不是它自身的目的或本质，因此这个需要不是它自身的而是外在于它的人的需要。因此周围环境的因素对它来说也不区别得失、善恶、好坏，但生命自维生系统由于有了自维生的需要，所以一些环境要素或它自己的一些行为如果有助于它维持自己生存，提高自我实现的利益，满足自己的需要就具有了正的工具价值；反之不利于它自维生的利益需要，就具有了负的工具价值。前者对于它来说是善，后者是恶。例如植物自身的光合作用以及环境中的空气和水对于植物来说有正的工具价值，而光合作用机制的破坏以及空气和水源被污染对于植物来说有负的工具价值。这样，正是作为目的价值

---

① 罗尔斯顿：《环境伦理学：自然界的价值以及人对自然界的义务》，见《国外自然科学哲学问题》，第202页。

的内在价值作为标准，决定了一切与生命系统有关的事物的价值或效用（utility），它们具有多大的价值视它与生命系统的利益和需要的关系如何而定。它们的价值是相对的，同一事物对于不同的生命有不同的价值，氧气对于动植物来说有正的（工具）价值，可是它对于厌氧细菌来说有负的（工具）价值。大量砍伐森林，对于人类的暂时利益来说具有正的价值，而对于生态系统或野生动物来说具有负的价值。就这样，我们便可以谈论营养价值、光合作用的价值、基因突变的价值、昆虫的保护色的价值等。因为它们对生命维持和发展有价值，这些事物的功能因而具有了工具价值。一般说来，工具价值如同经济效用一样，原则上也是可以计量的。这是技术性的研究而不是原则性的研究，不属于本书要讨论的范围。

工具价值可以是客观的，关于这一点，著名哲学家卡尔·波普尔早就说得非常清楚。他说："价值同问题一道出现；没有问题，价值就不可能存在；价值和问题都不可能从事实推出或获得，虽然它们往往与事实有关或与事实相联系。"波普尔在这里所说的问题，正如大家熟知的可以是个理论问题，也可以是个动植物的生存问题，都可以通过不断的尝试性的试探和消除错误来解决这些问题。"价值的情况也像这样。可以猜想，一个事物、一个观念、一个理论或者一个方法是由于有助于解决一个问题，或作为一问题的解决而具有客观的价值。不论那些努力解决该问题的人们是否有意识地评价其价值。……人们常常提出，价值只有同意识一起才进入世界。这不是我的看法。我认为，价值同生命一起进入世界……所以即使没有意识，也存在客观的价值。"[①] 波普尔在这里所说的价值，显然是指工具价值。

内在价值和工具价值是可以互相转化的。罗尔斯顿说："当延龄草为捕食者所食，或枯死被吸收进土壤腐殖质，延龄草的内在价值被毁灭，转变为工具价值。系统是价值的转换器。在那里，形

---

① 卡尔·波普尔：《波普尔思想自述》，赵月瑟译，上海译文出版社1988年版，第274页。

式、本质、过程的真实性、事实和价值不可分割地连接着，内在价值和工具价值穿梭般地来回在整体中的部分和部分中的整体中运动，局部具体的价值嵌入全球结构。"①

价值不是主体与客体相互关系的范畴吗？怎么会有离开评价主体——人类评价者的事物的客观"内在价值"？这不是与公认的传统价值概念背道而驰吗？不依赖于人类评价者的自然价值概念难道不是生态伦理的困境吗？刘福森教授在《中国社会科学》1997年第3期上刊登的《自然中心主义生态伦理观的理论困境》一文中就是这样提出问题的。其实，我们这里所说的自然价值与人文价值、内在价值和工具价值所蕴含着的广义的价值概念，是可以将传统的价值概念作为一个特例而包含进来的。一般公认的传统的价值概念，是可以这样表述的：所谓价值属于主体与客体的关系范畴，它是主体与客体的二元函数。价值的实在性就是评价主体与评价对象之间的关系实在性。一物因其满足人们的需求与愿望，所以就有了价值。主体（个人、集团或社会）则因其对某物或某种行为的偏爱或厌恶而具有价值标准与价值尺度。价值（包括经济价值、道德价值和审美价值等）就是依着这种尺度去测定对象的性质，即对象的关系性质。正像人们通过自己的感官所看到世界现象性质可以称为物质世界的第二性质一样，人们通过自己的价值尺度所判定的对象的价值可以按照英国著名哲学家 S. 亚历山大（S. Alexander）的说法，称为物质世界的第三性质（tertiary qualities）。如果用 S 表示评价主体，O 表示评价对象，则价值 V 的形式定义可以表述为：

$$V_H \underset{df}{=} V_H (S, O)$$

这里 V_H 表示人文价值即以人类评价者为评价主体的价值。S 表示人类评价者的需要、欲望和要求，O 是被评价对象，可以是任何的事物、事件与行为等。现在我们在本节中所说到的自然价值，

---

① 罗尔斯顿：《环境伦理学：自然界的价值以及人对自然界的义务》，见《国外自然科学哲学问题》，第293页。

主要是生命系统定位的内在价值和工具价值，并没有改变上述的价值定义的一般形式，只是在这里我们扩展了价值主体，它不仅包括人类，而且包括一切生命形式、生命系统、生物群体和生态系统在内，都可以成为价值的主体。生命自维持系统或生命自维生系统，正如我们已经指出的它有自己的自我，有自己的目标、需要和利益，它们完全可以作为价值主体的，我们将它记为 S_l (the Life Self)，小写英文字母 l 表示生命，这样生命系统定位的工具价值可以定义为：

$$V_{l,I} = V_l (S_l, O)$$

这里符号 V_l 是 instrumental value（工具价值）的简写。至于生命系统定位的内在价值，不过是生命系统自身的自我关系、自我维持、自我维生，自己给出自己存在以价值。它可以定义为：

$$V_{l,i} = V_l (S_l, S_l)$$

这里符号 V_i 是 intrinsic value（内在价值）的简写。

用关系逻辑的语言来说，这不过是说价值关系对于价值主体类 S 来说，关系是自反的。传统的价值论讨论价值定义时没有明确考虑到价值关系的自反性，甚至排除了这个自反性，是一个严重的疏忽。所以广义的价值概念，$V = V (S, O)$ 仍然指的是主体与客体的关系性质，不过这个主体推展到生命系统，这个客体的类也可以包括主体自身。所以广义的价值概念并没有脱离传统的价值概念，而是推广、发展了传统的价值概念，从而可以包含或推出传统的价值概念。正是在这里使广义价值概念有着非常重要的价值论与伦理学的意义。

四　生态价值与生态伦理

如上所述，所有的生命系统包括人类自身在内，都有它们的内在价值，以及由这些内在价值投射到周围环境而赋予它们以工具价值，某些生命系统的内在价值又可以转换为相对于别的系统的工具价值。于是这些价值之间是相互冲突的又相互协调的，它们整合成更高的整体的生态价值。这总体的生态价值及其价值层次见图1—1：

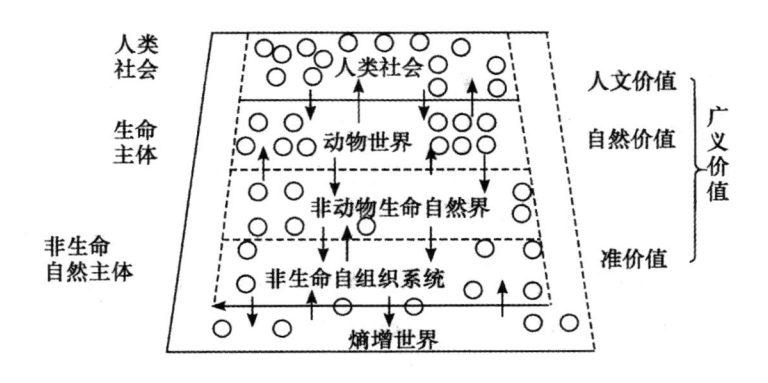

图 1—1 生态价值的等级层次

在这个生态总体价值图中，各个层次之间的分隔是半渗透性的，所以用虚线表示，各层次价值中用"○"表示内在价值，用"↑↓"表示工具价值，它们是可以互为工具价值的。不过从生态系统的内部关系及其食物链金字塔来看，上一层次要求下一层次提供比上一层次提供给下一层次更多的工具价值，这是因为高层次没有低层次的支持不能生存，反之就不然。因此，在生态价值体系中，如同一般价值体系一样，价值关系对于价值主体类是自反的，对于客体类是可迁的，但是不对称的。所谓可迁的就是 x 对于 y 有工具价值，y 对于 z 有工具价值，则 x 对 z 有工具价值。例如，鱼塘对于鱼有工具价值，鱼对于人有工具价值，则鱼塘对人有工具价值。所谓不对称的，就是 $V(x, y)$ 成立，不一定有 $V(y, x)$ 成立。鱼对于人有工具价值，人不一定对于鱼有工具价值。在人类社会生产中，人本来就是目的，具有内在价值，而生产手段本来只有工具价值。这个关系是不对称的。但对于资本主义社会来说，马克思指出，劳动者异化了，变成生产工具，成为这个大机器体系的奴隶，对大机器的高效运行的目的来说，变成了具有工具价值的东西。这个人—机价值关系对称了。到了共产主义或其他形式的未来社会，这个关系又变成不对称的。

所有的价值，都是在生态系统演化过程中产生出来的，这些价值在它们产生出来后都包含于、整合于和服从于生态系统的总体价值（holistic value）中，就像把 x 的微分积分到 $F(x)$ 的总面积中一样。从存在着生态系统的总体价值这个前提出发，便可以定义生态伦理的基本目标，这个目标是追求生态系统总体价值的最大化。同时从生态系统总体价值这个前提出发便可以得出生态伦理的一个基本原则，这就是生态伦理创始人 A. 莱奥波尔德所说的："一事物趋向于保护生物共同体的完整（integrity）、稳定（stability）和优美（beauty）时，它就是正当的，而当它们与此相反时，它就是错误的。"[①] 生态系统是有内在价值的，人类的价值属于它的组成部分；同时生态系统对于人类是有工具价值的，没有生态系统的支持，人类不能存在与发展。因此无论从生态中心或人类中心的角度看，生物共同体的完整、稳定和优美是人类与一切生命共同利益之所在；而生物共同体的不完整、不稳定和丑陋对于包括人类在内的整个生命世界是有害的，是人类与所有生命的共同利益的破坏，对于人来说是恶而不是善。这就是保护环境的伦理基础。是广义价值论导出的一个最重要的结论：保护环境、保护生态系统的完整性是最高的道德命令和终极的伦理价值。[②] 人类对生态系统的完整性负有不可推卸的道德责任。

还应指出，有些生命系统具有完整的感觉系统并有初步意识的能力，这就是动物。它们具有感受到或初步意识到自己内在价值的能力，并能通过痛苦、快乐及其信号来表达它们的内在价值得到实

[①] Aldo Lepold, *A Sand Country Almanac*, New York: Oxford University Press, 1966, pp. 224-225.

[②] Laura Westra, *An Environmental Proposal for Ethics*, Rowman & Littlefield Publishers, Inc., 1994, p. 6.

现还是没有得到实现。这就无异于宣布自己的生存权利。当然我们完全可以不尊重它们乃至践踏它们的生存权利，任意宰割它们，残忍地对待它们，像过去有些人吃活猴的脑髓一样。过去人们也许没有觉得这是不道德的，现在我们认识到这是不道德的，并不仅因为野蛮地残忍地对待动物可能会导致残忍地对待人，而且是因为从生态系统的内在价值或工具价值来考虑，我们应该尊重这些野生动物的生存权利。也因为这些动物与人类一样，都有感受和体验苦乐的能力。一种同情心或移情作用，先验地支配我们有维护它们不受虐待的权利。至于我们尊重动物的权利到什么程度，是否要达到佛教的"不杀生"的程度那是另外一个问题。这将在10.3节中再作详细的讨论。我个人同意在这个问题上的仁爱随关系疏远而递减的原理，人自然应该把他的爱从家庭成员扩展到朋友、熟人、社会的各成员以及全人类，他也自然应该进一步把他的爱以递减的程度扩展到他的宠物、各种动物、树木、花草乃至整个自然环境，其中动物的权利应受到不同程度的尊重。不过，无论如何从广义价值论、生态价值和生命价值论的研究，确实导出了动物权利这个新伦理的概念。这些就是广义价值论的生态伦理意义。

五　广义价值论对人类伦理的启示

从广义价值论的前提到人类伦理学的结论之间有着许多中介范畴和中间的环节，需要加入一系列辅助伦理假说，才能够从广义价值论的前提导出人类伦理学的结论。我们这里讲的主要是广义价值论对人类伦理的启发性或"劝导性"和"助发现"的意义。

（1）广义价值论为人文价值的起源提供某种论证。广义价值，包含准价值（由非生命自组织系统定位的价值）、自然价值（由生命定位的价值）以及人文价值即通常我们所说的"价值"（由人类定位的价值）有一个发展的过程。当然社会价值系统与动物价值系统有本质的差别，一旦进入人类社会价值系统，不但有目的性而且自觉意识到这个目的性，就有行动的选择，而且有人类自由意志的选择，出现了诸如目的意识、意志自由、自律、主观愿望、理想、价值观念、价值取向这些范畴，它们属于人类价值主体特有的东西，它是不可还原为生物学或动物心理学的概念来加以表述的。但是对于自然价值的充分研究的确能揭示人类价值关系和伦理关系的起源。动物维护自己物种的生存和发展，不但产生出利己主义行为而且也产生出利他主义行为，甚至产生了原始伦理。猴群中为了约束猴子之间相互的攻击，以免于由此破坏猴群之间协调的生存和发展，出现了十分类似于人类原始社会的伦理规范，而违反这些规范的猴子会受到刑罚①，这是我们理解人类原始社会的原始伦理起源的钥匙。人类价值概念的许多要素以及与人类价值相关的许多要素，如"利""害""得""失""自主性""目的""手段""选择""功能""需要""利益""效用"，它们都以原始的形态客观地存在于生物世界或自然价值世界之中。对这些概念的研究自然不能代替人类价值概念的研究，也不能逻辑地推出人类的价值，但这种研究却可以为人类价值的研究提供某种基础性的和启发性的论证。

（2）广义价值论划分了客观价值和主观价值，引导我们注意人类价值以及价值评价的客观基础。既然广义的价值世界中存在着准价值、自然价值这些不以人类意志与欲望为转移的客观价值，那么对于人类价值的研究，就不能单从主观的方面，即从是否能满足各个社会成员的主观欲望、主观想望来研究价值和价值取向，而且还应研究它们是否满足人们的客观需要或社会的需要，即从客观方面来研究价值和价值取向。鸦片对于许多吸毒者来说在主观上是有价值的东西，从鸦片对人体有害的事实判断不能逻辑地推出"我们不应吸毒"这个价值判断，但实际上从客观方面看，鸦片对人体是极

---

① B. J. Singer, *Human, Nature And Community*,《开放时代》1997年第9—10期。

其有害的东西，它具有负的客观价值。20世纪初英美妇女用鸟类的羽毛装饰她们华丽的帽子，以显示她们的荣华富贵，杀害珍贵的鸟类对她们来说是很有价值的东西，但从生态伦理方面客观地看是很有害的东西，它具有负的客观生态价值。价值与价值判断虽然无"真""假"之分，但却有"对""错"和"好""坏"之别。这个对与错、好与坏虽然不能从事实判断逻辑地推出，但可以用客观的事实判断对它进行理性论证。因此价值除了有主观标准之外还有客观标准，除了有非理性的一面之外，还有合理性的一方面。所以即使在社会价值论中，我们也应该考虑是否可以建立"客观价值"这个范畴，使它成为评价合理性论证的基础。这是广义价值论对我们的狭义价值论的启示。其实在经济领域，我们已经有了客观价值的概念。一种商品，不论需要者个人的偏爱如何，不论它对不同的人有不同的主观价值，但其供求均衡价格（对边际效用论来说）或生产该商品的社会必要劳动时间（对劳动价值论来说）就是它的客观价值。至于道德领域的评价，目前也逐渐地形成客观的价值这种概念，这就是人类的基本需要，或如伦理学家约翰·罗尔斯所说的"基本的善"或"基本的价值"。我们在下一章讨论人类的需要和人类的价值时还要特别发挥这个观点。

（3）广义价值论区分了内在价值和工具价值两个范畴，这两个范畴虽然从人类伦理学中来，但经生态伦理的论证，以更加充实的内容返回人类伦理的研究中，有助于我们揭示各派伦理学的限度和局限性。例如流行于英、美，近年又流行于我国的伦理学的功利主义，基本上将人们行为的伦理价值看作一种工具价值，一种行为或行为准则是不是正当的或有伦理价值的，要看它是否有利于最大多数人的最大幸福，这幸福对于某些学派来说就是人们感觉到或意识到的喜悦与快乐（pleasure and happiness）。但是由于缺乏内在价值的概念，即人本身就是目的这个概念，这就导致功利主义忽视尊重人的自主性，忽视人的尊严，甚至忽视尊重人权。所以在实践中运用功利主义的原则，必须补充上康德的"人类尊严原理"："人自身就作为一个目的而存在，本身就具有绝对价值"，因此"绝对的命令"便是"你一定要这样做：无论对自己或对别人，你始终都要把人看作是目的，而不要把他作为一种工具或手段"①。在医学伦理中，不能拿人来做毒气或细菌的试验品，目前也不能拿人来做克隆的试验品，即使是为了最大多数人的最大幸福，也不能牺牲少数人的幸福，这是根据任何人都具有内在价值的人类尊严原理。这个原理被功利主义忽视了。广义价值论帮助我们将这个原理找了回来。我们并不反对功利主义者，不过我是一个系统主义者，既重视行为的功利又重视准则的功利，既尊重最大多数人的内在价值，而且也要尊重少数人的内在价值，关于这一点将在3.5节和5.2节中加以讨论。

（4）广义价值论有它的整体价值和局部价值的概念。从某种尺度来衡量，人类的内在价值及其所投射的工具价值，也许是整个价值进化的阶梯中具有最高的价值。当然人文价值也不会是价值的极限，将来的世界，或者在世界的某处，或至少在某个可能世界里，显然会有一种进化形态上高于人类的智能生命，它们将会有高于当今人类的价值。在这方面，我们要看到人类价值的限度。现实地讲，人类的价值，即人文价值，不过是整个自然生态系统总价值的一个组成部分，人类的局部利益必须服从整体的利益。尽管人类的长远利益与生态系统的繁荣、稳定的利益是基本上一致的，但不能因此就将生态系统以及其他生命的价值加以抹杀，统统还原为人类利益。那种认为宇宙中没有别的利益与价值值得尊重，只有人类利益是唯一的终极的利益，作这种理解的"人类中心主义"就是人类种族主义。广义价值论有助于我们看到人类价值的边界与限度，拓宽我们的眼界。其实人类伦理和价值观念的发展过程，就是不断地将伦理关怀从个体利益扩展到自己亲属的那些共同体利益，再到群体共同利益，到阶级共同利益，再到国家民族共同利益，最后进展

---

① 周辅成编：《西方伦理名著选辑》下卷，商务印书馆1996年版，第371—372页。

到人类共同利益。为什么不可以再进展到动物世界的共同利益和生态系统的共同利益？既然有了多层次利益共同体，多层次命运共同体或多层次价值共同体和道德共同体，为什么我们只能走进入类命运共同体而不能走出人类命运共同体进入生态圈命运共同体呢？广义价值论提供了这种"走进""走出"的新视野，指出那种只"走进"而不"走出"（人类中心）的环保主义者只是表层的环保主义者，既要"走进"又要"走出"的环保主义者才是深层的环保主义者。

六　结论

广义价值论不是"苍白无力"并"引向死胡同"的拟人观，它是当代自然哲学和道德哲学发展的新趋势。人类自然观念发展有三个大的阶段：古代的将自然界看作有机整体和认为自然界是有理性的观念，在中国，表现为"天人合一"的观念；近代的将自然界看作一个巨大机器的观念；现代的将自然界看作一个复杂系统的观念。机械论的自然观不但要撇开一切第二性质来研究自然，而且更要撇开一切价值与目的性来研究自然，否则近代科学就不能发展起来，工业社会就不能实现。系统世界观则有限度地将目的性和价值引回自然界的研究中，否则信息时代就不能到来。这是自然价值论和广义价值论的世界观根源。关于这一点，英国哲学家 R. G. 柯林武德（R. G. Collingwood）在其名著《自然的观念》（牛津大学出版社1945年版）中说得非常清楚。他说"在欧洲思想史上，宇宙论思想有三个建设性时期"：第一时期是"希腊的自然观"，"自然界不仅被看作一个运动不息从而充满活力的世界，而且是有秩序和有规则的世界，他们理所当然地就会说，自然界不仅是活的而且是有理智的"。"三次宇宙论运动的第二次，发生在16世纪和17世纪，我建议把它的自然观叫作文艺复兴的宇宙论。""文艺复兴时期自然观的中心论点是：不承认自然界、不承认被物理科学所研究的世界是一个有机体，并且断言它既没有理智也没有生命。……自然界不再是一个有机体，而是一架机器。"第三次宇宙论运动发生于19世纪和20世纪。这时"进化的概念，正如目睹过达尔文在生物学领域里具体应用它的人们所知道的，它标志着人类思想史上第一个重要的转折点"。"自然界的变化就不再是循环式的"而是"新东西的恒常涌现"和"螺旋式的运动"。"在进化论中，自然界不仅作为整体不能，而且它的任何一个部分都不能用机械的术语完全描述。"于是"再次导向目的论，将被机械自然观排除了的观念即目的论的观念，重新引入自然科学"[①]。这样广义价值论就成为当代自然观的不可避免的结论。同样，进入文明时代的人类伦理观念的发展也有三个阶段：第一阶段，着重用仁爱的观念调整人与人之间的关系，欧洲的基督教和中国的儒家伦理就是这种伦理观点的代表。没有这种伦理，文明时代不能到来。第二阶段，着重用民主、自由、人权的观念调整个人与社会的关系，否则专制时代不能过去。第三阶段，着重将伦理态度推广到自然界，调整人与环境的相互关系，否则人类文明有被毁灭的危险。这就是生态伦理学创始人奥尔多·莱奥波尔特和 E. 奥汀（Eugene Odum）提出的三种伦理学和伦理学发展三阶段的观点[②]，在伦理学发展的第三阶段自然有一个广义价值论与之相适应。广义价值论不是某些人心血来潮、灵机一动的产物，它是一个长期酝酿着新近又发展起来的哲学思潮，值得我们认真加以研究。爱因斯坦1905年发表狭义相对论后又于1916年发表了广义相对论，难道我们真的不可以在狭义价值论的基础上创立广义价值论吗？

---

① R. G. Collingwood, *The Idea of Nature*, Oxford University Press, 1945, pp. 1-20.

② W. T. Blackstone ed., *Philosophy & Environmental Crisis*, University of Georgia Press, U. S. A. p. 10, 1974. 又见奥尔多·莱奥波尔特：《沙乡年鉴》，侯文蕙译，吉林人民出版社1997年版，第192页。此中译本将"莱奥波尔德"译为"莱奥波尔特"。

第二章

狭义价值论

价值论有广义价值论和狭义价值论的区别，这区别主要在于价值主体的范围不同。以系统、生命、动物或生态系统为价值主体的价值论是广义价值论。当然系统、生命、动物或生态系统是包括人类在内，而其外延又比人类更广。所以以人类为价值主体的价值论自然就应该称为狭义价值论了。狭义价值又称人文价值，简称为"价值"。

现在，"价值"一词愈来愈广泛地流行起来。不但我写字的这支笔以及我桌面上堆满的书本可以说是有价值的，而且有人认为金钱比起这一切更有价值，有人也将某种支配社会行为的准则或信条称作价值。我们常常听人说，教师不仅要教学生以知识，而且要教育学生懂得人生的价值。当某一政治家过分迷恋于权力时，我们批评他对"更高的社会价值视而不见"。当某个东方国家和某个西方国家在外交谈判中发生人权争论，这东方国家指责对方将西方国家的"价值"（或"价值取向"）强加于人。当现代科学技术在保护人类免受诸如战争威胁、贫富不均和环境污染的痛苦表现得无能为力时，人们归咎于太重视科学而忽视"价值"，并期待某种人文精神的复兴来重振这些"价值"等。这样价值便遍及经济学、社会学、政治学、伦理学、美学以及各种传媒领域，成为哲学家们需要将它厘清的重要概念和重要问题。哲学家们需要厘清的这个问题是具有非常重大意义的。我们的社会面临大变革，人类面临大发展也面临大危机，我们许多人似乎被一种错误的价值所引诱，被一些不良的道德所导向，我们正处于一个价值变迁和需要纠正价值取向的社会变革的时代，价值和伦理理论成为哲学家关注的中心是理所当然的。

不过本章的目的主要是想厘清一些有关价值的概念，提出自己对于价值一般原理的理解。至于如何导出有关的社会的、伦理的结论则留待以后各章加以研究。

一　价值主体与价值客体

到底什么叫作价值呢？近年来哲学界已讨论得很多。一般说来，价值是人类主体（S）与被评价对象（O）之间的关系，即 $V(S, O)$。一个对象客体（事物、事件、属性、功能、活动、行为、观点、原则等）因为能满足人类主体的某种需要（need），达到人们的某种期望（desire），合乎人们的某种想望（want），因而成为具有价值的东西，而主体因其对某物或某种观念、某种行为的偏爱、兴趣而有了价值观念、价值标准和价值尺度。价值作为谓词，它就是对象客体对价值主体的需要能给予的满足这样一种性质，这是主体与客体之间的一种特定的关系或关系性质。因而要比较彻底地弄清"价值""具有价值的东西""价值观念""价值标准"这些争论不休的概念，就首先要分析价值主体与价值客体以及它们之间的相互关系。

什么是价值主体，哲学界似乎讨论得很多，但是大都缺少精确的分析，而这是价值论研究的起点，所以研究要特别过细。所谓价值主体，狭义地来讲，就是生活在世界上通过劳动、实践与各种社会生活寻求自己各种需要得到满足的人。这里所说的人类主体有很多层次，首先是个人，然后是人的群体、社会、整个人类等。不过只有个体才有脑，集体、社团或社会是没有脑的，它们行使价值主体的职能，或者是通过其代表或法人，或者是通过社会个体成员之间的协议、契约（包括"全民公决"之类的东西），或者同时通过二者来加以实现。对于不同的主体、不同的个人、不同的群体，它们与客体的价值关系有很大的不同。一本《圣经》或一顿晚餐对不同的个体在不同环境和不同时间里有不同的价值，一种行为（例如一次游行示威）对不同的群体也有不同的价值评价，并往往引起不同价值的冲突。通常在讨论什么是价值时，我们首先要排除这些复杂的因素，来考察价值主体的最一般特点。人类价值主体的一般特点可以从下列三个方面进行分析：

（1）自觉的目的性和目的、手段的多样性。人类作为价值主体具有目的意识，和一切生命一样，人类的行为有明显的目的性，但与其他生物乃至高级动物不同，人类行为不仅是有目的的，而且自觉意识到自己的目的，并为达到自己的目的，有意识地选择自己的各种手段，从而使人类有目的行为成为有意向、有想望、有追求和有计划、有步骤的行为。马克思说："蜘蛛的活动与织工的活动相似，蜜蜂建筑蜂房的本领使人间的许多建筑师感到惭愧。但是，最蹩脚的建筑师从一开始就比最灵巧的蜜蜂高明的地方，是他在用蜂蜡建筑蜂房以前，已经在自己的头脑中把它建成了。劳动过程结束时得到的结果，在这个过程开始时就已经在劳动者的表象中存在着，即已经观念地存在着。他不仅使自然物发生形式变化，同时他还在自然物中实现自己的目的，这个目的是他所知道的，是作为规律决定着他的活动的方式和方法的，他必须使他的意志服从这个目的。"[①] 马克思的这段话集中说明了人类主体和主体活动的最根本特征，即它是目的性导向的，而不是盲目的因果决定性和随机偶然性导向的，这种目的性导向有时被人们不准确地叫作"果决性"，其实是结果的观念，结果的追求和结果的信息导向；同时这目的性是被自觉地意识到的，从而具有一种意志力来实现这个目的。由于有了意识，人类的目

---

① 《马克思恩格斯全集》，第23卷，人民出版社1972年版，第202页。

的决不局限于直接满足自己维持生命的生理上的需要,而是为了达到总的目标有一系列不同层次的目标体系。并且也由于有意识,它就不是单纯运用自己的身体去直接抓住这个目的,而是利用自然的和社会的各种手段(如劳动工具与人际关系)间接地达到自己的目的。黑格尔说:"理性何等强大,就何等狡猾。理性的狡猾总是在于它的间接活动,这种间接活动让对象按照它们本身的性质互相影响,互相作用,它自己并不直接参与这个过程,而只是实现自己的目的"①,这就是手段的间接性和多样性。这就是说,比之于其他生物世界,能作为人们目的的东西(目的价值)大大扩展了,而能够直接间接达到人们目的与期望的手段(具有工具价值的东西)也大大扩展了。人们的行动与活动不是原因定向的而是目的(对可能的结果的意识)定向的这件事说明,手段虽然是达到目的原因之一,但它是依照人们的目的进行选择的,而选择是自由意志的一种活动。人们不断选择手段,不断通过自己的手段达到自己的目的,达到某种目的之后又不断提出新的目的,选择新的手段。这就是人类主体性的一个特征和它区别于客体性的一种表现。这个特征简称为自觉目的性特征,它有三个关键词:目标、手段和自由意志。关于这个特征在本书第二章第三节有关价值的分类中将充分地表现出来,在这分类中"目的价值"占着显著的地位。

(2) 人类需要的层次性。人作为价值主体的第二特征就是它的需要的多样性和层次性。一般来说,动物只有客观的生理需要或本能的需要,低级动物更是如此。而人类除了维持自己生存的生理需要之外,还有其他的物质的、文化的、社会的、精神的、心理的需要,覆盖在生理的需要上面。其实所谓需要是与人们的目标状态分不开的。所谓自觉的目标或自觉的目的,是人们查明一定的需要以及满足这些需要的条件是否具备而定出来的。单纯有某种需要并不

---

① 《马克思恩格斯全集》,第23卷,人民出版社1972年版,第203页。

第二章 狭义价值论

立即成为人类的目标,只有具备了实现条件的需要才能成为人类活动的现实目标,而一旦某种需要成为人们的目标,那达到这目标的手段也就立即成为一种需要。我们要派人去探测火星这个目标是根据科学发展有了这种需要以及目前的环境条件又具备满足这种需要的可能性而制定出来的。这是人类社会群体特别是某个科学共同体的目标,当然也包含了科学家个人的目标。但反过来说,当目标状态已经存在,无论是生理地存在(如获得维持生命自身的物质、能量供应),还是心理地存在(追求爱情或友情),还是社会地存在(追求一种民主的社会制度),这种目标状态与当然状态的差距,就构成一种空缺,一种需要或要求,必须去填补这个空缺,去达到这种目标状态。人类的个人需要是一切社会需要的基础,也是一切价值的最终的客观源泉,而且是社会发展的内在驱动力。承认和尊重个人的需要,甚至把它看作一种人的权利,这绝不是什么"个人主义"。一切个人需要的总和就构成社会的物质文化的需要。一切事物的价值、一切行为准则、一切社会系统和社会措施的好坏,归根结底要看它是否有利于满足最大多数人的物质文化需要为转移。这是一个终极的价值判断标准,因此需要进行认真的科学研究。现在,生理学家、心理学家、经济学家和社会学家和政治家都曾对人类个人的需要进行过不少的分析。例如有些政治家提出人们生活的温饱、小康、富裕三个台阶,就是个人需要的三个大层次或三个大阶段。而有些经济学家和心理学家,如 A. 马斯洛就曾提出人类个人需要有五个层次。他说,人是一种不断地有需要的动物,一旦他的某种需要得到满足另一种需要就代之而起,这是永无终结的过程,直至他死亡。第一级是生存的需要,从而有提高工资、改善生活、医疗和福利的要求;第二级是安全的需要,从而有职业保障、社会保险之类的要求;第三级是爱的需要,从而有友谊、爱情、社交、归属感和参加一定社团的要求;第四级是受到尊敬(自尊)的需要,从而有自由、独立、取得成就、提高知识与能力、获得名誉的要求;第五级是自我实现的需要,从而有发挥自己的潜能、创造力和实现自己的志向的要求。[①] 马斯洛需要五层次论是从管理学角度提出来的，其目的是研究怎样满足个人各种不同层次的需要来调动他们在生产上、事业上的积极性，并不完全适合道德哲学的需要；并且它的缺点是认为高一级的需要只有低一级需要完全得到满足后才提出来，从而将这个需要阶梯看成是一个机械序列，也不完全符合人类需要的实际情况。从价值学的观点来看，我们应该克服马斯洛需要层次论的缺点，并超越它的管理学视野，从三个维度上来研究人类的个人需要。

其一，从需要的性质上，我们可以将个人的需要划分为三类。第一，生理上的需要，包括食、衣、住、行、性（生活）、闲暇的时间、活动的空间、健康的服务等。第二，精神上的需要，包括友谊、爱情、安全感、归属感、学习与受教育、文化娱乐等。第三，社会的需要，包括民主、自由、人权、和平、工作保障、社会安全和互助合作等。这三种需要是同时性地相互依存的而不是历时性地相互无关的。人是社会的动物，个人生理上的需要只有在一定的社会环境、一定的社会需要得到满足的情况下才能得到满足；反之，一个社会只有当个人的基本生理需要得到满足的情况下，社会安全和社会正常生活才可能有保障。这相互关联的三种需要（由此决定了物质价值、精神价值和社会价值三种价值）构成多维的需要变量，组成人类生活多重需要的状态空间，它可以称为需要空间，是我们分析人类需要的思维工具（见图2—1）。

其二，从需要的层次上，我们大体上可以将个人需要划分为三个层次。第一，生存（survival）的需要，缺了它，个人不能存在。例如，一般来说，成人每天需要 2500 卡路里（大卡）或 10500 千焦的热量供应和 30 克的蛋白质的物质供应等。这在任何社会条件下都是必需的。R. L. Sivard 在《世界的军事与社会的消耗》

[①] 参见 A. 马斯洛《人类动机理论》，孙耀君主编《管理学名著选读》，中国对外翻译出版公司 1988 年版，第 123—161 页。

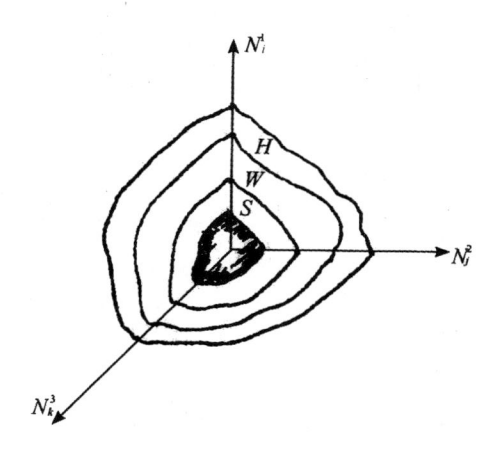

图 2—1 人类需要的圈层结构圈

(1987)一书指出,全球有 8 亿人得不到足够的食物,13 亿人得不到安全的饮水,即他们的生存受到威胁。可见生存的需要在世界上还有许多人得不到满足。[①] 第二,福利(well-being)的需要,这是在特定社会条件特定文化下为保证身心健康的物质生活、精神生活和社会生活的基本需要,包括马斯洛指出的第二种至第四种层次,如友谊与爱、自尊与安全感等需要都是基本的。从现代社会的观点来看,所谓个人的福利需要,指的是人们过着有尊严的、有文化的、有保障的、身心健康的生活所必需的东西。缺少了它们,或这种需要的满足达不到一定的标准,人们或许还能生存,但他们会在身心上和人际关系上受到基本的伤害。关于这一点,我们将在 5.6 节中作进一步的说明。第三,自我实现(self-actualization)和全面发展的需要。大体上相当于马斯洛的第五种需要,不过应该指出人类自我实现的需要,有可能成为专业分工和自己偏好的奴隶,如果不是这样,它必定走向个人能力和表现的全面发展这个目标的。根据邦格估计,全世界约有 1/10 的人具有满足这种需要的条件。他

---

① Cf. R. I. Sivard, *Wold Military and Social Expenditures*, 12th ed., Washington: World Priorities, 1987.

将满足了这种需要的状态称为理性的幸福状态。[①] 以上三种需要，前者是后者的必要条件，后者是前者的充分条件，从而形成需要的层次与序列，而第一层、第二层的需要是基本的需要。基本的需要是一个十分重要的范畴，凡能满足人们基本需要的东西组成社会基本价值，或如罗尔斯所说的"基本的善"（primary goods），包括基本的自然善，即健康与活力、智慧与想象力等；也包括基本的社会的善，即权利与自由、权力与机会以及收入与财富等，"它是被假定为理性的人欲求其他什么东西都需要的东西"[②]。一个社会成员的基本需要能否得到满足，是一切社会行为、社会政策、社会制度好坏的最终裁判。这样，我们便可以对"温饱""小康"和"富裕"下一个价值论的定义。一个社会，凡是具备能而且只能满足其成员的第一层次需要的条件的社会，称为"贫穷"而"温饱"的社会。凡具备且只具备满足其成员的第二层需要的条件的社会称为"小康"社会，凡具备满足其大多数成员的第三层需要的条件的社会称为"富裕"社会。这里说的"具备……条件"主要指的是在经济、文化、政治资源上具备这些条件。至于是否其成员都现实地满足了自己某个层次上的需要，这里有一个分配问题，即分配是否公正问题。

需要的多层次，表现在需要空间中，便构成需要的层次结构。假定生理需要由 N_1^1, N_2^1, N_3^1, $\cdots$, N_i^1 表示，而精神需要由 N_1^2, N_2^2, N_3^2, $\cdots$, N_j^2 表示，而社会需要由 N_1^3, N_2^3, N_3^3, $\cdots$, N_k^3 表示，则需要层次在多维需要空间中由三个相互包含的圈层表示：N_i^1, N_j^2, N_k^3 表示人类需要的多维变量，组成状态空间，需要的满足在 S

[①] M. 邦格是这样定义理性的幸福（reasonably happy）状态的。他说："某一个人是理性地快乐（或理性的幸福）的，当且仅当（1）他处于健康的生活状态。（2）他自由地追求他的合理的欲望。"他根据 R. L. Sivard《世界的军事与社会的消耗》一书指出，第三世界的人们有 1/2 的人得不到安全的饮水，有 1/5 的人得不到足够的食物。见 M. Bunge, *Treatise on Basic Philosophy*, Vol. 8, D. Reidel Publishing Company, 1989, p. 48。

[②] J. Rawls, *A Theory of Justice*, Oxford University Press, 1972, pp. 62, 92.

空间内能够生存，在 W 空间内身心能健康成长，达到福利的状态，在 H 空间内能得到自我实现或全面发展。而当状态落到黑色空间时，意味着连生存需要不能满足，即为死亡空间。

其三，从需要的表达上，以上的三个方面和三个层次的需要都可以用两种词汇来进行表达和研究。从客观的词汇上来看，它是一种需要、一种利益、一种福利和一种生活水准。而从主观的词汇上看，它是一种欲望、一种期望和一种追求。达到了某种欲求就有某种满足感。这两种词汇表达基本上是一致的，有某种客观的需要，主观就有某种欲求；有某种需要得到满足，主观上就得到某种快乐。不过有时也有不一致和冲突的地方。例如，生病的小孩需要打针，但他主观并不欲求去打针，这里有一个根据客观的需要对主观的欲求进行评价的价值合理性问题。总之，人们有各种各样的、不断发生和不断提高的需要与欲求，这是价值的源泉也是社会发展的根本动力之一，这是人类主体性的另一个特征。

（3）主体态度。价值主体的第三个特征，就是它对价值客体有一种主体的态度或主观的态度，形成它对价值客体或价值对象的一种偏爱（或厌恶）、兴趣（或反感）、快乐（或痛苦）的感受等。这在感情上是对价值客体的一种喜爱或不喜爱、赞赏或不赞赏的态度，而在理性上是一种赞成、不赞成或反对的评价判断。以上所说手段是否达到目的，或是否能达到目的，它对于目的的达到的贡献如何？各种需要是否得到满足，满足的程度如何？总是要通过人们这样一种感情的或理性的主观态度表现出来的。当然人们对某客体或对象有某种需要，就会形成对该对象的偏爱与兴趣，价值客体对人们有某种客观的效用，人们就会产生对该客体的欲望与企求。但是同样的需要与效用对不同的主体会产生不同的主体态度。例如，同龄的青年人尽管都有同样的受教育的需要，但对于进大学学习一事，不同的学生的主观态度、主体欲求和主体想望可以很不相同。甚至有些学生厌恶上大学，造成所谓"客观价值"与"主观价值"的冲突。另外，不同的主体态度又可以产生不同的物质、精神的和生理的需要。因此主体态度与主体需要是两件不同的事情，尽管它们常常是一致的。主体态度是价值主体的一个独立特征，它构成价值的另一个源泉，使价值具有主观性，形成价值判断、价值观念及其体系。

以上就是通过主体与客体的相互关系来考察价值主体的特点：价值主体要通过客体达到自己的目的，要通过客体来满足自己的需要，并对客体有一种主观态度。这几个特征把人的尺度加于价值客体身上使后者赋予价值（或零价值和负价值）。凡能够帮助主体达到目的、满足主体需要的，获得主体偏爱和肯定的叫作好的，或有价值的，反之就是价值无涉的或有负价值的。

现在我们再来考察价值客体。被称之为有价值的客体或对象包括一些什么？凡是与上面所定义的目的、需要、主观态度有关的一切都是价值客体。它首先包括整个自然环境中的所有事物，因为人们要依靠自然环境才能生存、发展，同时，它还包括人工自然的各种产品，如一件商品、一栋房子、一辆汽车、一项水利工程等。其次，价值客体还包括各种精神世界的东西，如一本书、一个物理理论、一项科学实验、一种政治学说与伦理学说、一件艺术品、一段乐曲等。最后，价值客体还包括与社会制度和人类社会行为有关的东西，如一种政治制度，一种政治行为，人们的行为、品质等。所有这些都可以成为人们欲求、喜爱和需要的对象，因而都可以成为价值客体，人们可以对之做出价值评价。

价值客体的基本特征就在于它具有效用。所谓效用就是客体（O）具有这样或那样的性质与关系，它能满足主体（S）的需要与欲求，引起主体的偏爱与赞赏。应该指出，效用并不是价值客体内在的自然属性或社会属性。一把钢刀，有它的几何形状，有它的硬度，有它的锋芒，但这些属性并不是它的效用。钢刀因为这些属性而满足了人们削木、切菜和砍骨等需要，才是它的效用。糖是甜的，这是糖的属性不是效用，但因此而引起人们想吃的欲求，就是效用。一个日落的情景本身并不是效用，它引起了人们的美学欣赏，才是它的美学效用。所以效用是价值客体的关系性质。效用是从客观方面、客体方面来看的价值，而偏爱、赞赏是从主观方面、主体方面来看的价值。它们的关系可以用下图来表示：

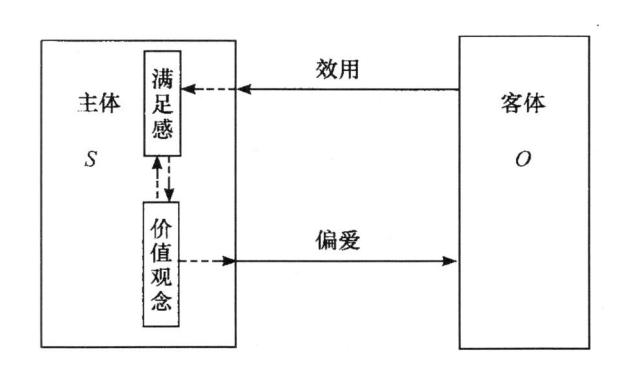

图2—2 主体、客体、效用、偏爱的关系

这样，我们便有了一个价值定义：

$V = V(S, O)$

这里价值 V 是主体与客体的二元函数或二元关系，这关系就是效用关系或偏爱关系。S 是主体，它的特性包含我们上面所说的主体目的 $P_a(S)$，主体需要 $P_b(S)$，主体态度 $P_c(S)$……而在客体中，自然包含能满足人们需要和喜爱的许多属性，例如钢刀的锋利性 $P_1(O)$，硬度 $P_2(O)$，形状 $P_3(O)$，重量 $P_4(O)$……不过决定价值的这些主体要素与客体属性是在一定时间（t）、一定环境条件（R）下发生作用的。因此，详细来讲，价值是个多元函数。我们将客体 O 的价值 V_o 表述为：

$V_o = V(S, O, P_i(S), P_j(O), R_k, t)$

这里 $i = a, b, c\cdots$；$j = 1, 2, 3\cdots$；$k = 1, 2, 3\cdots$

20世纪初著名道德哲学家 G. E. 穆尔（G. E. Moore，1873—1958）将价值看作像长度与颜色一样，是单纯的概念而没有部分的东西，因而是不可分析和不可定义的。他说："黄色与善，就不是复合的东西，它们是属于单纯的概念这一类，从这种单纯概念，不能构成定义，而且连下定义的能力，也不能在此施展，所以说善是表示一种单纯的和不能下定义的性质。"① 当然穆尔要我们谨慎地使用善或价值这个词，不能将它还原为事物的自然属性，这是对的；但认为善或价值不能分析，没有部分，只能直觉不可定义则是不对的。我们以上的两个函数式表明价值是一种关系性质，自然就可以分析为主体与客体、效用与偏爱的不同方面，并进一步分析为决定价值的各种因素与变量，其中有些是主观的，有些则是客观的，另一些是主观客观的交叉性质，没有这种分析就没有价值学。当然我们有时可以通过直觉，不必分析就判明有价值还是没有价值，直觉地判明好坏。但在直觉失灵的地方，我们便需要价值科学与价值哲学的分析与综合。事实上，上述的价值定义和价值分析，是力图通过主体的各种生理的、心理的、精神的文化性质（$P(S)$），以及客体的各种自然属性和社会属性等功能性质（$P(O)$），附加上那不可还原的效用关系和偏爱关系（辅助假说 AB）来解释说明事物的价值。它们的推理形式是：

$P(S) \& P(O) \& AB \vdash V$

这个表述式和上述两个价值定义式一样，是不能还原为事实描述的，但它却包含了事实的描述。

二 价值自身

（一）价值的相对性

我们已经分析了价值主体和价值客体，所谓价值也就十分明白了。价值就是主体与客体之间的一种效用关系（满足关系）和偏爱关系（赞赏关系）。凡能够满足人们的需要与欲求从而得到人们的偏爱者就称之为具有价值。不过这里我们要补充说明的是：作为价

---

① 穆尔：《伦理学原理》，见周辅成编《西方伦理学名著选辑》下册，第 659—661 页。

第二章 狭义价值论

值的满足关系，不必是"已经满足"。凡"能够满足"者也具有价值。例如一把钢刀，即使我们将它锁起来不去用它，它也仍然对我们有价值，因为它"能够"满足我们的需要，从而引起我们的偏爱。

"有价值"一词，在英语中常与"好的"（good）一词混用。英国哲学家 P. 杰克（P. Geach）曾从语意分析上指出理解"好"（有价值的）的困难在于它是一个定语形容词，它的特点是并不一定表示它所形容名词的固有属性。它是运用于谓词上的一个算子（或一个谓词，即高阶谓词），在名词意义之外构造新的描述附于名词之下。例如 x 是一条大毛虫。这个"大"就是定语形容词，并不表明毛虫的固有特征。"x 是大毛虫"并不能展开为"x 是大的以及 x 是条毛虫"，因为 x 如果与一只鸟儿比较起来，x 绝不是大的。这与谓词形容词不同。谓词形容词表明它所形容名词的固有性质如"x 是一条红毛虫"。这里"红"是谓词形容词，所以这句子可以展开为"x 是红的以及 x 是一条毛虫"。好与坏，有价值与没有价值这种形容词正是定语形容词。"x 是个好老师"并不能展开为"x 是好的以及 x 是个老师"。其所以不能一般说 x 是好的，因为 x 只是相对于它是老师来说才是好的，x 就不一定是个好的足球运动员。[①] 这里说的是，价值不是客体固有的内在属性而是一种关系属性，相对于不同的主体有不同的关系。它是一个至少是二元的谓词而不是一元的谓词。我们不能一般说摇摆舞是好的或很有价值的，只是相对于它的喜爱者来说是很有价值的。我们也不能一般说，饮一杯啤酒是很有价值或很有效用的，对于已经灌醉的人来说，是没有价值的，或有负价值的。这就是价值的关系性质，对主体偏爱和效用的关系性质，依不同的主体关系而不同，这就是价值的相对性。但是这种主观性和相对性，并不等于任意性。一旦确定了主体和客体，

---

① Peter Geach, "Good and Evil", in *Analysis* 18 (1957); in J. L. Mackie, *Ethics*, 1984, Penguins Press, p. 52.

确定了参考系，包括价值关系参考系，价值正负和价值大小也就确定了。

以上就是本体论上的价值相对性，指的是价值是一种关系性质，没有离开价值主体，不以环境为转移的绝对价值。至于文化学中的价值相对性问题，指的是除了所有人类都共同的一些少数的价值原则外，人类的价值原则、价值标准是以不同时间、地点、环境条件为转移的，不同时代、不同民族和不同文化有不同的价值标准。这就是我们所主张的价值论的适中的相对主义。

(二) 价值的可比较性

第一，价值是有正、负的。凡是能满足人们的需要与欲求，引起人们的偏好与赞赏都是"好"的，具有正的价值，而在道德哲学中，"善"是用来表示具有正价值的东西。凡是不能满足人们的需要与欲求，或使人们的某种需要与欲求更加不能满足，从而不引起人们的偏好或引起人们的厌恶与反感的，是"不好"的或"坏"的具有零价值或负价值；而在道德哲学中，"恶"是用来表示具有负价值的东西。在"好"与"坏"、"善"与"恶"、"正价值"与"负价值"之间，应该有一个中性的领域。"不好与不坏"，具有零价值。这是价值可比较性的第一点：价值有向度。

第二，价值不但有向度，而且在相当大的范围里是可比较的，即可比较其大小。如何进行比较呢？

某一客体 O_1 因其各种性质 $P_1(O_1)$，$P_2(O_1)$，$P_3(O_1)$，…而满足人们某一方面的需要与欲求 V_1，而另一客体 O_2 因其各种性质 $f_1(O_2)$，$f_2(O_2)$，$f_3(O_2)$，…而满足人们另一方面的需要与欲求 V_2，按照 $P_i(O_1)$ 与 $f_i(O_2)$ 来比较 V_1 与 V_2 的大小，是不可通约的。因为各类事物的性质千差万别，任何一个性质测度都不能代表该事物的价值大小，尤其不能用不同事物的不同属性来比较不同事物之间效用的大小，因为它们的量纲不同。例如金钱、爱情与自由，金钱是经济事物，爱情属感情的心理世界，而自由则是政治关系。它们自身的属性不可比较、不可通约。但是，每一种需要的满足或可能期望的满足，有一种主观的偏爱反映。这种主观的偏爱就成了价值的测度。孟子曰："鱼（O_1）我所欲也，熊掌（O_2）亦我所欲也。二者不可得兼，舍鱼而取熊掌者也。"（《孟子·告子上》）用主观偏好或主观效用对之比较可得出熊掌的价值大于鱼，$V(O_2) > V(O_1)$。而当 S 必须取 O_1、O_2 之中的一种时，S 无特别偏爱则二者的价值相等 $V(O_2) = V(O_1)$。当在某一领域中将价值客观开列出来，如社会价值中的自由、欢乐、自尊、诚实、服从与平等等，考察某人对这些价值客体的偏爱度，这些价值客体的实现如果给某人带来的满足程度，便可以制定这个人在社会政治和社会伦理方面的价值系统。它是通过复杂的比较而得到的，这种比较不但可以在同一领域进行，例如在两枚戒指、两件衣服、两项工作和两个女朋友之间进行；而且可以在不同种类的价值中进行，例如经济价值、道德价值、政治价值和生命价值之间也可以比较。孟子又曰："生亦我所欲也，义亦我所欲也。二者不可得兼，舍生而取义者也。"（《孟子·告子上》）在这里孟子将道义价值看得高于生命价值。这就是所谓"生命诚可贵，爱情价更高，若为自由故，两者皆可抛"。这也是通过主观选择，即主观偏好的选择得出自由价值＞爱情价值＞生命价值的不等式，就是一个很有正义感的人的政治伦理价值系统。我们的价值定义以及效用与偏爱被假定为相对应的原则使我们可以跨越不同价值领域进行比较。这里没有自然的精确仪器测量标准可用。人本身的偏好就是尺度，在价值问题上，希腊哲学家普罗塔哥拉（Protagoras，前481—前411）说的"人为万物的尺度"这句话是对的，它使我们有可能通向统一价值学说的道路。

第三，价值在一定范围里是可测量的。比较可以按不同事物价值大小建立一个离散的序数。我们将最坏的东西放在右边，将最好的东西放在左边，可以将我们偏爱的东西，我们欲求的东西，或我们需要的东西排成一个序，叫作偏爱序（或效用序）。不过我们是否能派给它们一定的数量，使之成为可以计量从而进行 +、-、×、÷ 的数学运算，以及这种运算又有何意义，如何派给它们一定的数量使之成为实数函数，这的确是个还没有完全解决的问题。关于这个问题我们将在 3.5 节中进一步加以讨论。不过至少在经济价值的领域里，这个可公度、可计量的单位的确已经找出来了，它就是市场价格，以"美元"或"人民币"为单位进行计量。不过值得注意的是，这里价值的主体已经不是个人，而是由个人组成的通过市场进行交换的群体或社会。这里依然是人们对某商品的偏爱或主观效用决定价格即它的交换价值，不过不是某个人的主观效用，也不是某个人的边际效用，而是所有经济人对某一商品供应总量的总的边际效用决定交换价值。这种边际效用或主观偏爱程度随市场供应量的变化而变化，当它达到一个均衡点时，它就是均衡价格（均衡交换价值），市场价格就是围绕这个均衡价格上下波动。正是偏爱—效用这个普通的价值概念帮助我们将经济学领域的使用价值和交换价值统一了起来。使用价值固然是效用，交换价值也是一种特殊的效用，这是劳动价值说所不能做到的事，效用价值论做到了。

（三）价值的主观性和客观性

价值是主观的还是客观的呢？这个问题一直是价值哲学讨论的重要问题。柏拉图、亚里士多德、休谟、康德、西季威克、罗尔斯、邦格和现代的一些存在主义者都主张价值是客观的或存在着客观的价值和客观价值标准。他们所持的理由各不相同，例如亚里士多德认为，一切事物都追求自己的目的，这目的就是善，或最高的价值。对于什么是人类的善（他认为就是人的幸福）是可以作客观的科学的研究，而且这种关于善的科学是最高和最有权威的科学。所以价值是客观的。而康德则从另一种立场出发拥护价值客观性，他虽然认为道德的命令是人为自己立法，但认为道德命令范畴是绝对的、必然的、不以人的意志与目的为转移的，因而是客观的。而罗尔斯和邦格则认为那些根源于人类基本需要而产生的价值是客观的，这些基本的价值或基本的善，是任何人无论欲求什么、想望什么、追求什么都需要的东西，因而在人际之间是相同的而且可以客观比较的。本书在第二章第一节节中提出需要空间的概念，就是尽可能使这种客观比较精确化。总之，价值客观论者的共同点是认为存在着不以认识者的意志为转移的，可以用科学和知识来判明其好坏的客观价值。反之，在哲学史上有许多哲学家主张价值是主观的，这包括毕达哥拉斯、韦伯、罗素、萨特、马奇等人。他们认为既然价值与人的偏爱、目的与愿望相关，并且人的行动是目的定向的，且价值观念与标准以不同的人、不同的集团、不同时代为转移，"价值不是世界结构的一个部分"，因而是不存在不以人的态度为转移的客观的价值和客观价值标准。这就是马奇为代表的现代价值主观主义者的基本论点。依我看来，价值客观论者和主观论者双方，各有自己的道理和真理。本书的作者正是同时使用"客观价值"和"主观价值"两种概念以及"基本的善"的尺度和"主观效用"的尺度这两种尺度来讨论价值与伦理问题，并使之并行不悖。不过在我国，关于价值是主观的还是客观的这个争论有时走火入魔。好像如果说价值是主观的，就一定认为它是"纯主观的"、任意的、与客体无关的，是内部感情意志主观自生的东西，并把这种观点强加给主观价值论者；另外，如果说价值是客观的，就一定是"纯客观的"，认为价值是与主体无关的，是一种不以主体偏好为转移的自然属性。因此这场论战中，有许多议论纯属无的放矢。所以我主张价值是主观的还是客观的，这个问题并不是一个十分重要的问题，因为社会现象、主体活动总是主观、客观纠缠在一起的。其实，一般说来社会现象是人的活动体系，而人的活动是离不开人的主观能动性的。就算被认为是社会物质基础的经济活动，就个人活动者来说，哪一点不是有目的、有计划进行的呢？社会的发展绝不是有个异己的、不受支配与控制的外在的物质生产力在那里支配一切。价值的情况也是一样：我们说价值有其客观性，并不是说它不以任何人的主观愿意、主观感受为转移，而是在下述三个意义上是客观的。

第一，它是社会的客观的。假如一个商品对于一个市场来说，有它的市场价格，这个价格或交换价值对于某个购买者的个体主体来说是不以他（她）的偏好为转移的，是客观的。但这不是不以所有人的偏好为转移的。正是亿万人对该商品的主观评价构成该商品的价格与需要的客观关系，集体的主观偏好成了经济学家和社会学家的客观事实，这是经济学范围的事。对于伦理学领域，一个行为，例如随地吐痰，它是好的还是坏的，还是无所谓好坏呢？很可能各人有不同的评价、判断，它是一个随机变数，有它的随机分布。它的一个平均值，反映了大多数人的道德判断。如果由此形成道德规范，我们就说，这个道德规范表示了一种客观的道德价值。于是我们便说，雷锋的行为是有很高价值的，这是客观的，因为社会上大多数人喜欢雷锋。它的统计平均值反映了一种社会的客观标准。

第二，在一定范围里，存在着判明事物、行为或品德好坏的基本客观标准。这标准从人类中心的视野看，就是看它是否有利于人类的生存、健康、繁荣与发展，有利于满足人类基本的物质、文化需要，而是否有利于人类生存、健康、繁荣与发展，是否有利于满足人类基本的物质、文化需要这件事是可以通过生物学、经济学、社会学、政治学等实证科学来加以研究和检验的，至少在相当大的一个范围里如此。这就是说存在着基本的道德事实和价值事实，它是对价值进行合理评价的最重要根据所在。

第三，在决定价值关系上，在决定某种需要是否得到满足，某种对象是否得到偏好与赞赏上，除了有主观的精神的因素外也有客观的物质的因素。例如饥饿这个客观因素决定你有吃饭的欲求，尽管你的吃饭欲求是主观的。这就是说在 $V = V(P_a(S), P_b(S), P_c(S) \cdots F_1(O_1), F_2(O_2), F_3(O_3) \cdots)$ 的关系式中，因素 $P_a, P_b, P_c \cdots, F_1, F_2, F_3 \cdots$ 可以划分为主观因素或客观因素以及既是主观又是客观的三个类，客观因素对价值的决定作用不可忽视。根据 1992 年对出生后分开进行抚养的同卵双胞胎的最新研究，人们对有关工作的各种因素的价值偏好，有 40% 是由基因决定的，其他 60% 是属于社会文化、父母、教师、朋友以及其他社会环境的影响。当然类似于社会文化影响的这些因素，既是主观的又是客观的，但基因对人类价值偏好的影响则显然是客观的。所以在决定人们的主体态度和价值偏好上，肯定有客观原因可寻，当然也有主观原因可说。这就是价值客观性的第三个含义，也是对价值进行合理评价的根据之一。[①]

三　价值的分类

在价值分类问题上，我们首先按价值的内部性质和不同的功能（例如作为手段还是作为目的）进行分类，然后再按不同的外部领域（例如经济价值还是道德价值）进行分类。前者叫作价值的内涵分类，后者叫作价值的外延分类。首先我们讨论价值的内涵分类。

在价值问题上，目的与手段、内在与外在、整体与部分这些范畴是十分重要的。哲学家刘易斯和伦理学家 W. K. 弗兰克纳按这些范畴将价值划分为对某种目的的功用价值、外在的或工具的价值、固有价值、内在价值、促进价值和整体价值六种。[②] 我认为这六种价值中，固有价值和促进价值是多余的，所以将它整理成下列四类价值：

（1）手段价值或工具价值。我们前面讲过，由于人类是有理想的，是能利用自然、改造自然的动物，因此作为价值主体的人

[①] L. M. Keller et al, "Work Values: Genetic and Environmental lnfluences", *Journal of Applied Psychology* (February 1992), pp. 79 – 88.

[②] 参见 W. K. 弗兰克纳《伦理学》，生活·读书·新知三联书店 1987 年版，第 169 页；R. B. 培里《价值和评价》，中国人民大学出版社 1989 年版，第 4 页。

类的目的和手段大大扩展，扩展到仿佛与自己的利益无关而归根结底有关的事物，都可以作为自己活动的目的。例如登上月球，取下其岩石样本也可以作为人类的目的。凡是能成为达到与人类直接或间接有关的某种目的的手段的东西，叫作手段价值或工具价值，例如制造一枚火箭、对太空人进行失重训练等都是具有工具价值的。

（2）目的价值。由于我们所确定的行动目的本身是能直接或间接满足人们需要的，所以这目的本身相对于手段价值来说就是目的价值。例如将人送上月球，直接探测月球，就是阿波罗登月整个系统工程的目的价值。当然目的价值与手段价值只是相对而言，同样一个有价值的事物、事件或行为，对于作为其手段的事物、事件或行为来说具有目的价值，可是对于更高的目的来说它也就成为手段。阿波罗登月这个目的，对于发展空间科学技术这更高的目的来说就不过是具有手段价值罢了。刘易斯和弗兰克纳将那些直接使人具有强烈满足感的目的价值叫作固有价值。美妙的音乐直接使人具有美的感受，某个伟大的科学发现直接使科学家具有不可抑制的喜悦，因而称之为固有价值。但因直接还是间接，或者强烈还是不强烈这东西很难严格区分，因此我们不将固有价值单独作为一类价值划分出来。当然一般说来目的价值比之手段价值来说具有更高的价值。我们是以能否达到，如何达到目的价值来作为手段价值好坏、大小的评价标准。

（3）内在价值。由于手段之下有手段，目的之上还有目的，这个目的手段链条总有个终点[①]，这就是人们的各种活动有其最终目的。这个不再作为其他什么东西的目的的最终目的本身，就叫作内在价值或终极的善。例如木头能制成小提琴，木头具有手段价

[①] 目的—手段链与原因—结果链有共同的地方，这就是像原因是结果的 INUS 条件一样，手段也是目的的 INUS 条件。但其不同处在于：（1）原因—结果链是原因定向的，而目的—手段链是目的定向的。（2）因果链是无限的，而目的链是有终点的（参见张华夏《实在与过程》，广东人民出版社 1997 年版，第 245—248 页）。

第二章 狭义价值论

值，小提琴具有目的价值，而小提琴在提琴家手里能演奏出美好的乐曲，这时小提琴具有工具价值，而美妙的乐曲便成了固有的价值，它固有引起人们的艺术感受。这种艺术感受，那快乐、愉快的艺术满足感本身就是一个终极的目的，我们不再去问你感到愉快、你感到满足有什么用。它是人们追求的幸福的一个组成部分，这就是内部价值或内部的善。科学家追求真理，通过探测外星获得某项重大发现，满足了人类的求知欲，这个满足本身对于科学家来说就是内在价值。关于内在价值本身是什么？它由一些什么东西所组成，这些组成部分的结构是什么，对于个人主体，是一个人生哲学的根本问题；对于社会主体，则是一种社会哲学的根本问题。个人的最终目的，是生存、幸福和自我的发展。社会的最终目的，是生存、进步与繁荣，全体国民的福利不断增长。对于这个内部价值到底包含一些什么内容，享乐主义与非享乐主义对此有不同的看法。伊壁鸠鲁、边沁、穆勒等享乐主义者认为快乐就是唯一的内在价值。穆勒说："人类的本性是这样构成的，快乐并且只有快乐是作为最终目的的善，至少基本上可以这样说。"[①] 可是什么叫作快乐呢？是不是只是指那些低级感官的享受？人们这样来抨击享乐主义，说这是"只有猪才有的价值学说"。这就迫使穆勒将快乐分为两类：肉体的快乐和心灵的快乐，低级的快乐和高级的快乐，并且说了下面一段很有名的话："做一个不满足的人总比做一个满足的猪要好些，做一个不满足的苏格拉底，总比做一个满足的傻子要好些。如果傻子或猪有不同的看法，那是因为他们只知道自己一方面的问题（低级的快乐）。苏格拉底一类人，则知道问题的两个方面。"[②] 这是快乐主义最完善的一种解释。而柏拉图、亚里士多德、G. E. 穆尔、W. D. 罗斯（W. D. Ross）和布洛德等则认为，人的内在价值或内在的善，除

[①] 穆勒：《功利主义》，第四章最后一段，见弗兰克纳《伦理学》，生活·读书·新知三联书店1987年版，第176页。

[②] 穆勒：《功利主义》，第二章，见周辅成编《西方伦理学名著选辑》下卷，第245页。

了快乐幸福外，体验中还有其他善的特征，其他因素也有助于体验内在价值，例如和谐、知识，特别是人们的美德等。对于尼采来说，权力是最主要的。总之，内在价值构成人类行为的内驱力，也可以叫作人类行为的价值动力。

（4）整体价值。内在价值显然包含物质生活的享受、精神生活的满足和文化生活的充实等。每一个内在价值本身是整体价值的组成部分，这些不同的内在价值之间构成一个价值整体系统的动态平衡。不同的个人因价值取向不同，有它不同的内在价值的动态结构。从一个客观的立场去评价它，凡是将权力满足感或物欲满足感或宗教满足感之类的内部价值看作唯一内部价值的人，都在整体价值体系中失去了平衡。对于个人来说，这整体价值，就是所谓人生幸福本身。每一个人都凭借自己的天赋，以及其个人的和社会的环境，去追求自己更加美好的幸福生活，这是人之本性。不但无可非议，而且理所当然，只要这种追求不侵犯他人利益，并能促进公共利益，这种追求就同时是合乎道德的并具有社会价值的。我们现在有一个很时髦的名词叫作对人的终极关怀，所谓对人的终极关怀，就是对人的那种不妨碍别人的合理的幸福生活追求的尊重与关怀。在这里我们当然不能给幸福下一个定义，或对幸福的结构进行分析，不过至少它应该包括我们在本章第一节中所讲的基本需要的满足即基本的善的实现，并且进一步它还应该包含自我的实现和全面的发展，即它应该是多样化的而不是单一化的，它是自利的同时又是利他的。① 它的形成过程和社会总体的价值形成过程一样，是一个手段价值、目的价值和内在价值在整体价值中积累起来和自组织的过程。价值的内涵分类见图2—3：

---

① J. 范伯格在他的《社会哲学》一书中，给幸福下了一个定义可供大家参考。他说"人类最高的善既不在于享乐，也不在于消极的满足，而在于充满活力的生长和自我实现的动态过程。这个过程可以称之为'幸福'。如果我们沿用希腊人所指的意思，幸福即'在提供给他们的生活范围内，按照最完美的方式去运用各种生命力'。那么社会最高的善就是个体的最大限度的自我实现，以及随之而来的生活中的多样性和充实性"。见 J. Feinberg, *Social Philosophy*, Prentice-Hall lnc, 1973, p. 21。

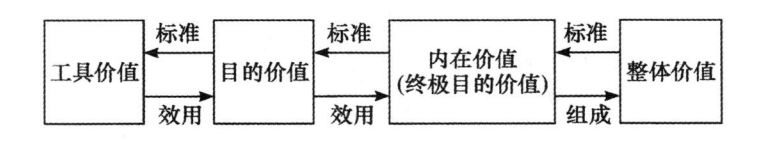

```
工具价值 ←标准— 目的价值 ←标准— 内在价值 ←标准— 整体价值
         —效用→        —效用→   (终极目的价值) —组成→
```

图2—3 四种价值相互关系

从图2—3可见，从左到右后一种价值比前一种更为高级，前一种价值为后一种价值提供效用，后一种价值为前一种价值提供评价标准。它们之间的区分虽有相对性，但不可混淆。例如追求金钱对于人们来说，具有手段价值，而如果作为终极目的，就变成守财奴。权力也是作为达到社会终极目的的手段，如果把它当作终极目的的价值，那就是独裁者。当然守财奴或独裁者也有自己的内在价值观，不过其在整体价值中将失去平衡，造成一个价值的不良结构，导致巨大的内部和外部的价值冲突。

然而在上述的价值分类系统中，有些功利主义者不承认"内在价值"这个概念，认为既然有价值的东西就是有效用的东西即能满足人们的需要，使人产生满足感的东西，而这种满足感的积累构成了人们的快乐与幸福，因此再去问满足感、快乐、幸福本身有什么用就没有意思。盛庆琜教授说："把人生的终极目的从对价值分类考虑中排除出去是没有什么坏处的。"[①] 否则将会使手段与目的的概念混淆起来，从而使手段—目的链条没有终点。其实价值互为效用的链条的终点就是终极目的：人生的终极目的或社会的终极目的，它是我们所说的至善。把它本身也看作价值，不过是说，它并不是为了别的什么，给别的什么以满足感，而是能满意自己的满足，它是自我满足，幸福本身并不是为了实现别的什么功效，而是自我实现，在这里不是偏爱外界的对象，而是偏爱自己和自己的偏爱，即自爱。内在价值这个概念，正是表明终极目的的本身是一种自我满足、

---

① 盛庆琜：《功利主义新论》，上海交通大学出版社1996年版，第121页。

自我实现、自尊、自爱，自己赋予自己以价值的那个自我，当然也就是一种自我价值。这个概念并不违反上面所说的价值定义 $V(S,O)$。因为在价值客体中，不但包括物质事物、精神产品、人的行为与品质，而且可以包含主体本身，主体本身也可以是被尊重、被赞扬、被肯定、被评价的东西。因此 $V(S,S)$ 作为内在价值的定义式，不过是 $V(S,O)$ 的普遍价值式的一个特例。有了内在价值这个概念，功利主义可以解释许多以前只有道义主义才能很好解释的东西。例如人的尊严、自由以及某些正义原则的价值。一个社会可以以大多数人的利益或福利为借口去牺牲少数人的利益。当只将这少数人或异己分子的利益当作手段的时候，它在价值关系中的砝码就变得很轻。如果承认它本身是个目的价值或内在价值，它在价值关系中的分量就变得比较重要。所谓"士可杀不可辱"，就是尊重自己的尊严和权利，也要求别人这样看待自己。所以内在价值这个概念是有意义的，一旦个人与社会两个价值主体的价值观念发生冲突时，人们也常常拿出自己的内在价值与其他价值进行比较，社会应该付出自己的代价去尊重和维护个人的内在价值，他的自由、人权与尊严，而个人应该为社会做出贡献，必要时牺牲自己的内在价值。这里涉及不同价值主体之间的关系问题，将在下一节进行讨论。这里只想说明内在价值概念是必要的。

现在我们再来讨论价值的外延分类。从价值所涉及的范围的外延上看，价值可以划分为道德价值和非道德价值。非道德价值包括经济价值、审美价值和认识价值等，经济价值强调实用，审美价值强调形式与和谐，而认识价值则强调通过批判和理性的方法追求真理。它们的对象可以是物质客体也可以是精神主体。而道德价值所指的客体对象，即被主体评价为好坏、善恶、正当或不正当的对象是人们的行为、品德和动机以及个人与社会的相互关系的原则等。而评价的主体则是一定道德范围的群体，社会共同体。道德的标准不是由某个个人来决定的，个人喜好不同，同一种行为，例如吸毒，有人认为是善的，有价值的；有人则认为是恶的，没有价值的。又如说谎、打人、骗人、自杀……也各有不同的评价，这些都是价值冲突。又由于社会上的资源、信息、智力、理性，特别是同情心都是有限的，而人们的欲望、需要则无止境。于是人们之间，如果没有一定的行为约束，就必然发生冲突。由于价值冲突、利益冲突，妨碍群体或社会的生存与发展，归根结底也妨碍个人的利益。于是就必然要有一些规范和契约，在个体之间进行价值的协调，为达到共同的利益和目标，而从群体利益的角度按共同利益与共同目标的标准以及人们必须遵守的社会制度的基本原则来评价人们的行为，规范人们的行为，评价与规范个人与社会的关系。这种评价与规范如果是他律的，就是政治和法律；而如果是自律的，就是道德与伦理。因此道德伦理有三个特点：其一，价值或评价与规范的对象是人的行为、品德与动机以及社会制度建构的基本原则；其二，价值的主体是一定的有共同利益的群体，道德标准来自群体的目标与利益；其三，执行的手段是社会风尚、习俗、舆论，其特征是令人自律的。

四　价值的差异、冲突与协调

所有的人们、所有的社会集团都面临着价值的冲突。价值冲突可以发生在个人内部、个人之间、社会系统内部和社会系统之间以及个人与社会之间。

首先来看个人在价值上的冲突及其解决。随便问你几个问题，在你解答这个问题之前一定发生了某种价值的冲突，作了一些价值的权衡，然后按照你的价值偏好来进行解决。问："你是否应该选择一项危险的职业呢？"这里发生了刺激与安全这两种价值冲突，如果你回答"应该"，那么在你的价值系统，你便是将寻求刺激看作比安全更具有价值的东西。问："你是否主张将政治异见分子关入监狱？"如果你的回答是应该，在你的价值系统中，曾发生过公共秩序与言论自由之间的价值冲突,而你偏爱公共秩序胜过言论自由。问:"你是否不赞成在三峡建立水电站?"如果你回答"不赞成",那么你得出这个结论之前,至少衡量过保护环境的价值和提高工业效率的价值,而你的价值体系中保护环境的价值占着比较高的地位。当然并非所有的价值之间都会发生冲突。例如身体健康的价值与受高等教育的价值之间就可以不发生冲突,爱情的价值、事业的价值以及生命的价值之间也是一般不发生冲突的。不过在特定的条件下个人的价值冲突会达到异常激烈的地步。罗密欧与朱丽叶的悲剧就包含了爱情与家族荣誉(两家是世仇)之间的价值冲突,二者不可得兼,以至于二人将它们看作比生命有更大的价值,从而以自杀的方式来解决这个价值冲突。

在这充满着价值冲突的世界里,似乎没有解决价值冲突的一般公式。一般来说,价值冲突的解决应服从人们生活的总体目标,有利于个人生存、幸福、自我价值的实现和全面的发展,有利于人类生存、繁荣与发展。当相互冲突的价值都是合理的时候应该尽可能采取价值协调的方法来加以解决。当协调的结果仍然发生价值冲突,便只好"舍鱼而取熊掌者也"。而当相互冲突的价值有一方为明显不合理时,就采取舍弃这一方来加以解决。罗密欧与朱丽叶都不是道德传统的革命者,否则他(她)们应该舍弃家族荣誉这种价值,求得爱情与生命的发展。

再来看看社会内部的价值差异、价值冲突以及它的协调和选择,回过头来看看本章第一节(2)中关于需要层次及其相应的贫穷社会(Ⅰ)、小康社会(Ⅱ)以及富裕社会(Ⅲ)的划分。比较这几种社会的价值大小,在社会选择中,我们大概会认同下列的不等式Ⅰ<Ⅱ<Ⅲ,即小康比贫穷好,而富裕又比小康好。但是有些社会比较平等(公平),没有太大的贫富悬殊,有些社会则比较不平等(不公平),如果前者用J表示,后者用$\bar{J}$表示,则我们大概都同意这样的不等式即$\bar{J}<J$,即平等的社会比不平等的社会要好。进而,如果用E表示环境较好或环境保护较好,用$\bar{E}$表示环境有较大

的污染。我们大概会同意 $\bar{E} < E$，即没有太大的环境污染比有较大的环境污染要好。但是公平与效率、环保与发展之间常常是冲突的，即使有时在理论上是不冲突的，而在事实上却是冲突的，需要我们作适当的平衡和"痛苦的"选择。有时我们不得不为脱贫而牺牲了环境，为富裕而牺牲了公平。当我们将贫富与公平、贫富与环境问题作排列组合后，我们的社会选择，在价值的冲突中不得不接受如下的不等式：

（1） $\text{I}\bar{J} < \text{I}J < \text{II}\bar{J} < \text{II}J < \text{III}\bar{J} < \text{III}J$

（2） $\text{I}\bar{E} < \text{I}E < \text{II}\bar{E} < \text{III}\bar{E} < \text{II}E < \text{III}E$

在（1）式中，我们宁愿要小康而不平等，不愿要贫困而平等，即 $\text{I}J < \text{II}\bar{J}$。而在（2）式中我们宁要小康而允许较大的环境污染，而不要贫穷而较少的环境污染，即 $\text{I}E < \text{II}\bar{E}$，也许是因为我们穷怕了，不惜代价去摆脱贫困。但是当我们稍微富起来的时候，我们便立即要治理环境，我们宁愿过小康而无污染的生活（$\text{II}\bar{E}$），也不愿过富裕而环境污染较严重的生活（$\text{III}\bar{E}$），所以我们选择了不等式 $\text{III}\bar{E} < \text{II}E$。我相信，对于大多数人的价值系统来说，我们都会做出上述（1）式和（2）式的选择的。即使作全民公决，也会得出上述两个不等式，成为对社会状态评价的客观标准。

我们再来分析社会群体或社会系统之间的价值冲突与价值协调。系统主义哲学将不同的社会共同体看作是一个达到一定目标的社会群体或社会系统，这样的不同群体依照其不同的目标与共同体利益，有不同的运行机制和伦理规范，这就不可避免产生价值的差异，有时发生价值的冲突，需要进行协调。价值问题的复杂性就在于，人们之间都有不同的价值偏好和价值差异。个人与社会之间同样存在价值的差异乃至价值的冲突。人们参与不同的社会群体，同一个人可以参与而且必然参与不同的社会群体，担当不同的社会角色，而各社会群体之间总是不可避免存在着价值的差异和价值的冲突。如果我们比较家庭、科学共同体、企业、人类社会、生态系统几种不同价值主体的目标与伦理规范的差异，就可从中看出它们之间可能存在的伦理价值冲突。首先我们看看，每一个价值系统都有如下模式：

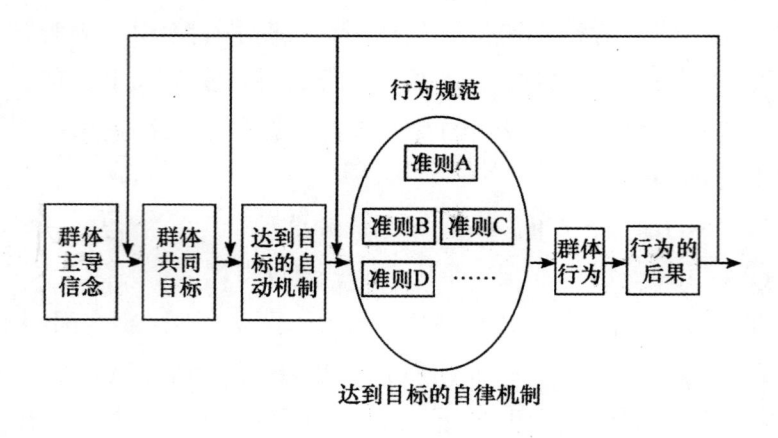

图 2—4 价值系统的一般模式

下面我们比较一下家庭、企业、科学共同体、社会共同体和生态系统各自的价值目标和伦理规范，简要说明它们之间的价值冲突与价值协调。附带说明一下，表 2—1 所阐明的思想是本书的研究纲领之一。本书正是依据这种价值冲突与协调的思想，来讨论价值、伦理与科学的关系。在本书的下篇中，将会对这个表格做出更为详尽的说明。

表 2—1　　五种不同社会系统的价值差异、价值冲突和价值协调

系统名称	主导信念	系统的价值目标	自动机制	自律机制（行为规范）
科学共同体	世界是可以理解的	追求真理达到知识增长最大化	科学家提供成果与获得承认的交换系统	知识公有、世界主义、无私利、独创性和科学自由

续表

系统名称	主导信念	系统的价值目标	自动机制	自律机制（行为规范）
社会共同体	人类走向繁荣	最大多数人的最大利益（社会效用最大化）	自利的个人通过市场达到资源配置最优（看不见的手）	功利原则、仁爱原则、公正原则、人类尊严原则
生态系统	生态繁荣	生态系统的完整、稳定和优美	生态金字塔与食物链	生态完整性原理、自然资源保护原理、动物的权利、后代的人权
企业	协作的意愿	利润和收益的最大化	利益与效率的驱动	互助合作、民主建制、团队精神、企业纪律
家庭	家庭幸福	美满、稳定与繁荣	爱情、亲情	婚姻自由、平等、互敬互爱、尊老爱幼、计划生育

我们从表2—1中看到每一个社会系统都有它的内在价值，体现在它的主导信念和共同目标上。而每一个社会系统都有它的手段价值或工具价值，体现在它的自动机制和自律机制方面。这自律机制表现为一种道德价值和行为规范，以保证系统目标价值的实现和自动机制充分发挥作用。当然无论家庭、企业、科学共同体、整个社会和整个生态系统，在一个健全的社会中总体目标是一致的和相互依存的。这就是社会群体之间价值协调、价值协同的基础。但是由于各社会系统自身的目标与内在价值不同，就会发生价值的差异与矛盾。例如开展克隆人的实验研究，从科学共同体追求真理达到知识增长最大化的目标来看，为了弄清基因对人类行为影响的程

度，有必要用人体来做克隆实验。科学内在地具有这种趋势，正像为了弄清原子核裂变到底能释放多大能量，为了验证爱因斯坦的 $E=mc^2$ 的公式，科学家有一种自发趋势要制造原子弹一样。但是目前用人体做克隆实验对于受试人（即使他们是自愿的）是有危害的，而且对人类的尊严以及人类基因物质的安全是有害的，因此这项有科学价值的实验在目前来说是没有社会价值的。这就是科学共同体的目标与人类社会共同体的目标之间的差异与冲突。为了协调这个冲突，绝大多数科学家遵循作为公民的社会责任感放弃了克隆人的实验，依照同样的道理，核物理学家放弃了进行核武器的实验，因为这项有科学价值的实验与生态价值发生矛盾，它将会极大地污染环境，这又是一种价值冲突与价值协调。当然有少数科学家在这种价值冲突面前不作这样的解决，例如在某些公司的支持下，有些生物科学家进行克隆人的实验，甚至拿自己的身体来做这种实验。而一些核物理学家在某些政府支持下，继续生产核武器，这是价值冲突的另一种解决方式。不过我们还是不赞同这样做，因为在这个问题上我们尊重科学探索真理的崇高目标和科学家的自我牺牲精神，我们尊重科学研究有无禁区的科学自由，但是这追求真理要服务于人类利益；这科学自由是伦理上可接受的科学自由。与此相关的进行这些科学实践的公司利益也要受到社会整体系统和生态系统的限制，这也是一种价值的差异和价值的协调。不过事情还有另外一个方面，当一项科学技术有了充分发展，例如，如果克隆技术在动物身上做了充分的实验以至于它用于克隆人原则上不发生危险，我们就可以开放克隆人的实验。这时，我们的社会伦理和家庭伦理应做出适当的调整，以便接受克隆人成为我们平等的一员。这是在一种新的更高科学基础上的价值差异与价值协调。总之，我们需要用系统整体价值的观点来解决各种社会群体之间的价值冲突与价值协调的问题。我们的社会应该是一个整全的、健全的社会，而我们的个人应该是一个整全的、健全的人，科学价值、经济价值、道德价值、文化价值、政治价值、审美价值、生态价值、个人价值与社会价值都应该同时得到兼顾。我们应该是科学人、经济人、政治人、伦理人、生态人,像马克思所说的那样,我们应该是一个全面发展的人。

五　结论

　　狭义价值论简称价值论,是广义价值论即自组织系统和生命价值论在以人为主体的价值问题的研究中的具体运用。这种价值论研究的关键问题,是对比一般生命世界更为丰富的人类目的性和需要进行分析研究。为此,我们将人的需要划分为物质需要、精神需要和社会需要三类维度与生存需要、福利需要和自我实现需要三个层次。生命的目标是生存、繁殖与发展,人的目标就个人来说是生存、幸福、自我实现和全面发展,就社会来说是生存、进步与繁荣和全体国民福利的增长。于是凡是能满足人们任何需要维度和需要层次的客体(实体、属性、关系、过程与行为等)都具有价值,由此而产生的人们对客体(包括主体及其行为自身)的偏爱、兴趣、赞赏、评价系统便构成人们的价值观念和价值尺度。价值是主体与客体之间的特殊的关系性质,正像现象世界或世界的现象是物质世界的第二性质一样,价值的世界或世界的价值乃是物质世界的第三性质。

　　从价值的客体方面或客观方面来看,我们要特别注意第一需要层次和第二需要层次即生存需要和福利需要所组成的人的基本需要,它是任何人无论需要和欲求什么不同的东西都共同需要的东西。在现代社会中要求满足这些基本的需要构成基本的人权即生存权和福利权;能否有助于这些基本价值的实现是一切人类政治行为、经济行为、伦理行为以及社会组织的基本原则是否正当的价值标准。不过,基本需要定位的价值系统诸维度之间没有客观的公度,它们能组成多维的需要空间,以此进行人际之间的价值比较。从价值主体方面或主观方面来看,人对价值客体的主观偏好或客体对人的主观效用是"万物的尺度",以此进行不同价值的比较与测度,这是通往统一价值学说的道路。对于价值,我们应该从客观与主观、客体与主体两个角度和两种测度来进行分析。

价值世界是充满着差异、矛盾与冲突的,价值的冲突发生在个人内部、个人之间、社会系统内部和社会系统之间,以及个人、特定社会共同体和全社会之间。因为人们的行为是受价值规范所支配的,因此最重要的价值冲突是价值规范间的冲突。又因为谋求现代化的过程是一个社会大变化的过程,它的深层变化是各种价值冲突和价值规范的冲突,以及由此导致价值的变迁和价值规范的变迁。各种价值冲突是通过价值的协调和价值的选择来加以解决的。这里的价值选择包括个人的价值选择,人际之间的价值选择(竞争、合作与博弈)以及集团或社会的选择等几个层次。个人与社会的价值变迁和规范的变迁便由此而来。全部道德问题就是价值冲突及其解决问题,以及与其相关的价值标准和价值变迁问题,这些将在以下几章加以研究。

第三章

规范伦理学和功利主义

本书第一章和第二章讨论价值问题，从第三章到第六章将讨论伦理问题。伦理问题又称为道德问题，是伦理学（又称为道德哲学）的研究对象。所谓伦理学就是对道德、道德问题和道德判断进行哲学的思考。因此要弄清伦理学的研究对象首先要弄清什么是道德。

我们在第二章中讨论了人文价值，将价值划分为道德价值与非道德价值两个种类，对道德或道德价值作了这样的表述："道德价值所指的客观对象，即被主体评价为好坏、善恶、正当或不正当的对象是人们的行为、品德和动机以及个人与社会的相互关系的原则等。而评价的主体则是一定道德范围的群体，社会共同体。……由于社会上的资源、信息、智力、理性，特别是同情心都是有限的，而人们的欲望、需要则无止境。于是人们之间，如果没有一定的行为约束，就必然发生冲突。由于价值冲突、利益冲突，妨碍群体或社会的生存与发展，归根结底也妨碍个人的利益。于是就必然要有一些规范和契约，在个体之间进行价值的协调，为达到共同的利益和目标，而从群体利益的角度按共同利益与共同目标的标准以及人们必须遵守的社会制度的基本原则来评价人们的行为，规范人们的行为，评价与规范个人与社会的关系。这种评价与规范如果是他律的，就是政治和法律；而如果是自律的，就是道德与伦理。"这里所说的"评价人们的行为，规范人们的行为，评价与规范个人与社会的相互关系",就是要做出一系列价值判断来规定人们何种行为是"正当"的,何种行为是"应当"的。进而还必须做出一系列价值判断来判定那规范人们行为的规范与制度是否"正当"的"善"和应当的"善",前者为行为规范伦理,后者为社会规范伦理。所以如果要给道德下一个定义,那就是:道德是人类的一种特殊的价值系统,它是一套多层次的原则与规范,约束着社会与人们的行为,引导他们进行行为的选择,规定何种行为为正当的,何种行为为应该做的,何种行为是尽义务的和负责任的。

对于道德、道德问题和道德判断可以有两种不同的研究方式。一种是经验的实证的研究,描述和说明人类社会的道德现象。它的起源、现状和变迁并且提出一种人性论对这些现象进行解释。这是人类学家、历史学家、社会学家和心理学家的工作。当然,这种研究方式与第二种研究方式是密切关联而且又有交叉的。第二种是哲学的研究,包括规范的和分析的研究。它要构造一个理论系统来说明道德和道德判断的本质是什么?人们怎样决定以及依据什么样的准则和推理来决定什么是正当的或应当的行为?这些准则和推理是否可以追溯到一个或一些终极的原则,由这些终极的原则推出?如果有这些终极原则,那它又是什么?为此还得研究"正当""善""责任""终极原则"这些词的语义和使用这些词的逻辑是什么?最后一个问题是所谓"分析的"或"元伦理"的问题。其他问题是属于规范伦理学的问题。在本章和第四章、第五章中我们主要讨论规范伦理学的问题。所以,下面我们首先依次讨论三个问题:(1)道德的本质与根源;(2)道德判断的基本形式;(3)现代社会道德规范的最基本原则。

一 道德的本质与根源

为什么人们能做出一系列道德判断,能分辨出正当与不正当的行为,善与恶的行为呢?例如我们说,诚实、正直、仁爱与维护公共利益是正当的，说谎、偷盗、凶杀与破坏公共秩序是不正当的呢？为什么我们会有这种道德理性、道德判断和道德感呢？有一种观点认为，这是人的天赋的直觉、自然的本性或先验的理性决定的，像几何学的公理和 2+2=4 一样自明，像眼睛能看到光明一样清楚。我们有一种"良知"、一双内在的眼睛帮助我们明辨是非、分辨善恶，这是直觉主义对道德或道德判断和规范起源的一种见解。但是直觉主义不能说明下列问题：（1）为什么不同的气质、不同的风俗和不同信仰乃至不同社团与不同阶级的人们对同一个道德问题有不同的判断，这怎么能有普遍的共同的道德先验直觉呢？（2）人们决定自己如何行动时，往往首先考虑的问题就是是否对自己有利，是否给自己带来幸福，而当他们认识到这种给自己带来利益的行为往往同时对社会公共福利有所贡献，或对公共利益有贡献时也符合自己的利益，便更以一种有公共道德感来干这些事；而当其行动的利益与社会公共利益发生矛盾时，往往要通过思想斗争、价值冲突和选择去服从一种公共道德。所以这种道德判断能力是后天习得的，除了为自己的利益而奋斗外，各种道德感怎能是先天具有的？（3）将道德理性或道德感情看作先天具有的直觉而又拿不出什么科学根据来论证它们是先天的，就等于对道德起源问题不作任何解释，这与哲学家寻根问底的精神背道而驰。当然人们的确有某种道德感和对他人的同情心，它可以解释一些道德现象，但问题是这种道德感情又是怎样起源的呢？它又是怎样被解释的呢？

让我们从先验的世界中回到现实的世界中来。我们在广义价值论和狭义价值论中讲过生命的终极目的和意义就是为了自己的生存、延续与发展。个人也是一种生命，一种高级的生命，虽然正如我们在第二章中所指出的那样，他的目标系统和他的需要拓宽了，但基本的目标还是为了自己的生存与幸福。社会发展越低级，社会财富越缺乏，人们越是要为着自己的生存，满足自己的基本需要而奔波，这是天然合理的事实。社会上每个人为了自己的生存与幸福总是趋利避害，趋乐避苦。英国哲学家边沁说"自然把人放在两个最高的主人支配下，即痛苦和快乐。恰恰是它们，指示我们应做什么，决定我们要做什么……凡是我们所作一切设法摆脱它们统治的努力，都是足以证明和证实它们的权威之存在而已"[①]。这在相当大的程度上是正确的。当然我们并不认为社会上的人都毫不利人，专门利己，我们并不是否认人是有同情心和利他主义精神的，但一般来说，个人自利的目标与动力，要比他们帮助别人的目标和动力强得多。我们应该将"自利的个人"或如经济学所说的争取自己利益最大化的"理性人"作为研究伦理的出发点，那种无视人的自利性，将"毫不利己，专门利人"视作普遍存在或能够普遍存在的先验出发点的道德哲学和政治哲学与社会哲学，到头来只不过是一些空想的乌托邦甚至是独裁者的理论，因为他不将人当作目的本身，而只当作是他人（或者是他自己）的手段。他们在出发点上就不尊重个人的目的、个人的利益、个人的权利，这是非常要命的。再者，从方法论上来说，一个漂亮的理论作为出发点的只能是尽可能少的公理和原始概念，其他的规定作为被解释者而由此推出。因此"自利的个人"又称为"理性人"或"经济人"是道德哲学对人的一个最高的科学抽象，抓住了这个第一特征或第一性质而舍弃了其他，例如舍弃了利他主义，这决不能说我们的出发点是自私自利的，因为我们科学抽象的目的之一就是要在以后的推理中从哲学上和伦理学上解释利他主义这种人的"第二性质"的起源。正像力学中为了解释摩擦力，必先假设有无摩擦力的惯性运动即牛顿力学第一定律一样。所以我们立刻就提出一个问题：自利的、争取自己最大利益的个人之间怎样能够形成良好的社会伦理规范，做出各种能包含利他主义的伦理判断，支持、赞成和自觉实行这种伦理规范呢？这个问题也可以这样来表述："经济人是否能够、如何能够或

---

① J. 边沁：《道德与立法的原理绪论》，见周辅成编《西方伦理学名著选辑》下卷，第210页。

在什么条件下能够变成伦理人呢?"在研究道德问题的时候,或者在今天当我们研究道德重建问题的时候,我们首先面对的就是这个问题。无论古代、近代和现代,无论马克思主义还是非马克思主义,许多思想家们都曾以不同的方式试图回答这个问题。原来社会主义国家的一些伦理学家,有些认为这是一个伪问题,或者认为这是一个早已解决了或过去了的问题。可是由于这些国家重新实行市场经济,对市场进行了再认识也就等于重新承认了"经济人",承认个人需要、个人利益在社会生活中占着首要地位。这不但是经济学上哥白尼式的中心转移,而且也是伦理学中运行中心的转变,于是我们又重新面对这个问题:经济人怎样变成伦理人呢?社会主义市场经济的出发点是尊重个人需要和个人利益,鼓励人们参与竞争,为自己的利益奋斗和立业。那么金钱、待遇和好的职位便成为人们理所当然要去追求的东西。那么在这种情况下,自利的个人如何能够成为一个高尚的人、一个纯粹的人、一个有道德的人、一个脱离了低级趣味的人、一个有益于人民的人呢?还是自利的个人根本不可能成为一个有道德的人,实行市场经济的改革开放不可避免要付出不可挽回的沉重道德代价呢?现在似乎每年都有成千上万的文章讨论这个问题,并把这个问题称作"市场经济与道德重建"或"市场经济与精神文明建设问题"。不过,这样称呼这个问题似乎并没有把握住问题的实质和问题的出发点。我们现在大概应该为这个近乎悖论的问题作一个"正名"了。

我们也许应该将上述的理性人如何可能转变为伦理人的问题正式命名为霍布斯问题。因为英国哲学家 T. 霍布斯(T. Hobbes, 1588 – 1679)以最尖锐的方式提出这个社会伦理规范何以可能的问题。我们不妨从霍布斯以来的一些近现代思想家如休谟、边沁、穆勒、卢梭、康德、罗尔斯等人那里取出一些思想资源来分析一下这个问题。他们的基本论点都是认为道德是自利的理性人之间通过社会契约而建立起来的。我们认为道德形成的社会契约论可以表述为下列三个要点:

（1）有限的资源与有限的同情心是基本道德规范产生的前提或必要条件。休谟指出，如果自然资源与社会财富是无限的，则道德与正义（justice）是毫无意义的。"让我们假定：自然曾经赋予人类以充足的物质享受使人人对于世事的变化可毫无感觉不安定，而自己也可毫不费心思劳力，便可充分满足自己的最贪馋的嗜欲和奢侈的幻想所愿意欲求的一切。"则尊重财产的权利，公正分配劳动所得的成果，盗窃他人财产的不道德性，信守诺言的规范等所谓"正义原则"就成为毫无必要的东西。"正义，在这种场合完全失去了效用，它将是一种无聊的仪式，而且在道德目录里，将不会有它的名字。"另外，如果人类的同情心是无限的，则基本的道德规范也是无意义的。休谟说："假定人类贫乏情形还是和现在一样，但人心是那么宽大和充满友爱与慷慨的情怀，使每个人对他人都怀着一种极端的温柔，并且对他人的利益比对自己还要关心，则正义在这种状况下似乎很明显地不会发生效用。"① 因为当我有困难的时候，任何人都会立即毫无保留地帮助我，于是财富与义务的分配和界限就没有必要，信守诺言与契约也成为无意义的东西。我们认为休谟的这两个观点是正确的，道德正是为了社会成员的共同利益抗衡资源的有限性，抗衡和扩展有限的同情心而产生出来的。自然资源随着人类的开发不是越来越多，而是越来越少。由开发自然资源而取得的物质财富和精神财富，虽然随着科技的进步和人类合作的发展有不断增长的趋势，但它也是非常有限的，而且这种增长是越来越困难的，即越来越需要人类更多的聪明才智来对抗自然界财富生产的熵增定律。这种有限性决定了道德规范的必要性，以至于决定了今天保护自然资源成了头等的全球的道德规范了。至于人类之间只有有限的同情心，也是一种事实。同情心，也可以叫作利他主义的情怀，在一个家庭内部是比较强烈的，以至于夫妻之间在很大

---

① 大卫·休谟：《道德原理的探讨》（1751），载周辅成编《西方伦理学名著选辑》下卷，第 166—170 页。

程度上是没有财产界限的。不过即使这样，利他的情怀也是有限的，不然的话，各种家庭纠纷就不会出现，而且从家庭成员扩展到亲戚、朋友、熟人，再扩展到同一阶级或同一社会、同一民族的其他人进而扩展到全人类乃至于生命世界和自然界。仁爱的情怀虽然不断扩展，而且应该把这种扩展视作人类的道德进步的表现。但它始终是有限的，而且随着远近亲疏而递减传递，这又是一个基本事实。所有这些经验的事实，大概可以看作几个相关的道德定律："仁爱扩展律""仁爱有限律"和"仁爱由近到远、由亲到疏递减律"。这已为现代社会生物学所确证。[①] 附带说一句，人们之间的利益分立、价值冲突和"单子化"或"原子化"并不是由私有制造成的，而是由有限的资源与有限的同情心造成的。即使在公有制的条件下，也不会改变有限的资源与有限的同情心，于是伦理理论的出发点仍应该是"自利的个人"。

（2）道德规范起源于一种社会契约。由于资源与社会财富是有限的，不能满足人们不断增长的需要与欲求，于是只有有限同情心的自利的个人，或如约翰·罗尔斯所说的"对他人利益相互冷淡的理性的个人"便发生利益的冲突和价值的冲突，结果两败俱伤，到头来每个人的需要与欲求，更加不能得到满足。这就必然需要制定道德的规范，成为一种社会契约，约束人们之间的斗争，促进人们之间的社会合作，以增进共同的社会福利。为了论证道德的社会契约起源，首先要设想一种没有契约与规范的"原初状态"（约翰·罗尔斯的用语，即 original position）或"自然状态"（霍布斯的用语，即 natural state）。这种状态并不是历史上真实存在过的，因为人们生下来就处于一定的社会道德约束中。它只是一种理论抽象，

[①] 社会生物学家 M. Ruse 和 E. O. Wilson 写道："不要忘了，利他主义的行为几乎总是针对亲密的亲戚的，这位亲戚具有许多与这位利他主义者相同的基因，并通过旁系的后裔把这些基因永远地遗传下去。在亲属圈之外，利他主义行为具有典型的互惠性质，行为者期待将来得到现世或后世的回报。"见《作为应用科学的道德哲学》，载《哲学》（英文版），1986 年第 61 卷，第 236 期。转引自盛庆琜《功利主义新论》，第 113 页。

一种假设。在这个意义上说"抽象的人"是道德哲学的必要前提，不是什么资产阶级的东西。不过在社会失控、政权崩溃、战争和社会灾难到来，人们处于无政府状态之时，我们可以窥见某种近似于这种状态的情景。其次，设计这种自然状态的目的旨在解决霍布斯问题，以便从理性人中推出社会道德规范的必要性和作用，然后再论证这种社会契约如何能形成、维持下来并得到进一步发展。对于这个原初状态或自然状态，不同的哲学家有不相同的假设。霍布斯设想的人类自然状态是比较恐怖的，他的前提是"自然创造人类，在人类身体和心灵的机能上，是造得极为平等的"。"由于能力平等，便产生对于达到我们目的之希望平等。因此，如有任何两人欲求相同的事物，而这事物却不能为他们所共同享受时，他们便成了敌人。他们在求达他们的目的（而这目的主要的是他们的安全，有时则仅是他们的愉快）时，他们便彼此互相摧毁或互相压倒。由于当一个侵略者，除了另一个人的单独力量外，并没有其他的畏惧时，那么如果这另一个人在种植、播种、建筑上占有方便的地方，他人即可以联合的力量前来处置他，剥夺他，不仅剥夺他的劳动的成果，也可剥夺他的生命。但是侵略者的自身也一样有受他人攻击的相同危险。"这就是说，在自然的无政府状态下，假定人的能力平等，也就意味着有平等权利相互毁灭，而"人的天性"是为利益而竞争，为安全而猜疑和为荣耀而侵犯，这又推动和加剧了这种对立与斗争。"因此，很明显，当人类居住在没有共同权力来把他们都压服的时候，他们是在处于所谓战争状态之中，而这种战争乃是一切人反对一切人的战争。"

由此而产生什么后果？霍布斯说："在这种状态下，是没有发展实业的余地的，因为他们的成果是不可靠的缘故。因此，便也没有土地的开辟，没有航运业，没有舶来品的应用，没有宽阔的建筑，没有推动、搬迁需要极大力量的事物的机器，没有地理知识，没有时间计算，没有艺术，没有文学，也没有社会，最甚的是，人们都在不断的恐惧中，都有暴死的危险，而人类生命是孤独，是贫穷,是龌龊,是凶残,是短促的。"①

人类如何解决这个问题呢?霍布斯认为,正是人们对死亡的恐惧,对安全的舒适生活必需品的追求,以及由勤劳而获得必需品的希望,给人们以理性去寻求大家和平相处,但是没有人会停止攻击别人,除非别人也停止对自己的攻击。这样人们就必须达成防范人们过度竞争实现和平共处的协议或契约,这就是道德原则或理性命令,霍布斯又称它为"自然法"。但是没有任何保证使自利的个人不会撕毁协议,于是就有必要建立一个强有力的政府,它有绝对的权威监督协议的执行。不过,谁又来监督政府,充当裁判的裁判?霍布斯在这个问题上显然陷入困境不能自拔。霍布斯在这里显然夸大了政府的作用,他对人们有自我约束并遵守协议的能力失去信心。不过无论如何,这里正是追求和保护自己的生命安全以及对舒适生活的渴望的自利的驱动力导致"一切人反对一切人的战争",又是同一个自利的驱动力导致和平共处和互助合作。就人的自然状态来说,每个人都有权为保护自己的生命而采取无论什么样的行动,"每个人对一切都有权利",这是自然权利。而为了寻求和平与互利,每个人又自愿放弃别人也同样放弃的权利,满足于具有他答允给别人那么多的自由。在一个由自由的人组成的社会里,这种权利的相互放弃的协议,即"己所不欲,勿施于人"的协议就是社会契约。这种契约使人们认识到,除了个人利益之外,还需要关心共同的利益,它是社会的共同目标,它是个人生存与利益的一种必要条件,所以人们就逐渐养成关心他人利益的习惯,道德便由此而起。霍布斯的论证,对政府的作用期望过高和期望过大,道德这个东西并不是或不完全是强迫出来的。在下一节中我们将会看到博弈论证明,即使没有权威的控制,自利的理性人也会通过重复博弈导致合作与守约。不过对于自利的个人来说,道德为什么必要,为什

---

① 霍布斯:《利维坦》(1650),载周辅成编《西方伦理学名著选辑》上卷,第658—665页。

么可能，它给出了一个最初步的社会契约论的论证，说出了道德起源的必要条件。

（3）如何能保证道德社会契约的实施并使之具有自愿、自觉、自律的道德感色彩？道德社会契约的主要内容是规定人们在社会生活中的权利与义务。作为社会契约是人们应信守的诺言，然而诺言是可以违背的，尤其是当这种承诺违背自己目前利益的时候。因此要使道德的原则能为人们所实行，的确有必要将其中一部分通过政府的法律和统治者的意志强制执行。当违反这些原则时要受到制裁与惩罚，如偷窃别人财物与金钱要判罪，违反商业合约要赔偿等。但是单纯的社会的、政治的和宗教的惩罚和威慑力量可以形成习惯，就像香港人在重罚款的威慑作用下，习惯了不随地吐痰一样。但对于自利的个人来说，这种惩罚和威慑力不可以将各种道德社会契约变成一种道德情操和社会良心。在道德生活中，当我们思考某种行为时，我们并不是在害怕社会的、政治的和宗教的惩罚，也不老是考虑是否对自己有利，而只是感到不应当这样行动，感到这是一种命令或一种义务。我们之所以能够形成自觉、自愿、自律的道德情怀和义务感，依赖于我们经验积累和我们的理性认识，依赖于我们所受的社会的、学校的和家庭的教育，依赖于社会风气的即习俗的形成和发展，当然也依赖于我们从基因那里获得的固有的同情心，当然用这种固有的同情心来解释人类好的道德行为是绝对不够的。好的道德行为是社会形成的，对于个人来说有一个艰苦的学习、修养和训练的过程；对于社会来说是一个长期培养、积累、传播和教育的文化发展过程。只要想想一个顽童如何能够接受良好的社会规范以及一些习惯于出售假、伪、劣产品的人们如何转变成有良好商业道德的商人，就会明白这件事。在社会的进化中，凡是那些有好的道德风尚的人群、民族，在生存竞争中占着优势，自然选择和社会传统的文化选择将优良的道德社会契约"内化"成为"深入人心"的"良心""德性"或"超我"。关于这种德性的形成问题，斯宾塞说得好："虽然存在着所谓道德感，但它们的根源不可能是超自然的，而只能是自然的。人们的道德感情依靠社会内外活动的训练而成长，它们不是对所有的人都一样的，而是多多少少因各个地方的社会活动不同而不同。在道德感的萌芽形式的德性里，它们与利益的诱导有一种同等的权威。"而"要确保人们都改造成为自然地具有全部德性的人，必须有一个持久的绝对的外部和平和一个严格地互不侵害的内部和睦。因为一种持续的外部敌对的生活所产生的法典教导人们侵犯、征服和复仇，而且谴责和平的职业。相反，一种稳定的内部和睦的生活所产生的法典，则会教导那有利于和谐的平等的德性——公正、忠诚和尊重别人的权利"[①]。关于说明社会规范如何内化为良心与德性的问题，S. 弗洛伊德（Sigmand Freud，1856-1939）的心理学也可以派上用场。他将心灵的结构划分为三个部分：本我（Id）、超我（Superego）和自我（Ego）。本我包含要求得到眼前满足的一切本能的驱动力。超我包括良心、儿童时期学到的社会准则，它能像一位严格的父亲那样用道德准则来约束本我。自我包含了本我和超我，调解它们之间的冲突以及它们与外部现实的冲突。道德契约就这样通过上述的机制能内化成为自我的一部分，成为我的良心的一部分。

现在，我们可以对于道德的形成作一个系统哲学的论证。在一个社会系统中，元素是自利的理性人，结构是由社会契约所规范的人们的相互关系。由元素与结构所组成的社会整体，出现了组成元素所不具有的社会合作和规范伦理体系的新性质，社会整体同时又改变了组成元素所具有的原初性质，使它不仅具有自利的第一性质，而且具有互惠的和利他的第二性质。经济人就这样变成了伦理人。所以我们决不可以将原初状态或自然状态中互不关心对方利益的理性人这个公设与日常生活中接受了社会契约原则因而具有道德情操或正义感的人们混为一谈，因为正是这些社会契约要求人们考

[①] 斯宾塞：《伦理学绪论》，§191，见弗兰克·梯利《伦理学概论》，中国人民大学出版社1987年版，第47页。

虑彼此的共同利益，关心别人的权利与要求。所以切不可以将理性人假说和社会契约理论理解为利己主义伦理理论或资产阶级伦理理论。不！它是一个说明社会道德产生与本质的理论模型。

从上面关于道德的本质和起源的分析可以看出，道德是社会行为的规范，它是为了人类的生存与发展而形成的社会契约，说它是社会契约，并不是说它真的一定是一份签订了的合同书，而只是说这是社会成员的相互承诺，是人为的而不是天然的，所以我们并不同意"自然权利""自然法"这些不适当的名词。它是帮助社会成员满足自己需要，实现自己价值的一种人文的工具。所以一个道德规范系统有三种作用：（1）它帮助人们指导自己的社会行为，以适应现行社会的生活。（2）它帮助社会生活建立起一套与道德规范相适应的政治的、法律的和其他方面的社会制度。（3）当社会制度变得不能满足人们的需要时，道德规范当然首先是我们在第三章第三节将要讲到的高层次的道德规范，它可以帮助人们批判现行的社会制度重新建立新社会制度。随着社会环境的变迁，特别是社会经济状况的变化，当一种社会制度及其道德规范变得不再有利于促进人们的生存、繁荣、进步与发展时，它就需要进行改革，这就是社会伦理的变迁。这个变迁是政治、经济、文化三方互动的过程。在此我们不能详细讨论，有兴趣者可参考我的著作《实在与过程》[①]。在这里我们只是假定社会契约各方有相互信赖，遵循现行道德规范的能力；当这些契约不适应社会的发展和人们的需要时，契约各方通过竞争与合作，革命与改良，又具有重新签订新契约，建立新道德体系的能力。当然道德契约可以有两个基本类型，一种是签订契约的一方对另一方有人身依附，另一方对这一方有强迫的作用，于是便产生了不平等的道德规范。另一种是契约各方是独立的、自觉的理性人，契约或道德规范是他们共同的理性选择。本章和下一章讨论的规范伦理是后一种情况的规范伦理，它就是现代社会所应该

---

① 张华夏：《实在与过程》，广东人民出版社1997年版，第386—477页。

具有的伦理规范。

二 博弈论与伦理规范

以上关于道德起源及其作用的唯象理论或半唯象理论，是关于理性人怎样变成伦理人的初步分析。由于系统科学和数学的发展，现在可以给出一个数学模型来对此加以说明。这个数学模型就是"囚犯困境"（prisoner's dilemma）和博弈论（game theory）。

所谓囚犯困境，直译为囚犯的两难处境。有合伙罪犯 A、B 二人，被警方分别隔离审查。如果他们都不招供，警方没有足够证据判他们重罪，只能各判 1 年；如果他们都招供，均被判 6 年。然而若一人招供，一人不招供，招者将获释，不招者被判 10 年。这就是通常所说的"坦白从宽、抗拒从严、立功受奖"。写成一个支付矩阵（pay off matrix）就是：

$$\begin{array}{ccc} & A_1（招） & A_2（不招） \\ B_1（招） & (-6, -6) & (0, -10) \\ B_2（不招） & (-10, 0) & (-1, -1) \end{array}$$

在这里从 B 的立场出发，他有两个方案 B_1 与 B_2，哪个方案最好？如果 A 招供，对 B 来说，招比不招好（$-6 > -10$）；如果 A 不招，对 B 来说，也是招比不招好（$0 > -1$），即从个人理性，即只关心自己不关心别人使自己利益最大化考虑，B 采取了招供的方案。而同理，A 也采取招供方案，结果每人都判刑 6 年。可是从这个矩阵中我们可以明显看到，如果 A 与 B 能事先订立一个攻守同盟，彼此合作解决问题，即从集体理性出发，最好的结果还是大家不招供，每人只判刑一年，一年后便可释放。囚犯两难的实质就是个人理性与集体理性的矛盾，这就是"困境"。从系统论的观点看，这就是整体不等于部分和，集体理性不等于个人理性之和。从集体理性出发，A 与 B 二人应采取 A_2、B_2 方针，其结果是 $(-1) + (-1) > (-10) + (0) > (-6) + (-6)$，为最佳方案。个人理性之所以达不到这个方案,因为 A 与 B 都只从个人利益最大化考虑,忽略了 A 与 B 之间的关系与结构,忽略了整体效应。

囚犯两难处境的博弈解适合于我们讨论伦理的起源问题,即经济人怎样变成伦理人的问题。不过例子本身讨论的问题是去作案犯罪,用它来讨论道德准则的形成虽无逻辑障碍但似有心理障碍,所以还不如改一个例子可能更为容易理解与论证。假设有两个处于自然状态的原始人 A 与 B,合作去捕捉一头猛兽。由于这头猛兽非常凶狠,如果 A 在战斗中临阵逃跑对他自己的利益来说是较大的,因为一则他无受伤之危险,二则若 B 擒获猛兽之后,还可坐享其成。现假定这样做对他的个人利益来说得到 10 分,而对方 B 由于单身战斗,虽能擒获猛兽,但有被咬伤的较大危险,从他的利益来说便只得 0 分了。如果 A 与 B 同时逃跑,他们虽然都没有擒得猛兽,不过被猛兽反扑的危险比那种留给别人去斗而自己逃跑的逃跑者来说处境要差一些,而比同伴逃跑留下自己与猛兽斗的处境要好一些,假定各人只得 2 分。为什么 A、B 二人同时逃跑还要记他们各得 2 分呢?因为我们假定他们可利用这段不与野兽战斗的时间来采集野果之类。而如果他们合力战斗肯定能擒得猛兽,他们分别各得 6 分。这个"得分",即计量个人利益所得的值,是个变量,在博弈论中叫作支付函数(pay off function),它是所有博弈参与人采取策略的函数 V。这样他们的支付矩阵如下:

A_1(逃跑)　　A_2(合作)
B_1(逃跑)(2,2)　　(10,0)
B_2(合作)(0,10)　　(6,6)

这里,对于 B 来说,$T = V_{1,2} = 10$,表示对不合作的"诱惑";

$R = V_{2,2} = 6$,表示对双方合作的"奖赏";

$P = V_{1,1} = 2$,表示对双方不合作的"惩罚";

$S = V_{2,1} = 0$,表示对"笨蛋"(别人逃跑你合作)的"报酬"。

由于 A 与 B 的对称性，A 的 T、R、P、S 值与 B 是完全一样的，在支付矩阵的得分中，前者是 B 的得分 V^B，后者是 A 的得分 V^A。无论囚犯困境和合作狩猎的例子的得分设计都要符合两个条件。

（1）$V^B_{1,2} > V^B_{2,2} > V^B_{1,1} > V^B_{2,1}$，即 $T > R > P > S$。下标的 1 代表采取不合作（逃跑或招供）的策略，2 代表采取合作的策略，下标前一个数是自己的策略，后一个数是对方的方案。在本例中是 10 > 6 > 2 > 0。

（2）$V^A_{2,2} + V^B_{2,2} > V^A_{1,2} + V^B_{1,2}$，即 $R > (T+S)/2$。这个式子表明，双方合作的利益总和大于一方合作一方不合作的利益总和。在本例中是 6 + 6 > 10 + 0。

在合作狩猎的例子中，如同囚犯困境的例子一样，是一个二人博弈的问题，即二人各自寻求最好对策的问题。由于二人在对局中一人的得分（支付数值）并不恰好是对方得分的负值，即 $V^A + V^B \neq 0$，所以叫作非零和博弈（non-zero-sum games），又由于一方不知对方所采取什么策略（是逃跑还是合作），也不知他们采取某种策略的概率有多大，而且这个博弈是作一次的，所以叫作二人的不确定性的非零和一次博弈。根据博弈论中不确定性的非零和博弈的某种特例的解法，叫作最大最小准则（maximin criterion），或叫作小中求大的准则。在合作狩猎的例子中，A 的支付矩阵是：

$$\begin{array}{cc} & A_1 \quad A_2 \\ B_1 & \begin{bmatrix} 2, & 0 \\ 10, & 6 \end{bmatrix} \\ B_2 & \end{array}$$

其中 A_1 表示 A 采取逃跑方案，A_2 表示 A 采取合作方案，B_1 表示 B 的逃跑方案，B_2 表示 B 的合作方案。矩阵中的值是 A 方案与 B 方案的函数，即 $V^A = F(B, A)$。

当 A 采取方案 1 时他最小得分为 2，

即，$\underset{B}{\text{Min}} [F(B, A_1)] = \text{Min}(2, 10) = 2$。

当 A 采取方案 2 时他最小得分为 0，

即 $\underset{B}{\text{Min}}\,[F(B,A_2)] = \text{Min}\,(0,6) = 0$。按小中求大或最大最小准则，$A$ 的最优选择为：

$\underset{A}{\text{Max}}\,\underset{B}{\text{Min}}\,[F(B,A)] = \text{Max}\,(2,0) = 2$。

即逃跑为最佳选择。同理 B 的最优选择的值也是 2，即也采取逃跑的方针。

那么，个人理性如何能导致集体的理性？他们必须订立一个契约，大家都预先定好双方合作的方案，不准临阵逃跑，这就等于 A 与 B 同时都同等地放弃自己的某些选择的自由。但如何能够保证他们不会从个人理性出发撕毁合作契约呢？上节讨论了有两种手段：（1）法律。大概原始部落和现代军队对临阵逃跑者都会给予纪律处罚，这相当于在合作狩猎的例子中降低当一方合作时另一方逃跑时逃跑者得分的数目，即降低他们的收益值 T，使逃跑没有多少吸引力。摆脱"囚犯困境"，促进"合作狩猎"正是一个政府的主要职能。（2）道德。原始人的正直与勇敢，军队中的守纪律与忠诚如同一切利他主义者一样是一条看不见的心理锁链，将人们维系在合作的共同目标中。

不过博弈论还有一个更大的成就，就是它证明如果不是一次博弈，而是对策者再次相遇和多次博弈，无须外部的控制和政府的干预，也会自动导致合作的出现，用系统论的语言来说就叫作自组织。这就是说理性人是通过多次博弈而转变为伦理人的，霍布斯难题就这样解决了。当然这个解决并不是主张取消政府，而只是说政府及其法律的强制只是顺应着人类社会的合作趋势而建立的，其目的是促进本来就存在的人们之间基于自身利益的合作趋势。社会的公民不是群氓，他们是有能力监督政府执行其职能的。博弈学家罗伯特·艾克罗特（Robert Axelrod）于 1980 年运用电脑让各种不同的解决"囚犯困境"的程序进行相互竞赛[1]，竞赛结果表明：多次

---

[1] Robert Axelrod, *The Evolution of Cooperation*, Basic Books, 1984. 中译本：《对策中的制胜之道——合作的进化》，上海人民出版社 1995 年版，第 149—161 页。

博弈的最优策略并不是最大最小原则所得出来的"总是不合作"的策略，优胜者竟然是心理学教授、多伦多大学 A. 拉帕波（Anatol Rapoport）提出的异常简单的策略，"一报还一报"的策略，即在多次重复博弈中（如 A、B 二罪犯多次作案多次被隔离审问，A、B 两个原始人二人多次合作狩猎），第一次是"合作"，然后各次都采用对方上一步的选择。上次你合作，我就回报你合作，上次你不合作，下次我也不合作。正是这种"以冤报冤，以德报德，从德开始"的策略以及由此导致对方采取双方合作的方针而不是最大最小原则对自己最为有利。为什么在这种情况下最大最小原则行不通。因为如果 A 方采取"一报还一报"的策略，B 采取最大最小原则，即总是"不合作"，因而你第一次占了便宜，得到了合作狩猎的例子中的 10 分（我们已经记这种占便宜的"诱惑"为 T，即 $T=10$）。但在此之后，你只能得到双方都不合作的"惩罚"（记作 P，这里 $P=2$）。根据无穷递减等比级数和的公式，你所预期的各次得分的总和为

$$\sum_{i=1}^{\infty} V_i^B = T + WP + W^2P + W^3P = T + WP/(1-W)$$

这里 W 系数指的是未来对于现在的重要性，它总是小于 1 的，并且随着时间推移，未来的重要性越来越小。假定 $W=90\%$，则

$$\sum_{i=1}^{\infty} V_i^B = 10 + WP + W^2P \cdots = 10 + \frac{0.9 \times 2}{1-W}$$

$$= 10 + \frac{1.8}{0.1} = 28$$

但是，当 A 方采取"一报还一报"策略，如果 B 也采取"一报还一报"的策略，即采用"合作"的策略，则每次他得到合作的"奖励"6 分，记作 $R=6$。他的得分总值为：

$$\sum_{i=1}^{\infty} V_i^B = R + WR + W^2R + W^3R + \cdots = \frac{R}{1-W}$$

$$= \frac{6}{0.1} = 60$$

当然，当 A 采用"一报还一报"的策略时，B 也可以采用不合

作与合作交替的策略。别人不合作你合作，你便得到做"笨蛋"的报应（记作 S）。在合作狩猎例子中 $S=0$。这样你的不合作与合作交替使用的策略得到的总分为

$$\sum_{i=1}^{\infty} V_i^B = T + WS + W^2T + W^3S\cdots$$
$$= (T+WS)(1+W^2+W^4+\cdots) = \frac{T+WS}{1-W^2}$$
$$= \frac{10+0}{1-0.9\times 0.9} = 52.6$$

还是不如合作好。

所以，在未来影响较大的情况下（即 W 较大），基于回报的合作，即与"一报还一报"的人合作是最优策略。以上讨论的二人博弈原则，同样适合于多人的博弈，即社会成员之间的选择问题。经济人或理性人就是通过这个多次博弈成为伦理人的。因为通过多次博弈，人们学习到"从合作开始，一报还一报"的策略是最有利于个人利益的策略。这个策略不过是说，从合作的愿望出发，"人不利我，我不利人，人若利我，我必利人"，渐渐地达到"人人利我，我利人人或人人为我，我为人人"的互惠性利他主义境界。这个过程就是一个不断学习、不断归纳、不断总结经验，放弃自己的某些自由，采取合作方针，从单纯为自己利益的最大值而奋斗转变为共同利益即整体利益的最大值而奋斗，产生某种集体主义精神，产生某些仁爱。这个结果相当于功利主义原则：一个行为或行为准则是正当的，它必定是能够增进最大多数人的最大幸福，或最大限度增进全体成员的幸福总量。这就是边沁和穆勒的功利原则。功利和功利主义一词常常被人误解，以为是"唯利是图""自私自利"或"急功近利"的意思，甚至用这个词来骂人。这真是天大的误解，功利（utility）一词经济学上译作效用或效益，功利主义（utilitarianism）不过是一种以全体成员的最大利益为行为的最高标准的主义，它表达了健全社会的一个最基本的道德准则。许多马克思主义者都是某种意义上的功利主义者。毛泽东公开宣布自己的道德立场

是"革命的功利主义",而"三个有利于""不论白猫黑猫"则实际上是"改革的功利主义"。这里我们不想改变功利主义的译名,而只想改变人们对功利主义的误解。不过我们在这里要强调的是:(1) 在我们的有关理性人在不确定性情景下的博弈模型中,存在着一个功利主义的方案提供人们作理性选择。这个方案就是上述的"囚犯困境"或"合作狩猎"案例中的 A_2B_2。A_2B_2 方案是在所有方案中社会成员的"幸福总量"或"对阵者的个人利益的总和量"最大,即 $V_{2,2}^A + V_{2,2}^B > V_{1,2}^A + V_{1,2}^B > V_{1,1}^A + V_{1,1}^B$(如 $6+6>10+0>2+2$)。因此,这方案代表了集体的理性即集体利益的最大化,代表了功利主义原则。(2) 理性人或自利的个人之所以选择这个方案,选择功利主义原则,并不是出于在不确定情景下个人所作的一次的或短期的期望效用最大化原则(the principle of expected-utility maximization),而是依据在反复博弈中,从长期来看的个人期望效用总量最大化的原则。罗尔斯认为理性人在不确定情景下不会选择功利主义作为社会建构和人类行为规范的基本原则,我们认为,这个看法是不对的。如果从短期行为看,理性人的确不选择功利主义即集体利益最大化的原则;但如果他们从长计量,博弈论证明,他们会放弃使个人利益在短期里最优化的选择,转而选择自己长期利益的最优化,这样他们便达到了集体的理性,达到了所谓联合帕累托最优,从而接受了功利主义的原则。

同样,博弈论的伦理模型,不但能解释功利原则,而且还能解释我们在下一章将要讨论的正义原则,并说明这两个原则在本质上是相容的。这里我们应该看到下列几点:(1) 在囚犯困境和合作狩猎的案例中,的确存在着一种不正义的方案可供选择。这就是 A_1B_2 或 A_2B_1 的方案,这个方案是一种不平等的安排:一方获得最大的利益,而另一方获得最小的利益。在合作狩猎的例子中,一方孤军作战所得利益为 0 分,另一方临阵逃跑,损人利己,所得利益为 10 分。如果 A 能胁迫、支配 B 接受 A_1B_2 或者相反 B 能胁迫、支配 A,使之接受 A_2B_1 方案。这就是一种剥削与压迫、损人来利己的社会状态，或如霍布斯所说的一部分人有"为所欲为"[①]的权利。（2）理性的个人为什么不选择可能导致他得到最大利益的这种方案呢？首先因为他们是在不确定情景下进行决策的，他们不能确定对方是采取对策 1 还是对策 2。如果对方采取对策 1，他就不是获得 10 分，而是只获得 2 分。其次假定我们的选择是在意志自由和人身自由下的理性人对社会状态的选择，所以 A 无法胁迫 B 接受 A_1B_2 方案，或者 B 无法胁迫 A 接受 A_2B_1 方案。再次 A、B 双方都经过反复的博弈，都学会了"一报还一报"的策略，这就导致了他们抛弃社会状态的 A_1B_2 或 A_2B_1 的安排。（3）他们选择了带功利主义色彩的 A_2B_2 方案，抛弃了带不正义色彩的 A_1B_2 或 A_2B_1 方案。这就意味着理性的个人在不确定性情景下依个人期望长期效用最大化的决策原则选择了人的行为规范和社会制度建构的正义原则：平等的权利和平等的自由的原则，即抛弃损人利己的社会安排，放弃别人也同样愿意放弃的一些权利（如获得 10 分），在别人也同样程度地约束他们自由的情况下约束自己的自由。这就是霍布斯所说的："当他人也一样愿意时，一个人是应该愿意放弃运用一切物的权利的。至于他个人对于别人享有的自由，应当以他自己允许别人对于他自己所享有的自由的程度为满足。"[②] 这也就是下一章我们要说到的罗尔斯第一个正义原则"每个人都拥有一种与其他人的类似自由相容的最广泛的基本自由的平等权利"。不过正义论者从正面说的内容，我们的博弈论模型从反面来加以论述，使用归谬法进行论述罢了。

不过，我们在下一章中将会看到，罗尔斯还是不同意功利主义的原则。他还提出了正义论的第二个正义原则，即差异原则，大意是说社会的经济的不平等应这样安排，使社会上处于最不利地位的人也有利，它包含某种社会福利政策和平等主义的内容。这个正义第二原理，的确是不能从集体理性或一般功利主义中完全推出和直

[①] 周辅成编：《西方伦理学名著选辑》上卷，第 665 页。
[②] 同上。

接推出。于是罗尔斯使用了博弈论中对不确定性非零和一次博弈的一种特殊解法或近似解法，即"最大最小原则"的解法，推出他的正义论的两个原则。关于这个问题要等到下一章才能展开，不过这里我们要说明的是，尽管最大最小原则并不是非零和不确定博弈问题的一般解法，也不是道德问题的一般解法。[①] 功利主义的联合帕累托最优解和罗尔斯的最大最小解是相容的。因为他们所谈的是不同的博弈问题，不同的支付函数，有不同的适用范围。功利主义的最大最小原则所讨论的系统是理性人在不断博弈对策中导致合作追求集体的最大的幸福，它的个人支付函数之和达到最大值，即所谓联合帕累托最优。这里支付函数就是人们的主观效用，即我们在上一章所说的主观价值量度。这里说的是合作的理性的人们的共同目标问题，而正义论的最大最小原则尽管不是非零和不确定博弈的一种普遍解法，但也可以看作谋求自身利益的理性人相互博弈中的一种策略。使用这种策略时需要特别注意的是，这里的支付函数并不是主观的效用，而是客观的基本的善或基本的价值即自由、平等、自尊的基础以及生活的基本需要等，正如我们在上一章指出的，这里对价值采用了第二种度量。由于这里的支付函数是所谓基本的善，是现代健全社会的成员最低限度需要的东西，因此在这些关系到自己生存的基本需要问题上，人们自然不愿冒很大的风险，而宁愿采取最大最小的原则或小中求大的原则以便获得人们最低限度的需要：平等的自由，推行某种福利保障政策，分配的不平等以使境况最差的人也有所改善为限度等。功利主义及其"最大最小"原则讲的是人们要追求的最高共同目标的东西；正义原则讲的是人们在追求共同目标时要保证个人最低限度具有的东西。功利原则讲的是最大限度追求人类的福利，正义原则讲的是这些福利如何适当和公正地进行分配。一个矩阵讨论了集体最高的共同目标，另一个矩阵

[①] Cf. J. C. Harsany, "Can the maximin principle serves a basis for morality? A critique of John Rawls's theory", *American Political Science Review*, 1975（69）, pp. 594–606.

讨论了个人最低限度的要求。集体与个人，最高与最低，少数服从多数，多数保护少数，这不正好是相互补充了吗？

我们力图摆正功利原则和正义原则各自的位置，再加上我们在第一章和3.1节所讲的有限资源和环境保护原则以及仁爱原则（包括仁爱的扩展原则、仁爱的有限性原则和仁爱的递减传播原则），我们便有了规范伦理的四项基本原则。我们将在本章的其余部分以及第四章、第五章和第六章中更为具体地论证这四项基本原则。

三　道德推理的特征

以上从唯象理论、半唯象理论和数学模型理论上讨论了道德的根源与本质，说明最低限度要满足社会成员的基本需要，最大限度要促进社会成员的最大福利是道德规范赖以存在发展的基础。而一种行动，一种道德的判断与规范是否有利于满足社会成员的基本需要，是否有利于促进社会成员的最大福利的提高是判断人们行为与道德规范甚至社会制度好坏的最高标准。以上观点我们称之为功利主义的观点，或准确地说，称之为系统功利主义的观点。当然功利主义有许多种类，而对"功利"一词又有许多不同的理解，为了具体讨论这些问题，我们还有必要研究一下人们道德推理的形式，看看从这些推理的形式中是否可以帮助我们寻找道德判断的终极原则。建立一个道德价值体系的形式系统，这就是本节的任务。

道德推理是一种决定人们行动的实践推理，所以我们首先要研究实践推理。实践推理与一般推理的区别就在于它包含了主观目标或价值判断的命令表达这种前提。这里主体目标是行动或行为的指导，用一系列诸如"想要""愿望""应当""必须"等词来表达。例如下面的推理就是一个实践推理：

（1）我要提高我的批判能力　　　　　　　　　（一般命令前提）
（或人们必须提高自己的批判能力）

（2）研究哲学是提高自己批判能力的最好方法　　（事实前提）

（3）所以，我要（或必须）研究哲学　　　　　　（命令结论）

一般实践推理的前提既包含命令前提也包含事实前提，才能得出命令的结论。当然这命令的前提可以由更一般的命令前提推出，通过一系列命令推理链，可追溯到基本的命令，但这命令前提不能单纯由事实前提推出。这就是休谟最早提出的包含"是"（is）的实然判断（事实陈述）不能推出包含"应当"（ought to）的应然判断（规范陈述）的原理，已经成为逻辑学和道德哲学的基本常识了。例如从吸烟有害健康这个事实陈述是不能推出我们不应吸烟这个命令陈述或规范陈述的。因为如果从吸烟有害健康这个事实前提加上我愿意提高一点死亡率来满足我吸烟的爱好，是可以得出我应该吸烟的结论的。

事实陈述之所以不能单独推出规范陈述的本体论根据是：前者陈述的是事物的第一性质和第二性质，后者陈述的是事物的第三性质。

道德推理是一种实践推理，它所包含的命令前提不是一般的主体目标（主观偏好、决定、兴趣、倾向等），而是一种道德价值判断。下面就是一个道德推理的例子：

（1）我们必须信守诺言　　　　　　　　　　　（道德价值判断）
（2）我与A君约好今天指导他写毕业论文　　　　（事实前提）

（3）所以，我今天必须指导A君写毕业论文（道德判断结论）

道德价值判断与其他一般命令陈述不同的地方，就是它包含了"正当"（right）、道德上的"善"（good）、"应"（ought）和"有责任"（obligate）等的断言。它是在社会道德规范下，以社会主体的目标和要求为标准做出的，并不是以一般的个人倾向、愿望或主体目标为标准做出的。道德价值判断同样不能从事实判断中推出，例如我们不能单纯从"核武器的杀伤力非常巨大"这个事实陈述前提推出"我们应当裁减和销毁核武器"或"消灭一切核武器就是善的"这样的道德价值判断。因为这后一结论必须有一种国际伦理准则的前提再加"核武器杀伤力巨大"的事实判断才能推出。

在道德推理链条中，向上追溯，最终必然终止于某些基本的价值判断，道德上基本的价值判断是最后的前提，它被接受并不是由更基本的道德原理推出的，而是作为公理被接受的。关于这一点，爱因斯坦有过一个很好的论证，我们不妨详细将它转引出来，看看科学家们怎样做出与道德哲学家相一致的结论。

爱因斯坦说："关于事实和关系的科学陈述，固然不能产生伦理的准则，但是逻辑思维和经验知识却能够使伦理准则合乎理性，并且连贯一致。如果我们能对某些基本的伦理命题取得一致，那么，只要最初的前提叙述得足够严谨，别的伦理命题就都能由它们推导出来。这样的伦理前提在伦理学中的作用，正像公理在数学中的作用一样。

这就是为什么我们根本不会觉得提出'为什么我们不该说谎？'这类问题是无意义的。我们所以觉得这类问题有意义的，是因为在所有这类问题的讨论中，某些伦理前提被默认为是理所当然的。于是，只要我们成功地把这条伦理准则追溯到这些基本前提，我们就感到满意。在关于说谎这个例子中，这种追溯的过程也许是这样的：说谎破坏了对别人的讲话的信任。而没有这种信任，社会合作就不可能，或者至少很困难。但是要使人类生活成为可能，并且过得去，这样的合作就是不可缺少的。这意味着，从'你不可说谎'这条准则可追溯到这样的要求：'人类的生活应当受到保护'和'苦痛和悲伤应当尽可能减少'。

从纯逻辑看来，一切公理都是任意的，伦理公理也如此。但是从心理学和遗传学的观点看来，它们绝不是任意的。它们从我们天生的避免苦痛和灭亡的倾向，也从个人所积累起来的对于他人行为的感情反应推导出来。"[①]

在这里爱因斯坦采取了伦理学的功利主义立场,将人类的生活应当受到保护,最大限度增进民众的幸福和减少民众的痛苦视作最高的道德原则和道德公理。这个公理并且有心理学的、遗传学的和社会学的根据。

现在我们结合伦理世界的实际情况沿着爱因斯坦将科学推理体系和伦理价值体系的类比想下去,看看能否类比出一个伦理价值体系的形式结构。

爱因斯坦说,关于科学推理的"那个认识论问题"可以用图3—1 来说明:

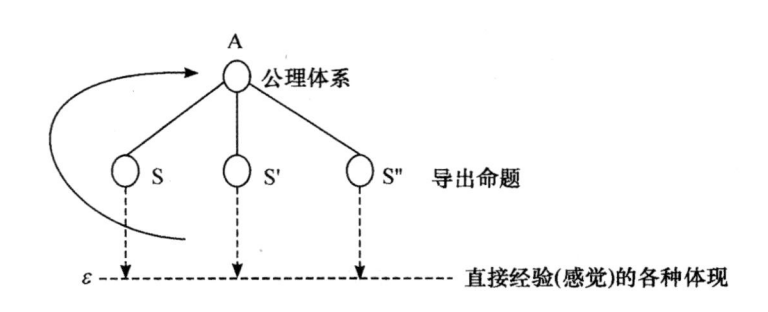

图3—1 科学推理结构

（1）ε（直接经验）是已知的。

（2）A 是假设或公理。由它们推出一定的结论来。

从心理状态方面来说,A 是以 ε 为基础的。但是在 A 同 ε 之间不存在任何必然的逻辑联系,而只有一个不是必然的直觉的（心理的）联系,它不是必然的,可以改变的。

（3）由 A 通过逻辑道路推导出各个个别的结论 S。S 可以假定是正确的。

---

① 爱因斯坦:《科学定律和伦理定律》(1950),载《爱因斯坦文集》第三卷,许良英、赵中立、赵宣三编译,商务印书馆1979年版,第280页。

（4）S 然后可以同 ε 联系起来（用实验验证）。

这一步骤实际上也是属于超逻辑的（直觉的），因为 S 中出现的概念同直接经验 ε 之间不存在必然的逻辑联系。[①]

类比于科学推理结构，伦理价值结构大致可以用图 3—2 表示：

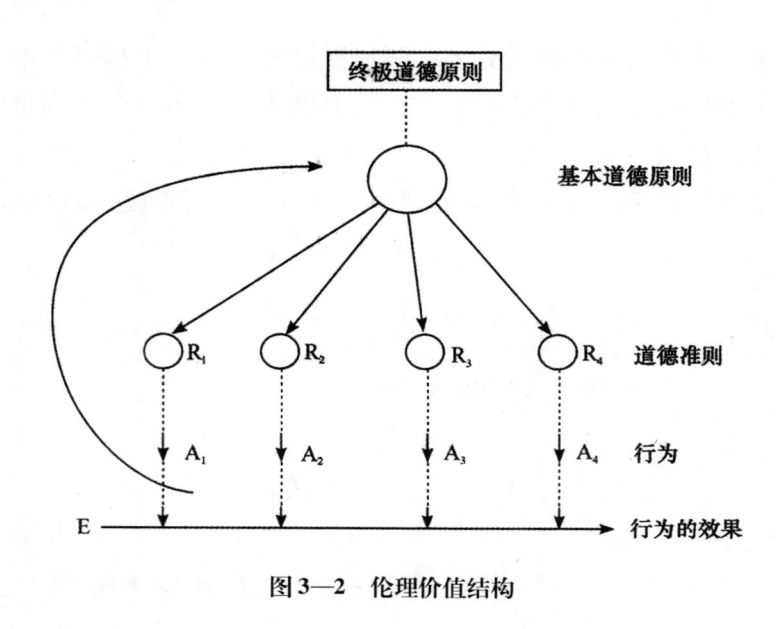

图 3—2 伦理价值结构

（1）在这个伦理价值结构图中，从功利主义的观点看，终极的道德原则是"最大幸福原则"或"最大效用原则"。而从生态主义的观点看，这个终极原则就是"保护生物共同体的完整、稳定和优美"原则（见第一章第四节）。而从康德主义看，这个终极原则就是"绝对道德命令"。就本书作者见解来说，首要的原则应该是最大幸福原则。但是它并不能覆盖所有道德领域而成为唯一的终极道德原则。而终极道德原则无论是一元的还是多元的，都只是一种背景理论或道德形上学预设，它只能用来为基本道德原则辩护而不能逻辑推出基本道德原则。基本道德原则就是道德系统的公理。在我

[①] 《爱因斯坦文集》第一卷，商务印书馆 1976 年版，第 541 页。

们的道德理论系统中，它就是上节所说的四项基本原则：功利原则、正义原则、环保原则和仁爱原则，或者说它就是四个基本道德公理。

（2）由基本道德原则推导出来的道德准则，如尊重他人的个人自由与权利、平等待人、负责任、守信用、讲真话、相互帮助、相互尊重、孝敬父母、爱护子女等准则是人们各种具体行动与行为的指南。不过我们应该注意的是，各种道德准则对应于一定的德行或品德，它起源于各种风俗习惯或宗教信条，政府的提倡和教育的范畴。例如儒家道德就主要停留在道德准则层次的研究上，是现代道德哲学家们将它们加以分析追溯到基本道德准则与最终道德原则，因而在伦理价值理论结构中从后者推出前者。顺便说一下，儒家伦理正是缺乏这种追溯的功夫，因而它的伦理价值体系的形式结构是不够成熟和完整的。

（3）行为与行为的后果是两个不同的概念。这里讨论的行为是道德行为，即至少与一个道德准则有关的行为。这种相关对于行为者的决策来说可以受这个道德准则的指导，遵守这个道德准则，也可以不遵守这个道德准则，这种相关可以是"正相关"或"负相关"。至于行为后果，除了受指导行为的那种准则支配外，还受到环境条件和各种随机因素的影响。因此，我们的功利原则，在提出某种行为或行为准则的正当性时，主要依据的是我们对这一行为或行为准则期望后果的计量。而在检验某种行为或行为准则的正当性时，则主要从实际后果来计量。这里存在着准则与行为、动机与效果的矛盾，以及不同准则在执行过程中常会导致的价值冲突，是一个很复杂的过程。因此研究道德行为绝不能简单化，在下一节中我们将会看到行为功利主义与准则功利主义都有某种简单化的情况。请注意这里的伦理价值结构图是对上一章价值图的一种具体化。①

---

① 参见本书第二章第四节图2—4与表2—1。

四　行为功利主义与准则功利主义

什么是人们行为正当或不正当、善恶、正邪的最高原则？什么是人们行为准则的终极根据呢？古代哲学家和现代哲学家处理这个问题的思想进路有所不同。古代哲学家径直讨论这个问题：什么是人们生活的"根本目的"、什么是"终极的善"。例如古希腊的昔勒尼、德谟克利特和伊壁鸠鲁都认为快乐和幸福是最高的善，是人生的目的。不过昔勒尼主张的快乐主要是感官的享受，而德谟克利特和伊壁鸠鲁则认为快乐主要是内心的满足和灵魂的高尚与快乐。伊壁鸠鲁说："当我们说快乐是一个主要的善时，我们说的并不是放荡的人的那种快乐，并不是沉溺于感官享乐的人的那种快乐。""除非一个人谨慎、诚实、正直地生活，否则他不可能生活得幸福。"[①] 这就是古代的快乐主义即功利主义。至于他们怎样从人生的目的和最高的善使所求快乐与幸福过渡到增进人类的幸福与快乐是人们行为的标准这件事是很不明确的。这种思想进路就像我们在前面所讨论的人生幸福的内部结构时的思想进路一样（见第二章第三节）。而现代思想家的进路则不同，他们主要从分析道德的事实和道德的观念，一步一步地企图分析和追溯出它的最终原则，就像爱因斯坦从为什么我们不应该说谎分析追溯到最大限度增进人们的幸福和减少人们的痛苦为道德的公理一样。这里爱因斯坦说的"道德公理"就是以边沁（J. Bentham，1748—1832，英国哲学家）、J. S. 穆勒（J. S. Mill，1806—1873，英国哲学家）和 H. 西季威克（H. Sidgwich，1838—1902，英国哲学家）为代表的功利主义原则。

功利主义就是将普遍的人类幸福（general human happiness）看作道德基础的一种道德哲学。它的基本原理是最大多数人的最大幸

[①] 第欧根尼·拉尔修：《名哲言行录》二卷，第471页；见弗兰克·梯利《伦理学概论》，第107页。

福（the greatest happiness of the greatest number），是人类活动的终极目的，是人类行为的指导原则和道德标准。人们行为及其准则是否正当拿什么做标准、拿什么去判别它呢？就以它是否有利于提高"最大多数人的最大幸福"这个结果为转移。所以功利主义总体上说是一种效果论，以行为的效果论善恶。而这里"幸福"（happiness）一词，常被看作"快乐"（pleasure）、"福利"（well-being 或 welfare）等与人们利益攸关的同义语。根据我们的价值理论，这里"幸福"与"快乐"一词是人们需要的满足，它不仅包括感官上的享乐，而且包括理性上满足，如求知欲的满足和艺术审美上的享受。我们在上一章讨论需要与价值时已经指出，不能将快乐与幸福理解为享乐主义，也不能理解为禁欲主义。它是多维的，包括"物质生活的享受、精神生活的满足和文化生活的充实等等"。功利原则（the principle of utility）是边沁首先提出来的，穆勒接受这个原则，称之为"最大幸福原理"或"最大福利原则"。现代功利主义者特别是功利主义经济学家则径直使用"效用"（utility，又译为"功利"）的概念，称功利主义原则为"最大效用原则"，并且力图以定量的语言来加以说明。

为了理解功利主义的一般特征，我们最好引述其创始人边沁的下面一段话：

> 功利原则指的就是：当我们对任何一种行为予以赞成或不赞成的时候，我们看该行为是增多还是减少当事者的幸福；换句话说，就是看该行为增进或者违反当事者的幸福为准。这里，我说的是指对任何一种行为予以赞成或不赞成，因此这些行为不仅要包括个人的每一个行为，而且也要包括政府的每一种设施。
>
> 所谓功利，意即指一种外物给当事者求福避祸的那种特性，由于这种特性，该外物就趋于产生福泽（benefit）、利益（advantage）、快乐（pleasure）、善（good）或幸福（happi-

ness）（所有这些，在目前情况下，都是一回事），或者防止对利益攸关之当事者的祸患：痛苦、恶或不幸（这些也都是一回事）。假如这里的当事者是泛指整个社会，那么幸福就是社会的幸福；假如是具体指某一个人，那么幸福就是那个人的幸福。

社会利益（the interest of community）是在伦理词汇中可能出现的最为普遍的用语之一。这就难怪它的意义常常把握不住了。如果它还有意义的话，那就是这样：社会是一种虚构的团体，由被认作其成员的个人所组成。那么社会利益又是什么呢？——它就是组成社会之所有单个成员的利益之总和。

不了解个人利益是什么，而侈谈社会利益，是无益的。一件事情如果趋于增大某个人的快乐之总和，或者（也是一回事）减少他的痛苦之总和，那么我们就说它是增进那个人的利益或者有补于那个人的利益的。

从而有一种行为，其增多社会幸福的趋向大于其任何减少社会幸福的趋向，我们就说这个行为是符合功利原则的，或者为简短起见，就是符合功利（意思是泛指社会而言）。[①]

而为了理解古典功利主义"快乐""幸福"的含义以及边沁与穆勒之间的细微差别，我们最好还引用穆勒下面一段话，它和上面一段话一样，反复为现代伦理学家们讨论着。穆勒说：

每一个持功利学说的作家，都不曾把功利一词认作与快乐有别，而认"功利"就是快乐的自身，和痛苦的消除……
如果有人问我，我所谓快乐的质上的差别是什么意思，或者问，只就快乐论，一种快乐除了在量上较大以外，还有什么

[①] 边沁：《道德与立法的原理绪论》（1789），载周辅成编《西方伦理学名著选辑》下卷，商务印书馆1996年版，第211—212页。

使之比其他快乐更可贵，那么，只能有一个可能的解答。对于两种快乐，都具有经验的人，或几乎是都具有经验的人，都断然宁愿不顾任何道德义务感觉而择取其中之一，那么，所择取的一个就是更为可欲求的快乐。

对于两种快乐是同样认识，并且能同样欣赏享受的人，都显著地择取那是以发展他们较高级的官能的一种，这是毫无疑问的事实。极少数人会因为允许他尽量享受禽兽的快乐，就肯变成任何一种较低等的动物，有知识的人都不肯成为傻子。受过教育的人都不肯成为无知无识。有良心有情感的人，即使相信傻子、白痴、流氓比他们更满意于他们的运气，也不会愿意自私和卑鄙。他们不会因为他们与傻子同具的一切欲望可以满足，就会愿意舍弃他们比傻子所多有的东西。

做一个不满足的人总比做一个满足的猪要好些，做一个不满足的苏格拉底，总比做一个满足的傻子要好些。如果傻子或猪有不同的看法，那是因为他们只知道自己一方面的问题。苏格拉底一类人，则知道问题的两方面。[1]

在现代，功利主义又分为行为功利主义和准则功利主义。行为功利主义着重用功利原则直接判别人们的行为是正当的还是不正当的。它从行为的直接效果或它的直接价值来计算这些行为是否给相关人们带来的幸福超过痛苦来判定哪些行为是正当的，是道德的。例如某人救死扶伤的行为之所以是正当的，有道德的，因为它增进了相关人们的幸福，减少了他们的痛苦。从边沁上边的那段话，可以看出他是个行为功利主义者。与行为功利主义不同，准则功利主义则着重用功利原则来作为判别社会的道德准则是否正当的标准。换句话说，一种行为是否正当，只要看它是否符合道德的准则；而

---

[1] J. 穆勒：《功利主义》（1863），载周辅成编《西方伦理学名著选辑》下卷，第240—245页。

道德准则是否正当，要看它是否导致人们的最大幸福。例如白求恩的行为是正当的，有很高的道德的，因为他处处遵循医务人员要救死扶伤的道德准则，而救死扶伤这个道德准则是符合最大利益原则或最大功利原则的。尽管在他最后一次为伤员治病中，救了病人，但自己受感染中毒身亡。单看这次行动因自己的牺牲虽然没有带来总量的幸福超过总量的痛苦，从行为功利主义的角度上看是得不偿失的。但从准则功利主义判断它，仍然是而且更加是一种有道德的行为，因为他所依照的准则，他的精神和德行是符合增进最大多数人的最大利益的。所以行为功利主义和准则功利主义是相互补充的东西，不过准则功利主义对于行为功利主义来说有它的明显优点，因为通常一个最高的原则用于解释或证明某一项具体行为的正当性是一件很复杂的事情，要通过许多中间环节甚至要排除许多表面上相互矛盾的现象才能做出合理的说明和解释，就像几何学的公理要通过由它证明的许多定理和命题，才能具体解决某些几何问题一样。关于这个问题，我们在上一节关于道德价值系统结构的论述中已经讨论到了。在上一节的伦理价值结构图中，我们已经看到终极原则与行为后果之间联系的复杂性。在这方面，准则功利主义有它的优势，因为世界上有些道德行为孤立地来看可能是有悖于功利原则或得不偿失的（例如1938年某人在贝尔希特公园附近跳水救起了希特勒就是一个例子[①]），但整体来说，从该类行为的整体效果来说则是有利于人民利益的。反之有些不道德的行为孤立地来看可能是符合于功利原则的（如怀有不良动机办好事或所谓"歪打正着"），但它的原则精神或准则精神则是对人民不利的。准则功利主义因为在这类问题上有解释力，能消除行为功利主义不能消除的许多反例，所以是比较有说服力的，但是，准则功利主义也有它的弱点。他们固然通过"道德准则"将功利原则与行为的正当性联系起

[①] 参见 J. C. 斯马特、B. 威廉斯《功利主义：赞成与反对》，牟斌译，中国社会科学出版社1992年版，第47页。

来，但因此又将功利准则与行为的正当性隔离开来。难道一种行为的正当性只根据它依据的准则而完全不依据它的直接后果是否增进相关的人们的福利吗？准则功利主义会导致 J. C. 斯马特所说的"准则崇拜"①，或者只注意行为动机而不注意行为的效果。而我所主张的功利原则，可以称之为系统整合功利原则，整合和兼顾行为功利主义和准则功利主义二者，它的要点将在下一节加以说明。准则功利主义的原始思想可以追溯到穆勒，因为他说过，所有在正义名下的各种道德准则"都是在功利原则的制裁（sanction）之下的"。准则功利主义在 20 世纪中叶开始流行起来，J. 奥斯汀（J. Austin）在 1954 年将准则功利主义概括为一句话"我们的准则建基于功利，而我们的行为建基于准则"②，而 R. 布兰德（R. Brandt）在 1959 年出版的《伦理学理论》中正式区分为行为功利主义和准则功利主义。③

功利主义有着非常明显的优点，就是用统一的原则来解释道德的行为和道德的准则，以及一切社会制度、政治措施和社会运动的标准，说明人类行为的目标、根源与动力。它指出人们的行为与社会建制的目标应走向最大的福利状态。所以功利原则对于其他道德原则来说常常具有优先的地位。所有这些颇与人们的要求与常识相吻合。值得注意的是，马克思主义的政治哲学和伦理哲学从根本上说也是功利主义的。马克思主义所主张的一切政治制度和经济制度的合理性应该视它们是否适合和促进生产力发展为转移。这个是否适应生产力发展的标准，也就是是否促进社会总福利最大化的标准，即可以用劳动生产率或社会平均总效用来衡量。而马克思主义的道德原则的根本标准就是为最大多数的人民群众谋幸福，也可以在功利主义的基础上加以阐明。当然马克思主义的功利主义是无产

---

① 参见 J. C. 斯马特、B. 威廉斯《功利主义：赞成与反对》，牟斌译，中国社会科学出版社 1992 年版，第 5 页。
② 转引自 J. L. Mackie, *Ethics*, Den Ruin Books, 1977, p. 136。
③ 参见 J. C. 斯马特、B. 威廉斯《功利主义：赞成与反对》，牟斌译，第 4 页。

阶级的阶级功利主义，这种阶级的功利主义之优点与缺点我们在此不加讨论。① 不过无产阶级的功利本身就是全人类功利的组成部分，并且按照马克思的说法：无产阶级只有解放全人类才能最后解放自己。所以应该将马克思的功利主义看作全人类功利主义的一种形态。同时，功利原则对于现代社会的自由与民主的理念总的说来也是支持的。因为只有自由与民主才能发扬个人的聪明才智，只有自由的批评与对政府的民主监督，才能消除腐败，促进社会的进步，即促进个人幸福的总量和社会福利总量的最大增长。反过来说，要使社会福利最大化就必须有充分的民主与自由。同时，功利原则在个人幸福和在整体的社会幸福的权重上是人人平等的。这表现在边沁与穆勒的格言中："每个人只能算一个，任何人都不能算作一个以上。"② 所以功利主义也是对平等理念的一种支持。

但是，功利主义有相当重大的缺点，它受到批评主要在两个问题上。（1）如何量度快乐、福利或幸福。因为既然有所谓"幸福的总量"就有同一个人在不同时期或对不同种类快乐幸福的比较与计量问题，例如今天晚上我参加一个音乐会所带来的福利与我和朋友沿着海边散步所带来的福利按什么尺度、什么单位对之进行比较或相加呢？至于不同的人之间，在宴会上我要的饮料是可口可乐，你要的饮料是啤酒，我又按什么单位和尺度来比较我所带来的满足比你的大还是小，并将它们加起来成为一种福利的总量呢？功利主义者的反对者通常用个人的不同性质与不同内容的快乐与福利不可

---

① 马克思的功利主义常常被人们加以曲解。第一种曲解是，马克思主义所主张的功利，主要是物质的功利，而不包括精神的功利和社会文化的功利。第二种曲解是，将某一个阶级或某几个阶级的功利视作唯一的社会功利，对于其他阶级成员的功利可以不屑一顾，他们的利益可以不予照顾，他们的人格尊严可以任意否定，他们的权利可以任意剥夺，甚至他们的生命也可以随便加以消灭。苏俄集体化时期富农的人身被消灭就是一例。第三种曲解是，将阶级的功利曲解为代表这些阶级的集团的功利，再将代表这些阶级的集团功利曲解为少数一些人的功利，从而导致权力集中与分配不公，即导致特殊形式的利己主义。第四种曲解是，将生产力的发展看作社会发展的最后推动力。这种推动力是物质的，看不到人的目的性在其中的根本作用。其实社会成员追求自己价值的实现，追求自己利益的最大化，是生产力发展的能动的源泉。

② 穆勒：《功利主义》，末页，载周辅成编《西方伦理学名著选辑》，下卷。

通约性以及它们在人际之间的不可通约性来质疑"最大幸福总量"这个功利主义关键词。(2)幸福的分配问题。功利主义常常被指责为只顾社会福利总量的增长，不顾这些福利在个人之间如何分配，甚至容许为了最大多数人的利益总量而牺牲少数人的利益甚至剥夺少数人的自由。它把人类社会的选择原则理解成放大了的个人选择原则。依我看来，情况没有那么严重，前面讲过最大幸福原理或最大效用原理包含了自由、平等的理念，而且根据现代经济学的边际效用递减律，同样的社会的总效用，当平等地或公正地进行分配时，比起不平等、不公正或贫富悬殊的分配要大。这是因为同样的财富或价值分配给穷人的效用比添加给富人的效用大得多。如果一位实业家李先生捐出一亿元进行救灾，这一亿元对李先生的效用损失是微不足道的，而对广大灾民的效用的增加却极为可观。所以追求社会效用函数或社会福利函数最大化的功利原则，会支持和导致社会的公平分配。经济学的"新剑桥学派"福利经济学家 A. C. 庇古（A. C. Pigou）早在 20 世纪 20 年代就已指出，由于同量收入和货币对穷人的边际效用大于对富人的边际效用，因而采取诸如征收累进所得税和遗产税、扩大失业补助和社会救济等收入均等化政策，将会在同等国民收入总量的条件下，增进社会福利。[①] 不过，幸福或福利的总量与福利如何分配、按什么原则分配毕竟是两个问题。财富与所得应遵循什么基本原则来进行公平分配？这是功利主义原则所不能直接推出的。至于社会的基本善的其他方面的分配问题，例如，基本人权（生命权、生存权、自由权、安全权等）的分配问题更不是最大幸福原理所能直接推出的。这些基本善的分配问题，或者说权利义务的分配问题，就是所谓正义问题。解决正义问题的原则称为正义原则（the principle of justice）。正义原则不能由功利原则直接推出，只能由功利原则对它作局部辩护，这一点正意味着正义原则是独立于功利原则的基本道德原则。这一点正是我们

---

① 参见张培刚《微观经济学的产生和发展》，湖南人民出版社 1997 年版，第 298 页。

不同于完全功利主义的基本立场。不过我们又认为，正义原则与功利原则又是相容的，道义主义其实与功利主义是可以统一起来的。关于这一点，我们已在第三章第二节作了论证，我们在下一章中特别是在第五章中还要加以论证。在读下一章时，请读者特别注意我们对道义论的批判性的评价，这些批判性评价包含了我们吸收了道义论的一些什么问题又拒斥了它们的一些什么观点，并怎样将它们融入我们的系统主义伦理学的体系中。不过下一节我们着重讨论功利或效用的测量问题以及我们对功利主义的进一步的发挥。在此之后，我们再进入对道义主义的讨论。

五　效用函数与系统功利主义

在第二章第二节中，我们讨论了价值的可比较性和一定范围里的可测量性，已经包含了效用、福利与幸福的测量问题。我们讲过，不可能存在一种自然的价值用来测量人们所欲求或所需要的事物的价值量，"因为各类事物的性质千差万别，任何一个性质测度都不能代表该事物的价值大小，尤其不能用不同事物的不同属性来比较不同事物之间的效用的大小，因为它们的量纲不同。例如财产、爱情与自由，财产是经济事物，爱情属感情世界，而自由是政治关系，它们自身的属性不可比较、不可通约。但是，每一种需要的满足或可能期望的满足，有一种主观偏爱的反映，这种主观偏爱（或偏好）就成了价值的测度"。这与我们在前面引证过的穆勒的思想，"两种快乐，那所抉择的一个，就是更为可欲求的快乐"是同一的思路。现在假定无论什么样的事物给予我们无论什么样的满足（或利益），包括可能的、期望的满足和现实的满足 r_i 组成一个集合 R，即 $r_i \in R$。如果认为 r_1 比 r_2 好，我们在二者选一中宁选择 r_1 不选 r_2，我们就说我们对 r_1 比 r_2 偏好。例如：设参加一次音乐会为 r_1，与朋友二次在海边散步为 r_2，如果我宁愿参加一次音乐会，而不宁愿与朋友两次在海边散步，就表现为 $r_1 > r_2$。又设 $U(r)$ 为效用函数，则 $U(r_1) > U(r_2)$。如果我宁愿与朋友在海边散步两次胜过参加一次音乐会，就记成 $U(r_2) > U(r_1)$，而如果对二者是一样爱好，就记成 $U(r_2) = U(r_1)$。一般地说，对于每个 $r \in R$，令实数 $U(r)$ 与之对应，它表示对 r 的偏好程度，则 $U(r)$ 称为 r 的效用函数。这样效用函数就成为功利主义的功利（它和效用是一个词，utility）、福利、快乐、幸福、效用、价值的量度。功利主义的反对者认为幸福与福利值是不可通约因而不可量度，这是不对的。效用或价值没有客观的自然量度标准，但它有主观的度量标准，这就是偏好。偏好关系能满足下列的条件：

1. 自反性：对于任意一组人们所需要和欲求的对象 r_i，$r_i = r_i$。
2. 完备性：对于任意两组对象 r_i 与 r_j，下面三个关系仅成立一个：$r_i < r_j$，$r_j < r_i$，$r_j = r_i$。
3. 可迁性：若 $r_i > r_j$，$r_j > r_k$ 则 $r_i > r_k$。
4. 连续性：若 $x_i > x_j$，而 x_k 无限逼近 x_i，则 $x_k > x_j$。

这就是说，对于任意的需要和欲望的满足，其效用函数 $U(r)$ 是存在的而且是唯一的、单调变换的实值函数，是可以用实数来表现的。

有了效用函数的概念，个人能够对任意事物的效用，它所带来的福利幸福和快乐作比较。同样，采用统计平均的方法，一个社会可以以平均的个人偏好和平均个人效用函数对一切事物给全体社会成员带来的效用、福利、幸福做出比较。设一个社会有 n 个成员，它们各自关于 r 有效用 $U_i(r)$，则关于 r 的社会效用函数可以表示为 $U_S(r) = \frac{1}{n} \sum_1^n U_i(r)$。因此，我们虽然不一定能计算出"社会效用总量""社会幸福总量"的绝对值，但是我们运用效用函数能够比较不同的行为。何者能够增进全体社会成员的福利总值，因而功利主义对于道德行为的比较实际上是可操作的，并且一定程度上是可以定量计算的。以上所说是所谓序数效用函数问题，还可以有基数效用学说，即设法求出每一种人们所欲求的事物的绝对效用量。基数效用论所遇到的问题更多，为稳妥起见这里我们更多地采用了序数效用论。当然，功利效用或社会总福利的比较和测量问题是一个很复杂的技术问题，不过这个困难的问题是大多数伦理学，包括下一章我们讨论到的道义主义伦理学都会遇到的（例如罗尔斯的那个"基本的善"如何量度就是一个问题），并不是功利主义所特有的困难，这些困难是理论如何精确化的困难，并不构成道德难题。况且，事实上，功利主义在定量价值说和定量伦理学的研究上比起其他伦理学派进步得多。这也是我之所以赞赏现代功利主义的原理和方法的原因之一。

上节我们讲过我们的功利原则是综合行为功利主义和准则功利主义的系统功利原则。行为功利主义评价某个道德行为 x 时，只考虑该道德行为 x 的直接效用 $U_d(x)$；而准则功利主义考虑道德行为 x 的效用时，只考虑它符合道德准则 R 所带来的社会效用 $U_r(x)$。例如舍己救人的行为因符合仁爱原则 R 而给社会带来了效用或价值，它体现了一种高尚行为准则或良好社会风气，从而肯定增加了社会的利益。因此在评价计量行为的效果时一定不能忽视这项社会效益。因此系统功利原则将某一道德行为的总效用 $U_c(x)$ 看作上述两项效用的函数，即

$$U_c(x) = f(U_r(x), U_d(x))$$

这里 $U_c(x)$ 叫作 x 行为的系统功利函数或整合功利函数。这里自变量 $U_d(x)$ 表示该行为的直接效用，而 $U_r(x)$ 则表示该行为因符合某种道德准则而间接获得的效用。我们已经给出了一组公理系统论证了这里的效用可以计量，在可以分离变量和线性化的简化情况中，我们有：

$$U_c(x) = f[U_r(x), U_d(x)] = RU_r(x) + DU_d(x)$$

这里 R 为准则的功利系数，D 为行为的功利系数。这里 $R/D = k$ 为准则功利对行为直接功利的权重。这里不妨用一个中国哲学的名称，称 k 为义利系数。一般说来，对于"重义轻利"的评价者来说 k 值较大，而对于"重利轻义"的评价者来说 k 值较小。例如要

孟子评价某一个行为的系统功利或系统价值，他的 k 值较大，而要梁惠王来评价一个行为的系统价值，他的 k 值就较小。

大家知道孟子去梁国这个行为，二人的评价发生分歧："孟子见梁惠王，王曰：叟！不远千里而来，亦将有以利吾国乎？孟子对曰：王！何必曰利，亦有仁义而已矣。"（《孟子·梁惠王上》）然后孟子说了一通道义准则的根本功利如何比行为功利更为重要得多的言论。当然孟子与梁惠王都没有行为功利效用的概念，也没有准则功利效用的概念。只是为了说明问题的方便借用一些类比称系统功利系数为义利系数罢了。

在第二次世界大战期间，波兰有一个德国人关押犹太人的集中营，那里有一次发生了一个事件可以说明义利系数的作用。据说，该集中营关押了几千名犹太人，其中一个分营就关闭了 80 人。某日这 80 人中有 13 人越狱逃跑未遂，被德军捉回。德军官命令枪毙这 13 人，但有一附加条件：每人必须在 80 人中选一人陪死，否则这 80 人全体枪毙。于是在这 13 人中，立即出现行为功利主义和准则功利主义，以及功利主义和道义主义的价值冲突。我们到底应不应该找一个无论我所至爱的人还是我所不爱的人与我一同陪死呢？按行为功利主义的原则，我们应该找一人陪死，因为否则其余 67 人将全部死掉，比起陪葬者 13 人死掉来说还是后者的功利比前者大（$-13 > -67$）。但是，如果这 13 人越狱未遂者都是道义主义者，他们会提出这样的问题：按照必须尊重别人的生存权利的原则，我不应该让无辜者处死；按照责任的原则，我根本不对 67 人的全部处死负责，负起这个道义责任的是那些德国军官。按照仁爱的原则，我也没有理由去选一个人陪我一同死，所以我不应作任何违反良心与道德准则的事。他们是动机主义者而不是后果主义者。他们是原则主义者而不是功利主义者，所以他们选择了不找人陪死的道德立场，其结果当然是 80 人一起被枪决。据说，那次事件中那 13 人还是作了功利主义的选择，实际上挽救了 $80-26=54$ 人的生命。在这个例子中，我们可以运用 $U_c(x) = RU_r(x) + DU_d$

(x)的公式来作道德的决策。在这里完全的行为功利主义者令 R 趋向于 0，而使义利系数趋向于无穷小，从而忽略不计。而道义主义者或完全准则功利主义者则令 D 趋于 0，而使义利系数趋于无限大，从而忽略行为的直接功利。假定我们坚持系统功利的原则，假定在这个个案中我们的义利系数 $k = R/D = 2$，又假定在这个案例中我们违反道德准则所带来的损失为 10 条性命。不违反道德准则所带来的利益为 10 条性命，则我们作选人陪死的道德决策的系统功利的伦理价值量为 $U_c(x) = 2 \times (-10) + 1 \times (-13) = -33$。而我们作不选人陪死的系统功利的伦理价值量为 $U_c(x) = 2 \times (10) + 1 \times (-67) = -47$。因 $-33 > -47$，所以我们仍然选择找人陪死的立场。这里义利系数和准则效用的数字完全是虚拟的，并且用人命来作价值单位也有几分任意性，不过其目的只是想说明我们应该系统地综合准则功利主义和行为功利主义，使二者得到兼顾。

我们再举一位实业家李先生捐款救灾的事例。假定人民币对于灾民的效用为对于李先生的效用的两倍。李先生捐款 1000 万元的行为功利损失为 1000 万元，而灾民的功利所得为 $2 \times 1000 = 2000$ 万元。又假定李先生捐款的道德满足感与捐款的收益成比例。这个行为 L 对李先生的价值为

$$U_c(L) = kU_r(L) + U_d(L) = k(2000) - 1000$$

这里 k 是一义利系数，它代表李先生的无条件利他主义系数。在本论题中，只要李先生的利他主义系数大于 1/2。这个捐款行为对李先生来说是有系统价值的。不过事实上在道德决策中，李先生的利他主义系数无须大于 1/2。因为，这个捐赠行动除了获得道德满足感 $k(2000)$ 之外，他还得到了接受捐赠的人们和社会的回报：例如他可能被授予名誉博士学位，或被选为政协委员，或得到舆论的表扬而增加了自己的荣誉等。这效用用 $U_b(L)$ 表示，b 表示回报（repay back）。则

$$U_c(L) = kU_r(L) + U_d(L) + U_b(L)$$

如果这个回报相当于 20 万，则按上式计算，只要利他主义系数大

于 980/2000 = 0.49，则这个捐赠对李先生来说是有价值的，对他个人来说也是可取的决策。不过这里我们需要说明的是，我们使用了人民币为一切价值，包括精神价值和政治价值的计量单位有不恰当的地方，之所以如此只是为说明问题而虚拟了数字和虚拟了单位。如果读者不喜欢这个单位在阅读时可以除去，留下单纯的自然数也是可以说明问题的。

但是，应该注意，我们这里所讲的利他主义系数是一个变量，因人不同，因时因势而有异。对于中国古代哲学家杨朱来说，这个系数几乎等于0，杨朱说"拔一毛以利天下，我不为也"。于是在公式 $U_c(x) = kU_r(x) + U_d(x)$ 中，即使拔一毛，例如 $U_d(x) = -0.1$ 元，而利天下，例如 $U_r(x) = 10000$ 元，他也不为，即他的利他主义系数还不到 10^{-5} 即十万分之一。

以上的公式 $U_c(x) = f[U_r(x), U_d(x)] = RU_r(x) + DU_d(x)$ 是社会道德决策、个人行为道德决策、社会对个人行为评价应遵循的功利主义公式。

当然，一个社会道德准则（例如遵守诺言）的效用，归根结底要看执行这个准则的行为所带来的利益或效用。如果一个社会道德准则执行过程是弊多而利少，这个准则本身应该废除，就像供给制、平均分配、吃大锅饭或一夫多妻制所体现的道德准则应该废除，而且现在已经废除一样。不过准则的功利效用是不能完全还原为行为的功利效用的。它是行为功利经验的结晶与总结，是行为功利的一种升华、一种突现。在这里显示了系统主义哲学和还原主义哲学、系统功利主义和行为功利主义的区别。人们决不能在每一次行动之前去计算它的全部后果，于是，遵守社会准则便成为行为的一种合理的动机与道德期望，好像人们先天地就有良心、就有良知和直觉一样。在社会道德准则中，公正的原则是最为重要的原则之一，关于这个原则在下一章中我们要进行详细的讨论。从以上的公式中，我们也可以看到功利主义与公正原则并不是不相容的。如果一种行为体现了公正的原则，而另一种同类行为虽有同样的直接效果却没有公正原则，则体现公正原则所带来的功利效用应大于不体现公正原则所带来的功利效用。系统功利主义原则正是要系统地全面兼顾到行为的功利和准则的功利，动机的功利和效果的功利，预期的功利和实际的功利，目前的功利和长远的功利，阶级的、集团的、种族的或国家的功利和全人类的功利，个人的功利和社会的功利以及人类的功利和生态的功利，并力图将它们协调起来、整合起来。这个协调的公式基本上也是

$$U_c(x) = f[U_1(x), U_2(x), \cdots, U_m(x)]$$
$$= k_1 U_1(x) + k_2 U_2(x) +, \cdots, +, k_m U_m(x)$$

其中 k_n 为某一准则或某一行为的效用或价值的权重。我们在第五章将利用类似的公式表述和解释各基本道德规范的权重问题。

六 结论

规范伦理的理论体系，应该像爱因斯坦所说的那样，从尽量少的基本前提出发，一步步演绎出包含各种伦理规范和伦理价值判断的层次结构。依照这种公理方法的精神，伦理学的出发点或道德哲学的最高抽象和经济学的出发点一样，就是理性人，即"自利的个人"。这个基本出发点不是私有制的人格化实体，而是与有限的资源和人类有限的同情心相关联的理论抽象。于是就有一个霍布斯问题：自利的、分立的个人，怎样能够形成良好的社会伦理规范，做出能包含利他主义的伦理判断？换句话说，经济人是怎样能够转变成为伦理人？这就是道德的起源与本质问题。对于这个问题的道德哲学的唯象性的或半唯象性的理论给出的解答是：道德规范是一种社会契约，它有能力内化成为人的良心与正义感。被誉为当代社会科学的"统一场论"的博弈论证明，无须外部的控制与强制，追求效用最大化的理性人能通过多次博弈导致社会合作和集体理性的产生。道德规范便由此而形成。博弈论不但揭示了伦理的起源，而且揭示出摆脱人身依附的、独立的理性人通过博弈会得出功利主义的

解和正义论的解。这两个不同的解因所涉及的函数及其值域不同而互不矛盾。如果博弈矩阵支付函数是效用函数，则其帕累托最优解为功利主义，即效用总量最大化，即平等的个人最大限度要实现的东西；而如果博弈矩阵支付函数为基本的善，则运用最大最小原则得到的解为罗尔斯的正义原则，即平等的个人最低限度需要的东西。博弈论为功利主义与道义主义的协调统一与整合提供了一个论证工具。

功利主义是这样一种道德哲学学说，它将普遍的人类最大福利或最大多数人的最大幸福看作人类行为的终极目标和判断人类行为正当性、社会基本制度的合理性的最高标准。在现代，功利主义分为行为功利主义和准则功利主义。行为功利主义着重用行为的直接效果来判别人的行为的正当性，而准则功利主义则主张行为的正当性来自它是否符合道德准则，而道德准则的正当性来自它是否导致人们的最大幸福。二者都有片面性。我们所主张的功利原则，是系统功利原则，它进一步运用系统功利的概念整合了行为功利主义和准则功利主义的命题。行为 x 的系统的功利 $U_c(x)$ 是行为功利 $U_d(x)$ 与准则功利 $U_r(x)$ 的二元函数即 $U_c(x) = f[U_r(x), U_d(x)]$，它的分离变量和线性化的方程为 $U_c(x) = RU_r(x) + DU_d(x)$。而 $R/D = k$ 为义利系数，它决定行为功利效果和行为符合准则的功利效果二者的权重。这个公式及其扩展 $U_c(x) = f[U_1(x), U_2(x) \cdots U_m(x)]$ 为我们在以下两章中进一步具体地整合功利主义和道义主义奠定基础。

第四章

规范伦理学和道义论

虽然功利主义从行为功利主义发展到准则功利主义，再发展到将行为功利主义和准则功利主义相统一的新功利主义，已经在相当大的程度上吸取和包含了本章所要讨论的道义主义规范伦理学的内容了。但由于功利主义的基本出发点是从行为或行为准则的功利效用论道德并存在效用度量和效用分配的问题，它的效用原则不能直接导出政治上的自由和分配上的平等这些现代政治伦理理念，它对于这些理念只能给出局部的辩护，而始终不能完全包括或替代道义主义所具有的优点。由于道义主义具有自己的优点，在讨论科学伦理的许多问题时，我们运用道义主义原理将更有解释力，因此在我们进入下篇"现代伦理视野中的科学与技术"的讨论之前，仍有必要介绍道义主义伦理学的有关观点，并给出一些恰如其分的评价。

所谓道义论是这样一种伦理学，它认为人们的行为或行为准则的正当性并不由行为的后果（功利后果）或行为的期望后果来决定，而是由它自身固有的特点（the merit of their own）和内在的价值决定的。决定这些行为和行为准则正当性的是"良心""道德直觉""正义感""当然责任""自明的准则"或"实践的理性"或"理性的选择"。其中 E. F. 卡里特（E. F. Carrit）、T. 黎德（Thomas Reid, 1710 – 1796）、H. A. 普里查德（H. A. Prichard）、W. D. 罗斯（W. D. Ross）、I. 康德（I. Kant）以及当代美国著名哲学家 J. 罗尔斯就是道义论的代表人物。让我们选择最有影响的道义论者来加以分析。这里首推的应该就是康德，他认为先验的"实践理性"才是决定人们行为正当性的最后准则。

康德认为，道德的价值是绝对的善，是高于其他一切非道德价值的，它就是所谓"善良的意志"。一个人如果没有善良的意志，即使他具有权力、智慧或技术这样的有很高价值的东西，有时反而更坏。他说："善良意志之所以善良，并不是（如功利主义所说那样）因为它引起或产生好的后果，或者因为它能达到所追求的目标。确切地说，它之所以是善良，只是因为它自身就是善良的，或者因为它的活动是努力于善的，它比任何别的爱好，都有着不可估量的重大价值。说一个人有善良意志，不仅是说他有一个善良愿望，而在于他能在力所能及的范围内坚决用一切方法实现其内在的价值，不因其成败而有所降低……意志自身就具有绝对价值——这个概念，虽然看来有些离奇，但它却为众人所公认，因此我们必须对它加以仔细考虑。"[①] 这就是说，康德在这里表明了道义论与功利主义的区别首先在于，功利主义将道德看作达到其他价值（效用）的手段，而康德为代表的道义主义则将道德理性看作高于其他价值（包括科学与技术）的目的自身。既然有着如此重大的区别，我们还必须继续跟着康德"加以仔细考虑"。

一 康德的道义论

康德批判英美的功利主义，不仅因为他们降低了道德的地位，而且他们强调的是幸福的追求、快乐的感受以及欲望的满足，而这些东西人各不同，时各有异，由种种偶然的经验条件所决定，怎可能成为道德的普遍必然准则的客观标准呢？他说："一个以主观为转移的必然法则（作为自然法则）一到了客观上就成为一个完全偶然的实践原理，而且能够并且也必然随着主体的不同而十分差异，

[①] 康德：《道德的形而上学基础》，载周辅成编《西方伦理学名著选辑》下卷，第354页。

因而也就永远不能供给一个法则……"①

那么道德原则从哪里来？道德如何可能呢？正像他用纯粹理性及其先验范畴来回答知识从哪里来、知识如何可能问题一样，康德对这个问题的回答很简单而且很干脆：它来自实践理性。人的理性固有着先验的范畴"义务""善良意志""应当"或"绝对命令"，它将道德的实践、行为的经验整理成受道德律令支配的行为，而不是受自然欲望、爱好支配的行为，就像因果范畴将感性经验整理成必然规律一样。

既然我们不应也不能从人类的感性欲望、功利或生活的经验中寻找到义务的观念和道德的法则，因此确定道德准则的唯一出发点就是理性。"道德的规律和观念，不论在理论上或实践上，都必须只从纯粹理性得来。"② 然而在现实生活中支配人们行动的意志却处于先天的理性法则与后天的经验法则的交叉点上，于是道德的力量就在于要求人们"放弃一切欲望的经验规则"③，按义务的观念，按"理性上理解到有一个支配意志的客观原则"④ 行事。于是道德规律、道德准则就表现为一种"命令式"，并以"应该"一词来加以表达。凡是不作为某一目标（例如幸福与快乐）的手段的、无条件的普遍的道德律令就是"绝对命令"。于是康德的道义论就集中分析这种"绝对命令"，而其他一切义务的命令可以由此而推出。康德认为绝对命令有三种变形：

（1）绝对命令第一原则："你必须遵循那种你能同时也立志要它成为普遍规律的准则而去行动。"⑤ 这就是说，不要去做你不希望它们成为普遍原则的事。

按照这个绝对命令，说谎、不信守诺言是不可能成为一个道德

---

① 康德：《实践理性批判》，关文运译，商务印务馆1960年版，第241页。
② 同上书，第361页。
③ 同上书，第357页。
④ 同上书，第362页。
⑤ 同上书，第368页。

准则的。因为虽然你可能要说谎或不守信用，但你不会愿意说谎或不守信用成为普遍准则的，以致别人也因此而对你说谎，对你不遵守信用。又如不帮助别人也不能成为道德准则，因为你可以不帮助别人，但你却不会愿意在自己有困难的时候无人帮助你。再如自杀也不能成为道德准则，因为虽然你自己可以因绝望而自杀，但你是有理性的，如果你没有丧失理性的话，你是不会希望世界上所有人都自杀的。这就是说根据第一绝对命令即基于普遍性形式的绝对命令，可以演绎出"不说谎""守信用""不自杀""要帮助别人"这些道德准则。应该注意，康德不是功利主义者，康德推演出这些低一个层次的道德准则并不是因为这些准则对于人类或对于自己有利益，不遵守它们就对人类或对自己有害，而是因为不遵守它们就会陷入愿望的矛盾中。而人们为什么要愿望他们所愿望的行为准则成为普遍准则呢？这是由普遍的纯粹理性决定的。这普遍理性自身就是目的，这就引出康德的绝对命令第二原则。

（2）绝对命令第二原则："你一定要这样做：无论对自己或对别人，你始终都要把人看成目的，而不要把他作为一种工具或手段。"[1]

康德区分了相对目的和绝对目的，他认为，那些与当事人特殊欲望有关的目的，必因人而异，它是相对的目的，只有相对的价值；只有人才是目的自身，"凭它的存在本身就具有绝对价值"，这个目的自身就是绝对命令的基础，普遍适合于一切人，一切有理性者。康德又区分了人与自然，将人赋予与物不可比的绝对价值。他说"大自然中的无理性者，它们不依靠人的意志而独立存在，所以它们至多具有作为工具或手段用的价值，因此我们称之为'物'。反之，有理性者，被称为'人'，这是因为人在本性上就是作为目的自身而存在，不能把他只当作'物'看待。人是一个可尊敬的对象，这就表示我们不能随便对待他"[2]。将人本身看作目的，不能将

---

[1] 康德：《实践理性批判》，第370页。
[2] 同上书，第371页。

它看作达到目的的手段而改变他的地位，因而赋予任何人以最高的价值，这个原理叫作康德人类尊严原理，"是人类行为的最高制约"。根据这个绝对命令，如同第一个绝对命令一样，可以推出人应保存自己的生命，发展自己的才能，不侵犯他人的自由与财产，应增强他们的幸福，等等。因为人本身就是目的，应给予最大的尊重。在本书的下篇讨论生命伦理、生态伦理等问题时我们还可以看到人类尊严原理有着非常广泛的应用，并将这个原理发展为"尊重生命原理"和"尊重生态系统的完整性原理"。

由于在社会中，所有人都是目的，便构成了一个"目的王国"。在这目的王国里，由于要尊重别人也是个目的，这就需要一个"自律的意志"，受自己制定的普遍规律的约束，由此引出绝对命令的第三原则。

（3）绝对命令的第三原则是："每一个有理性者，都有一个制定普遍规律的意志……这意志要使自己行为准则成为普遍可行的规律，那他就必须不受任何自己利益的影响。"[①] 所以这个道德原则就是将自己的意志与普遍的意志统一起来的"意志自律的原则"。

在一个理性的社会中，由于人人都有制定普遍可推行的自律原则的意志，人人都将别人看作目的而不是手段，这便组成了一个有秩序的社会系统，这就是康德所说的"目的王国"。目的王国的概念可以揭示康德道义论道德的本质，因而需要仔细的分析。康德说："所谓'王国'，我是指各个不同的有理性者，通过共同的规律而组成一种有秩序的组合。凭规律，一个目的，就可具有普遍的效力，所以，我们若把有理性者互相间的差异，和他们各个人的目的的差异，一起抽出，那么，我们就可得到一个剩下的目的的整体，并依赖这些目的构成一个有秩序的系统。……每个有理性者，都遵从同一规律，要他把自己与他人都当作自身就是目的看待，而不只当作手段看待。这样，通过一个共同规律建立起来的有理性者

---

① 康德：《实践理性批判》，第 373 页。

的有秩序系统，简言之，就是一个王国。……道德就不外是一个行动和使目的王国得以建立的规律系统之间的关系。"①

康德的目的王国观念很明显是一种社会契约的观念，是用一种人人自律的普遍的道德规范来约束人们的行为从而建立起有秩序的社会组合和社会系统。这些普遍的道德规范的确可以从"理性的人"的概念中推出，不过他是从平等、自由和独立的理性观念中推出。康德的三个绝对命令已暗含了平等、自由和独立人格的原则，它不过是将人作为平等、自由的理性存在的本质表现为行为的准则而已。首先我们来看康德的绝对命令的第一原则，它的否定表达式不过是说"不要去做你不希望它成为普遍原则的事"，或如孔子所说的"己所不欲（其成为普遍规则），勿施于人"，这就包含人人在某种权利和义务上平等的思想。人们将这个准则称为"黄金准则"（对人们做你愿意人们对你做的事）。英国道德哲学家 H. 西季威克（H. Sidgwick）将它精确表述如下："A 以 B 对 A 所使用的错误做法来对待 B，A 就不可能是正确的。唯一的理由就是：他们虽属不同的个体，但两者之间并无本质或处境的根本不同来作为不同对待的合理根据。"② 这个被称为西季威克公正原则所反映的平等理性与康德目的王国中"把有理性者的互相间的差异，和他们各个人的目的差异，一起抽去"的平等的理性，大体相同。至于康德的绝对命令的第二原则，各个人都应将别人当作自身就是目的来尊重，就反映了一种反对人身依附、人身奴役的各社会成员均有自由的权利和独立的人格。所以康德著名的人类尊严原理，也可以翻译成人的普遍权利与义务的语言。这就是："我们应该将任何人看作是具有平等的权利与义务的人来看待，不能将他们看成手段，侵犯他们的权利，阻碍他们执行自己的义务。"关于这一点，我们将在第五章第四节中进行论述。总之，这样的具有平等自由的理性存在者所

---

① 康德：《实践理性批判》，第 374 页。
② 亨利·西季威克：《伦理学方法》，廖申白译，中国社会科学出版社 1993 年版，第 395 页。

组成的社会，人们一定会理性地选择包含康德三个绝对命令在内的道德规范或道义规范。将康德的道义论思想更加明白地更少神秘性地发挥出来并加以发展的，就是当代美国道德哲学家罗尔斯。他在1971年写下了20世纪最为重要的伦理学著作《正义论》。

二　罗尔斯的正义论

康德的绝对命令尽管有许多天才的发现和伟大的思想，但是一个社会的完整的正义原则是不可能从先验的原理中推导出来的。从形式上讲，康德的绝对命令显示的是道德立法的普遍性和人们行为的自律性，在这方面，他是正确的。但由此却不能推出一个社会的基本结构，它的政治制度、社会经济结构应该按照什么正义的伦理原则建立起来（罗尔斯认为，这正是正义论和规范伦理的最主要的问题）。并且如果这些都可以从先验的理性推导出来的话，那么这种正义原则将是永恒不变的，直至世界末日的到来。也许罗尔斯认识到了这一点，他说："一种正义观不可能从原则的自明前提或条件中演绎出来。"[①] 所以他不去发挥康德的先验理性道德观而强调的是康德的目的王国的社会契约论。他说："我一直试图做的就是进一步概括洛克、卢梭和康德所代表的传统的社会契约理论，使之上升到一个更高抽象的水平。"[②] 而在方法论上罗尔斯则采取他所说的"反思平衡"（reflective equilibrium），他首先设计了"原初状态"的环境条件，然后由"原初状态"中人们所做出的理性选择中导出一些正义的原则，再将它与日常的道德信念（considered convictions of justice）或日常判断（considered judgments）（例如不应有种族歧视等）相比较。如果选择的正义原则及其条件违背人们日常最坚定的道德信念，那么就修正这些原则与条件；而如果我们的原则体现

[①] 约翰·罗尔斯：《正义论》，何怀宏等译，中国社会科学出版社1988年版，第18页。英文原著：John Rawls, *A Theory of Justice*, Oxford University Press, 1971, p. 21。

[②] 约翰·罗尔斯：《正义论》，第2页。英文本，viii 页。

了那些普遍适用和很少偏颇的条件,但导出结论与日常道德信念不一致,就修改调整我们的日常道德信念与道德判断。这样,罗尔斯相信,通过这种相互调整,"我预期最后我们将达到这样一种对原初状态的描述:它既表达了合理的条件;又适合我们所考虑的并已及时修正和调整了的判断。这种情况我把它叫作反思平衡"[1]。显然罗尔斯正义论的方法不是先验论的方法,也不是经验论的方法,而是经验与理性相互调整的方法。

罗尔斯的正义论是作为功利主义的替代性道德哲学理论而提出来的,他认为功利主义,以古典功利主义为代表,它的最根本错误在于,当讨论什么是社会正义原则的时候,将"作为一个整体社会的理性选择采取了对一个人适用的理性选择"[2]。作为个人的选择原则,自然是以最大限度地达到自己的最大幸福或最大效用为行为原则,可是如果一个社会制度安排得正义与否的原则看作看它是否最大限度地达到社会幸福的总量或社会成员的利益总额,那就等于承认"可以为了使很多人分享较大利益而剥夺少数人的自由"[3]。当然,功利主义是否一定会导致为了大多数人的利益可以牺牲少数人这个结论,这是现代功利主义者所不承认的。我们在第三章第四节、第三章五节中已经讲过,追求社会效用最大化会支持公正和公平的分配,而不是相反。不过这里无须与罗尔斯争辩了,功利主义者应反躬自问,至少功利主义理论没有专门讨论基本的社会的善、基本的权利与义务在个人之间的合理分配问题。这些功利主义没有注意到的问题罗尔斯作为基本问题注意到了。他说:"正义的主要论题是社会的基本结构,或更准确地说,是社会主要制度分配基本权利与义务以及决定分配社会合作所得的利益的方式。"[4] 现在让我们具体分析一下罗尔斯怎样导出它的基本的价值和基本的权利义务

---

[1] 约翰·罗尔斯:《正义论》,何怀宏等译,中国社会科学出版社1988年版,第18页。
[2] 同上书,第24页。
[3] 同上书,第23页。
[4] 同上书,第5页。

分配的正义分配原则吧。

（一）原初状态："无知之幕"与相互冷淡的理性人

原初状态（the original position）是一些公平的初始条件，由此而推出支配社会基本结构、基本权利与义务的分配之正义原则。不过这里所说的"推出"指的是在公平条件下，这些正义原则或正义观是社会成员们理性地进行选择的结果（他们按理性一致同意这个结果），这些初始条件是：

（1）存在着使人类合作有可能和必要的客观环境，特别是他们在确定的资源有限的区域中生存，到处"存在着一种中等程度的匮乏。自然的和其他的资源并不是非常丰富，以致使合作的计划成为多余，同时条件也不是那样艰险，以致有成效的冒险也终将失败"①。关于这一点我们在第三章第一节中已作过较详细的讨论，当然会同意罗尔斯的分析。

（2）契约各方都是按自己生活计划行动的理性人。他们虽然有着彼此大致相同的"基本的善"，大体上相当于第二章第一节我们所说的基本需要，但他们的生活计划（以及善的观念）是彼此不同的，甚至是相互冲突的。他们要最大限度地实现自己的利益、自己的需要和自己的有价值的计划，而对别人的利益则表现为相互冷淡（mutually disinterested）。原初状态的"相互冷淡"一词是罗尔斯对理性人的独特表述。他认为这个概念不可以与利己主义（egoism）相混淆。因为契约前的原初状态人们彼此漠不关心决不等于他们订契约后，即已选择了正义原则后在日常生活中对别人的权利、要求和共同利益的漠不关心。对于这个条件，我们也是支持的。为什么我们应该设想原初状态的个人的根本特征是"自利的"，关于这一点，我们在上一章中也详细分析过了。

（3）参与者在"无知之幕"（the veil of ignorance）背后选择正

---

① 约翰·罗尔斯：《正义论》，中国社会科学出版社1988年版，第121页。

义原则。为了大家理性地选择出正义原则，必须假定大家在公平状态下进行选择，为此"我们假定各方不知道某些特殊的事实。首先，没有人知道他自己在社会中的地位，他的阶级出身或社会状态，他也不知道他的天生资质和自然能力，他的理智和力量等情形和在社会配置中的运气。其次，也没有人知道他的善的观念，他的合理生活计划的特殊性，甚至不知道他的心理特征：像讨厌冒险、乐观或悲观的气质。再次，我假定各方不知道这一社会的经济或政治状况，或者它能达到的文明和文化水平。处于原初状态中的人们也没有任何有关他们属于什么世代的信息"[1]。由于剥夺了这些信息，人们选择正义原则就不受自己的财富、能力、爱好、偏见以及种种偶然因素的影响而"使一种对某一正义观的全体一致的选择成为可能"[2]。我们认为，原初状态是一个很好的分析工具，其中"无知之幕"也是一个很好的设想，因为要对一个社会基本制度的正义性作一个公正的道德判断和评价，假定我们不知道自己在其中的地位，以便排除偏见是很有必要的。

（4）选择正义原则还必须受一些形式条件的约束，如正义原则必须具有一般性和普遍有效性，原则之间排列必须有个次序性，以及这些原则必须是终极性的等。

有了以上四个条件，理性地选出的正义原则就是"作为公平的正义原则"。当然原初状态的描述，特别是相互冷淡的理性人和"无知之幕"的描述，并不是真实的历史状态或文明之初的最初状态，它是一种纯粹假设的状态，正如第三章第一节中所说的它是一种抽象人的理论实体，是为了公平与正义而设计出来的最低限度的简洁的条件与公理。

（二）两个正义原则

原初状态相互冷淡的理性人在"无知之幕"后面对支配社会基

---

[1] 约翰·罗尔斯：《正义论》，中国社会科学出版社1988年版，第131页。
[2] 同上书，第134页。

◈ 上篇 现代科学视野中的价值与伦理

本结构的正义原则的选择问题，就成了一个在不确定条件下理性人的选择问题。按照决策论和对策论（博弈论），对于运用什么决策来处理这个问题，有两个不同的学派。第一个学派是贝叶斯学派（Bayesian School）建议采用期望效用最大化的原则。这是功利主义者采取的基本原则，我们在第三章第二节中分析"囚犯困境"和"合作狩猎"案例中，已经分析过了。第二个学派建议运用最大最小原则（maximin principle），罗尔斯正是运用第二个学派的最大最小原则对正义原则进行选择的，其结果便是罗尔斯的两个正义原则，它可以陈述如下："第一个原则：每个人都拥有一种与其他人的类似自由相容的最广泛的基本自由的平等权利。"[1] "第二个原则：社会的和经济的不平等应这样安排，使（1）对处于最不利地位的人最为有利；（2）依附于机会平等条件下的职务和地位向所有人开放。"[2] 这是因为在"无知之幕"后，每个人都不知道自己天赋和社会地位，也不知道将会落入什么结果的概率，他们绝不会拿自己及子孙后代去做一锤定终身的冒险，这种冒险有可能使自己及子孙后代成为奴隶，为保险起见，他们自然要求有平等的基本自由。至于社会经济的不平等，因为"无知之幕"的阻碍，谁都有成为得益最小的可能，因此人们自然选择这样的社会分配原则，它进可以攻，求得自己最大利益，它退可以守，即使自己处境最为不利的情况下其生活状况也有所改善。两个正义原则是明显地符合最大最小原则的。因为最大最小原则的基本精神就是从最坏的状态出发谋求最好的方案。它的数学形式我们已经在第三章第二节中讲过了。不过这里我们还需要强调的是，这里被计量的"支付函数值"不是功利主义所用的"效用量"，而是我们在第二章第一节中讨论过的"基本的善"。这个"基本的善"是人们生存与福利生活的最起码的条件，人们自然不愿意拿它来冒风险。因此，这里运用最大最小原则当然有它合理的地方。

---

[1] 约翰·罗尔斯：《正义论》，中国社会科学出版社1988年版，第56页。
[2] 同上书，第79页。

现在我们需要进一步分析两个正义原则的内容。第一个原则是自由原则，人人都有最大限度的平等自由权利。"大致说来，公民的基本自由有政治上的自由（选举和被选举担任公职的权利）及言论和集会自由；良心的自由和思想的自由；个人的自由和保障个人财产的权利；依法不受任意逮捕和剥夺财产的自由。按照第一个原则，这些自由都要求是一律平等的。"① 这些自由是不可侵犯的，唯一的限制只是每个人具有的自由权利并不妨碍别人也具有类似的自由权利，所以叫作"平等的自由权利"。

第二个原则讨论的是社会经济所容许的不平等的限度。这限度就是机会平等原则和最不利者受益原则。机会平等原则表明，虽然社会在财富、权力和职位等分配上实际不可避免有不平等的存在，但机会必须平等。就是说各种地位、财富和职位不仅向有相应的才能和禀赋的所有人开放，而且要使所有人有平等的机会获得它。这里最为重要的是政府试图通过补贴私立学校和建立公立学校体系，保证不管生来属于什么收入的阶层之人都有平等受教育、受培养的机会，进入公平竞争的行列，以尽可能填平阶级之间的沟壑，这就是说不仅具有形式上的机会平等而且有实质的机会平等，否则就是不正义的，这就是所谓机会平等原则。②

最不利者受益原则，又称为适度差别原则。适度差别原则承认人的能力、才干以及其他条件所造成的财富分配的不平等，但这种不平等必须以状况最差者亦有所改善为限度，以这种原则来选择分配的方案，这就要求社会实行某种福利国家的政策规定的社会最低受惠值，通过税收和对财产权的必要调整，在国民财富再分配中对贫富者加以补贴，否则就是不正义的。

（三）正义原则的字典式的排序

《正义论》所讨论的平等自由原则、差别原则（包括机会平等

---

① 约翰·罗尔斯：《正义论》，中国社会科学出版社1988年版，第57页。
② 同上书，第69、266页。

原则和适度差别原则）以及我们在上一章中讨论的功利原则是三项基本的原则，都是现代社会应该用以调节社会基本结构，调节社会权利与义务分配，规范政府与公民行为的基本道德原则。我们应该给予赞同，将它们视作规范伦理学的基础。现在的问题是：虽然这三项基本原则之间总体上是统一的、相互补充的，但在执行过程中在一些问题上是不可避免会有冲突的，这就有一个优先考虑哪个原则的问题。例如社会或个人为了取得总体上的效益或效率是否可以牺牲个人的某些平等和自由呢？为了提高整个社会的效率是否可以让一些人先富起来并裁减一些工人的福利甚至他们的公费医疗呢？这就是平等与效率的矛盾与冲突，是效率优先还是平等优先的问题。又如，不发达国家的公民，有些人为了提高自己的生活，移民到一些发达国家做"二等公民"，如果这些国家还有不同程度的种族歧视，他们自愿牺牲个人的某些自由权利而取得生活水平的提高是否合乎正义呢？这里他们是否应该优先考虑平等自由原则呢？对于这类优先性的问题，罗尔斯的解答是：在各项正义原则之间有一个不可逾越的字典式的排列，英文叫作 lexicographic，是《正义论》的一个很重要的概念。

  大家知道奥运会国家的名次是按其运动员获奖牌的多少而排序的。首先按获金牌多少排名，金牌相同时按银牌多少排名，金牌、银牌都相同时按铜牌多少排名。这就是所谓字典式的排列。如果日本得 1 枚金牌 50 银牌，韩国得到 2 枚金牌而无银牌，则日本应排在韩国之后。罗尔斯正是以这种字典式的次序来排列各个正义原则的。这就是说人们的平等的自由原则比差别的原则有"绝对的重要性"。"自由只能为了自由的缘故而被限制"，是"不可侵犯的"，它的违反是"不可能因较大的社会经济利益而得到辩护或补偿"[1]。而在差别原则中，"机会平等的原则"对于财富与分配适度差别来说也是绝对的。社会制度只能这样安排才是合乎正义的，财富的分

---

[1] 约翰·罗尔斯：《正义论》，中国社会科学出版社 1988 年版，第 292、57 页。

配必须服从平等自由原则和机会均等原则。举个例子来说，不论一个国家怎样穷，它的普及教育是不可或缺的，否则就违反了机会均等原则。至于第二个正义原则对于效率原则或功利原则来说，也是绝对重要的。罗尔斯说："第二个优先原则是正义对效率和福利的优先。第二个正义原则以一种字典式次序优先于效率原则和最大限度追求利益总额的原则；公平的机会优先于差别原则。"[1] 这就是说，对于罗尔斯来说，社会的基本善（基本价值）的各个维度（自由和机会、收入和财富、自尊的基础等）之间具有不可通约的性质。由于这种不可通约性就带来了字典式的次序。比如，一个社会有三个人 X_1，X_2，X_3。在一个社会状态中，他们的福利分配是 14，12 与 13。而在第二种社会状态中他们的福利分配是 200，12 和 11。按照功利主义的福利总值最大化的算法，第二种社会状态优于第一种社会状态。因为 200＋12＋11＞14＋12＋13（这里略去了收入的边际效用递减律）。而按罗尔斯差别原则优于利益总额的追求，第一种状态优于第二种状态。因为在第一种状态中最小受惠者 X_2，它得福利 12 元，比第二种状态最小受惠者 X_3 所得的 11 在状况上有所改善。无论按照"第二个正义原则优先于效率和福利原则"还是按照最大最小原则，社会应选择第一个社会状态，因为在第一种状态下的 X_2 的 12 元是最小中的最大。这里已经显示出罗尔斯的正义原则的字典式序列过于机械以致造成一些反例。

还可以举出另一些事例来说明罗尔斯的正义原则的字典式排序，特别是最小受惠者也得益的差别原则优于效用原则会发生什么问题。假定某医院有两个病人都患上致命的肺炎，A 病人原是年青且身强力壮者，而 B 病人本来已患上了不治之症肺癌，医生判明只能活半年左右。不幸由于医疗资源的缺乏，只有一剂能治好肺炎的抗生素。按照罗尔斯的字典式排序，那最少受惠者应优先受益，这一剂药应给 B 病人治疗。这显然是不适当的。而按照期望功利效用

---

[1] 约翰·罗尔斯：《正义论》，中国社会科学出版社 1988 年版，第 292 页。

最大化的原则,这剂药应给 A 病人用,无论对个人、对社会都会得到最大的利益。同样假定一个家庭有一对孪生兄弟 A 与 B, A 特别聪明,有极好的数学天赋,送他上大学很可能造就一个数学家。而 B 特别愚蠢,要花上与上四年大学的学费同样多的钱教育他才会,例如自己穿袜子。而父母只有供得起一个人上大学的费用,这一笔钱应怎样花呢？按照罗尔斯最差状况者（worst-off individual）也得益原则优于功利效率原则,那状况最差者自然就是 B,他应该得到这笔钱去学会穿袜子。而根据功利主义原则,这笔钱应提供给 A 去上大学,这无论对这个家庭还是对整个社会都有最大的效用。在这里我们并不准备否定罗尔斯的差别原则,包括机会平等原则和最少受惠者应得益的原则。我们只是说当这个原则与功利原则发生冲突时,不能机械地执行罗尔斯的字典排列,何者为优先要视具体的境遇而定,不能仅有一个机械决定论的排序。

三　结论

我们的以社会总功利效用为首要原理的系统主义规范伦理学并没有完全拒斥道义论的规范伦理,而是吸取了这个学派的许多合理的内容。康德关于人们的道德命题、道德判断具有它的一般形式结构的论断,关于人是目的不是手段的人类尊严原理,罗尔斯的道德原始状态的假说和罗尔斯关于社会契约和理性选择的理论以及他的正义的两个原则等,都包含于我们的系统主义的规范伦理内容中。不过我们拒绝接受康德的先验理性道德形而上学前提,也拒绝接受罗尔斯关于道德原则的字典式排序。而对于罗尔斯对功利主义的批判,我们在许多地方都采取了保留的态度。

第五章

系统主义的规范伦理

我们已经概要地和批判地介绍了规范伦理的两个基本学派功利主义和道义主义的基本观点，并且我们发现，它们的理论出发点虽然不同，但导出的基本结论有相互接近的趋势。功利主义由行为功利主义发展到准则功利主义，已经十分重视准则，包括正义原则的作用。准则功利主义在某种程度上可以将自由原则、分配上缩小差异原则、机会均等原则和仁爱原则都当作有利于增加人类幸福总量或增加人类效用总量或增加最大多数人的最大幸福的功利原则的表现，当然这种还原主义是否完全成功则另当别论。而功利主义发展到现代的福利主义，已经明确地导出分配上的平等原则：一个社会的总收入不变，由于边际效用递减律，在其他条件不变的条件下，对总收入作较为平均的分配将会导致社会总效用或社会福利总量的增加。这些都是功利主义接近道义主义的趋势。另外，从康德到罗尔斯，道德的先验直觉原理变为追求个人利益的理性人为达到自身利益而制定的社会契约，已经将功利至少是个人的功利作为道德契约的基础，而且罗尔斯的正义原则并不排斥功利原则，只不过在他的道德词典中，不恰当地将功利原则排成最后一个字母而宣称"正义原则以一种字典式的排序优先于效率原则和最大限度追求利益总额的原则"罢了。

一 系统主义的规范伦理的基本要点

根据前面所述，我们完全有可能用统一的理论将功利主义与道义主义的规范伦理统一起来，并在统一整合的理论建构中克服它们各自的缺点。这个统一功利主义和道义主义的研究纲领由下列六个要点组成：

（1）将伦理规范看作调节社会的自稳定和自组织的序参量，这个自调节自组织系统的元素，就是自利的个人。自利不过是生命目的性的表现。我们进而运用社会科学的"统一场论"即博弈论，将功利原则与正义原则从自利的个人在竞争与协同的博弈对阵中推演出来，把二者都看作自利个人的理性选择的结果。不过选择的"结果"不可以与选择的"出发点"混为一谈，因为整体不等于部分之和。

（2）将正义原则与功利原则看作规范伦理系统中的两个主要公理。这两个基本原则，在从"经济人"向"伦理人"的过渡中，是"经济人"进行社会契约和理性选择的结果。但在规范伦理中，它们成为出发点，连同仁爱原则与环境伦理原则一起合成规范伦理的四项基本原则。运用系统的观点，考察这四项基本原则的相互关系和相互交叉，便成了建构规范伦理的基本任务之一。

（3）建立伦理价值的概念，考虑伦理价值的组成与结构。将伦理价值看作功利价值、正义价值、仁爱价值、生态价值四种价值的整合，将道德决策看作谋求伦理价值最大化和最优化的过程。

（4）破除对人的权利与义务的先验解释，纠正功利主义忽视人权的倾向，将人的权利与义务看作基本伦理规范的另一种表达方式，以这种视野建立我们的人权观念。

（5）反对本质主义的伦理观念，将人类伦理行为看作是维特根斯坦的家族类似的类，将伦理原则看作在不同系统中有不同的意义与不同的权重，由此建立道德推理的情景推理模型。

（6）建立规范伦理的层次结构。依照道德人在不同系统中的不同角色考察家庭、职业团体（包括科学共同体和企业共同体）、民族共同体、国家共同体、人类共同体、动物世界、生态系统或生物圈等不同系统层次的不同伦理规范，研究不同系统之间和不同层次之间伦理价值的冲突与协调。

以上六点都与我们在第一章所讨论的系统主义的世界观有着密切的联系。因此，我们可以将由这六点组成的规范伦理观念称为系统主义的规范伦理。本章所讨论的就是系统主义规范伦理的上述六个基本问题。由于第（1）个问题已经在以上两章中特别是在第三章第二节中已经讨论过了。而第（6）个问题则在第二章第四节中作了初步讨论。所以本章着重讨论第（2）至第（5）个问题。

二 基本道德规范及其相互调整

从系统的观点出发，我们可以同时承认包括生态伦理在内的下列四项基本原则：

有限资源与环境保护原则（R_1）：一个调节社会基本结构以及政府与公民的行为是正当的原则，必须趋向于保护生物共同体的完整、稳定和优美，否则就是不正当的。这个原则称为莱奥波尔德原则。

功利效用原则（R_2）：一个调节社会基本结构的原则，以及调节个人与集体的行为准则是正当的，它必须趋向于增进全体社会成员的福利和减轻他们的痛苦，否则就是不正当的。这个原则，称为边沁、穆勒功利主义原则。

社会正义原则（R_3）：所有的社会基本价值，包括自由和机会、收入和财富、自尊的基础，都要平等地分配，除非对其中一些价值的不平等分配大体上有利于最不利者。一种调节社会基本结构和人们行为的原则是正当的，它必须符合这个原则，否则就是不正当的。这个原则称为康德－罗尔斯作为公正的正义原则。它包括平等的自由原则、机会均等原则和适度差别原则三者。对于他们的适度差别原则,我们加以弱化,并不要求毫无例外地执行,只要求"大体上"如此。

仁爱原则(R_4):一种调节社会基本结构和人们行为的原则是正当的,它就必须促进人们的互惠和互爱,并将这种仁爱从家庭推向社团,从社团推向社会,从社会推向全人类,从人类推向自然,否则它就是不正当的。我们可以将这个原则称为孔、孟博爱原则,因为它最早是由孔子提出来的。孔子的"爱人""泛爱众,而亲仁""己欲立而立人,己欲达而达人",以及孟子的"老吾老以及人之老,幼吾幼以及人之幼"和后来儒家的道德家所说的"先天下之忧而忧,后天下之乐而乐"就是仁爱原则的很好表述。

我对上述四项基本原则的每一个原则的表述都采取了制度与行为正当性的必要条件而不是充分条件的表达式,以便说明每一个原则是独立的,但又不是完备的,而是相互补充的。第一项基本原则表明的是人与自然的协调关系。第二项基本原则表明的是人类和人类合作的共同目标,这个目标是最大限度地提高人类的福利,即最大限度满足人们的物质、文化和社会的需要。第三项原则和第四项原则表述的是达到人类合作这个共同目标所需要的人际关系与个人与社会的关系的基本规范,这两项原则对于达到人类共同的目标来说自然应该是手段。但它对于社会契约来说又是目的。由于这四项基本原则所说明的内容与范畴不同,它们是各自独立的,不能相互推出和相互替换。尽管如此,每一原则又包含了另一项或另几项原则的某些内容。例如环境保护原则包含了人类的功利,归根结底是有益于人类的功利,否则生态系统遭到破坏也就是人类根本利益受到破坏,但它并不能推出人类合作的目标是使自己的物质文化需要最大限度地或最优地得到满足这个功利原则。又如功利效用原理包含了"一个人只当一个人来算"以及"富者收入通过再分配转入穷者会增加社会总效用"这个平等的分配原理的某些内容,但不能直接推出政治、思想、言论的自由原则以及基本的社会的善、基本的权利、义务的分配的平等原则。

正义原则中的适度差别原则要求使社会不平等这样安排，以至于总的说来有利于最不利者，这就包含了仁爱或博爱的原则，但这个推理不能完全推出互惠利他主义和某种无条件利他主义的博爱原则的全部内容。因此这四项基本原则的逻辑关系是一个相互交叉的关系：

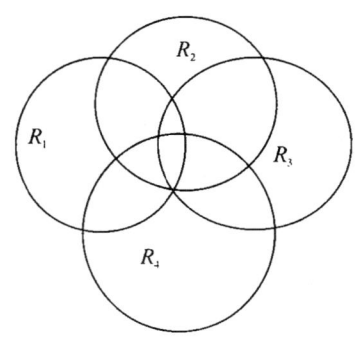

图 5—1　四项基本原则的逻辑关系

这四项基本原则的核心是什么？至少，"人们自己去追求和帮助他人追求幸福生活"是它们的核心。

正因为四项基本原则之间，存在着相互交叉、相互区别和相互补充的关系。因此，这四项基本原则的每一项如果脱离了其他各项的要求而推向极端就会出现道德上的谬误与错误。不顾民众脱贫致富的利益（最大多数人的最大利益）片面强调环境保护，片面禁止有污染工业的发展在道德原则上是错误的；同样，急功近利，片面强调工业的发展、生产总值与国民收入水平的提高，忽视生态保护也会造成极大的伦理错误。同样片面强调社会福利的总量，强调先富起来再说，不顾民众基本的政治的和舆论的自由权利，不顾缩小贫富的差别在道德上和政治伦理上是错误的、不正当的，反过来只讲自由平等与公正而不讲效率的提高和社会的功利的发展在伦理上也是错误的。因此，我们可以将制度、准则与行为的正当性区分为两种，一种是制度、准则与行为的强正当性；一种是制度、准则与行为的弱正当性。

一种制度、准则与行为是强正当的,当且仅当它同时满足上述四项基本原则。如果我们将强正当性原理记作 FR,则

$$FR \underset{df}{=\!=\!=} R_1 \wedge R_2 \wedge R_3 \wedge R_4$$

一种制度、准则与行为是弱正当的,或局部正当的,当且仅当上述四项基本原则只有部分地而不完全地得到满足。如果我们将弱正当性原理记作 PR,则

$$PR \underset{df}{=\!=\!=} R_1 \vee R_2 \vee R_3 \vee R_4$$

从系统论的观点来看,四项伦理基本原则,在人类社会生活中,起着约束与调整人们行为,使之达到有序化的作用。功利原则调节着自利的个体行为,使他们步调一致,朝着共同的目标和集体利益的方向而行动,就像磁化物质的分子磁体朝着一个方向指向,激光器中的原子发出同相振荡的光波一样。而正义原则,调整个人之间基本的善的分配减少人们之间因社会不公平而发生的摩擦,达到人们之间更好的协同作用。这两大原则加上与此密切相关的仁爱原则,便造成社会内部环境的稳定,即所谓 Homeostasis。如果功利原则被违反,社会不能达到总体的福利,则人民生活得不到保障,物质文化需要得不到满足,社会内部状态便发生不稳定。任何生命的需要得不到满足便是不稳定的根源,任何生命和生命的群体是这样,人类和社会的群体也是这样。而如果正义原则被违反,人民的自由和权利受到剥夺,社会出现不平等和不公正,当然也是社会离心力、社会不稳定,甚至社会动乱的根源。而社会成员之间无爱心,社会成员有困难得不到他人和社会的帮助,自然社会也就不稳定。所以功利原则、正义原则和仁爱原则是社会内部稳定的调节器,而环境伦理原则,即保护地球生物圈的完整、稳定和优美则是保证人与自然的协调发展和社会与外部环境平衡的伦理调节器,而系统与环境的动态平衡是任何系统生存的必要条件。因此,这里四项基本伦理原则就起到人类社会系统的序参量的作用。在系统科学中,特别在协同学中,所谓序参量就是指示系统有序性的参量。它

在系统从无序到有序的演化中形成，它是集体运动的产物和合作效应的表征和度量，反过来又支配着子系统或组成元素的行为，主宰系统的整体演化。激光系统的电场强度，云层中空气的滚卷运动，化学反应中的组分浓度，生态系统中种群的个体数，市场经济中的市场价格以及社会系统中的语言就是这样的序参量。这里我们所论述的伦理的四项基本原则也就可以看作伦理世界的四个序参量。

伦理学的基本规范与几何学的基本公设或自然科学的基本定理不同，就是说他们之间在某个领域里或某个实施中会发生冲突，这就是所谓价值之间的冲突或伦理价值之间的冲突。当发生这种价值冲突时是否存在着一个最高的原则来裁决这些冲突呢？传统的功利主义认为，这个最高的原则就是功利主义原则，而正义论认为，这个最高的原则就是平等的自由，因而提出了字典式的原则序列。可是我们已经看到字典的原则序列与实际生活中的道德实践、道德选择和道德判断有太多的矛盾。例如它主张平等的原则在任何情况下都优先于功利效率的原则。但是在现实生活中，正如我们在第二章第四节中指出的，事实上"我们宁愿要小康而不平等的生活，而不愿要贫困而平等的生活"，社会有利于前者的安排是比较正义的或比较正当的。第四章第二节（三）中提出的问题的答案是：为了提高整个社会的效率，我们宁愿让一些人先富起来并裁减一些工人导致他们生活水准下降。在一些贫穷的国度里，功利效率往往具有对平等的优先性。至于罗尔斯说自由具有绝对不可让渡性，事实情况也不尽如此。上节我们提到第三世界国家一些"头等公民"移民到一些有不同程度种族歧视的第一世界或第二世界国家做"二等公民"，他们就是牺牲或让渡了某些平等的自由权利来获得明显的功利效益。他们这种行为能被称为"不道德""不正当"吗？或者是"叛国投敌"吗？都不是。可见罗尔斯的正义准则的字典式排序有太多的矛盾和太多的反例。

那么，功利原则是解决道德规范冲突时唯一的而且是永恒的最高原则吗？显然也不是。让我们分析上节对罗尔斯字典式排序的那几个反例看看能否支持功利原则在任何时候都是处理伦理规范冲突的最高原则。第一个案例是某个社会有成员 X_1，X_2，X_3。第一种社会状态 A 中福利分配为 14，12，13。第二种社会状态 B 中福利分配为 200，12，11。按照罗尔斯的差别原则优先于功利原则，他选择了状态 A 而不选择状态 B。而按照功利主义原则，我们选择了状态 B 而不选择状态 A。应该承认，我们这种选择是弱正当的，即虽然是合道德的，但却是有缺陷的。因为状态 B 确实使社会最少得益者从 12 分下降到 11 分。我们必须将道德选择看作各种选择相互联系的系统。我们记住了这次选择违背了适度差别和最少得益者受惠的原则。于是紧接着我们应该设计一种社会状态 C，其中 X_1，X_2，X_3 的分配比例为比如说是：175，22，23。即从高收入的 X_1 中抽取累进税，通过国民财富再分配使 X_2、X_3 受益。当我们选择状态 C 以代替状态 B 时，我们已将平等原则看得高于功利原则。因为状态 C 中，功利总量比状态 B 损失 3 分，即 （200＋12＋11）－（175＋22＋23）＝3。

再看 4.2.3 中另一个事例，那个家庭有孪生兄弟 A、B 二人，一个特别聪明，另一个特别愚蠢。按功利原则，家庭的教育经费 X 元都用以培养特别聪明者 A 由此产生了不公平。是否对此永不加以考虑呢？不！四个基本原则组成一个系统，它们的运用要达到适当的平衡。这就是系统主义哲学中所说的系统的适应性自稳定原理。道德学家设计这种分配时，应附加一个条件，待仁兄 A 大学毕业获取较高报酬后，负担改进愚弟 B 弱智状态的高昂费用。一旦 A 获取较高的收入后，正义原则便优先于功利原则了。

从系统论的观点看，仁爱原则、功利原则、正义原则和环保原则四项基本原则之间，作为调节社会系统的基本原则和序参量，是彼此竞争又是协同的。当某一个原则总是占优势或大多数场合占优势时，是一种社会自组织状态，而当另一个原则较多地占优势时则是另一种社会的自组织状态，至于它们是怎样的一种社会自组织状态呢？这是经验科学，例如社会学的问题。道德哲学只是为分析这个问题提供一种思考方式。例如当功利原则比较占优势时，这个社会可能是一个高效率的社会，当正义原则比较占优势时，这个社会可能是一个比较公正的福利社会，而当环保原则总是占优势时，这个社会可能叫作生态社会。这就是我们将要在第十章讲到的社会状态，即紧缩的人口、循环的工业和简朴的消费。如果全世界的总人口控制到5亿，一切工业设计得尽可能对资源循环使用，所有人都过着简朴然而是高质量的生活，这时我们便进入生态社会了。

三　伦理价值的组成与结构

为了进一步讨论基本伦理原则之间的相互关系，让我们引进伦理价值的概念，考察它的组成及其结构，并尽可能作一些量化的分析。

一般说来，一种社会制度、一种行为准则或一种具体行为 A 在同一问题同一情景下，相对于 B 是比较正当的，当且仅当它的伦理价值总量大于 B。而对于某一种行为 A 来说，它的伦理价值由下列四项组成：

（1）行为 A 的功利价值。行为 A 有它的功利效用，它因为符合功利原则即增进社会有关成员的总福利而产生的价值叫作功利价值。一种行为的功利效用当然不包括它给人类带来的非功利的道德效用，例如不包括这种行为因符合环保原则给其动物带来的利益，也不包括例如这种行为因它的舍己为人的精神给社会风气的改进带来的价值。前者属于生态伦理价值的范围，后者属于利他主义的仁爱价值。不过因为功利原则也是一个道德原则，所以功利价值本身又是属于伦理价值的范畴。A 的功利价值记作 $V_a(R_2)$。这里自变量 R_2 是功利原则，V_a 表示行为 a 的价值，当然 a 也是个变量。

（2）行为 A 的正义价值。指的是行为 A 因符合正义原则而带来的价值，记作 $V_a(R_3)$。例如因行为 A 表现了正义感得到群众的赞扬所带来的价值或因行为 A 带来了社会公正而产生的社会价值等都属于正义价值。正义价值是可以与功利价值相比较的,人们常常在公平与效率之间进行选择就是这种比较的具体体现。为了说明问题,我们假定正义价值与功利价值之间可以定量计算。如果它目前找不到测量单位,找不到量度方法那是一个技术问题,不属基本道德哲学讨论的领域。

(3) 行为 A 的生态价值。指的是行为 A 因符合环保原则或生态伦理原则带来的价值。当然有生态价值的行为,例如一种保护森林的行为,也会给人类带来功利,即带来长远的利益。在计算上可以将它划入功利价值中以免重复计算,而生态价值就局限在对于非人类的动物植物的个体与种群和生态系统带来的利益。不过对生态价值作人类与非人类的划分,还是不作这种划分,并不影响行为 A 与行为 B 的比较,这种比较应在同一种范畴分类下进行。不过无论如何这里已经预设了以人类定位的价值可以与非人类的生物定位的价值之间进行比较。这个问题已在广义价值论中讨论清楚了。这种比较是在包括人类与非人类的生物世界在内的生态系统中进行。A 的生态价值记作 $V_a(R_1)$。

(4) 行为 A 的仁爱价值。主要指的是 A 因符合仁爱原则或利他主义原则而带来的价值,它与其他三种伦理价值有交叉,但也有区别。A 的仁爱价值记作 $V_a(R_4)$。这样这个行为 A 的总价值 $V(A)$ 由下式给出:

$$V(A) = \alpha V_a(R_1) + \beta V_a(R_2) + \gamma V_a(R_3) + \delta V_a(R_4)$$

改变 $\alpha, \beta, \gamma, \delta$ 的权重,即这些价值变量的系数,就有不同的 $V(A)$ 值。适当地运用这个公式,就可以消除第四章第二节中所说的罗尔斯字典式的原则排序所造成的反例。

一般说来,基本伦理规范原则都是围绕着追求和帮助别人追求幸福的生活这个核心特征而展开的,所以它们之间是协调的,是总体相容的。而当它们之间在某个论域内发生冲突时如何解决的问题,是一个价值的相互调整和利益的互相权衡的问题,没有一个固定的模式或僵死的教条可以到处套用。一个社会或一种社会行为,当它面临着迫切需要解决提高人民生活的时候或遇上生死存亡之秋，必要时会让渡一些自由与平等来换取功利与效率。这就是说，人们会降低 γ 系数，提高 β 系数。而一个社会或一种社会行为当面临亟待解决自由、平等社会问题的形势，必要时它应该降低功利的总量，以达到平等的分配之目的。这是许多国家在革命时期或政策转变时期常常遇到的现象。这就是四项基本原则之间的调节平衡，它们之间是一种系统科学和系统哲学所说的差异协同与系统自组织和动态平衡问题。

现在我们设计两个思想实验来对伦理价值进行比较，第一个思想实验是有关 X 国某水电站的兴建问题，它的要点是：

（1）假设世界上有个 X 国，X 国有条大河，大河通过一大片布满原始森林和野生动物的山谷，它的水流劈开高山，形成位于大河两旁的风景宜人的两峡。大河越过两峡流入大海。在两峡之间截流筑坝，建造水电站，其水量之丰、落差之大、峡口之妙，足可发电 1000 万千瓦，水电站五年建成之后，附近一片穷乡可望变成工业城市。其中，工业产值翻两番，就业人口数十万，这是不成问题的。

（2）然而，河流通过的那片峡谷盘地，遍布原始森林，有生长了几千年的大树，有世界稀有的红松、绿竹，是各种动物与鸟类的栖息地，这些动物包括袋鼠、熊猫与金丝鸟，在其他地方都很难找到它们。河流两岸，奇山异水，急流险滩，简直仙境一般，吸引古今中外游人，络绎不绝，其文化遗产之丰、自然景色之美、生态环境之协调，堪称 X 国之首，有所谓"两峡山水甲天下"之称。可是水坝一建，这些全都被淹没。

（3）水电站的建设还需要移民 20 万，他们将失去家园，离乡背井……

X 国这座水电站应该建设吗？在这决策的背后，隐藏着对几种不同价值的权衡。这里要点（1）说明了水电站的功利价值，主要以经济价值的形式表现出来，上千万千瓦的发电量、工业产值的增长、城市就业人口的增加等。要点（2）说明水电站的生态负价值，自然环境的破坏、稀有动植物物种的灭绝。至于自然景观的丧失则既属于生态价值也属于功利价值的损失，可能还属于正义价值的损失。要点（3）说明水电站建设的正义价值问题。如移民的安家费不够，他们的损失得不到应有补偿，这是正义价值上的损失。而水电站建设主要是对最近几代人有功利效益。至于再过几代人，由于设备的折旧、技术的更新以及观念的改变也许他们认为他们在自然景观和生态变化所造成的损失比他们得到一个旧水电站的得益大得多。这就造成代际间的不公正，也会造成正义价值的损失。而如果在水电站建设的决策，没有充分发扬民主就主观武断地定下来，这也会造成因人际之间在权力和权利分配上的不公正产生正义价值的损失。于是在水电站建设的赞成者与反对者的心目中，都有一笔账，都在决策时仔细地计量公式 $V(A) = \alpha V_a(R_1) + \beta V_a(R_2) + \gamma V_a(R_3) + \delta V_a(R_4)$ 所得的值，并寻求伦理价值的最大化。这些分歧除了一些经验的分歧即对事实的信念不同（如有人估计水电站投资很大，有人估计它投资不大等）外，最根本的分歧是伦理价值结构的分歧。一般说来，赞成建水电站者给功利价值以很大的权重，即在赞成者心中 $V_a(R_2)$ 的系数 β 很大，而生态价值 $V_a(R_1)$ 的系数 α 的数值很小；反之，在反对者心目中，β 较小而 α 值较大。所以伦理价值的权重系数正是反映决策者的价值观的最根本的东西。

现在让我们假设 X 国实行的是议会制，那里有四个政党，被称为红党、绿党、白党、灰党。红党主张国家必须权力集中以达到政治稳定，以便全力发展生产力提高整个社会的财富。因此在它的道德决策或政治决策中，它所依据的上述伦理价值公式的 β 系数很大，而 α、γ、δ 系数都很小。它是一个功利主义政党，对于是否建立这个水电站，它当然要投赞成票的。可是绿党却主张保持生态平衡和可持续发展是最高的价值，而野生动物的生存与人类的生存具有平等权利，因而在它的伦理价值公式中 α 系数极大，δ 次之，γ

又次之，而 β 系数最小。因此关于两峡水电站的建设问题，它认为是得不偿失的，水电站得到的功利价值远远小于因建设水电站而失去的生态价值和自然景观价值。所以绿党对这个水电站肯定要投反对票。至于白党，它是由一些民主自由主义者组成，其基本主张是公平高于效率、自由对于其他价值占优先地位。因此，在它的伦理价值公式中，γ 系数很大，α 次之，δ 又次之，而 β 系数最小。所以这个党强烈反对建水电站移民 20 万，反对自然景观被淹没，反对野生动植物的毁灭，反对建设水电站方案的拟订不民主，要求对是否建设两峡水电站进行全民公决等。所以在议会中白党对这个水电站是否应该兴建也投反对票。至于灰党，它大概是宣扬普度众生和普遍博爱的天主教—佛教联盟。在它的伦理价值公式中 δ 系数最大。它认为建设这个水电站有利有弊，还是超脱一些为好，所以它将会投弃权票。再来假定在 X 国议会中红、绿、白、灰四大政党各占 25% 的席位，两峡水电站的兴建问题便以 50% 反对、25% 赞成和 25% 弃权的票数被否决了。我们编造这个故事的目的，是要表明伦理价值的结构以及伦理价值系数在道德决策和道德评价中的作用。这里所谓道德决策或道德评价是至少包含有一个道德判断的决策与评价。

由于我们对伦理价值的讨论中，一直对于仁爱原则没有很好地发挥，要到下一章讨论儒家伦理时才对这个原则的论述有适当的展开。我们不妨再设计一个思想实验来讨论伦理价值的组成，并对仁爱原则给予一定的分析。假设有个 X 国，X 国有著名大学 Y 校，Y 校有个 A 系 B 班。这个 X 国在性伦理上比较开放也比较混乱。根据社会调查，这个国家高中毕业生中已有 30% 的学生有过"性生活经验"。由于这种事习以为常，大学生之间有男女关系就不怎么当作一回事。不过 Y 校 A 系 B 班女生李丽因来自农村山区，家境清贫付不起 Y 校的学费，而 B 班男生汤生却是有钱人家的子弟，挥金如土。汤生与李丽发生性关系在 X 国里并不值得大惊小怪，不过他们之间有一种交易，汤生与李丽发生那种事情，每次付给李丽若干美元,这样李丽上大学的学费因此而得到解决,避免了失学之苦。她是很有天资,很有才华,成绩优异并很受师长们赏识的女大学生。正因为这样,汤李的性丑闻披露之后就引起了 A 系四个系主任的严肃而热烈的讨论。系主任张功利说,按照边沁的原理,凡是能导致有关人们快乐的增加和痛苦的减少的行为是正当的。汤、李二人自愿发生关系,又不影响他们的学习与生活,又能解决李丽的学费问题,这件事情的快乐总量增加了,所以是一正当行为不必加以干预。可是张功利的言论立刻受到其他系主任的反驳:"什么快乐总量的增加?汤、李败坏了社会风气,他们造成的坏的影响早就抵消了这个所谓快乐的总量。"可见在张功利的伦理价值公式中,他将 β 系数看得很大。而且 β 系数划分为两部分 β_1——行为功利价值的系数,β_2——准则功利价值的系数。张功利是一位行为功利主义者,他将 β_1 看得很大,β_2 看得比较小,以至于他得出汤李事件是正当事件的结论。系副主任陈正义对汤李事件有独特的看法,他认为,婚前性行为是属于个人权利和个人自由的事情,不必加以干预,就像一个社会应该容许个人有自杀、安乐死和出卖自己血液的自由一样。不过汤李事件反映了社会的不公正,不能保证人们有受教育的平等权利,所以汤李事件的伦理价值是负值的,其所以是负值是因为有违正义原则。所以他主张解决这个问题的方法是除批评李丽、汤生二人的行为不当外,发给李丽以奖学金或给予读大学的贷款。另一个系副主任赵仁爱则慷慨陈词,责备汤、李二人有性而无爱。他认为,在有关性爱的行为上爱是一个最高的原则。如果汤真的爱李,他应该可以为了李而牺牲自己的一切,而决不应拿金钱去做交易,汤李事件绝对损害了爱情的原则,而在性行为上爱的原则应占支配的地位,所以在伦理价值的公式中,处理这种行为时 $\delta \geq \beta$,由于汤李事件在仁爱价值上是一个很大的负值,无论他们的行为有多少功利价值,总体价值必定是负值。这是一件在道德上应该谴责的事情。还有一个系主任王生态,他因为这种事情与生态价值无关,对此事不置可否。这样系主任会议对于是否应该对汤李事件进行道德谴责问题上,两票赞成、一票反对、一票弃权而通过谴责此事。这个讨论使四个系主任内心世界的伦理价值的结构暴露无遗。

从上述的伦理价值结构的公式中,我们可以做出两个重要的推理:

(1) 生产力标准只是政策正确性(严格地说是"正当性")与否的一个标准,不是政策正确性的唯一标准。说一个行为或一种政策措施的正当性唯一标准是生产力标准或以人民生活水平是否提高作唯一标准,这是不全面的。生产力标准或以人民生活水平的提高作标准只是相当于我们的伦理价值公式中的功利价值标准。除此之外还有正义标准、生态标准和仁爱标准。伦理价值结构与政策价值标准的关系可表示如下:

强正当性原理:$R_1 \wedge R_2 \wedge R_3 \wedge R_4$
弱正当性原理:$R_1 \vee R_2 \vee R_3 \vee R_4$
伦理价值公式:$V(A) = \alpha V_a(R_1) + \beta V_a(R_2) + \gamma V_a(R_3) + \delta V_a(R_4)$

伦理价值组成——生态价值、功利价值、正义价值、仁爱价值。

政策价值标准——生态标准、生产力标准、正义标准、仁爱标准。

只看见生产力标准,看不见生态标准、正义标准和仁爱标准是一种狭隘功利主义的价值观念,它显然是片面的。当然,"不管白猫黑猫抓到老鼠就是好猫"这个民间俗语是完全正确的,不过这里的老鼠至少有四个,那些能够同时或先后抓到四个老鼠的猫才是好中之好的猫。

(2) 伦理价值结构公式可以成为制定经济、社会、环境发展综合评价指标的理论基础。目前经济学和社会学为了比较不同国家或不同地区之间发展的规模或质量,制定了许多指标,如经济、人口、资源、生态、社会环境、科技等[1]，并给出各项指标以一定的权重。至于为何需要这些指标，为何给出这些权重，都没有做出任何理论的说明，我们的伦理价值结构公式是一种最基本的价值体系，所以就能为一个合理的经济、社会、环境发展的综合评价指标提供一个理论的解释。例如为什么我们需要以 GNP 为核心的经济指标？那是因为人们追求功利价值。为什么我们需要人口、资源、生态指标呢？那是因为我们追求生态价值。为什么我们需要社会环境指标呢？那是因为我们追求正义的价值和仁爱的价值，因而需要有一个公平、正义、民主、自由、平等和有爱心的社会系统。当然，有关正义价值和仁爱价值的指标体系还没有被发展学家们注意，这又是目前经济学和社会学的综合评价指标有待改进的地方。

四　情景推理和反本质主义的伦理观念

人类的伦理行为有共同的本质特征吗？功利主义和道义主义都认为它们有共同的本质。功利主义认为，这共同的本质就是它们都具有增进最大多数人最大幸福的特征。可是将世界人口压缩到 1 亿，并要求他们过简朴的生活，这样的伦理要求是增加人类的幸福总量吗？不是！与 50 亿人口的幸福总量相比，这个环境政策的结果是幸福总量降低了。于是我们不得不从"最大多数人的最大幸福"这个"本质"跳到"保证生态系统完整性"的另一个"本质"。我们还可以问这样一个问题：一个增加了相关人们的幸福总量但牺牲了无辜者利益的行为也是伦理上正当的行为吗？例如第三章第五节中讲到德国集中营越狱失败者找人陪死的行为也是伦理行为吗？许多人回答不是，因为他侵犯了个人的生存权利。于是便有比功利原则更高的"本质"（例如人类尊严原则或正义原则）来刻

---

[1] 参见何博传《珠江三角洲经济、环境、社会综合发表的一个二维测度模型》，见张华夏、张志林、叶侨健主编《科学·哲学·文化》，中山大学出版社 1996 年版。

第五章　系统主义的规范伦理

画人类伦理行为。可是正义原则真的能够成为一切伦理行为的共同本质吗？我家里有两个小孩，一个是数学天才，一个是弱智蠢材，我家里仅有一笔只够一个人上大学的教育子女的经费，真的要平等地分配给这两个人吗？难道我们不应该违反公正的原则而将这一笔经费去培养那数学天才上大学吗？于是这个"本质"又从人权与正义返回功利"本质"了。这样，人类的"伦理行为"就像维特根斯坦所说的"游戏"一样，并没有共同的本质特征。我们能称之为伦理正当的行为组成了家族类似的类。维特根斯坦说："考虑一下我们称为'游戏'的过程。我指的是棋类游戏、牌类游戏、球类游戏、奥林匹克游戏等，不要以为它们一定有某种共同点，否则它们不会都叫作'游戏'的。……你是不会看到所有游戏的共同点的，你只会看到相似之处和它们的联系，以及一系列关系。""我想不出比家族类似更好的说法来表达这些相似性的特征。"[①] 这样看来，功利主义和道义主义的失足就在于它们的本质主义，即对那"普遍本质"的不可遏止的追求，其实不过是单相思而已。我们的系统主义规范伦理观念就是要走出这种本质主义。我们说，基本的伦理准则旨在维持社会系统自组织和稳定性的社会契约并没有承认这些伦理准则有共同的本质特征。我们的强正当性原理（$R_1 \wedge R_2 \wedge R_3 \wedge R_4$）并没有概括所有伦理行为的特征。

当然，在划定了明确边界，使之不包容反例的情况下伦理行为的确有它的本质特征，否则我们便不能将伦理规则运用于道德推理做出道德判断和道德决策。可是，现实的生活却要不断打破这个边界将伦理行为运用于各种不同的情景领域。例如，人权当然可以有一个明确的边界，可是现实的生活却要将人权的概念和准则运用到神经病患者、植物人、幼年儿童和未出生的婴儿甚至是后代人，也许还可以运用于有充分智力和能使用语言的猩猩等。这时，人权的本质特征就模糊了起来，这只有用非本质主义的理念才能处理好这

[①] 维特根斯坦：《哲学研究》，生活·读书·新知三联书店1992年版，第45—46页。

些问题。由于不存在伦理行为的共同本质；由于各基本伦理原则之间在不同情景下有不同的权重，有不同的伦理价值系数；由于某一类伦理行为的边界因不同情景又有不同的变化。因此必须探求出某种情景推理的逻辑规则才能由基本的伦理准则正确地导出具体的伦理判断和伦理决策。本节要讨论的就是这个问题。

我们在第三章第三节中讨论了道德推理的基本特征，这个基本道德推理是假说演绎的。例如从基本道德原则："最大限度增加社会福利"（或康德的"不要去做你不希望它成为普遍原则的事"，见4.1节）推出次级道德原则："我们不应说谎。"然后考察我们要进行道德决策的具体情景或初始条件（例如他问我是否在哈佛获得了博士学位，而我确实未获得博士学位）。将这些道德规则用于具体情景，我们便可以得出道德判断："我应该告诉他：我在哈佛没有获得博士学位。"这里推理的形式类似于科学推理中的 DN 模型。首先有一个规则集 R_1，R_2，$\cdots$，R_n，然后有一个情景陈述集 C_1，C_2，$\cdots$，C_m，由此导出道德决断 E。这个推理在逻辑上和语法上无疑是正确的。

但是在现实生活中，任何道德系统中的许多道德律令，特别是基督教义中的道德律令的是非真假值几乎都是有例外的。如"不可撒谎""不要杀人""不要偷窃""不要通奸""不要堕胎"，要"孝敬父母""尊重生命"等道德规则都是相对的。第一，有它的适用范围，超出这个范围就可能是假的，例如特种部队为刺探敌方情况，偷窃可能是道德的。第二，有它的权重系数，例如在道德标准的冲突中，某一准则可能不是优先的，因而是可以不遵守的。第三，有它的不同含义，例如细菌的生命与人的生命有不同含义。由于境遇（situation）或情景（context）不同，道德规则的含义不同、重要性不同和适用范围不同，所以除了应该强调道德规则在道德决断中的作用外，还应强调情景在道德决策中的重要作用。以美国伦理学家约瑟夫·弗莱彻（Joseph Fletcher, 1905— ）为代表的境遇伦理学派就是强调境遇对道德决策的决定作用的学派。他说，

"我的主要原则是，关心人应优先于关心道德规则；较之'普遍'规范，具体情况与境遇对于我们应该做的行为具有更大的决定性作用"，至少"在良心的实际问题中，境遇的变量应视为同规范的即'一般'的常量同等重要"①。那么境遇伦理学派是不是不重视道德准则在道德决策中的作用呢？不是。"他尊重这些准则，视之为解决难题的探照灯。他也随时准备在任何境遇中放弃这些准则，或者在某一境遇下把它搁在一边，如果这样做看来能较好地实现爱的话。"② 当然，在弗莱彻的道德决策中，暗含着一个最高原则，这就是"爱"或"对上帝之爱"。不过由于这个原则过分抽象并且应用它时还特别要依赖于具体情景，因此在情景伦理的推理逻辑结构的研究中我们暂且将它搁置一旁。这样对于境遇伦理学来说，做出道德决策时，要将准则运用于实际情景，就必须插入一个项或一个步骤，就是依情景对准则的怀疑与反思项。弗莱彻说："当把法令运用于实际际遇时，必须给予人们某种东西，这就是要允许怀疑的或困惑的良心有某种自由。关于规则是否真正适用于某种特殊情况（怀疑），在多少有些冲突的若干规则中应当遵循何者（困惑）的问题，无情地摆在我们的面前。"③ 这里"规则是否真正适用于某种特殊情况"指的是我们上面所说的某类伦理行为因边界的变化而改变了这类伦理行为概念的内涵。这里"冲突的若干规则中应当遵循何者"指的是我们上面所说的某准则的优先性或伦理价值系数的变化。

这样，在道德推理中，我们便可以在上面所说的道德推理的DN模型中增加一个项。这个项就是依情景或境遇，对作为推理的大前提的规则集中的某些规律的作用范围、重要性和概念的语义进行重新界定和修改，以确定它的真假值。这是一个按情景对规则的反思回溯过程，我们不妨称之为情景回溯项（the item of reduction

---

① 约瑟夫·弗莱彻：《境遇伦理学》，中国社会科学出版社1989年版，第19、168页。
② 同上书，第17页。
③ 同上书，第12页。

from situation）。这样道德判断的推理形式便可表述如下：

（1） R：R_1，R_2，…，R_n

（2） C：C_1，C_2，…，C_m

（3） C_r：Cr_1，Cr_2，…，Cr_k

（4） E

这里 R_1，R_2，… 为道德准则。C_1，C_2，… 为情景陈述。Cr_1，Cr_2，… 为从情景出发对道德准则的回溯、评价、赋值或修正。E 为由（1），（2），（3）推出的道德结论，它是被解释了的道德判断或新做出的道德判断。

例如，假定"仁爱原则"（R_1）、"最大幸福原则"（R_2）、"正义原则"（R_3）都可得出"我们不应该杀人"或"我们不应该杀害无辜者"的结论。它在西方，从基督教时代开始就作为一条准则成为人们道德推理的前提。这里特殊的情景是：某甲是昏迷病人（C_1）。她在昏迷以前曾经一再表示，不愿意用特殊手段活下去（C_2），她后来昏迷了若干年，成为植物人并且复苏无望（C_3）。她的父亲作为她的法定监护人决定将她的呼吸器和静脉注射针头拔去（C_4）。那么她父亲应不应该这样做呢？这个问题就是待解释的道德判断 E。如果不插入情景回溯项，她父亲中止喂饲的决定得不到合理解释。而如果加入情景回溯项，说明前提中"不应杀人"的"杀"的概念的外延不应包含一切"中止喂饲"的范围（Cr_1）；而由于植物人复苏无望这个特殊情景，中止喂饲是减轻她的痛苦，从而等于增加她的福利（Cr_2），并且这是合乎她昏迷前的意愿，即她的自主权的，因为她一再表示不愿用特殊手段活下去（Cr_3）。同时，这样做也是符合她家庭的利益的，因为她继续在医院住下去，家庭已无力负担医药费和护理费（Cr_4）。补充了这几个情景回溯判断（Cr_1，Cr_2，Cr_3，Cr_4），她父亲行为的合理性或伦理正当性就得到了解释和辩护。结论是："中止对某甲的喂饲不但不是杀人，而且是一种有道德的行为。"

为了使这个推理过程表述得更为明确，我们不妨将它写成如下的逻辑格式。

前提：

（甲）道德准则集：

R_1：关心爱护他人的行为是伦理上正当的行为（仁爱原则）。

R_2：能增进相关人们的幸福的行为是伦理上正当行为（功利原则）。

R_3：尊重别人的权利的行为是伦理上正当的行为（正义原则）。

R_n：我们不应该杀人（道德戒律）。

（乙）情景陈述集：

C_1：某甲是昏迷病人，已成为植物人。

C_2：某甲昏迷前一再表示，不愿意用特殊手段活下去。

C_3：某甲现在靠呼吸器和静脉注射维持生命。

C_4：某甲父亲拔去她的呼吸器和静脉注射针头。

这里特别要注意，如果不回溯和考察道德准则集中"我们不应该杀人"这个命题的意义和用法，我们不能对她父亲的行为做出正确的伦理判断。因为如果拔去输氧的呼吸器致死就是属于杀人的范畴，则她父亲的行为描述 C_4 得不到辩护。因此，在这里必须依据具体情景回溯研究道德准则集的意义与用法，有无重新订正之必要。

（丙）情景回溯集：

Cr_1：R_n 中的"不应杀人"的"杀"的概念，不应包括中止喂饲的一切情况，拔去喂饲器的行为与蓄意杀人行为无共同的本质特征。

Cr_2：R_1 中"爱护他人"，应包括在某种情况下使他安乐死。

Cr_3：R_2 中"增进相关人们的幸福"，应包括减少病人和家人的痛苦。

Cr_4：R_3 中"尊重别人的权利"包括尊重她现在表达的意愿，以及虽然现在她无法表达但她曾经表达过的意愿。

在作了这些回溯与补充后，由（甲）、（乙）、（丙）可推出如下结论：

结论 E："她父亲中止对她的喂饲，不但不是谋杀，而且是伦理道德上正当的行为。"

我们称这类带情景回溯项的道德推理为道德领域的情景推理，这个推理模型简称为 DrN 模型。

再来看看下面一个推理：

前提：

道德准则集：（1）"我们应该计划生育"。

（2）"我们不应该去杀人，杀人是违反道德的"。

情景陈述集：某女士怀孕两个月进行堕胎。

情景回溯集：早期胚胎不是"人"（person），道德准则集中的"不应杀人"的"人"不包括早期胚胎或胎儿在内。

结论：某女士堕胎不但不是杀人，而且是计划生育的表现，在道德上是完全正当的。

DrN 模型在道德领域中有着广泛的应用。因为道德领域的准则常常不是太抽象，就是太具体，具体到这些准则总是有例外。因此，具体情景就成了道德推理的一个决定性的要素，必须依据具体情景来重新评价道德准则的意义与用法、道德准则的权重，给这些准则以正确的赋值，才能做出道德的判断和道德的决策。当然在具体情景不起决定作用的典型道德范例中，情景回溯项没有多大的必要，于是 DrN 模型就还原为道德推理和科学推理的 DN 模型。

从 DrN 模型来看，我们在第三章讨论的协调准则功利和行为功利的"义利系数"以及本章讨论的旨在打破罗尔斯道德准则的字典式排序的伦理价值系数或准则权重系数，这些系数的具体数字或相对的大小都是属于弗莱彻所说的"情景变量"的范畴，是属于情景推理中的情景回溯项的内容。只有补上这个项才能从强正当性原理 $(R_1 \wedge R_2 \wedge R_3 \wedge R_4)$ 或弱正当性原理 $R_1 \vee R_2 \vee R_3 \vee R_4$ 与情景描述的合取中推出种种道德决策。而罗尔斯认为 R_1，R_2，R_3，R_4 有一个固定的字典排序，其中正义原则绝对地占着首位而不受情景的批判，这种死板的理解使他不能消除各种反例。这是我们与他有根本分歧的地方。

DrN 模型的本体论基础，同样是维特根斯坦的家族类似的概念。DrN 模型的情景回溯项不过就是维特根斯坦关于"语言的意义就是它的用法"这个命题在逻辑上的一个发挥，也使他的"家族类似"这个解构性的反本质主义概念有了一个建构性的推理用途。在这方面，我们支持张志林教授的工作。他与陈少明教授合著的《反本质主义与知识问题》一书中，发挥了维特根斯坦的反本质主义，但又保留和重新定义了本质主义的"本质"范畴。他指出，在家族类似的成员中，很可能有大多数的成员（不是一切或没有把握说一切成员）有共同特征，这些特征可以被看作该类对象（包括一切成员）的"本质"。因此要运用这个"本质"进行逻辑推理时，必须回溯考察在具体情景之下这个"本质"是否适合于当时的情况，这就是为什么需要有情景回溯项（Cr）的原因。这里我们提出了情景推理的模型，就是对张志林的研究工作的一项补充。我把张志林修改过的反本质主义称为建构型反本质主义。DrN 模型的本体论基础就是这种建构型的反本质主义。[①] 在道德领域里可以划入诸如"杀人""说谎""堕胎""通奸"这些类中的对象，并不一定具有某种共同的特征，以至于可以将"应该"或"不应该"的定语用上去，必须分析具体情景，重新审查那些准则及其应用，才能决定这件事情应该做还是不应该做。

五　基本的道德权利与义务

通常，道义主义的伦理学强调有某种正义原则，这种正义原则包含某种人的权利和义务的观念，是独立而且优先于功利原则的。

[①] 参见张志林、陈少明《反本质主义与知识问题》第三章，广东人民出版社 1995 年版；张华夏《评建构型反本质主义理论》，载张华夏、张志林、叶侨健主编《科学·哲学·文化》。

那么这些人的权利与义务来自何处呢？许多道义论者都构造他们自己的人性论，从先在的人性推出人的权利与义务。这些先在的人性或先验的人性，包括人的"自主权"（人本身是目的）、人的"先天自由"，以及"人的内在价值"等。这就导出康德著名的"人类尊严原理"。可是，从"人的生命具有尊严"或"一切生命具有尊严"这个"是"，是不能推出我们"应该"承认别人的尊严，或我们"应该"尊重别人的权利的。所以我们承认"人具有目的性""人具有自由意志""人具有自己的利益"只是人具有权利的前提之一，而承认人的权利与义务、尊重别人的人权是自利的人们在相互博弈中做出理性选择的社会契约的结果。所以不是天赋人权，而是人赋人权。人们的道德权利与义务不过是人们相互社会地约定的道德准则的另一种表达方式。另外，功利主义伦理学通常并不强调人权问题，功利主义者一般认为，并没有什么独立于更没有什么优先于功利考虑的道德权利与义务，一切道德的权利与义务都可以由功利原则推出。不过，由于我们主张存在着独立于功利原则的其他基本道德原则，便只认为功利原则能导出人的一部分权利与义务的准则，而不能导出人的全部基本的道德的权利和义务准则。除了人的功利的权利与义务外，人的其他方面的权利与义务，如自由权、平等权、环境权等是其他道德原则的表现。于是我们便提出一个命题：一切道德原则都可以用权利与义务的语言来加以表达。用这样一个原理来破除某些道义主义者对人权的先验主义解释和纠正某些功利主义者对人权概念的忽视。本节主要讨论的就是这个问题。

　　本章和上一章，已经讨论了健全的现代社会的道德权利与义务问题：生存的权利、自由的权利、政治的平等、分配的平等等，但是如果不综合地考察现代社会的基本道德权利与义务的概念本身，对于现代社会的基本道德规范的研究就不完整。这是因为，所谓道德规范问题，解决人们之间的价值冲突与价值协调的问题，从根本上来说，主要就是规定人们的权利与义务来调整人们的相互关系。

准则功利主义的主要准则就是人们权利与义务分配的准则，而道义主义的问题主要涉及人们权利与义务分配的正义问题。而关于如何用权利与义务的语言来表述功利主义和道义主义的一些原理，待我们分析了权利与义务的概念之后再行论述。

首先让我们来研究什么是权利、什么是义务。权利（right）自然应分为法定权利（legal right）和道德权利（moral right）两种，不过前者和后者的区别只是后者不必然是由法律来加以规定和保护的权利罢了，道德的权利应该是比法定权利更为根本的。这是因为法定权利基本上同时也就是道德的权利，而当法定权利不合乎道德而成为一些错误的法规或坏的法权时，我们就有道德的权利与义务去推翻它或改正它。由于法定权利有法律条文加以规定，所以它的概念比较明确，划分比较清楚。因此我们对权利义务的概念分析还是应以法定权利为基础进行讨论。

我们说某人a在某一社会或社团s中有做x的权利（这里所谓"做"x，包括具有事物或事件x，实现过程或行为x等）。这就是说a在s中能够自由地去做x或不做x，没有人被允许强迫a去做x，也没有人被允许阻止a去做x。例如，a有权闭门读书，a有权自由出入公共场所，a有权处理他私人的财产……都含有一种不受别人干涉的含义。也就是说，a有一种权利即有一种法定的、理直气壮的、权威性的不是乞怜于别人的同情心的那种要求，要求别人对a做或不做x不予干预。有了权利或法定权利这个概念，义务这个概念就十分清楚了。我们说某人a在某社团s中有做x的义务（duty），也就是说他没有权利阻止自己不去做x。例如我有保护环境的义务，也等于说我没有权利随地吐痰，到处丢垃圾等。这句话的意思从道德上说就是有某种法律的或良心的要求要我做这件事，我是应该做这件事的，我有做这件事的责任等。当然，我们应当注意：有某种权利或某种义务，并不等于一定能保证实现这种权利与义务。权利与义务只是人们之间相互联系中的法定的或道德的相互要求，这种要求能否实现还依赖于各种条件。

从权利与义务的概念分析中，我们明显地看出权利与义务是相互关联的。一般来说，这些概念的起源是逻辑相关的或伦理相关的。一切权利都与对应于这些权利的那些人或政府的义务相关。银行债权人有要求公司债务人偿还债款本息的权利，这意味着公司债务人对这笔贷款有还本付息的义务。一个人有生存的权利和人身安全的权利就意味着其他人有不杀人、不伤害别人的义务。当然亦有一些权利所对应的义务人并不明确，例如1948年联合国通过的世界人权宣言规定"人人有权享受为维持他本人和家属的健康和福利所需的生活水准"，这是一种基于人们基本需要的要求权，谁应该负起这个义务并不明确，并且由于自然条件与资源的限制，这个权利是否能实现仍是一个很大的问题。不过各国的政府和国际社会的有关组织与人士应负起这个义务，将履行这个义务当作自己制订和执行政策的目标。如果政府官员们中饱私囊，或扩军备战，置人民之死活不顾，他们就要为不能满足人民基本需要负起道义的乃至法律的责任。而随着社会经济和富裕状态的发展，基本需要的要求权有从道德权利发展为政治权利的趋势。所以总的说来，权利与义务是相互联系，权利蕴含着义务。反之，大多数的义务都与接受或受惠于这种义务的那些人的权利相关。如向债权人偿还债务、遵守协议的诺言、向政府缴纳税款等都是有关的人们应尽之义务。这些义务都与接受者如债权人、协议者、政府纳税人的权利相关。这正如霍布斯在《利维坦》一书中所说的："你的权利就是我的义务，你的义务就是我的权利。"① 这就是权利与义务的交换，奉献与索取的平衡。当然，亦有一些义务，其权利者并不明确，例如人人有义务去救济灾民，这是我应履行的道德义务，但灾民与债权人不同，它并没有一个明确的权利要求，不能说一个饥民有权向任何人索取生活必需品。尽管如此，权利与义务总是或明或隐地息息相关。人们在社会合作的事业中，每个人都有某种要求别人的权利亦同时有某

---

① T. Hobbes, *Leviathan*, Landon: Dent., 1953, p. 67.

种对别人应尽的义务。自己只讲权利不讲义务，只要求别人尽义务不尊重别人权利的享乐主义者和独裁主义者在道德上和道义上都是错误的。同样只讲义务不讲权利的禁欲主义苦行僧和康德主义者的绝对义务在道德上也是片面的。权利与义务不仅相互关联而且相互限制，有时还是相互冲突的，例如各种自由权都受着不侵犯别人权利的义务所限制。我们在第二章讲到罗密欧与朱丽叶在恋爱上的价值冲突悲剧也可以表述为权利与义务的冲突，因为他们有自由恋爱的权利与他们有遵守家规的义务之间发生冲突。

有了权利与义务的概念，我们就可以用道德权利与道德义务的语言对伦理价值的冲突、伦理道德的问题以及伦理道德的规范作重新表述。这种重新表述是十分重要的，它开辟了研究道德问题的新领域。例如第五章第二节讨论的现代社会的道德规范四项基本原则就可以作如下的表述：

在以下的表述中，RD 表示 Right and Duty，即权利与义务。而下标 1，2，3，4 与第五章第二节讨论的道德规范四项基本原则的排序相对应。

资源与环境保护的权利与义务 $(RD)_1$：每一个人都有享受清洁、优美的自然环境的权利，同时每一个人都有保护自然生态环境的义务。

对社会福利与效用的权利与义务 $(RD)_2$：每一个人都有满足自己基本需要和追求自己生活幸福的权利。同时每一个人都有帮助别人享受生活福利并与他人合作谋求不断增加社会总福利的义务。

社会正义的权利与义务 $(RD)_3$：每一个人都有言论、出版、集会、结社、选举政府的自由权利和就业机会以及收入分配中的平等权利，以及要求社会保障自己不断地提高自己生活水平的权利。同时每一个人都有积极的政治参与和努力工作的义务并尊重他人自由、平等权利的义务。

仁爱的权利与义务 $(RD)_4$：每一个人都有接受他人帮助与爱护的权利，同时每一个人都有帮助他人爱护他人的义务，并且你要别人尽力帮助你，你就应该尽力帮助别人。这里，所谓"黄金原则"表现为"黄金权利"与"黄金义务"。

这里 $(RD)_1$ 属于有关环境的权利与义务，$(RD)_2$：属于总体的或有关功利的权利与义务，$(RD)_3$ 属于有关政治的权利与义务和有关经济的权利和义务，$(RD)_4$ 属于文化领域的权利与义务。这里环境、功利、政治、经济、文化五个领域的权利与义务组成一个相互联系的权利与义务的系统。这个权利与义务的系统特征往往不为人们所理解。狭隘功利主义者只强调个人与集团的功利权利，否认他人的或全社会的功利权利，只强调功利方面的权利，忽略了政治上的自由权利、经济上的平等权利和文化上的仁爱义务。极端自由主义者片面强调政治上的自由权利，无视经济上的平等权利。教条社会主义者只强调经济上的平等权利，忽视政治上的自由权利、个人功利上的追求，他们不明白个人的政治参与与个人的功利追求正是经济发展的保证。而无论狭隘功利主义者、极端自由主义者和教条社会主义者都在不同程度上忽略了保护环境的权利和保护环境的义务。相反，片面环境主义者包括某些"绿党"和"动物解放阵线"则过分强调生态保护和动物权利，忽略了个人与社会的功利权利以及其他权利。我们的道德哲学是系统主义道德哲学，是兼顾社会上成员的各种权利与义务，全面地、整体地看待它们，均衡地处理它们。

六 人权问题

从以上讨论的道德规范和权利义务原则的理论框架下来看人权。所谓人权不是别的，就是现代健全社会中一切人都基本上平等拥有的最为重要的道德权利，它是普遍的，因而是不可丧失的和不可废止的。上述四项基本原则所体现的基本权利就属于普遍人权。本节主要从普遍人权（general human right）的角度来进一步讨论它们的根据。不过希望读者从权利与义务相互联系的观点来理解这些权利的根据。1948年联合国通过的《世界人权宣言》很好地谈论了普遍的人权，却极少谈到普遍的人的义务，这不能不说是一种片面性。如果现在要签订一个《世界人责（人的责任）宣言》，特别是在这宣言中规定各国民众和各国政府在保护环境、维护和平、保障民众生活和尊重普遍人权的责任，我原则上是赞成的。而且本章讨论的四项基本原则可以为世界人责宣言提供一个理论基础，不过现在我们还是着重讨论人权问题。

（一）平等权利

人权既然是一切人平等拥有的最重要的权利，所以首先就是平等权。平等权与古代奴隶社会和封建社会的公、侯、伯、子、男之类的等级制度相对立。在古代社会，人们是按照他的出身、地位、种族来享受权利，这自然就没有平等可言。所谓平等权就是人人在尊严和权利上，在道义与法律面前一律平等，不分种族、肤色、性别、语言、宗教、政治或其他见解、国籍或社会出身、财产、出生或其他身份等任何区别。这些平等权利表现在政治上，人人有平等的选举政府的权利，人人有平等的机会参加本国公务的权利，人人有平等的自由权；在经济上，人人有利用自然资源、经济资源、文化资源和公共福利的平等（机会）权利，人人有平等地追求生活幸福的权利，其中财富分配的不平等应加以适当的限制；在文化上，人人有受基本教育的平等权利，以达到在政治上和经济上的机会平等。

现在的问题是：在道义上和法律上人人平等的根据是什么？道义主义者和功利主义者提出了种种不同的理由。的确，人们并不是"生而平等的"，人与人之间在才能、素质、特征与品质等方面是不平等的或很不相同的，其中可能包括一些蠢人和无赖在内。在道德世界里我们为什么要平等相待呢？第一种观点也就是康德主义者的观点，他们认为，尽管人人在品质与个性上彼此不同，但作为"人的价值"是相等的。作为人，他们都一样有"外在的目的"和

"内在的价值",都同样有"基本的理性"和"善良的意志"。即使他犯了罪,他仍然潜在地具有"善良的意志"。所以应该把他当作"目的",当作"人"来看待。即使他犯了死罪并被判了死刑,除了他应受法律的惩罚之外,我们只剥夺了其中一部分平等人权,其他一切我们应该把他当作人来平等地对待他,我们无权残酷对待他,严刑拷打他,也不能没有犯人或家属的同意在他死后随便宰割他的器官等。这就是康德的"善良意志论"和"人类的尊严论"。不过假定任何人都有同等的"作为目的的人的内在价值"和同等的潜在的或表现出来的"善良意志"这个前提还需要证明,这是康德主义论证平等的缺点。第二种观点就是我们在第四章第二节所介绍过的罗尔斯的正义论的观点。就是当我们设计和选择一种社会制度时,人们之间为一种"无知之幕"所遮挡着,不知道自己在这社会中会处于什么地位和起到什么作用。选择不平等制度(例如奴隶制度)来使自己得益的风险极大,契约各方选择平等人权的社会是合乎人们最低限度的要求的,它是一个比较稳定的、较少危险的、较多文明的社会,这是一种社会契约论的平等观。这种平等根源论证的缺点在于,一旦撕去"无知之幕",它的结论就缺少论据的支持。第三种观点可能就是功利主义的观点,即人人有平等权利、平等义务和平等竞争机会的社会是最有利于发挥个人聪明才智,最有利于克服社会的腐败现象,达到社会成员之间的信任与合作,从而最有利于全体人民的福利。在现代社会中,人人平等简直是一种生活的基本需要,是人生幸福的最为重要的组成部分。为满足人民的基本需要、为了人民的最大福利,我们需要平等的权利。所以我认为,以上三种观点都是为平等权利作辩护的理由。不过第三种观点所作的辩护可能是比较有力的,是现代社会经济发展的需要、是现代社会的合作需要、是现代社会的交往需要产生了平等的权利。

(二)自由的权利

平等权利是自由权利的前提,在一个不平等的社会里,有权有势者压迫其他人，被压迫者就失去了自由。只有人人具有平等权利的社会中，人们才可能有充分的自由或自由权利。人们自由的唯一的限制就是他人的自由（不能妨碍他人的自由权利）以及他实现自由权利的主观努力和能力以及客观的条件。所以在健全社会中的自由权利，首先是平等的自由权利。平等与自由并不是对立的，而是联系在一起的。那么什么是道德上的自由权利？我们需要首先搞清自由的概念。

社会哲学家范伯格曾经指出，"自由"这个词所提供的信息并不全面。[①] 它不过是一个完整句子的省略表述：

x 摆脱 c 的约束而去做（或不做）y 的自由。

这里所说的"做"如前面所说的包含实现某种行为与过程，具有某种事物或事件等。

这样自由便可分为两类。一类是"摆脱的自由"（freedom from constrains），又称为否定的自由。另一类是"自为的自由"（freedom to act）或称为肯定的自由。自为的自由自然蕴含了摆脱的自由，因为你不摆脱或克服某种约束，你如何能自由行动呢。摆脱的自由的例子处处皆是，如摆脱了贫困而自由，摆脱了疾病而自由，摆脱了政治压迫而自由，摆脱了特务的跟踪而自由等。于是我有肯定的自由，我可以自由到商店买生活必需品，我可以健康地自由地工作、学习和运动，我可以自由地发表自己的言论、集会和结社等。这样所谓行动者 x 有去做 y 的自由就被定义为 x 没有受到对他做 y 的阻止与强制而能够去做 y 或不做 y，而行动者 x 有去做 y 的道德上的自由就是说，x 有做 y 的自由而这种自由是道德的（包括法律的）权利所允许的。因此一切道德权利都是自由的权利，实现这种权利的行动就是道德上允许的自由行动。

既然道德上的自由权利是如此广泛，那么作为人人具有的自由权只包括一些最基本的自由权利。例如在政治上有思想与信仰的自

[①] J. Feinberg, *Social Philosophy*, Prentice Hall, Inc., 1973, p. 5.

由、言论与出版的自由、集会结社的自由、参政议政的自由、选举政府的自由等。在经济上有拥有财产的自由、有选择职业的自由。在文化上有参加社会文化活动，享受艺术和科学进步带来的福利的自由，有发表任何学术见解的自由，有受教育的自由。在生活上有选择自己生活方式的自由，有追求自己幸福的自由，有婚姻、居住和迁徙的自由。在环境方面，有合理利用自然资源的自由。这些都属于基本的人权。

不过我们应该系统地看待人的自由权利。首先我们能摆脱特定的约束与压迫而获得自由，但要摆脱所有约束的绝对自由是不可能的和不必要的，也是我们健全社会和健康人生所不希望的。（1）我们不能摆脱自然规律的约束。（2）我们不能摆脱自然条件和社会条件的限制。（3）我们要遵守社会或社团的规范。（4）我们的自由权利受我们的道德义务所约束，我们的自由权利受他人的自由权利所约束，我们没有侵犯他人自由权利的自由。所以我们所主张的自由权利是负起社会责任的自由权利而不是无政府状态，这里我们想说的是自由与约束之间组成一个系统。其次，各种自由之间又组成一个系统。在我们所说的有关环境、政治、经济、文化、生活的各种自由之间是联系成一个相互依存的整体的，一种自由权利的实现为别种自由权利的实现提供条件。没有受教育的自由，就不可能有真正选择职业的自由。没有经济的自由，人们在死亡线上挣扎，政治自由对他们的作用就很少。反之，没有思想、言论、集会、结社、参政议政的自由，生活上的自由、经济上和文化上的自由也就得不到保证。

我们为什么需要自由权利。我认为比较有力的解释还是将功利主义与道义论结合起来的解释。这种解释提出自由的作用在于它能发展人们的个性、聪明才智以及优良的品质，因为人的各种潜能只有在不受压抑和威胁的自由选择中才能得到锻炼、发挥与提高。同时，自由又是自我价值实现的必要条件，因为我必须自由，才能实现我想要实现的人生的最高价值，所以自由又是个人的善的本质的组成，并且自由又是社会进步的重要手段。关于这一点范伯格说："我们所有的人都可以从天才的成果中获益，而且由于天才常常表现出某种顽固与怪僻，因此只有在导致顺从的强制在社会上不存在时，他才能茁壮成长。而且，社会进步也有在生活中盛行自由批评和大胆试验的地方才可能发生。最后，真正理解人的本性也需要自由，因为没有自由就没有多样性，而没有多样性，则人类状况的一切方面就都会归结于固定不变的性质，不会被视为特定文化作用下的产物。"[①] 由于自由是人们追求的社会的和个人的基本的善的组成部分，因此它不仅是社会进步的手段，而且是社会与个人的目的。

（三）生存权和福利的生活权

在启蒙时代的人权概念中，作为基本人权的生存权，它的含义是维护身体健康完整以及肉体生存免受暴力侵害的权利，它相当于我们在第二章第一节所讨论的满足个人需要的第一个层次，即生存的需要的权利。而随着社会经济的发展，到了20世纪中叶，联合国人权宣言（1948年通过）的起草大大扩展了"生存权"的概念，使之不仅包含健康地活下来的权利，而且包括"享受福利生活水准"的权利，即过着一种像样的生活的权利。它大体上相当于我们在2.1节所说的满足个人需要的第二种层次，即福利需要的权利。这无疑是人权在现代的一个发展。

人人都应有福利生活权包括一些什么内容呢？首先是包括一种有尊严的生活权利。例如联合国人权宣言12条所规定的"任何人的私生活、家庭、住宅和通信不得任意干涉，他的荣誉和名誉不得加以攻击"。其次是它包括一种有福利的生活权利，即能满足当代水平的基本需要的生活。例如联合国人权宣言第25条规定"人人有权享受为维持他本人和家属的健康和福利所需的生活水准，包括食物、衣着、住房、医疗和必要的社会服务"以及第23、24条规

---

① J. Feinberg, *Social Philosophy*, p. 22.

定的有劳动、自由选择职业、休息、闲暇和定期给薪休假的权利。再次是包括了一种有保障的生活权利。即"在遭到失业、疾病、残疾、守寡、衰老或其他不能控制的情况下丧失谋生能力时，有权享受保障"。最后是一种有文化的生活权利，包括"人人都有受教育的权利，教育应当免费，至少在初级和基本阶段应如此"以及"人人有权自由参加社会文化生活，享受艺术，并分享科学进步及其产生的福利"等。总之福利生活权利，就是人人有过着有尊严、有文化、有保障的满足人们基本需要的生活权利。

七 结论

系统主义规范伦理，有四项基本原则：环境保护原则（R_1）、功利原则（R_2）、正义原则（R_3）、仁爱原则（R_4）。一个行为、一个行为准则、一个基本社会制度所遵循的原则，当且仅当符合这四项原则时，才是正当的，否则便是不正当的。一种制度、准则或行为是强正当的，当且仅当它同时符合上述四项基本原则，即符合 $R_1 \wedge R_2 \wedge R_3 \wedge R_4$。而一种制度、准则或行为是弱正当的，当且仅当上述四项原则部分地得到满足，即它符合 $R_1 \vee R_2 \vee R_3 \vee R_4$。这四项基本原则，是相互独立而有交叉的，它们都是围绕着人们自己追求和帮助别人追求幸福生活这个核心而展开的，但四项基本原则的排序绝不是字典式的。当四项基本原则之间在某些具体领域中发生冲突时，如何解决这个冲突，不存在一个固定的公式，要看具体的境遇而定，不过行为或制度在总体上是朝着强正当性的方向进行调整的。这次如果 R_1 让 R_2 优先，下一次就可能 R_2 让 R_1 优先，直至四项基本原则都得到满足，这时系统便很好地进入一个适应性自稳定和适应性自组织的状态。这便是四项基本原则的相互调节原理。

规范伦理的四项基本原则，可以用权利与义务的语言加以表达，这样四项基本伦理原则便规定了现代社会个人和政府的基本权利与义务。平等权、自由权、生存权与福利权合称为现代健全社会的三大基本人权。1948年联合国通过的世界人权宣言正是体现了现代社会的四大伦理规范和三大基本人权。从系统主义规范伦理的基本原则出发，我们还可以推出，联合国还应通过一个世界人责（人的责任）宣言，规定各国政府及其公众在保护环境、维护和平、尊重人权等方面应负起的道德责任。

系统主义的规范伦理理论，包含了功利主义的思想也包含了道义主义的思想，但它不归结为功利主义或道义主义。功利主义和道义主义有一个共同的缺点，就是本质主义。它们总是企图用一个原则作为普遍本质，将人类一切伦理行为概括起来，结果总是遇到许许多多的反例。总结这个经验教训，我们就得承认，人类的伦理行为之间不存在共同的本质特征，它们是属于家族类似类。所以我们便心安理得地承认四项基本原则的相互独立性而不再去寻找它们的"共同本质"。建构型反本质主义的本体论和认识论是我们的系统主义规范伦理的哲学基石之一，另一个基石就是系统主义的世界观和方法论。由于我们采取了非本质主义的哲学立场，我们就特别注意情景变量在道德推理中的作用。于是我们创立 DrN 的情景推理模型以便更好地将系统主义的各种规范伦理原则应用于不同的具体情景之中。

第六章

现代科学视野中的传统儒家伦理

在以上各章中已经讨论了现代社会的基本伦理规范，不过作为一个中国人，在讨论规范伦理的时候，如果忽视了我国传统儒家伦理，研究就不够完整。在上一章将现代社会基本伦理规范归纳为四项基本原则时，已经将孔子首创的仁爱原则列为四项基本原则之一，不过在那里对这个原则没有加以详细发挥。在本章中，将从现代科学的视野重新审视我国儒家的传统伦理，特别是儒家仁爱原理的基本内容、合理内核和现代发挥。

一 用新时代的观点来看旧伦理的问题

儒家伦理以及孔孟之道在我国的自然经济与农业文明时代有过自己辉煌的历史，对社会的稳定和发展有过不可磨灭的贡献。可是到了19世纪末20世纪初，我国农业文明时代走向衰落，人们为我国工业文明时代的到来鸣锣开道，与封建的宗法制度紧密联系在一起的儒家伦理便走向衰落。"五四"运动以及西方文化思想和马克思主义的传播给这种伦理思想以第一次沉重的打击；到了我国改革开放时期，市场经济的大潮以及由此而来的以个人利益为基础的人际关系与人际规范又给道貌岸然的儒家礼教以及上尊下卑的孔家伦理以第二次猛烈的冲击。有人用道德"堕落"来说明这个问题，有人则用道德重构来解释这种现象。不过，不管怎样，儒家伦理的基本思想体系与工业社会的要求不相适应已是一个明显的事实:(1)儒家伦理所提供的君君、臣臣、父父、子子的"三纲五常",它所提供"父母在,不远游""三年无改父之道"之类的人身依附与奴性服从的道德原则与工业时代所要求的自由竞争与个性解放相矛盾。(2)儒家伦理所提供的重"义"轻"利"甚至念念不忘"存天理,去人欲"的以"仁""义"为中心的美德理想主义与市场工业社会以功利、效率为中心的功利主义相矛盾。(3)儒家的以道义为核心的"天人合一"宇宙观,导致它对自然的研究主要是为仁义道德寻找理论根据,就像西欧中世纪教会对自然的研究只是要证明上帝的智慧一样,与工业文明要求的撇开伦理研究自然的经验主义和科学主义相矛盾。(4)儒家所提倡的以人治为本的"仁政""德政"与工业社会所要求的民主法治精神相矛盾。时代的发展使得我们的社会不能保留儒家伦理的基本思想体系,力图保留儒家伦理基本思想体系的那种新儒家是很难找到广泛支持的。

然而,包括孔孟道德哲学在内的世界历史上任何一种伟大思想体系除了对于其所处的时代有其历史意义之外,还有着跨时代思想内容。它们所提出的那些不朽的问题,它们所做出的许多重要的论断,它们对自然现象和社会现象的敏锐的观察和洞察常常能给后人以重要的启迪。现代物理学还不断从古代哲学中,特别是从亚里士多德哲学中寻找西方的智慧,同样,现代伦理学也可以从中国古代哲学中,特别是孔孟之道中找到东方的智慧。这是我们之所以要认真研究儒学,力图从儒学中吸取"合理的内核"的第一个理由。还应看到,工业社会的发展又不断暴露了自己的问题:工业社会破除了人身依附,实现了或初步实现了人性的解放或个性的解放,可是它接着带来的却是人性的异化,人在某些方面成为他们所创造出来的金钱与财富的奴隶。市场资本主义和市场社会主义都存在着马克思所说的"商品拜物教"。工业社会给人类创造了巨大的物质财富、科技财富和精神财富,使人们生活水平有了巨大的提高,但同时对自然界和对整个人类生态系统又带来了巨大的破坏。因此我们面临着一个问题,就是要在工业社会对儒家思想进行批判的再批判。这个批判的再批判自然与后工业社会的新科技时代有关。这里应该特别注意的是将在21世纪占主导地位的几种高科技:分子生物学和现代生物技术,生态科学与生态技术,信息科学和信息技术。这些高科技会给社会带来什么样的伦理问题和伦理结果?这些新的伦理问题与伦理论断又与古老的传统伦理有何关系?这就是下面将要关注的问题。

二 孔、孟、荀的人性论与社会生物学

孔子维护周礼,一种等级森严的奴隶社会的道德规范和法律体制,他宣称"周监于二代,郁郁乎文哉,吾从周"(《论语·八佾》);他谴责鲁国季氏违反周礼"八佾舞于庭,是可忍也,孰不可忍也"(同上)。这显示出孔子伦理主张的保守性,但是在反思如何能够建立和巩固一种道德规范和社会秩序"礼"(他指的是周礼)时,他提出了道德的理念和完全人格的理想,这就是"仁",作为教育人们进行道德修养的目标模型。有了"仁"就能够执行"礼",没有"仁",就没有"礼"。子曰:"人而不仁,如礼何?人而不仁,如乐何?"(同上)就是这个意思。"仁"是什么?照现代的观点来看孔子的言论,主要是一种利他主义,尽管不同时代利他的内容有所不同,孔子说"爱人"(《论语·颜渊》),首先是指发扬家族成员之间的亲情。他说"君子务本,本立而道生。孝悌也者,其为仁之本与"(《论语·学而》),即敬爱父母,尊重兄长,家族成员之间互敬互爱,这就是《中庸》一书中说的"仁者,人也,亲亲为大"。不仅如此,他进而将人类自然的亲情推己及人推广到博爱,他反复说"泛爱众,而亲仁"(《论语·学而》),"己所不欲,勿施于人"(《论语·卫灵公》),"夫仁者,己欲立而立人,己欲达而达人。能近取譬,可谓仁之方也已"(《论语·雍也》)。这就是孟子所说的"老吾老以及人之老,幼吾幼以及人之幼,天下

可运于掌"(《孟子·梁惠王上》)。这种博爱,当然是一种互惠性的利他主义,你愿意为别人做好事,别人也照样为你做好事。不仅如此,孔子还要将这种互惠利他主义再发展到无条件的利他主义,为了他人的幸福,必要时准备牺牲自己。其最高境界就是孔孟的"杀身成仁""舍生取义"。当然孔子的亲情博爱舍己为人的模式应该赋予孔子时代的内容,来看出"仁"的理念是为封建礼教服务的。但是,这个模式也可以超越时代来看待,任何一个社会,为了使人们之间的关系融洽与稳定,在伦理上需要利他主义。这就是为什么我们在上一章中要将仁爱原则看作健全的现代社会需要的四项基本伦理规范之一的理由。

为了说明这种"仁爱"的可能性和必然性,孔孟首先构造了一个人性论,这就是所谓"人之初,性本善"。《中庸》中这样写道:"故君子不可以不修身,思修身不可以不事亲,思事亲不可以不知人,思知人不可以不知天",大有天赋仁爱的意味。关于人性是"善"的,孟子有一段非常集中的经典论述:"乃若其情,则可以为善矣,乃所谓善也。若夫为不善,非才之罪也。恻隐之心,人皆有之;羞恶之心,人皆有之;恭敬之心,人皆有之;是非之心,人皆有之。恻隐之心,仁也;羞恶之心,义也;恭敬之心,礼也;是非之心,智也。仁义礼智,非由外铄我也,我固有之也,弗思耳矣。故曰:'求则得之,舍则失之。'或相倍蓰而无算者,不能尽其才者也。"(《孟子·告子上》)当然"人性善"或"人性恶"的说法在语理上是错误的,人性是个事实判断,善恶是个价值判断,二者不能混为一谈,这个语句犯了逻辑语法的错误。不过,我们不应该要求孔子、孟子和荀子也懂得逻辑语法。从内容上看,恻隐之心,就是看见别人受苦遭难,于心不忍,想去帮助他。这是一种利他主义,是人性的一部分,即人的天生素质的一部分,是人皆有之的,这未尝说得不对。孟子这里的解释明确指出,所谓人性"善"指的是人性是有为善的"可能性",从人本身的质料即从"才"上看是可以加以教育,而修养出美德来的。只要这样理解,孟子的人性善，不失为对人的善行的一种本体论的解释。但是孟子对于人性的理解只说了问题的一个方面，他忽略了人性中有更为根本的一面，这就是人是自利的，或利己的，为自己的利益，为满足自己的需要而奋斗。荀子尖锐地看到这一点，他说"人之性恶；其善者伪也"（《荀子·性恶》）。这里"恶"指的是利己，即他所说的"目好色，耳好声，口好味，心好利，骨体肤理好愉佚"（同上）。正是因为人性恶，人是利己的，所以需要道德与法律的行为规范来加以约束，以保持社会的稳定和共同利益的实现。他说："礼起于何也？曰：人生而有欲，欲而不得，则不能无求，求而无度量分界，则不能不争。争则乱，乱则穷。先王恶其乱也，故制礼义以分之，以养人之欲，给人之求。使欲必不穷乎物，物必不屈于欲，两者相持而长，是礼之所起也。"（《荀子·礼论》）荀子这段话，言简意深，与本书第三章第一节所说的霍布斯《利维坦》一书及休谟的人性论有异曲同工之妙。他的出发点同样是利己的个人（人性恶）。由于资源有限（"穷乎物"）而欲求无穷（"无量度分界"），必然发生"一切人反对一切人的战争"（"不能不争"），其结果造成人人惶惶不可终日，随时会惹来杀身之祸，个人与社会都不会有任何安宁（"争则乱，乱则穷"）。这就是霍布斯所描述的原始状态或自然状态（括号内的话是荀子描述的自然状况）。为解决这个问题，霍布斯强调政府权威和法律制裁的重要性，而荀子强调的是先王"制礼义以分之"，似乎比霍布斯更强调教育的重要性。应该说，荀子对于仁、义、礼、智教育之必要性，作了比孟子乃至比霍布斯更为深刻的理解，不过他忽略了利他主义也是人性的一个方面，虽然不是人性中的第一性质而是人性中的第二性质。到了战国初期的世硕，对儒家人性论作了一个初步的总结"以为人性有善有恶"（王充：《论衡·本性》）。不过值得指出的是孔孟荀提出的人性论问题，一直到今天仍有重大的意义。如果人性只是利他的，人人毫不利己、专门利人，则乌托邦式的社会主义都可以实现，而人民公社制度又何须改革呢？而如果人性只是自私自利的，没有利他的可能

第六章　现代科学视野中的传统儒家伦理

性,则任何社会都要崩溃,连家庭的存在都不可能。而今天我们到底应如何重构适应于社会主义市场经济的伦理道德呢?有赖于我们对人性问题的研究,现代经济学的一个基本假定就是人是理性的,即人是自利的,都是要争取自己的最大利益。不承认这一点就没有市场经济学,也没有社会主义市场经济学。但在伦理上如何对待这个问题呢?我们在第三章中反复说过,自利的个人通过社会契约或相互博弈能产生出包含利他主义的伦理规范并可内化为人们的良心,但这个过程有没有人性论的或生理上和文化上的根据?所有这些理论与实践的问题事实上至今仍未完全解决。

为了研究这些问题,我们先从20世纪70年代兴起的社会生物学中寻找启迪,查看一下人类社会行为以及人类的社会伦理价值的生物学基础。社会生物学,按它的创始人E. O. 威尔逊的定义:"是对一切动物(包括人类在内)的社会行为的生物学基础进行系统研究的科学。"[1] 社会生物学认为,自然选择的基本单位(也就是自我利益的基本单位是基因,有机体只是DNA制造更多DNA的工具或运载体)。个体完成这个职责后,很快就要死亡,相比之下基因是不朽的,基因的另一个天然的特点就是自私(selfish,亦可译为自利或利己,我将它统一译成利己)。威尔逊说:"这是因为基因为争取生存,直接同它们的等位基因发生你死我活的竞争。等位基因就是争夺它们在后代染色体上的位置的对手。在基因库中能牺牲等位基因而增加自己生存机会的任何基因都会生存下去,反之,如果它不利己,而是利他主义者,它把生存机会让给其他基因,自己被消灭了。所以,生存下来的必定是利己的基因而不可能是利他基因。因此从本质上讲,利己才有基因,基因就是利己,是利己行为的基本单位,也是发生在生命运动各层上的利己行为的原因。在社会生物学的理论中,利己,是生命的本性之一。"[2] 植物总是要争

---

[1] E. O. Wilson, *On Human Nature*, Cambridge, Mass: Harvard University Press, 1978, Chap. 2.

[2] 威尔逊:《社会生物学:新的综合》,阳河清编译,四川人民出版社1985年版,第40页。

夺阳光、水和其他物质，各种动物则总是竭尽全力去寻找或捕获食物，人们总是为自己的利益而奋斗，趋利避害，生存与繁衍，就是由这些自然选择下来的利己基因或自私基因决定的。从社会生物学来讲，人们的一切奋斗都是"为了保存和发展人类的基因"[1]，只是许多人没有认识到这一点或无须认识到这一点罢了。因此人性是利己的，这是由自然选择和基因决定的。现代社会生物学继现代经济学之后，再一次证实了荀子的性"恶"论。

但是现代社会生物学也并不排斥孟子的性"善"论。因为基因是利己的或者说是自私的，它的自私表现在它不择手段尽一切可能将自己的基因拷贝最大限度散播到全世界。因此同一基因的不同运载体（个体）就有了共同的利益。如果个体的利他主义的行为有利于保存、发展和扩大共同基因拷贝，那么这种利他主义行为是合乎利己基因的利益的。用威尔逊的话说："利他主义行为是出于基因自身利益的需要，说到底，还是基因的利己性所造成的。"[2] 这种利他主义不仅在人类中而且在动物中是普遍存在的。工蜂的刺蜇（sting）行为是抵御蜂蜜掠夺者的有效手段，但刺蜇者随即死亡，就像在革命战争中用身体扑上炸弹的自杀行为来保护自己同胞的行为一样。鸟群中，当捕食者袭来时，警戒鸟首先发出"警告声"，它首先暴露了自己，使自己处于危险的境地，以挽救群体。海豚是靠肺呼吸的，受伤者如果不能露出水面就会死亡，当出现这种情况时，其他的海豚向它游去将它抬出水面。有些人在海中受伤，被利他主义的海豚挺身相助得以脱险，就是因为人在水中与海豚相似，被误认为是它的群体成员。所有这些都是受到导致利他行为的基因的操控。这种情况在亲族中，父母、子女、兄弟的亲情中表现至为明显。孟子曰"恻隐之心，人皆有之"，这是有基因根据，有社会生物学根据的。这"恻隐之心"及其表现是符合威尔逊的利他主义

---

[1] 威尔逊：《社会生物学：新的综合》，四川人民出版社1985年版，第52页。
[2] 同上书，第68页。

定义的。威尔逊说:"当一个个体以牺牲自己的适应来增加、促进和提高另一个个体的适应时,那就是利他主义行为。"① 当有这种行为的动机时,就是利他主义的思想感情。从这看来,"仁爱""爱人"本身应属一种利他主义范畴,当然大多数是互惠性利他主义。孔孟将带有明显生物性的亲情利他主义向本阶层、本阶级乃至本国人甚至一切人作伦理上的推广,当然早已超出了社会生物学的范畴进入人类文化的领域。当然现代分子生物学对孔孟荀人性论及其"仁爱"学说作某种科学解释决不应该被看作是充分的,否则会有社会达尔文主义之嫌。然而它是必要的,否则人就不是一种社会动物了。这是科学精神与人文精神的一种结合,在 21 世纪将大有发挥余地。我们在上两章中概括出现代社会的仁爱原则时,曾经指出,仁爱虽然是有限的,虽然是随着远近亲疏而递减传递的,但还是不断扩张的。当今的时代仁爱或博爱向动物界、生物圈扩张,特别向全人类扩张。经过 20 世纪两次世界大战人类互相残杀的惨痛教训,经过 20 世纪中叶以来以和平方式解决国家争端、民族争端和阶级争端的有益经验,随着 21 世纪全球经济的一体化,仁爱原则在全球范围肯定将会有更大的发展。造成这种可能性当然首先应从社会学上找寻,但生物学的根源也不可忽视。在所有的科学中,还原主义(例如将生物学还原为化学)要不得,但还原解释决不可少,还原解释对于揭露高层次物质形态的本质有着不可忽视的作用,所以威尔逊有一言奉献大家:"生物学是理解人性的钥匙。"②

三 儒家天人观与生态伦理学

前面讲过,儒家的天人合一宇宙观和伦理观,有其落后的一面。它用"天道"解释人伦,认为人伦是效法自然的产物。君臣上

---

① 威尔逊:《社会生物学:新的综合》,四川人民出版社 1985 年版,第 125 页。
② D. C. Abeled., *Theories of Human Nature*, McGraw-Hill, Inc., 1992, p. 382.

下之礼，是效法天地、山泽的高低之分；夫妇内外之别是效法阴阳二性的划分；人类社会的法律刑罚，是效法自然界雷霆之震怒；仁义道德是效法自然界养育之恩。这就是孔子的"则天说"："唯天为大，唯尧则之。"（《论语·泰伯》）汉代大儒董仲舒则将则天说发展为"天人感应""天人合一"，即人则天，天则人。"人之血气化天志而仁。人之德行，化天理而义。人之好恶，化天之温情。人之喜怒，化天之寒暑。人之受命，化天之四时。"（《春秋繁露·为人者天》）这种天道人伦的道德连续体引导人们研究天道只为人伦甚至只为巩固封建道德服务，大大妨碍了不以人们意志为转移的自然界的研究。近代科学兴起和工业社会的建立必定要批判儒家的这种天人观，撇开自然界的第二性质（感性现象）和第三性质（善与美）来集中研究自然界的第一性质，发展出一套机械的自然观，将科学技术转化为生产力，最后转化为第一生产力。由此大大增加人们的物质财富，使人类的生活福利比之农业社会提高了一个数量级。但在这个过程中，科学技术也不知不觉地发生异化，发展成为一种费耶阿本德所说的"科学霸权主义"，以为科学可以决定一切、统治一切，解决一切问题，无须顾及自然界的物质循环、物质局限，也无须顾及伦理的约束。

这种科学霸权主义反映在人与自然的关系上或天人关系上，有两种基本的态度：（1）不承认或实际上不承认"人是自然界的一部分"而强调"人是自然界的主人"；不承认或实际上不承认人与自然要和谐发展而强调用科学技术征服自然、统治自然，使自然界成为人的奴隶。近代科学和工业社会的思想家培根主张："对待自然就要像审讯女巫一样，在实验中用技术发明装置折磨她，严刑拷打她，审讯她，以便发现她的阴谋和秘密，逼她说出真话，为改进人类生活条件服务。"[1] 而为工业社会鸣锣开道的另一个西方思想家笛卡儿在《方法论》中写道："通过对工匠的技艺和物体的力量的

---

[1] 转引自吴国盛主编《自然哲学》第2辑，中国社会科学出版社1996年版，第501页。

第六章　现代科学视野中的传统儒家伦理

了解，我们可以主宰并拥有自然。"①（2）只承认人类这个物种的福利，不承认地球进化着的生命的几百万个物种的福利，只承认人类自身的价值，不承认整个地球乃至整个自然界有它自身的不依赖于人的内在价值，因而对地球的存在与发展不承担责任与义务。从根本上说，正是这种人类中心主义的自然观念和人类利己主义的伦理思想导致人类在破坏自然和毁灭自己的道路上愈走愈远，导致资源匮乏，能源枯竭，环境污染和全球性生态危机的到来。20世纪末兴起的生态科学及其相关的生态伦理全面反思了工业社会的天人观和伦理学，提出了一种需要在21世纪广为推行的观念转变。这就是承认自然界是一个整体，人只是自然界的一个部分。人与自然界是整体与部分、父母与子女、家园与栖息者的关系，对于"天父"与"地母"，不是要征服它而是要保护它。这就是承认自然界以及整个生物圈有自身的价值，不但要维护人类的福利，而且也要维护生物圈其他物种的福利。因为我们与它们有共同利益，所以仁爱观念应该推广到自然环境，推广到整个生命世界的基因库，推广到整个自然界。这也是与上节所说的自私的基因无矛盾的，利己的基因会产生出利他主义与博爱。

这种新型的生态伦理哲学在某种意义上不但与我国古代道家的"回归自然"相一致，而且也与儒家的天人合一观念相吻合。这就是第六章第一节中所谈到的新科学技术及其伦理结论会在工业社会对儒家伦理进行一种重新批判。儒家天人合一论在它的诸多具体论述上，在它为封建伦理辩护的诸多方面根本上是错误的，但它的总体观点要求我们以天为良师，以天为慈母，要爱护自然、效法自然的观点都是合理的。孔子说过："唯天下至诚，为能尽其性；能尽其性，则能尽人之性；能尽人之性，则能尽物之性；能尽物之性，则可以赞天地之化育；可以赞天地之化育，则可以与天地参矣。"（《礼记·中庸》）这里说的是天道与人伦相通。如果将"赞天地之化育"，

---

① 转引自吴国盛主编《自然哲学》第2辑，中国社会科学出版社1996年版，第502页。

解释为理解、赞美和协助自然界之生生不息,生态系统之物质循环只能保护不可破坏,以这样的方式发挥人性,而成为天地大自然界的一部分,这就是一种生态哲学思想了。而孟子从他的天人协调出发更具体地谈到环境保护的原则。孟子曰:"不违农时,谷不可胜食也。数罟不入洿池,龟鳖不可胜食也。斧斤以时入山林,材木不可胜用也。"(《孟子·梁惠王上》)就是强调保护山林,保护水生动物资源,适应环境进行农业耕作,这是古代的环境伦理学。更为重要的一点,在儒家思想中还包含着要将仁爱伦理推广到自然界去的思想。孟子说:"亲亲而仁民,仁民而爱物。"(《孟子·尽心上》)就包含这种思想。朱熹所说:"目前事事物物皆有至理,如一草一物,一禽一兽,皆有理……自家知得万物均气同体,见生不忍见死,闻声不忍食肉,非其时不伐一木,不杀一兽,不杀胎,不妖夭,不覆巢,此便是合内外之理。"(《朱子语类》卷十五)也包含这种思想。

四　孔孟家庭伦理与 21 世纪的家庭

现代科学技术的发展,使劳动生产率大大提高。到了 21 世纪人们工作的时间越来越缩短。根据系统哲学家 E. 拉兹洛的推测和推算,到了 21 世纪中叶,人们每天平均工作时间是 1.97 小时[①],即如果一个人每天工作 7 小时,一周工作两天就足够了,其余的充裕时间便留给个人与家庭自由支配。更值得注意的是这两天工作的场所也会发生变化。21 世纪是信息时代,它的生产观念发生了改变。工业时代的主要方式,就像老式的大钢铁厂、大机械厂、大汽车厂一样,成百成千的工人,分三班集中在一个大屋顶下,在精密分工着的流水线上进行集体劳动。而信息时代人们处理的主要对象是信息。因此,只要电脑和信息网络(信息高速公路)足够完善,

---

① 参见 E. 拉兹洛《决定命运的选择》,李吟波等译,生活·读书·新知三联书店 1997 年版,第 4 页。

人们大部分的工作可以在家里做，不需要去办公室了。于是人们不必在繁忙的公路上奔驰，不必为上班在路上花费时间并浪费汽油和污染环境，于是"电子家庭"出现了。未来学家阿尔温·托夫勒说："新的生产体制将把千万职工从工厂和办公室中解放出来，回到以电子科学为基础的家庭工业时代，从而重新突出家庭为社会中心的作用。"① "把工作转移到家中，意味着家庭成员和邻里间有了更深刻的富有感情的面对面的接触。"② "这意味着减少人口强迫性流动，减轻对个人的压力，减少人们聚会无常，关系淡薄，而且可以更多地参与正常的社团活动。"③

由于 21 世纪家庭的作用，因工作方式的变更而愈来愈突出，家庭伦理就变成一个重要的事情。当然这种家庭伦理不会是孔孟时代在《孝经》上记载的那种封建家庭伦理，它是电子的、民主的、个性解放的、以爱情为基础的家庭伦理。不过孔孟提倡的尊老爱幼的"孝悌之道"，重视家庭人伦的传统以及"老吾老以及人之老，幼吾幼以及人之幼"的精神理想将会得到比工业社会更大的发展空间。当然家庭的形式将会多样化，同性恋家庭可以被社会认同，而几代同堂的家庭更值得提倡。托夫勒说："我们看到的可能是大家庭的恢复，今天6%的美国成年人生活在传统的几代同堂的家庭里。人们很容易想象，再过 30 年，将有成倍或三倍的这种包括外人在一起生活的大家庭。"④

五 结论

以上是从现代科技和现代科技哲学上对儒家伦理所作的点滴思考。我明白，本章的论点是很有争议的。我想要说明的是：我不是

---

① 托夫勒：《第三次浪潮》，朱志焱译，生活·读书·新知三联书店 1983 年版，第 19 页。
② 同上书，第 270 页。
③ 同上书，第 269 页。
④ 同上书，第 289 页。

完全尊孔的，也不是反孔的，我也不是而且我认为也不可能将儒家伦理机械地划分为精华与糟粕两个部分。重要的问题是对于许多直到今天仍困扰着人类和学界的问题，儒家的思想家们曾经深入研究过甚至苦苦地探索过，从而给我们留下了不可磨灭的、不朽的思想轨迹；社会生物学、生态伦理学和未来学之所以引起人们的关注，也并不是因为它完满地解决了这些伦理问题，而是因为它从一种全新的角度去思考这些问题，给人们以新的启迪和新的智慧。这种新的启迪和新的智慧也适用于思考本篇各章所遇到的伦理问题。我认为，对于当代的伦理问题，可以而且应该将东方思想和西方思想，将自然科学角度、社会科学角度和哲学角度熔为一炉、整合为一体而加以思考。

下篇　现代伦理视野中的科学与技术

在上篇中，已经初步讨论了系统主义的伦理学以及它怎样尽可能综合现代功利主义、道义主义和境遇伦理学的一些内容。本篇的任务就是运用这些一般伦理观点去讨论与科学技术有关的各种应用伦理问题。

现代社会规范伦理的一般原则与各个领域的应用伦理之间的关系问题是社会整体系统与社会各个子系统（以及超系统）的关系问题。一般规范伦理是应用于整个现代社会甚至整个人类的，它在整个人类社会中都应该通用的。但应用伦理主要适用于不同的社会子系统领域，并因子系统不同即领域不同而相互差异，这些子系统包括个人、家庭、教育系统、科学共同体系统、技术系统、经济系统、医疗系统以及各种经济系统等。不同的子系统有相互统一又相互差别的伦理。对于个人，有个人道德品质的修养问题，即所谓德性问题；对于家庭，有家庭伦理问题；对于科学共同体，有科学伦理问题；对于各种经济系统，有各种企业道德、商业道德和其他职业道德问题；对于医学系统，有医学伦理问题。在社会上有一个超系统，这就是生态系统。生态系统有生态伦理问题，我们在第一章中已初步讨论了这种伦理问题。所有这些领域伦理或应用伦理在相当大的程度上与一般规范伦理有密切的关系，因为它们是社会的一个部分，而在生态伦理方面，社会是它的一个部分。因此规范伦理的一般原则在相当大的程度上可应用于这些领域。

但是，我们更应该看到各个不同领域的伦理并不是一般人类伦理规范或社会公德的简单的推演。因为各个子系统有自己的特殊目的与规律，不但与一般规则不同而且其规则是彼此有别的。例如在家庭伦理中，财产共享是一个伦理原则，养育子女是一个当然的义务。可是在一个经济体系中，财产共享就不是一个道德原则，侵犯别人的财产是一种罪恶，而对于别人的子女，我们没有养育的义务。对于一个企业来说，保守该企业的专利秘密是个道德的行为，可是在理论科学共同体中，科学发现的保密却是一件不道德的事，而科学共同体却有一种自动的机制和奖励制度，促使人们争先恐后

— 168 —

地将科学规律的发现尽早公布出来，否则就得不到优先权。

各个领域的伦理规范尽管不同，它们既然都是伦理系统，它们之间就有某种共同的模式和共同的方法论结构。本书2.4节（特别是表2—1）中曾讨论过这个共同的模式和共同的方法论结构，并指出"表2—1所阐明的思想，是本书的研究纲领之一"。现在对这个伦理价值系统的一般结构稍稍加以展开，以便在本篇各章讨论各种与科技有关的应用伦理问题时有所参照，这个伦理系统的一般模型本质上是系统主义的，它的基本特征已在第五章中作过详细的讨论，现在为了本篇讨论问题的需要，还需补充四点：

（1）每一个伦理价值系统都有一个被确认了的价值目的或价值目标。例如家庭伦理系统的价值目标是巩固与发展家庭成员之间的亲密关系，达到养育、教育子女，追求家庭幸福之目的。企业伦理的价值目标是最大限度生产高质合用的产品，提供优质的服务，满足社会的需要，在达到企业利益与收益最优化的同时注意保护环境和提高职工工作与生活的质量。而科学系统的目标是追求真理，达到知识增长的最大化。一切有关领域的道德规范都视它们能否达到有关的目标而得到辩护或受到批评，因此这个伦理系统的一般模型是目的论的而不是道义论的。

（2）每一个伦理价值系统都有一个资格标准，用以决定哪些成员属于这个系统，它们的地位与作用如何。例如有直接亲属关系的成员构成家庭伦理系统的成员，企业的雇主、雇员和股东构成企业系统的成员，有关科学工作者构成有关科学共同体的成员等。伦理系统的成员资格标准决定了该系统元素的范围及其一般特征和角色作用。

（3）每一个伦理价值系统都有一个自动地实现系统目标的机制。例如经济行为的市场机制，科学行为的成果与承认的信息交流机制，生态系统的金字塔食物链和生态平衡机制。这个自动机制本身可能并不是伦理的，而是政治的或经济的基本制度，不过它体现了某种伦理原则或精神。一切有关系统的伦理规范都视它们是否构成或促进这些自动机制的正常实现而受到辩护或受到批评。

（4）每一个伦理价值系统都有一组基本的行为规范，它规定了其成员的有关权利与义务以及一组善、恶、奖、惩或赞扬与谴责的规则与标准，以促使人们自律地遵守这些规范，这些规范是该系统的伦理结构，它约束着该系统成员的行为并内化为该系统成员的良心与德性。

本书下篇将依照现代系统主义规范伦理的一般原则和伦理系统的一般系统模型来讨论与科学技术有关的一些应用伦理问题，主要包括科学共同体的伦理规范与科学家的社会责任、核科学与核伦理、生命科学与生命伦理、生态科学与环境伦理以及科学与价值等问题。

第七章

科学共同体的伦理规范与科学家的社会责任

本章的目的是按照系统主义的一般原则和系统主义伦理结构的一般模型来考察科学共同体的伦理规范,并运用这些观点来概括与整合有关科学共同体的伦理学的不同学派论点。

关于科学与社会伦理的相互关系问题,或更一般地说关于科学与社会的关系问题,存在两个基本的学派,一个是 R. 默顿 (R. Merton,美国科学社会学家,1910—2003) 为代表的学派,这个学派强调观念形态本身对科学发展的作用,着重考察科学建制内部行为的规范或伦理原则。这个观点来源于马克斯·韦伯 (Max Weber,1864 – 1920)。马克斯·韦伯是德国政治哲学家,强调新教伦理观念对社会经济发展的影响。默顿将这个思想运用于对科学技术发展的考察,1938 年写了《十七世纪英国的科学、技术与社会》一书,认为科学发展由一组起源于新教伦理的价值观念系统起支配作用。他强调的是科学中的社会,要对科学的社会建制的内部运行机制和科学工作者们的行为模式和行为规范进行分析。这样,在默顿看来,人类的活动,特别是人类的科学活动是由人们的价值观念体系作指导(或主导)的有目的、有意志的活动过程。另一个学派是马克思主义学派,这个学派强调社会存在决定社会意识,强调社会生产方式对科学和科学伦理的决定作用,着重从科学、生产、社会的相互作用中考察科学伦理,着重考察社会中的科学。这样,在马克思看来,人类的活动包括人类的科学活动,是由不以人们的意志为转移的物质生产活动所决定的。物质生活的生产方式是人们一切生活的基础。这两个学派侧重点不同:一个强调科学中的社会,一个强调社会中的科学;一个强调精神价值的作用,一个强调物质生产的功能;一个强调目的意志的作用,一个强调不以人们意志为转移的必然过程,但其实二者是互补的。当我们考察科学共同体的内部伦理规范时,我们就会看到 R. 默顿学派的贡献;而当我们考察现代学术性科学社会组织怎样随着小科学演变为大科学进而演变成工业科学社会组织,以及由此而发生的伦理变迁和科学家社会责任的加强时,将会发现马克思主义的观点对此有很好的解释。不过在具体讨论这些观点以前,我们首先要搞清楚什么是科学,什么是科学共同体。

一 科学和科学共同体

什么是科学呢?广义地说,科学是一种特殊的知识体系,一种特殊的社会活动和一种特殊的社会建制(social institution)。

科学首先是一种依一定方法获得的知识体系,"依什么方法获得知识"呢?科学是依照经验理性的方法,即采取实验的和逻辑的方法,揭示对象世界(自然、社会等)自身的规律而形成的知识体系。这是什么样的知识体系?它不是零散的和零乱的,而是概括性的和系统化的,它是以最少的概念与命题解释最为广泛最为普遍的经验现象而组织起来的知识体系。这种知识体系有什么特征呢?它的特征是以某种概念框架为核心。这概念的框架构成一种规范(paradigm),如大气压力的理论规范,燃烧氧化说的理论规范,牛顿力学的理论规范。它既是一定时期科学家们研究的成果,是一门科学成熟的表现,又是科学家们研究的纲领和教育接班人的纲领,由此而形成科学共同体。

所谓科学是一种特殊的社会活动,就是说仅仅了解科学家在世界上所做出的发现是不够的，我们还必须将科学研究看作现代生活方式的一个组成部分。科学研究是社会中有一定地位的特定人群，为了追求真理、增长新知识这个目标，有组织地进行的社会劳动。他们聚集在大学、研究所等机构里，并使用各种仪器、设备和试剂，探索自然，观察自然现象，解释自然事实，建立自然理论。于是他们的行动便具有：（1）发现、解释和论证的特征。科学依经验理性的方法，分门别类地对自然界进行研究，发现、解释和论证自然现象。（2）检验的特征和复证的特征。科学家不仅要通过观察与实验对已发现的事实和规律进行严格的检验，而且还要经过许多其他的科学家重新加以多次检验、论证、复证，以便使个人获得的知识成为社会的共同财富。这里包括论文发表、复证、同行评议、鉴定等活动过程。

科学不仅是一种特殊的知识体系，一种经验理性的社会活动，而且是一种社会建制。这是因为科学的研究活动很少是互不依赖的单独个人去进行的，而是在研究中相互交流、相互作用的结果。于是我们把遵循一定的科学规范，在其中进行科学活动，保持相互交流的科学工作者群体叫作科学共同体，它是科学建制的基本单元，在这基础上建立各种科学家团体或学术团体和全体科学家团体，组成有层次结构的科学建制。在这些社会建制中，我们可以首先将它划分为正式的组织形式和非正式的组织形式两种。所谓正式的组织形式或正式的组织机构是有形的被公认为科学家的社会组织，如大学的科研机构、研究所、社会上的学会、协会、科学院等。例如由伽利略等人参与组建的林赛科学院（1603年），由波义耳等人发起、以培根为精神领袖的皇家学会（1662年），由笛卡儿等人发起的法兰西科学院（1666年），由莱布尼兹等人发起的柏林科学院（1700年）等科学家组织就是这种正式的学术团体。另一种组织机构是属于非正式的组织，它是无形的，被称为"无形学院"。在这种非正式的学术群体中，科学家志趣相投、频繁交流、互送论文、互相通信、互递信息，不时举行研讨会和学术沙龙，并由此而形成学派。如德国著名的李比希学派、丹麦的哥本哈根学派、美国著名的摩尔根学派等。麦克斯韦的"十二人使徒社"、爱因斯坦的"奥林匹亚科学院"以及维纳"每月聚餐会"等也均属此类。在历史上，正式的学术科学建制是由非正式的学术社团发展起来的，由于其对科学发展的作用巨大和社会影响不可忽视，有些科学组织得到政府的支持甚至成为官方机构。

科学作为一种社会建制，除了可以划分为正式组织形式和非正式组织形式之外，还可以划分为学术性和非学术性的两种组织形式或两种体制模式。第一种科学组织形式称为学术性科学组织形式，第二种科学组织形式称为工业性科学组织形式，起源于19世纪末工业的发展，它进一步的发展就是20世纪中叶以后出现的所谓工业研究与开发实验室。一直到20世纪中叶，学术性科学组织形式在科学组织形式中都占着主导的地位，而工业性科学组织形式只有在我们分析了20世纪"小科学"变成"大科学"之后才能理解。因此我们将在第七章第五节中分析这种科学组织形式及其规范。而在本节中，只分析学术性科学组织，为下一节分析科学共同体的规范提供历史背景知识。

一直到17世纪，世界上还没有科学家这样的社会角色和科学社团这样的社会组织。17世纪的英国，上层社会对实验科学的兴趣越来越浓厚，按照默顿考证，这与新教的清教主义精神有关。英国以1660年为中心的半个世纪里，上层社会精英人物中的诗人和牧师的数量约减少了2/3，而科学家人数增加了一倍多。[①] 当然，那时科学还没有成为一种职业，它只是有闲阶级的业余爱好，这种情况在英国一直延续到19世纪。例如19世纪达尔文的工作不愁没有经费，他生于富有的达尔文和韦奇伍德家族。19世纪孟德尔研究遗传学也不愁衣、食、住、行，因为他是修道院神父，后来成为

[①] R. 默顿：《十七世纪英国的科学、技术与社会》，范岱年等译，四川人民出版社1986年版，第46页。

修道院的院长。至于16世纪、17世纪之交的伽利略由于得到托斯卡纳公爵的慷慨支持，科研经费也不成问题。所以他们在探索大自然方面，都不受功利的影响，发展出一种纯科学精神，即为科学而科学的精神。这些业余科学家逐渐形成定期聚会和"无形学院"组织，1660—1662年演变成英国皇家学会，这是最初的正式的科学建制，完全处于国家机器的控制之外。但是在同一个世纪，法国的科学家们因得不到有效的私人赞助，转而依靠国家，建立法兰西科学院，由国家以薪俸和经费支持科学家的研究，他们为国家争得荣誉，并帮助国家解决各种科学问题。后来德国、俄国效法法国科学院体制，这种体制也通过苏联传到中国。

到了19世纪，纯学术性科学组织普遍形成，科学家开始作为一种专门的职业，它起源于德国的学院制（研究型的大学），并很快推广到全世界，这就是科学的学院化过程。这个制度的特点是：第一，几乎所有的科学研究工作在大学中进行。至少，大学是科学研究的主力军。第二，大学设立少数教授席位，一般一个大学科一名，获得学位的青年学者必须有研究成果并经正式考核才能谋得讲师职位，讲师又必须经过多年的独立科学研究获得成果经严格考核才能升为教授。于是整个教学生涯同时又是独立研究的生涯。第三，教授在研究方向、研究强度、研究结果等方面，完全由自己决定，无须向学校当局负责，学术自由被看作至高无上的普遍原则。第四，教授直接掌握实验室，在他指导下和一批助手与研究生进行严格的实验和自由的学术讨论。第五，此类社会组织的基本规范就是下一节中所说的科学研究的四项基本原则。这就是直至20世纪早期占主要地位的在大学中实现的学术性科学组织形式。

以上就是关于科学的完整概念。在这个完整的概念中我们要将科学共同体与科学的社会组织体系看作它的基本要素之一。因为科学活动是在其中运作的，科学成果是在其中做出、发表、交流和评价的，而科学知识体系是在其中建立、变更和发展的。

在理解科学的概念时，还有一点是十分重要的，就是需要将科学与技术区分开来。所谓技术，就是为了完成人类特定的实用目标而协调动作的工具和规则的体系。主要是人类为生产物质财富而运用的材料、能源、动力、工具以及工艺和控制的整个系统。有关这个系统的知识、方法、技能或技巧叫作技术知识，有时也列入技术的范畴。科学与技术的区别可以归纳为下列五点：

（1）直接的目的不同。科学的目的或它的内在价值不是生产财富，而是弄清自然事实，探索自然规律，求得知识的增长。而技术的目的和价值则在于改造自然，获得财富。当然，科学的作用归根结底也是改造自然和增加人类的财富，所以科学在生产中的应用就成为技术，于是科学就被视为在文化方面通向经济效用这个目标的手段。但是正如 R. 默顿所指出的，科学有自己的自主性，"随着各项成就川流不息的涌现，工具被转化为目标，手段被转化为目的。这样一来，科学家增强了自信心，他把他自己看作独立于社会的，并且认为科学是存在于社会之中、而不是从属于社会的自我批准的事业"[①]。这就是说，由于科学成为社会一个独立的子系统，于是就有自己独立的系统目标。这个目标不是为增加人类的财富，而是增长人类知识，为此有时科学不但不增加社会财富而且要消耗大量社会财富。例如阿波罗登月计划是一项研究月球的科学计划，它不但没有生产财富而且消耗了几百亿美元的财富，才可能把火箭和登月艇抛到太空中，所以不能用狭隘的观点看待科学的经济效益。天体物理和基本粒子的研究似乎永远不能为我们生产面包与奶油，但它对于科学来说却是比任何物质利益都有价值的东西。认识到科学区别于技术的目的性甚为重要，它是在下一节讨论科学社会规范结构的基础。

（2）具体对象不同。科学的对象是自然界，是客观自然系统，如物理系统、化学系统、生物系统和社会系统等。它所要研究的是这些系统的结构、功能与规律，而技术的对象是人工自然系统，即被人类改造过的、为人类目的而制造出来的人工物理系统、人工生

---

① R. 默顿：《科学的规范结构》，载《科学与哲学》（研究资料）1982 年第 4 期。

物系统等。

（3）所回答的问题不同。科学回答的是"是什么"的问题，即 knowing 问题，而技术要回答的是"怎样做"的问题，即 doing 问题。例如某工厂为解决人造皮革问题，找来了科学家与技术家。而科学家，包括物理学家和化学家，他们关心的问题是知识。他们将这个问题设想或设定为一个科学问题，进行这样的论证：天然皮革的三维空间分子结构过于复杂，目前还不能做出精确描述，所以合成皮革是没有希望的。而技术家们所关心的不是这样的问题，他们这样论证：我们能否制造出一种材料，在用途上起到替代天然皮革的作用。

（4）评价的根据不同。科学评价依据的是论著，所以科学的生命在于文献，它的原则是 publish or perish，即发表论著或者学术生涯的终结。这是因为科学的基体是它的理论结构。科学实践也是科学的而不是技术的，它从属于科学理论结构，由理论将它设计出来，并为发现与检验理论服务。而技术评价的依据就不是论著，而是产品，是人工的物质制造品，技术的知识是为了生产和掌握这些物质制造品而服务的。

（5）与市场的关系不同。科学无市场和市场价格，不能靠出售科学所发现的定律或科学所发明的理论来获利。科学成果无专利，也无法专利，它一经创造出来便属于科学共同体或整个科学社会所有，保密是不道德的行为。相反，技术却不同，技术有市场和市场价格，它有专利。在技术上保密是道德的行为；反之，侵犯别人的专利权、侵犯他人的知识产权都是不道德的，甚至是违法的。

尽管科学与技术之间有着泾渭分明的区别，然而，它们之间由一系列中间环节将二者联系起来，这就是科学的基础研究、定向基础研究、科学的应用研究、技术开发研究和生产技术。我们上面讨论的科学与技术的区别，是截取两头将它两极化，即一极是理论科学与基础研究，另一极是生产技术。事实上科学技术是从基础科学研究到生产技术的整个连续体，它是人类认识自然和改造自然的整个能动性的链条，其中每一个环节都可以叫作一种科学技术。于是就有了科学技术的统一概念。

根据联合国经济合作与发展组织（OECD）1970年公布的《科学与技术的测量》的报告，可以将科学技术划分为四个组成部分。

（1）理论科学和基础研究（basic research）。基础研究的目的，正如我在前面已经讲过的，是探索自然规律，获得新的知识和理论，它不是由实践或应用来定向的。例如爱因斯坦的相对论研究就是属于一种基础研究。基础研究又可分为两类：纯粹基础研究和定向基础研究。纯粹基础研究的课题是由科学家自己来自由决定的，而定向基础研究的课题则由雇用科学家的组织按特殊领域来决定。

（2）应用科学和应用研究（applied research）。应用研究是为了实用的目的进行研究和获得知识，它研究第一类研究中得出的科学原理如何应用，如何将其转化为生产技术、工程技术和工艺流程的原理与方法。工科大学、农科大学、医科大学各专业的专业基础课程及其实验，就是反映这个类型科学研究的结果。

（3）技术开发（technological development）研究。它主要是将理论上的成果和实验室的技术通过中间实验改造为可直接用于生产的东西，包括新材料、新设计、新产品、新流程、新系统和新服务等。在发达国家中，这项研究主要在企业中进行。例如目前日、美、德三个国家企业中的开发研究经费就占了本国全部科学技术研究经费的70%左右，其人员占本国全部科学技术研究人员的65%。

（4）生产技术。它是实现了的科学应用，体现为生产中的物质设备与装备以及生产者的技术水平。

这四类科学技术活动及其相互关系，可以用生物化学及其医学应用的一个例子来加以说明。例如弄清抗体的生物大分子的氨基酸结构的研究属基础研究；应用这些知识来区分不同疾病的抗体属应用领域；而合成治疗某种疾病的抗原与抗体的研究属于开发研究；大批量生产治疗某种疾病的抗体的技术属于生产技术。以上四种研究分类，20 世纪以前在社会组织上和人员上是分离开来的，而在 20 世纪以后，这四类科技研究只是在功能上区分开来，在社会组织上不能区分。这一点在研究科学社会组织的行为规范时是很重要的。现将这四类科学技术的研究图示如下：

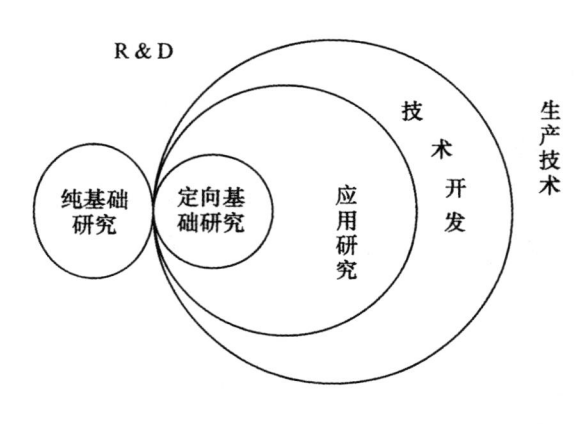

图 7—1　四类科学技术研究

二　科学社会的伦理规范

科学不仅是依照经验理性的方法而取得的一种特殊的知识体系，而且是一种社会地组织起来的文化活动和社会建制（social institution），有它的伦理规范以及与这些规范相适应的结构、机制与功能。上节讲过，学术"界"、科学社团、"无形学院"、学会、学院等各种"科学共同体"就是科学中的有形的或无形以及民间的或官方的科学社会。这样的社会到底是怎样运作的呢？美国著名社会学家 R. 默顿在第二次世界大战最黑暗、最艰苦的年代——1942 年提出了这样的观点：支配着科学活动、维系着科学组织、决定科学发展的有四项规范（four norms）标准或四项建制原则（four institution imperatives）。这四项基本原则不但是科学家达到知识增长这个崇高目标的手段，而且是科学工作者的行为规范、道德命令（moral prescriptions）或科学的精神气质（the ethos of science）。

◈ 下篇 现代伦理视野中的科学与技术

R. 默顿认为，科学与学术在其中得到高度发展的一组文化价值或伦理规范乃是：

（1）普遍主义（universalism）或世界主义（cosmopolitanism）原则。它的意思是：科学是普遍有效的，在科学知识中不存在特权或特殊地位的根据。如果它是真的，则不同阶级、不同学派、不同种族的人们在同样的条件下都会做出同样的结果。所以它的正确与否不受国家、地区、民族、宗教、年龄、社会地位或个人感情的影响。科学本身是无阶级性也是无国界的，科学是超国家的、国际性的共同体，科学只有彻底开放才能发展。所以默顿写道："一项研究成果能否得到承认并写入科学的史册，不取决于提出这项成果的人的个人或社会的地位；与这个人的种族、国籍、宗教、阶级以及人品也没有丝毫的关系。"①

坚持普遍性规范或世界主义规范对于科学本身来说，能保证评价的客观性和无偏见性，它说明：我们不应也不能区分什么"天主教科学""犹太人科学""资产阶级科学""无产阶级科学"这样的东西。而科学陈述的正确与否根本不依赖于作者的特征与归属。德国人发明制造氨，它不会因为纽伦堡的审判而变得无效；牛顿发现万有引力，不应因鸦片战争而被中国人抛弃；拉瓦锡创立燃烧氧化学说，不因他被法国大革命送上断头台而变成错误该死的东西。社会科学也应如此，科学技术是第一生产力，它的正确与否不应因为哪个阶级或哪个政党掌握政权而变得有效或无效。普遍性原则，在国际冲突和国内阶级矛盾激化的时代，常常受到种族主义、民族主义、阶级主义和国家主义的冲击，这种冲击是不正确的，科学家们和学术界应该加以抵制。大家知道，在第一次世界大战期间，1919年英国与德国是交战国，可是正是这一年英国皇家学会和皇家天文学会派出两个远征队，一个到巴西，另一个到西非作日全食的考

---

① R. Merton, "The Normative Structure of Science", in N. W. Storer ed., *The Sociology of Science*, Univesity of Chicago Press, 1979, pp. 267–278.

察，来验证德国科学家爱因斯坦的广义相对论，这是坚持普遍性原则的一个范例。相反，希特勒德国政府曾将爱因斯坦相对论打成"犹太人的科学"，他们要坚持"雅利安人的科学"。在他们统治期间，赶走了1880名世界上第一流的科学家（包括爱因斯坦和玻尔在内）。在这批人中，最有名气的科学家有80%是诺贝尔奖奖金获得者，占德国有史以来获诺贝尔奖的25%，这期间，德国大学、中学自然科学的学生减少了三分之二，使他们在科学国力上元气大伤。这是违反科学普遍性原则的一个典型例子。同样，在苏联斯大林时期，曾将量子力学打成"伪科学"，称它的创立人之一海森堡为"希特勒德国物理学元首"，称它的另一个创立人玻尔为"英国情报机关的人"，以此为理由反对量子力学；以孟德尔是僧侣为理由反对"资产阶级基因遗传学"，这也是违反普遍性规范的实例。历史证明，苏联在哪个学科领域反对世界主义，坚持民族主义，它就在哪个领域落后。在我国，如果不是坚持科学的普遍性原则，在中华人民共和国成立初期动员大批科学家回国，就不可能及时成功试制原子弹和使人造卫星上天。而在许多社会科学领域，由于没有坚持普遍性规范，一直到今天，我们还处于相对落后的状态。

植根于科学的非个人特性的普遍性原则的另一个重要含义是，科学的大门是向一切有志于追求真理的人打开的，不论这些人的地位尊卑、贵贱如何。默顿说："自由进入科学事业的通道是一种功能性规则。"这种科学精神是与等级制度规范不相容的，相反它却与开放式的民主秩序一体化。这也是由科学要最大限度地扩展人类知识这个根本目标所决定的。在一个人人享有平等的自由和平等的机会包括研究科学的平等机会的社会里，人的聪明才智才会更有效地发挥，科学才能更好地发展。

（2）知识公有（public ownership）原则即知识共产主义（communism）原则。科学的"产品"也就是科学的概念和科学的知识体系，不是属于创造者私人的，而是属于公共的，是一切想要利用它的人的公共财产。科学是积累知识的长期的、广泛的合作事业，对它做出贡献的每个人都是因为利用这份公共财产而做出贡献的，所以，一旦他做出贡献就应毫无保留地发表出来，散发到整体科学共同体，并不宣称占有这一新思想、新信息或新理论。科学发现者的唯一财产权利只是获得集体的承认和尊重（recognition and esteem），即享有发现优先权的荣誉（最高荣誉就是用发现者的名字命名），至于发现本身则是属于全人类。所以美国科学社会学家 B. 巴伯说过："西方社会作为一个整体尊重对于稀缺商品的私人所有权，而这些权利在科学中则被简化到对于发现的荣誉优先权这样一种最低限度。在这一最低限度之外，对于科学知识体系和概念结构的任何贡献都是共同体的财产，为了共同体的利益，这些贡献可供所有有竞争性的成员使用。正是在科学中，乌托邦式的共产主义口号——'各尽所能，各取所需'——成了社会现实。"[①]

当然，争夺发现优先权荣誉充满着整个科学史，这不能单看作科学家个人品质问题，背后存在着一个科学建制的规范与运作问题。发现优先权的争夺与知识公有并不矛盾，而且正是知识公有的一个保证，它推动了科学家们争先恐后地贡献自己的发现。所以 R. 默顿说："穿插在现代科学史中的关于优先权的争论通常是由关于独创性的传统受到重视而引起的。一种竞争性的协作由此而生。竞争的产品被公有化，对生产者的尊敬油然而生。"[②] 努力做出自己的科学成就，是科学工作者对科学共同体应尽的义务，而申明自己的发现优先权不过是履行自己的权利，是无可非议地合乎科学道德规范的行为，切不可不分青红皂白斥之为个人主义或名利思想。

从道德规范的观点来看，公布自己的发现是科学工作者的道德原则，而保密对于科学家来说则是一种不道德的行为，像中世纪行

[①] 巴伯：《科学与社会秩序》，顾昕译，生活·读书·新知三联书店1991年版，第108页。
[②] R. 默顿：《科学的规范结构》（1942），《科学与哲学》（研究资料）1982年第4期。

会的保密以及中国父传子、子传孙的家传秘方不向外人泄露，这是科学社会不成熟的表现。科学的目的是知识的增长，保密是最不利于知识的发展的。它造成大量重复劳动，扼杀新思想，使新思想得不到讨论、考验、复证和发展。科学家本人亦没有权利保密，正像牛顿说的"我之所以比别人看得远些，是因为我站在巨人的肩膀之上"，所以他有责任将自己的发现交还给社会。科学是没有专利的，只有技术才有专利。国家要求保守军事秘密、公司要求保守商业秘密，当这些保密扩大到科学领域时，就与科学的精神发生冲突。科学家们作为一个公民是接受这个保密的，但他们又总会认为"这是一个可悲的选择"。另外，在发现公布的优先权荣誉上，盗名窃誉，不肯定他人的功绩，也是科学工作者一个不道德的行为。这是知识财产公有和发现优先权荣誉私有的问题。

（3）无私利（disinterestness）原则或利他主义原则。科学的无私利原则指的是：为科学而科学。这就是说，科学家进行研究和提供成果，是为了人类知识增长这个深层的利益，不应该有其他私人利益与动机妨碍这个目的的实现。为了这个目的，他们应该无私而真实地奉献知识给社会共同体，来不得半点虚假和不负责任。为了这个目的，他们应该具有高度的诚实标准，期待自己的发现受到大众的复证、检查与批评。为了这个目的，他们在接受、评价或排斥任何具体科学思想时不应带任何个人利益的动机。为了这个目的，没有人叫他工作，他可以每周工作70—80小时。这些就是科学家们应该具有的精神，而且相当多科学家实际上具有这种精神。违反这个精神，华而不实、弄虚作假就会受到科学共同体的谴责，迫使他回到无私的立场。科学家应是正直诚实而无私利的，这不单是对科学工作者的一种道德要求，而是一种制度的监控。因为科学知识是公共的，是可检验的和必须复验的。这样科学研究便处于同行专家的严格监视之下。正如R. 默顿所说的那样："科学家的名誉和科学家的高尚道德情操不少是技术发展的结果。每一项新技术都为科学家的正直诚实提供证据。"这就是在这个行业里，"欺骗、诡辩、不负责的夸夸其谈甚至很可能比服务行业要少得多"的原因。不过"当有资格的同行所运用的管理机构变得无效时，滥用专家权威、炮制伪科学就应运而生"[①]。关于这一点，我们在下一节可以充分看到。

无私利原则与知识公有原则是相联系的。如果人人都拿科学理论、拿自己所做的学术工作为个人利益，例如为获得个人权力服务，而不为科学本身服务，那么科学共同体财产就会停止增长，而科学共同体也会因此而解体。在这里，科学生活与经济生活在原则上是有区别的。在经济生活中，人是一个"经济人"，是"自利"的。所谓"自利"就是首先为自己的直接利益着想，而这种激励最后达到导致"最大多数人的最大利益"。但在科学生活中，人是一个"科学人"，是"无私利"的。它首先要直接服务于公共的利益，即要为科学知识结构做出贡献，然后才在这个实现中获得工作成功的满足和声望。这里竞赛的规则不同，虽然都是为了取得成就，但不应该将商业世界那一套搬到学术世界中来。

（4）有组织的怀疑主义（organized scepticism）原则或叫理性至上原则。所谓理性至上原则是一种承认理性、崇拜理性和信仰理性的原则，它认为理性能够并且只有理性才能够帮助我们理解世界。爱因斯坦有一句名言，非常完美地表达了这种强烈的不畏艰难的道德信念。这句话铭刻在普林斯顿大学的大厅上："上帝——大自然的创造者和大自然本身——是非常精致的和难于理解的，但他并非是反复无常和怀有恶意的"，"世界上最难理解的事情是世界是可以理解的"。理性能理解一切，这是理性至上的正面含义。

理性原则的反面含义就是有组织的怀疑主义。这就是说，科学不承认偶像，不盲从权威。它认为理性原则比一切传统习惯更为重

[①] R. 默顿：《科学的规范结构》，《科学与哲学》（研究资料）1982 年第 4 期。

要，所以一切现行的知识，无论是通过科学研究还是通过其他权威来源，都应该经受持续仔细的理性批判，持续仔细地检查它的可能的事实错误和论证的矛盾，并且任何合理的批评性评论都应及时公布于众，不让批评意见和独创性意见的发表是不道德的、不规范的。

理性创新原则与有组织的怀疑主义类似于我们所说的百家争鸣、百花齐放和学术自由那样的含义，科学本身是天生的反权威主义者，只信论点与论据，不信权力、组织与金钱。科学团体实质上应该是世界主义的和民主主义的团体，"赛先生"（science）本来就是"德先生"（democracy）。

默顿关于科学活动的四项基本行为规范和建制规范，集中起来，表现了科学能在其中得以迅速和有效发展的运行机制。这就是W. O. 哈格斯特朗（W. O. Hagstron）提出的信息与承认之间的交换系统（the systems of exchange of information for recognition），是科学的社会建制中的一项核心制度。为什么这样说呢？因为上面所说的无私利性要求科学家最好地为科学而做研究，进行创新，而不是为了自己；有组织的怀疑主义要求科学家的工作要受到仔细的评判和考究；普遍性要求这种评判和考究与贡献者的社会归属无涉；公有主义要求科学家公开其发现，其他人运用这个发现需要表示鸣谢及承认其发现优先权的荣誉。这就是说这些规范促进科学家或学术界最大限度提供自己的独创贡献。当然只有独创才是最重要的贡献，才是真正的科学信息。那么科学家或学术界贡献了自己的成果后获得了什么？他们获得了同行的承认。哈格斯特朗仔细分析了1235位科学家的行为，认为获得承认是对科学家工作的最重要的激励。"对大多数人来说，被同行承认其工作是有价值的，这是最主要的奖励。"[①] 发现糖尿病胰岛素疗法的 F. 邦丁说过，同行的承认"造就了研究人员，它刺激了个人的兴趣，发展了个性。我们的宗教，

---

① 杰里·加斯顿：《科学的社会运行》，顾昕等译，光明日报出版社1988年版，第35页。

我们的道德结构，我们的生活基础本身是以奖励的思想为中心的，因此研究人员渴望他自己的工作和思想得到荣誉并不是不正常的，如果把这也要从他身上剥夺，那么他工作的最大兴奋剂也就没有了"[①]。历史上有许多事实从反面说明给真正做出自己科学贡献的科学家以应有的承认是何等的重要。19世纪物理学家华特斯顿因为其分子速度的经典理论被皇家学会斥之为"废话"后，完全离开了科学界；孟德尔因遗传学说论文没有得到同行的任何反应就拒绝发表其进一步研究成果，而在他担任修道院院长后完全放弃了遗传学的研究。发现了能量守恒定律的迈尔，因他的优先权被拒绝承认而痛苦万分，从三层楼的窗口跳楼自杀，摔断了腿，后来精神失常。可见，从一般社会道德的观点看，对科学工作者的应有承认，是一个坚持社会正义的问题。于是，科学世界便有了一项体制，即科学知识成果与获得社会承认之间的交换系统。所谓提供成果与获得承认之间的交换系统，就是通过学术通信、期刊、著作的审稿与出版，参加学术会议，同行评议、鉴定科研成果和科研项目的申请与批准，职称评定，选择科学院士，评定诺贝尔奖，科学发现优先权的确定和给科学定律和理论以发现者命名等。通过这样的交流系统，科学家能顺利地及时地提供自己的研究成果给科学共同体，并获得共同体的承认和社会的奖励。运作良好的交流系统与承认、奖励制度，能保证科学工作者坚持科研建制的四项基本规范，在竞争的协同中促进科学的发展。如果这项制度运作不佳，如学术刊物商业化、发表论文走后门、同行评议不公正乃至腐败和弄虚作假以及奖励系统的马太效应、社会压制科学的新生力量等，都会使科学工作者感到懊丧，从而妨碍科学的发展。

我们可以将科学运行的默顿—哈格斯特朗规范模型总结为下面的图式：

[①] R. 默顿：《科学发现的优先权》（1957），《科学与哲学》（研究资料）1982年第4期。

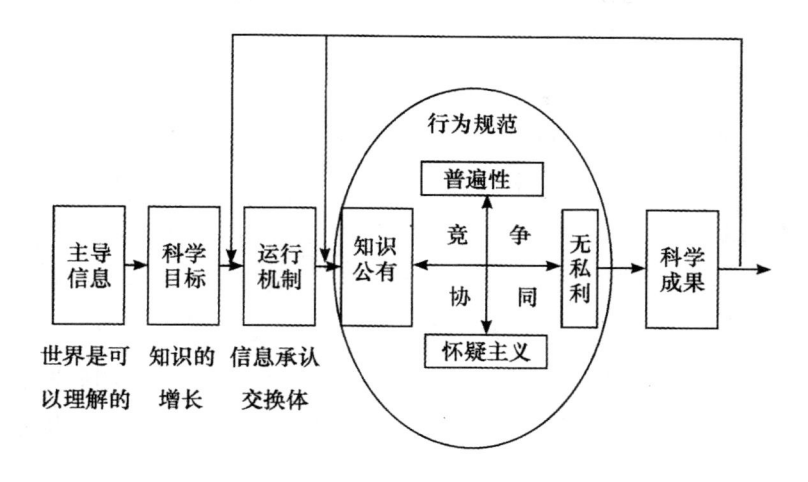

第七章 科学共同体的伦理规范与科学家的社会责任

图 7—2 科学建制的理想运行机制与规范结构

直到现在为止，默顿—哈格斯特朗总结出来的规范仍然是大多数社会学家所公认的规范，特别是学术性的科学组织基本上遵循这个机制运作，一直到现在还没有别的社会学家提出与之相对立的规范原则来说明科学社会活动的正常运作。当然，并不是说默顿的总结已经完善，不再发展。许多社会学家都曾提出不同的修改意见。例如英国物理学家和社会学家约翰·齐曼提出，应该在默顿的四项基本原则中，加上一项独创性（originality）原则，这样公有性、普遍性、无私利性、独创性和怀疑主义五个英文字头合成 CUDOS。它就是学术上的习惯用语 cudos，即"荣誉、名誉、声誉"，形象地表达了对真诚遵循这些规范的科学家的报答，也就是上面所说的信息承认交流体系。

默顿的四项基本原则和哈格斯特朗的信息承认交换体系，是科学社会行为实际情况的概括，同时又是科学家应该尽力遵循的理想的行为模式。默顿的为科学社会学奠基的 1938 年的博士论文《十七世纪英国的科学、技术与社会》，仔细地考察了整个科学社会形成初期的科学家的行为，看他们受着什么样的一组文化价值支配，发现了清教徒传统对于这组文化价值形成中的作用。这种过细的研究使他找到了覆盖学术科学家行为的四项基本原则，但是这四项基本原则绝不是科学家行为的简单描述，他采取的是马克斯·韦伯的"理想类型"的研究方法。他假定了社会行动的"纯粹"形态，用抽象法排除了现实科学家行为的许多复杂因素和外部条件，实际上讲的是没有一个科学家和科学团体会完全适合它的理想的行为模式。他提出这四项基本原则，完全排除了外部社会环境，其他社会群体的价值观念以及整个社会意识形态对这四项基本原则的冲击。例如，科学家是某一个国家的公民，他是不会完全遵守科学无国界原则的，特别是当国际冲突与交战，民族主义与国家主义盛行的时候；科学家特别是基层的科学工作者受雇于一个层级分明、纪律严格以及人际关系复杂的组织里，他是不会完全不考虑权威主义，无条件地实行科学社会的有组织的怀疑主义，对其上司的科学论点进行大胆的理性的批评的。至于科学要求无私利，学术科学的目标是为了知识的增长，科学家进行科学研究的动机都绝不会完全是这样的。爱因斯坦认为科学家研究科学的动机，至少有下列四种：有些人爱好科学"是因为科学给他们以超乎常人的智力上的快感，科学是他们自己的特殊娱乐，他们在这种娱乐中寻求……满足"。有些人之所以投身科学"为的是纯粹功利的目的"。第三种人搞科学的"最强烈的动机"是"要逃避日常生活中令人厌恶的粗俗和使人绝望的沉闷"，渴望进入一个思维世界来逃避现实。而爱因斯坦推崇的则是第四种人，他们之所以投身科学是为了追求真理，追求宇宙的和谐，"总想以最适当的方式来画出一幅简化的和易领悟的世界图像"[①]。爱因斯坦认为，如果搞科学的只有第一、第二种人，科学就不会存在，"因为，对于这些人来说只要有机会，人类活动的任何领域他们都会去干；他们究竟成为工程师、官吏、商人还是科学家，完全取决于环境"。默顿采取了抽象法，排除了许多功利方面的和其他方面的动机，将科学的目的定在知识增长即知识创新方

---

① 《爱因斯坦文集》第一卷，许良英、范岱年编译，商务印书馆1976年版，第100页。

面，并用无私利的原则以及其他原则保证这个目的的实现。所以科学社会学的研究正像其他科学研究一样，不是单纯去观察描述现实的世界，而是要对现实的一些主要特征进行升华，去建构一个可能的世界和理想的世界。就像力学建构了不受外力作用的惯性物体以及绝对刚体一样，几何学建构了没有长、宽、高的只有位置的几何点一样，就像经济学建构了完全竞争下的市场一样，科学社会学建构了科学家应该尽力遵循的理想的行为模型，这就是默顿—哈格斯特朗的规范理想。它是不完全符合现实的，但是不遵循它，违反了它，科学的发展就受到阻碍。仍以科学的目的来说，科学的目的是为了创新，只有新的论点、新的思想才能称得上科学信息和学术信息。如果我们的杂志编辑，遇到有论证得很好但又不符合传统观念的学术论文就以"你的观点很有独创性，但我们拿不准"，将它退了回去，而只重重复复刊登那些没有信息量的老生常谈，那么他就违反了学术创新的规范。而如果他害怕某一学术争论可能有政治因素而不敢刊登有创见的论文，那就违反了科学不问创造者社会归属的普遍性规范。无论哪一个情况都是起到妨碍科学发展和学术繁荣的作用。这就是说，理想世界从现实世界中来，又与现实世界有很大的距离。而正因为它与现实世界有很大的距离，所以它才能够指导现实世界的运作，成为一个真正的学术规范。我们应该这样来理解学术规范问题。

三 科学工作者在科学社会中的权利与义务

现在，我们可以用道德哲学中的权利与义务的语言重新表述科学社会的伦理规范的四项基本原则。这种重新表述有助于我们理解科学伦理或科学道德的基本精神实质，有助于将这种科学道德的精神实质与第五章讨论的健全社会中的人的权利与责任原则联系起来，并有助于在下一节对科学研究的不规范的建制和不道德的行为做出分析。

首先，我们来看看普遍主义或世界主义的原则。这原则说的是在真理面前人人平等：所有的人在理性知识的发现、发表、拥有和评价上都一律享有道德上的平等权利，不分种族、肤色、性别、语言、宗教、政治或其他见解、国籍或出生地、财产、出身或其他身份等任何区别，这是普遍的平等人权在科学上的表现。人人有成为科学家的平等权利，在科学问题上或在成为科学工作者之后，人人都有在学术刊物上公布自己研究成果而不受歧视的权利。同样，所有科学工作者都有抵制科学上的民族主义、种族主义、性别主义和各种特权主义的义务，有虚心学习世界上一切优秀文化遗产的义务，有进行学术上国际交流的义务。例如，冷战时期美国政府曾通过法律禁止中国学生在美国大学学习电脑专业，但是几乎所有的大学都拒绝执行这个法律，因为他们认为科学是世界主义的，而他们的大学是国际性的，大学有抵制这种科学上的民族主义和种族主义的义务，而一切人都有研究电脑的权利，不论其肤色或国籍。

其次，我们来看看知识公有的原则。用权利义务的语言表达，这就是：所有科学工作者都有利用科学社会所共同创造的科学成果的权利，他们对于自己的科学贡献都有获得承认的权利，在科学上的首创上都有获得优先权的权利。同样，每一个科学工作者都有勇于探索、敢于攻坚，为科学做出贡献和公开自己研究成果的义务，都有尊重别人的科学成果和优先权的义务。因而科学工作者有义务在工作中与同行保持相互尊重、相互学习的协作精神，有义务向一切盗名窃誉、剽窃抄袭的现象作斗争。

再次，我们来看看无私利即无偏见性原则。无私利原则说明，科学工作者有追求真理、维护真理、说明真理的权利。这样他们就有义务报告成果准确而无虚假，评定成果公正而无私利，有义务向一切弄虚作假的伪科学行为作斗争，而不屈从于一切政治、经济、哲学、宗教、意识形态和习惯势力的压力。

最后，我们来看看有组织的怀疑主义或合理的怀疑主义原则。这个原则说明了科学社会的民主权利，每一个科学家都有批评其他科学家的民主权利,不论被批评者的地位、权威有多高,他们都有服从真理、接受批评、尊重与支持独创的义务。

科学社会基本规范的第三条、第四条的精神,集中起来是一种追求真理、维护真理、为真理奋斗的精神。因而科学工作者要把不屈从于权势也不受私利的蒙蔽作为一种当然的义务。这种无畏与无私的精神在科学史上比比皆是。例如,1775年美国独立战争爆发之后,英国国王为了诋毁作为美国独立运动领袖的富兰克林,就向皇家学会会长普林格尔施加压力,要他宣布富兰克林原来向英国建议用尖顶避雷针是错误的,用圆顶避雷针才是正确的。但普林格尔却坚持回答道:许多事我都可以按国王的愿望去办,但不能做违背自然规律的事。又如法国大革命时,罗伯斯庇尔为了杀掉一个政敌,就捏造说这个政敌在发给士兵的酒中放了毒,并期望当时著名的化学家拜特洛做出酒中有毒的化验报告。拜特洛在化验之后,冒着被杀头的危险,以科学家的良心如实报告了酒中无毒的化验结果。愤怒的罗伯斯庇尔把拜特洛叫去,要他修改报告,拜特洛却当场亲自饮此酒,以确证无毒。[①] 科学家的这种追求真理和维护真理的权利与义务可以在德国大哲学家和科学家康德在哥尼斯堡学院获得博士学位时的誓词中表现出来。该学院用的誓词是:"学院决定授予你科学博士的学位,这是一种荣誉。这荣誉带来了永远忠诚于真理的义务,无论是在经济的还是在政治的胁迫下,都决不屈从于压制或歪曲真理的诱惑。要你保证,维护学院现在授予你的荣誉,并且不受其他考虑的影响,只是寻求并忠诚于真理。"[②]

从以上的分析可以看出,作为科学家在科学社会中的主要义务或主要责任是发现新事实,提出新的科学见解,促进知识增长和科学进步。为了达到这个目的,科学社会赋予科学家的主要权利就是科学自由或叫作学术自由权。所谓学术自由就是科学研究者有根据

---

① 参见樊洪业《科学道德刍议》,《百科知识》1983年第2期。
② 钱学森:《关于科学道德》,《人体科学与现代科技发展纵横观》,人民出版社1996年版,第5页。

合理的理由对他的同事、同行、上级或社会所公认的知识或意识提出异议而不受干预或报复的自由权利，科学伦理规范的无私利（无偏见）原则、有组织的怀疑主义原则以及世界主义原则都体现了科学工作者的这种权利。这种学术自由的权利之所以重要就是因为只有它才能保证新见解、新理论、新观点层出不穷而达到知识的多样性和丰富性从而保证学术的繁荣。这种学术自由权在大学中的表现就是教学自由的传统，即教师有权利讲授自己认为是真理的任何学术见解而不受行政的干预。学术自由权是本书第五章所说的普遍人权在学术领域包括自然科学领域和社会科学领域中的表现。不过要保证学术自由得以实现从而促进学术上的繁荣需要有各种条件，其中包括：（1）雇用科学研究者的团体或机构的适当的自治权。这就保证科学研究者的观点和见解以及他的学术权利不受外界的干预。（2）科学研究者任期的合理保障。这就保障不会因不同学术见解而受到解雇。这就是为什么一些发达国家的大学要设立终身教授制的理由。（3）有足够的资金支持学术异见分子的研究。如果达尔文不是因为有足够的私人财产进行进化论和人类起源的研究，如果他关于人类起源研究的经费是由教会支持的话，那么他的从猿进化到人的研究早就因经费不足而夭折了。这就是所谓"高风险"研究经费问题。（4）有政府的合理的科学政策特别是"百家争鸣，百花齐放"政策的支持。所有这些都是保证学术自由权得以实现的条件。关于学术自由的性质以及它所受到的威胁，爱因斯坦有一段非常精彩的讲话，他说："我所理解的学术自由是，一个人有探求真理以及发表和讲授他认为正确的东西的权利。这种权利也包含着一种义务；一个人不应当隐瞒他已认识到是正确的东西的任何部分。显然，对学术自由的任何限制都会抑制知识的传播，从而也会妨碍合理的判断和合理的行动。

从下面事实一定可以看出我们这个时代学术自由所受到的威胁：借口我们的国家遭到所谓外来的危险，教学和相互交换意见的自由、出版和使用其他传播工具的自由，都受到侵犯或阻挠。而这是靠着制造出使人们觉得自己的经济受到威胁的一些条件来实现的。结果,愈来愈多的人避免自由发表意见,甚至在他们私人社交生活中都是如此。这是一种危及民主政治生存的局势。"[①]

四 科学社会中的不规范建制与不道德行为

前面讲过,从社会学或社会动力学的观点看,科学社会有一项核心的规范建制,这就是科学工作者向科学共同体提供认识成果与获得社会承认之间的交换系统。从科学家的权利与义务观点看,科学家最核心的道德义务原则是追求真理、忠诚于真理,同一切背离真理、背叛真理、弄虚作假的现象作斗争。本节的目的就是对科学社会中背离这个核心制度和核心原则的不道德行为进行分析。主要分析三个问题:(1)科学成果的提出与评审的道德问题。(2)荣誉分配的道德问题。(3)弄虚作假和伪科学问题。

(一)科学成果的提出与评审的道德问题

科学是一种社会的事业。它之所以有力量,是因为它在一定的社会群体中进行。每一个科学工作者和学术工作者都是在前人和同辈人的肩膀上向上攀登。研究人员之间只有在通过正式的、非正式的途径进行相互交流、相互质疑、相互审核的自由学术环境中才能进步,否则科学的生命便会停止了。在这种相互交流的社会事业中,个人与社会联系的纽带就是向科学共同体发表科研成果。他有权利也有责任这样做,就像生产者必须拿出自己的物质产品和服务到市场上去竞争一样。反过来说,个人的研究,某个小组、某个单位的研究,受个人研究方法和价值观念的偏见以及种种条件局限是很容易出错误的,它必须通过研究成果发表前后的社会审查与检验

---

① 爱因斯坦:《为保卫学术自由和公民权利而斗争》(1954年3月),见《爱因斯坦文集》第三卷,许良英、赵中立、赵宣三编译,商务印书馆1979年版,第323页。

才能使它转变为"客观的知识"。在这里，求得同行的承认与赏识，是科学成果的客观性标准之一，更是科学工作者进行工作的强大动力之一。他们由此而获得荣誉与奖励以及物质的利益是无可非议的，正像企业家谋取利润是无可非议的一样。这就是哈格斯特朗所说的贡献与承认的交换关系。可是这种交换是等价的吗？这种交换怎样才能达到公平与公正呢？可惜的是，在科学世界和学术世界中，这里没有完整的市场的调节，这里没有"看不见的手"。但是这里有三项很难掌握的社会机制保证科学发展的自我完善、自我约束。即科研成果的同行评议，论文审查制度，重复实验和公开交流。它是社会地接受新思想、新观点，剔除错误、劣质知识产品和伪科学的过滤器，是实现成果贡献与承认奖励之间等价交换的天平。所以三者是否运作良好就关系重大，而其中的不道德、不规范的行为就特别令人触目惊心。下面从两个方面来进行分析：

首先，从科研成果评审者的角度来看，作为科研成果的论文，由学术刊物编辑自己审定或送给该领域的专家评审。它的规范是：审查该项成果是不是新的和独创的，它与别人的研究成果关系怎样，有无肯定前人成果，有无抄袭别人成果，它的观察材料与数据是否可靠，方法是否正确，立论有无问题，从而决定是否发表。至于科研成果或课题论证的同行评议，常常决定提供成果的人是否提升学术职称，是否有条件获得研究项目的拨款。可见一项科学成果，特别是基础科学研究成果的命运以及科学工作者能否得到社会公正对待就掌握在这些评委的手里。这就要求评审者履行自己科学工作的义务，"评定成果必须负责与公正、无私与无偏见"。但是这个伦理规范往往做不到甚至被践踏。有些"资深"的评委往往出于个人偏爱、思想保守以及私心，压制新生事物、否定青年科研工作者的成果；大家知道，爱因斯坦的狭义相对论论文，给物理学开辟了一个新时代，可是在柏林大学，他提交这篇论文想谋取一个讲师的职位，结果被学术委员会否决了。有些"资深"的评委根本看不

第七章　科学共同体的伦理规范与科学家的社会责任

懂被他们评定的学术成果，他们本来就没有资格充当裁判；而当不涉及利害关系时，所有被评判的成果都是"好！好！好！"，连一些粗制滥造的东西以及剽窃抄袭的东西在内，都得到了好的评价，连"水能变油"这样的荒唐事也能通过某大学校长组织和主持的专家鉴定会。[①] 整个过程成了一种走过场的形式，虽有表决，但表决结果往往取决于机遇、宣传伎俩和人际关系的手段。利用行贿等"公关"手段谋得科研成果鉴定的通过，博士点和博士生导师申请的表决通过，以及诸如此类东西的通过，在某些地方已是一个公开的秘密了。对于要通过审查的论文，有些评审人以名气大小或关系好坏定态度。有的专家会议评定项目，起初将申请人的名字封闭起来让大家评审，结果一大批名流的课题没有通过，而当名字重新揭晓时，则便"复议"通过无遗。事情牵涉到科研经费或奖金的分配时，评委们常常互相吹捧，他们滥用权力，将这些经费、奖金瓜分。所有这些并非很不普通的却是很不道德的行为与作风，表明许多学术社会已经腐败，科学社会机制的正常运作遭到破坏，科学普遍性原则遭到破坏，科学民主与科学自由的原则受到践踏。

其次，从科研成果被审者的角度来看，一个人要发表自己的研究成果并取得社会的承认要遵守什么样的伦理规范呢？科学上的荣誉严格地归属于有独创精神的人，这就是近几百年来近现代科学与学术之所以突飞猛进的根源之一。所以当一个科研工作者发表某项研究成果时，必须充分肯定前人的同类工作，如果要引用他们的成果，就要承认发现者的优先权，引用时要向原发现者表示致谢。只有当这些成果变成常识，科学家才可以自由使用不问其出处。但是，许多科学工作者往往有意无意地忽视这一点。例如达尔文在发表他的进化论时就没有及时和充分肯定前人在这方面所做的工作，在他之前，英国不大出名的动物学家爱德华·布莱恩就在 1835 年

[①] 何祚庥主编：《伪科学曝光》，中国社会科学出版社 1996 年版，第 153 页。

和1837年的两篇论文中论述过自然选择和进化。达尔文研究过这两篇论文，在1859年发表的《物种起源》一书中选用了他的例子与措辞，但只字未提布莱恩在自然淘汰理论上所做的工作。正因为这样，达尔文一直受到后人的批评。至于化学家拉瓦锡，科学史家早就指出，氧的发现是英国化学家普利斯特里首先做出的，1774年普利斯特里将他的发现告诉拉瓦锡，拉瓦锡只是做了重复实验，但他发表实验报告和论文时只字不提普利斯特里而当作自己首创，这纯属剽窃。与知识产权有关的伦理问题是十分重要的，我们在这方面还没有足够的重视。1990年淮北煤矿师范学院教师李富斌将土耳其学者和意大利学者1988年在意大利《新试验》杂志上发表的论文几乎逐字逐句抄下来换上自己的名字，混过了审稿人，分别在《瑞士物理学报》和美国《数学物理杂志》上发表。1991年和1992年这两家国际刊物分别发表声明揭露李富斌的剽窃行为，在真相大白后我国国家自然科学基金会撤销他申报批准的基金项目，并发现他的申报材料中宣称自己撰写论文30多篇，实际上只有2篇是真的。这些个别类型的不道德案例，近年又有发展的趋势。许多研究者，特别是社会科学研究者根本没有这个知识产权的概念。他们撰写文章随随便便宣称某某人首次提出什么理论，第一次提出了什么概念，而不顾社会科学发展的历史；又有些人整段、整篇、整章乃至整本书地从别人那里抄袭过来，写上自己的名字发表出去。甚至许多"著名的"人士也不过只是将别人的著作翻译过来，简单地作了不三不四的评论就成了得奖著作，这些著作应该与盗版的音带和唱片一起，用大型的压土机将它们碾压过去才对。由于升职称、谋资助、得奖励以及获取社会名气都要求长长一串的著作目录，某些单位为了控制被提升者的名额，特别地规定了诸多数量指标。例如升教授者必须有几篇论文在国内核心刊物上发表，其著作总字数至少有几十万字之类，结果出成果成为一种压力，于是研究粗枝大叶，论文粗制滥造，甚至弄虚作假和相互剽窃便层出不穷，它已经表明我国科教建制上出现了腐败现象。

（二）荣誉分配的伦理问题

科学是相互竞争和相互合作的事业。在现代，由小科学走向了大科学，科学工作者之间的相互尊重、相互信任和相互合作更为重要也更为复杂。这就存在一个荣誉分配问题。在这种社会合作事业中，每一个人都希望自己的成就得到别人的承认和公正对待，这是人类的一种天性。但是希望得到别人公正对待的人，首先必须公正对待别人。因此，每一个人在发表研究成果时，都要通过引文、通过致谢，充分肯定别人，使自己的论文在科研的来龙去脉中有个准确公正的定位。当合作研究课题时，这种荣誉分配表现特别突出。合作研究、发表成果时必须联合署名，按对成果的贡献排位，有时研究带头人排名于首位，有时排于末位，视习惯而定。但是在论文著作作者排名中出现了"名誉作者"，他们对于论文的创造与完成根本没有做任何工作。这种名誉作者的出现也表明某种科研社会建制出现腐败的现象。所以在成果荣誉分配上，有些科学杂志明确规定，只有对论文有直接的和实质性的贡献的人，才能列为论文作者，这是反腐败的一项措施。

高级研究人员与初级研究人员在合作研究过程中的荣誉分配也是一个很重要的问题。如果一个研究生或博士后在导师指导下进行某个项目的研究，如果这个项目的指导思想、操作假设、实验路线是由导师规定，在发现的那一刻，即使导师不在场，主要荣誉仍归导师。如果情况不是这样，指导思想、操作假设和实验路线都是由研究生自己确定，则科学发现的主要荣誉应由研究生获得。现在，当出现某一研究室的主管，在他手下发表五六百篇论文上签名的情况时，应该说这是科研机构官僚化的表现。合作研究的荣誉如何在高级人员与初级人员之间分配问题，具体来说是很复杂的。人们认为最好事先大家坦率地加以讨论确定，不然在得诺贝尔奖奖金时就会有许多伦理冲突。大家知道，英国剑桥大学射电天文学家安东尼·休依希因发现脉冲星而获得1974年诺贝尔物理学奖，他是射电天文学小组的组长。可是这个发现实际上是他的一个女研究生乔斯林·贝尔发现的，因为休依希只告诉贝尔去测定闪烁射电源的位置。贝尔特别注意一种频率特别高的脉冲信号，加以跟踪，从1968年8月到1969年1月前后四次发现了这种脉冲信号，并认为是非常快速的恒星。但是在写论文的时候休依希排名第一，贝尔排名第二，另外还有三个研究生也参加这项工作并在论文上签了名。我们并不是对这个诺贝尔奖发得恰当不恰当提出意见，问题在于休依希没有公正对待这个问题。在获奖后不是高度赞扬贝尔的工作，而是有意贬低她。实际情况至少也是他们二人共同发现脉冲星的。还有一个例子说明高初级人员之间荣誉分配不当的例子，就是密立根电子电荷的测定。美国的密立根测定电荷最小单位的实验屡遭失败，因为他是用水滴来做的实验，是他的一个研究生 H. Fletcher 建议用油滴代替水滴进行测量。这个实验是 Fletcher 做的，那天密立根还不在实验室，待他回到实验室后得知这件事十分兴奋与那位研究生共同工作，终于由于这个发现密立根获得了诺贝尔奖奖金。可是在获得诺贝尔奖奖金之后，他也没有充分肯定那位研究生的贡献。

（三）弄虚作假和伪科学

科学的目的是查明科学事实，发现自然规律，构造理论来解释科学事实和科学规律。为了达到这个目的，上节说到的"报告成果准确而无虚假，客观而无偏见与私心"，就不仅是个方法论问题，而且是个科学伦理准则和科学家道德责任的问题了。

首先，由于现代科学实验异常复杂，需要从噪声中解析出信息，从大量混杂的乃至是相互矛盾的观测中挑选数据，到底有多少数据才能确定一个科学事实，这没有一个通用的确定标准，来说明证据足够地强或概率足够地高。这常常要介入一种伦理上的理由来加以判定。例如要做出某一数量药物（例如放射性物质的剂量）的毒性不会致命的结论，常常需要很多很多的论据和很高很高的概率。至于要用多大的力，才能使一个有商标的商品包装袋上出产日

第七章 科学共同体的伦理规范与科学家的社会责任

期的记号打得清楚则不需要很多证据就已被认为是足够了。其所以这样确定数据足够与否是因为前者是人命关天的事。至于做出第一颗原子弹爆炸时无链式反应殃及其他物质这个断语所需要的论据，以及三峡工程引起地震的概率很小的断语，都要求有极其充足的证据，因为一旦出错风险太大。所以数据是否充足这个问题不单纯是方法论问题和逻辑问题，而且涉及伦理价值，在确定数据充足程度时必须有伦理观点，这里体现了科学家应有的道义责任问题。

其次，在混杂的数据中如何挑选呢？这里也有伦理的规范需要遵守，就是严谨治学，实事求是报告观测事实，不能只选择对说明问题有利的数据而删除不利数据；如果这样做一定要说明理由，并允许别人检查自己的原始记录。这就是说，数据必须完全公开，这已经成了国际科学工作的惯例。这种规范最有利于科学发展的规范，但并非所有的科学工作者都能做到。一个著名的例子是现代遗传学鼻祖孟德尔遗传实验的数据，孟德尔进行豌豆杂交遗传实验，他给出显性、隐性比例数据准确到超出了现代抽样试验理论所能预期的范围，例如他给出子叶颜色黄对绿的杂交显性得到6022株，隐性得到2001株，比例为3.01∶1。这些数据显然不是如实记录结果。不管这个结果是"下意识"的为我所用的选择，还是"有意识"的伪造，都是不符合数据选择的伦理规范的。另一个著名的例子是美国物理学家密立根测定电子电荷的油滴实验。该实验测得最小单位的电荷 e，实验测量的电荷是它的整数倍。为了驳倒论战对手奥地利维也纳大学的埃伦哈夫特（他主张有非电子电荷整数倍的电荷，即亚电子的电荷），密立根1913年发表论文写道"这不是一组经过选择的液滴，而是在连续60天里经过实验的所有液滴"。可是实际情况并不是他所说的那样，哈佛大学历史学家霍尔顿查阅了1913年他写那篇论文所依据的原始笔记本，发现他在1913年那篇论文中发表的58次观测，实际上是从140次观测中挑选出来的。他在笔记本的原始记录旁边写着这类批注："漂亮，这个当然要发表"或者"很低，有问题"。当然数据不是不可以选择，但必须有客观的理由，必须公布删除某些数据的理由，而不应该掩盖自己进行这种删除。密立根虽然因为发现电子而获得诺贝尔奖奖金，但他在挑选数据问题上至今仍受到批评，这批评带有伦理性质，当然并不是说他弄虚作假，搞伪科学，而是批评他选取数据时不够严肃，为我所用。

最后，现代科学方法论发现，人们的观察是渗透理论的，不受约束的中性的纯粹观察语言是没有的。观察测量在科学中实际上是确定某种理论概念的值，因而不同理论在同一现象上看到不同的东西。现代心理学证明，人们总是倾向于看到他们所期望的东西。这固然证明理论对观察的指导作用，但这就会造成观察中的自我欺骗，从而使研究者陷入"病态科学"[①]之中。例如，在哥白尼日心理论提出之后，17世纪许多物理学家和天文学家包括罗伯特·胡克在内都不断宣布自己发现恒星视差效应，其实当时的望远镜根本不可能发现这件事情。又如，迷信特异功能的人，很容易观察到自己身上有特异功能效应，即所谓"心诚则灵"。这些都在相当大的程度上是自我欺骗。最典型的例子是20世纪初法国物理学家雷内·布朗洛发现所谓N射线，因布朗洛在南希大学任物理教授而用了大学名字命名为N射线。它被假定为由气体放电、金属受热乃至人的脑某个区域发出，它通过铝棱镜发生折射而在磷光体或照相机底片中产生模糊视觉效应。在1903—1906年，至少有40个科学家观察到这种效应并且有三百篇论文分析过这种射线。其实这不过是集体的自我欺骗。美国物理学家W.伍德因无法重复这个实验而在布朗洛演示这个实验时偷走关键器件铝棱镜，结果布朗洛还是观察到预期结果。伍德写了文章揭露出来，人们才发现以前的观察结果只是一种人为现象或观察者的主观效应，是由于人们某种价值偏爱导致的非理性结果。但布朗洛却至死（1930年）还相信N射线。首先使用"病态科学"（Pathological Science）一词来说明自我欺骗

[①] 庆承瑞：《病态科学、冷聚变及其它》，《自然辩证法研究》1991年第1期。

第七章 科学共同体的伦理规范与科学家的社会责任

现象的美国化学家 Irving Langmuir1953 年撰文指出,一次病态科学的现象可以持续十年,甚至二十年之久,可以出现上百篇,乃至数百篇论文,并发表在一流的专业科学杂志上,最后直到销声匿迹。[①]值得指出,自我欺骗和病态科学还不是明目张胆的弄虚作假和伪科学,但它有其伦理根源,就是研究者有某种急于求成、投机取巧的心态,违背了科学无私利、无偏见的道德原则。对于自我欺骗和病态科学,正确使用同行评论、论文审查和重复实验的机制,能够予以纠正。

但是特别值得我们警惕的是科学中的弄虚作假和由此产生的伪科学,这完全是一个科学道德败坏的问题。在中外科学史上,这种事情屡次发生。1911 年一个名叫查尔斯·道森的英国律师将黑猩猩的下颌骨拼凑到几块人类化石上,先将其埋入地下,然后将它作为考古文物挖出,造出一个所谓"道森原始人",作为从猿到人过渡时期的头骨。只是在 40 年后由于同位素检测技术的发展,才揭穿了这个骗局。英国布劳德写了《背叛真理的人们》一书,大量揭露了科学中弄虚作假的事实。[②] 对于我们比较熟悉的苏联女生物学家勒帕辛斯卡娅伪造实验照片,宣称细胞是在蛋白质中自发形成,而曾任苏联农业科学院院长的李森科将冬小麦变成春小麦的"环境改变物种"的实验都是弄虚作假而成。只因迎合了当时苏联中央的领导路线,所谓证实了"唯物辩证法"而飞黄腾达,终究要落得身败名裂的下场。近年我国揭露出来的打着科学招牌,进行封建迷信宣传和经济诈骗活动的一连串弄虚作假的事件,如张宝胜的"特异功能""意念致动",王洪成的"水变油"以及各种伪气功的出现,说明伪科学,作为科学上弄虚作假的表现,在文化水平比较落后的我国仍有很大的市场,需要给予道德上的谴责和法律上的制裁。

---

① Irving Langmuir, "Pathological Science", *Physics Today*, (1989) 10, p. 36.
② W. 布劳德等:《背叛真理的人们——科学界的弄虚作假》,朱进宁等译,科学出版社 1988 年版。

五 从小科学到大科学,从学术性科学组织到工业性科学组织

第二次世界大战开始以后,科学作为一种社会活动方式,作为一种社会组织,以及科学家之间行为的规范都发生了巨大的变化。总的特征是科学与生产的联系更加紧密,科学与社会的关系更加密切,科学家的研究活动更加社会化。这就是说,科学的发展已经从"小科学"发展到"大科学"了,其具体表现如下:

(1) 科学研究和科学组织的社会化。科学研究作为一种社会活动经历了三个阶段。第一阶段是近代科学产生到19世纪末,是科学家个体进行自由研究阶段。实验室规模很小,科学家带一两个助手靠自制仪器进行研究。科学活动带有个人奋斗、个人爱好的色彩,和生产关系不紧密,法拉第与牛顿的科学实践就是明显的例子。科学社会学家约翰·齐曼说:"当时是很少从事专职研究的。……自然科学可以说是一种令人着迷的嗜好,医生、教授、神父、修道士、贵族甚至于一个店主都会沉湎于这种嗜好,就像今天他可能会热衷于下棋或爬山一样。在这个时期,大多数上层或中层阶级的人士确实过着悠闲的生活,科学研究完全是少数受过良好教育或知识上有好奇心的热情者的业余活动。"[1] 第二阶段开始于19世纪末,随着工业规模的扩大,实验室规模增大,设备比较复杂,它一般由几十人组成,科学研究成了一种相当专门化的活动,进入科学家集体组织研究阶段。卡文迪许实验室、爱迪生实验室、李比希实验室就是典型的例子,例如1871年由剑桥大学校长捐助建造的剑桥大学卡文迪许实验室就有研究人员20人。麦克斯韦的电磁场理论、汤姆生发现电子、卢瑟福发现原子结构,都是在这个实验

---

[1] 约翰·齐曼:《知识的力量——科学的社会范畴》,许立达等译,上海科技出版社1985年版,第42页。

室做出的。又如，1876年爱迪生投资2万美元，建立爱迪生实验室，就有100名研究人员在那里工作。这时大学成了基础科学研究的策源地，大学教授成了科学研究的主力军。这时，科学家必须在一个集体中工作，扩展主要研究者即大学教授的智力，但结合比较松散，个人自由独立研究仍然是学术研究推崇的准则。所以第一、第二阶段都属于小科学阶段。第三阶段是科学研究社会化、工业化的大科学阶段，开始于20世纪30年代，这时由于科学向微观与宏观深入与扩展，实验室的规模空前巨大，耗资巨大，要求多学科和多种人才共同配合，实验室变成几千人的城市。最典型的例子是高能物理实验室、原子弹、氢弹研制以及阿波罗登月计划的实施。美国费米实验室，仅加速器设备的费用就是4亿美元，美国氢弹研制的发明的经费为20亿美元，阿波罗登月计划耗资300亿美元，后来美国"星球大战"计划用资2000亿美元。这时科学家在严密的社会组织管理和分工下进行工作，科学家变成科学工人。这个阶段又称为科学家的国家组织协调阶段，因为许多重大的项目需要国家出面协调甚至各国之间相互协调才能完成。

（2）科学—技术—生产一体化。新时期科学的特点是与技术、生产、经济、军事的密切结合。这是因为：①科学研究越来越依赖于强大的工业技术，高能物理依靠少数几个国家才有的巨大加速器，地质科学、气象科学依赖于资源卫星和气象卫星等。②工业生产愈来愈依赖于科学来开辟新的工业、技术领域，核物理开辟新能源工业，固体物理开辟电子技术新领域……③从理论上的发现到技术上的发明和生产上的应用周期愈来愈缩短。"科研生产联合体""科学工业区""科学城"这些科学、技术、生产一体化组织就是它们紧密结合的必然结果。大科学的典型科学组织形式是：多学科研究与开发实验室（Multidisciplinary Research and Development Laboratories，简称为R&D实验室），一些是设在大公司下面的，另一些是国家办的。R&D的出现，大大加速科学与生产的结合与共生。因为商业竞争、军事竞赛迫使它们结合起来，所以这种科学新体制是很有生命力的。

科学—技术—生产—体化以及 R&D 的科学组织使得基础学科与应用学科、科学与技术、科学家与技术家的界限逐渐模糊，乃至于泯灭。因为知识密集型工业雇用了许多经过长期高级训练的科学工作者或科学家，进行技术工作和基础研究工作，而典型的科学家却又要做大量的管理工作、组织工作、技术工作。

(3) 科学知识分子工人化。在 20 世纪典型科学组织下进行工作的科学家，他们所处的科学组织，需要庞大的资金，整个是为一定的政治、经济、军事目的服务的，他们的研究环境是在统一指挥下的工业化的、严格分工下进行的，他们发表的论文通过几十人乃至上百人签名，彻底打破了个人自由独立研究的神话。齐曼说："科学作为一种生活方式，在过去的半个世纪中已发生了巨大变化，比起过去来，它不易区别于通常的工业、商业、管理或行政活动。"[①] 在这种环境下，科学工作者处于二重的矛盾心理状态中：作为"科学人"，科学工作者要维护科学旨在追求真理、科学无国界、无私利等理想；而作为"经济人"和"政治人"，科学工作者又要为了利润与效率，为了企业与国家的利益而进行科学工作。生活在科学保护区的大学里，他们所受的科学训练、动力与压力与他们出来工作以后生活在工业实验室里所受到的动力与压力，仿佛在不同的世界。他们有时提出这样的问题："纯洁的"科学是否"出卖了灵魂"，是否"勾上了""肮脏的"商业和"罪恶的"军事呢？

(4) 科学价值观念的变化。现代科学研究逐渐偏离了默顿所说的以获得知识为目的的世界主义和自由主义的科学精神，走向一种实践主义的务实精神。关于这一点，可以从 N. D. Ellis 的一篇论文《科学的职业》中的调查表中体现出来。[②] Ellis 拟定了反映科学家

[①] 约翰·齐曼：《知识的力量——科学的社会范畴》，第 215 页。

[②] Stewart Richards, *Philosophy and Sociology of Science*, Basil Blackwell Limired, 1985, p. 120.

价值观念的十二个问题，要求学院科学家和技术家以及工业科学家和技术家对这十二个问题的重要价值做出评价，每项数字表示重要程度（0—100），括号里的数字表示满意程度（见表7—1）。在C、E、H、I与L各项中，即在自由研究时间、自由选择自己的研究方案、获得基础研究的机会等项中，学院科学家中得分相当高，表明他们仍然依附纯科学的精神，而这些项目在工业科学家中评价较低，表示他们逐渐离开纯科学精神走向实践定向。应该指出，社会上的科学家，大多数是工业科学家，他们已经不完全按默顿模式行动了。因此，我们就有必要分析工业科学组织或所谓R&D实验室组织的特点。

到了20世纪中叶以后，由于小科学发展为大科学，工业科学组织取代学术性科学组织的地位，已经成为主要的科学组织形式。世界上许多大公司的工业实验室，聘用数以千计的科学家。例如，德国BASF化学公司雇用化学家2500人（1975年），贝尔电话公司实验室雇用科学家人数达到5000（1947年），占全体职工的1/3，其中10%的经费供雇员从事基础理论的研究。美国通用汽车公司雇用科学家和工程师达6000人，整个美国4060个公司设立了4834个实验室。美国全部研究与开发经费120亿美元，有95亿是工业企业的研究经费（1962年）。许多工业实验室远离工厂区，有自己的园区、图书馆、讲演厅……简直是一个独立的科学社会。

表7—1　　　　两类科学家和工程师价值观念对比

	科学家		技术家	
	大学	工业	大学	工业
A. 薪金	55（31）	77（50）	81（40）	76（52）
B. 助手的质与量	79（47）	78（38）	65（40）	63（39）
C. 有效的个人自由研究时间	90（74）	38（49）	73（66）	38（65）
D. 获得管理经验的机会	20（64）	63（37）	32（64）	55（41）
E. 所在系、部门在科技界中的声望	60（51）	43（50）	67（37）	51（60）
F. 研究工作升级的指望	60（49）	75（44）	70（38）	91（54）

续表

	科学家		技术家	
	大学	工业	大学	工业
G. 自己的资格与经验的有用程度	81（84）	94（47）	95（70）	85（65）
H. 在自己研究领域中获得纯粹基础研究的机会	90（83）	33（60）	70（85）	49（65）
I. 自己选择自己的研究方案	88（96）	51（49）	80（85）	54（56）
J. 自我安排工作的自由度	96（93）	91（63）	88（93）	90（79）
K. 参加科技会议的机会	72（60）	65（51）	70（45）	60（67）
L. 与著名科技家合作研究的机会	63（77）	44（49）	72（38）	50（61）
被调查人数	50	118	40	75

除了工业科学组织外，第二次世界大战后，政府机构也发展出许多科学组织。如美国原子能委员会下属五个研究基地，美国国家航空航天局（NASA）、海军研究署等都是科学组织、科研机关，在组织结构上与工业科学大体相同。据1962年统计，美国科学家40%在工业，20%在国家机关，只有30%在教育机构。工业科学成了科学组织的主要形式，现在已是明显的事实了，它的进一步发展就是工业和政府的R&D组织形式。

工业科学组织形式与学术科学组织形式有很多不相同的特点：

（1）工业科学组织的非教育性。这些组织一般不在大学中建立，它的成员没有教育的责任，他们工作所受的压力和动力与在学院科学组织中所受的压力和动力迥然不同。

（2）工业科学组织在管理上的非独立性。典型的工业实验室不是一个准自主的组织机构，常常是某些更高一级非科学组织的一个下设部门，成员的来源虽然也是来自大学的硕士与博士，但他们以后的发展主要依靠于其技术成就与管理能力，而不是在科学共同体中的承认与声望，其行为准则受某些经济学的或准经济学的范畴支配，例如成本与效率之类的概念，而不是受纯学术性的概念，如发现自然界的秘密之类的概念的支配。

（3）工业科学组织最重要的特征，就是其目标的实用性，科学被理解为达到实用目的的工具，这种工具主义使得实验室人员无论资历如何的高，都没有自由按照自己的倾向来选择研究课题。它们的主要任务是完成上级组织所确定的目标：发明一种新产品，给出一个地区的资源图，完善一项测量技术等。

（4）仪器的复杂性和研究的合作性，如上面所述。

特别值得注意的是，由于工业科学组织和政府R&D科学组织的目标与纯学术性科学组织的目标不同，它们不是为科学而研究科学，而是为利润和军事目标研究科学，所以在其中的科学家的行为规范逐渐偏离默顿的四项基本原则，其表现如下。

（1）保密、专利和知识产权的扩大化同"知识公有"和"无私性"发生矛盾。由于工业科学的目标之一是获得竞争对手和军事潜在敌人无法获得的知识。因此就不能让这些知识公开，成为全人类的公共财富。工业科学组织限制其成员将成果写成论文加以发表，只有那些基础性研究的东西，以及实用性较少的东西才允许发表，而且这种发表有一定的批准手续。在一些军事部门服务的科学家，不但发表论文受约束和限制，而且他们的行动也受到严格的军事保护，他们的道德准则更类似于军人或军官。现在知识产权扩大化了，原来知识产权只是要求承认的优先权，要求他们承认是其发现的，现在知识本身、知识本体变成私有、公司所有或国家保密局所有，如某种特效药的制作方法、"可口可乐"的配方以及制造原子弹的秘密之类。在过去科学是一般的社会公共财富，而现在科学成了资本的核心财产。

（2）权威主义与管理文化同"普遍主义"与"怀疑主义"的科学精神相矛盾。普遍主义与怀疑主义的一个要求是，不分种族、阶级、上下级，科学家人人都有选题、发现与评价的平等权利，在科学面前没有权威与惯例，只有经验与理性才是最重要的。可是工业科学强调选题、计划、成果评定在相当大程度上由上级决定，要求作为工人的科学家勤奋地做好指派给他们的各项工作。于是，能够允许青年人有多大的学术自由？允许他们对工作有多大的怀疑主义的批评？当科学家负责保密的科研工作时能允许他们参加多大程度的学术会议？按学术标准还是按管理能力标准来提拔他们呢？这里体现了一种新的尚未形成的或正在形成的科学社会价值观和科学社会的伦理规范。

不过，依我看来，默顿所总结的学术科学的精神气质即使在现代也没有过时，问题只是现代科学研究的活动，具有二重目的和二重性格。它有实用的目的，是达到某种政治、经济目的的手段。但科学决不能作完全狭隘功利主义和工具主义的理解，科学作为探索宇宙奥秘、发现社会真谛，满足人类无止境的好奇心，这种美学的、精神上的和人文主义的内在价值是永远不会消失也永远不应消除的。而为了发现科学事实，增长我们对世界的知识，要达到这个目的就必须遵循学术科学的四项基本原则，才能促进科学的进步。现在的问题只是在科学的内在目标和外在目标之间、内在价值和工具价值之间、科学道德和其他职业道德之间找到新的平衡点，以便正确处理科学的认识价值和科学的实用价值之间的价值差异和价值冲突，使二者能得到兼顾。而且我们还必须注意，随着人类社会的进步，随着科学与文化在人类生活中的地位越来越高，学术科学的那种精神气质有向其他领域，例如向经济管理领域和政治管理领域渗透的趋势。现在世界上的一些大公司，都有自己的工业实验室，工业实验室中有自己的基础科学研究，这些基础科学的研究是不能不具有学术自由、学术民主、国际交流和知识公有的性质的。而这些公司的经济决策中也越来越渗透着人文主义和民主管理的精神，各种不同决策方案之间的辩论与选择就带有学术自由的气息。运作得非常好的人民民主或议会民主与纯粹科学的学术讨论会之间在精神气质上又有何区别？国际合作是科学最先具有的伟大传统，而这种合作后来被加强并扩展到人类行为的其他方面。可见学术民主与学术自由的模式是其他职业领域可借鉴的。

第七章　科学共同体的伦理规范与科学家的社会责任

六　科学家的社会责任

在"小科学"时代，科学与生产、科学与社会的关系并不密切。科学家凭自己的兴趣选择研究课题，展开个人之间的竞争，科学家对科学的社会应用以及一般政治问题一般采取超然的态度。英国皇家学会甚至责成它的会员回避参与"辩论……政治"等问题。皇家学会作为一个科学组织拒绝出面调解党派之间、政界之间的争端，这是小科学的传统，它也许从亚里士多德时代就开始了。亚里士多德在《道德论》（卷 10）中曾经写道："思考理性问题的学者不需要这一切装饰品，它们或许会成为他思考的障碍。"[①] 这就是说小科学时代，许多科学家采取了科学对社会责任的中性的超然的态度。不过即使在那个时代，至少有一个学科是例外的，这就是医学。因为医学关系到人们生死攸关的问题，因此医学家最早萌发了它的科学职业道德感特别是对社会的责任感。在西方，医学从业者有一个古老传统的医学道德宣言，也可以叫作医学的社会责任宣言，这就是古希腊医生希波克拉底（前460—前357）提出的希波克拉底誓言。誓言中有这样一段话："我宣誓……我将根据我的能力和判断考虑采取有利于我的病人的生活方式，回避有毒和有害的生活方式。我将不向任何人提供致死的医药，即使在提出请求时，也不作任何这样的建议……我将秉持纯洁和庄重的原则去生活和实践我的医术……无论进入什么样的病房，我们都将为病人谋利益，杜绝任何有害的和腐败的随意行为……"

然而，从小科学进展到大科学，科学与生产、科学与社会、科学与政治的关系变得十分密切了。科学的影响力愈来愈大，它不但可以大大造福人类而实际上它确实大大地为人类造福；可是同时也

[①] 转引自约翰·迪金森《现代社会科学和科学研究者》，张绍宗译，农村读物出版社1988年版，第157页。

◇ 下篇 现代伦理视野中的科学与技术

可以极大地危害人类甚至可以毁灭人类，如果它被人们滥用的话。关于这一点，爱因斯坦说得非常清楚。他说："以前几代的人给我们高度发展的科学技术，这是一份最宝贵的礼物，它使我们有可能生活得比以前无论哪一代人都要自由和美好。但是这份礼物也带来了从未有过的巨大危险，它威胁着我们的生存。"[①] 这样，科学家就不仅对自己的工作和科学共同体的其他成员负有伦理的义务，而且对整个社会负有道义的责任。他再也不能说，我的工作只管研究与发明，至于它的应用及其造成的道德后果，是政治家和经理们要负的责任，它一概与我无关。这是因为，造成科学应用的后果，或科学被滥用后果的，有一个因果链，在这因果链中科学家的工作，即他们的研究、发明和制造的工作是一个重要环节或必要条件，当然原因并不等于责任。但是由自由意志控制的原因对其后果是有道德责任甚至法律责任的。这里有几个情况必须加以分析。

（1）科学家由于掌握了专门的知识，因此比任何人更能科学地预见科学成果的社会和政治效果。他们有责任向公众和政界说明这些效果。例如维纳创立了控制论，他就认识到控制论的应用将会导致机器代替人的脑力劳动和体力劳动，从而造成工人的失业。他就将这个结果的影响公布出来并通告给美国的劳工组织。这是一种对社会负责的表现。

（2）科学家由于其社会地位比一般公众有特殊的重要性，因此他们在一定程度上能参与和影响政治家们的决策。在这方面，科学家对于科学的应用后果是负有一定的社会责任。例如在论证三峡工程对生态环境的影响时，科学家们的论证对于这项工程的后果是负有一定道义责任的，当然不能信口开河乱说一通。

（3）当科学家参与某些对人类有危害的项目时，在一定程度上是有权利参加或退出这个项目的。在这里他们不能不做出道德的判

[①]《爱因斯坦文集》第三卷，许良英、赵中立、赵宣三编译，商务印书馆1979年版，第99页。

断和道德的决策。联合国教科文组织在1974年第18次大会上通过了《关于科学研究者地位的建议》中就明确规定:"科学研究者在政府机构支持下履行如下责任和享有如下权利……对于某些项目在人性、社会或生态方面的价值自由表达自己的意见,直至退出这些项目的研究,如果他们的良知这样决定的话。"[①]

可见在大科学的时代,科学家有自己的社会责任。他们对课题选择、方法取舍、成果使用的后果不能不加以关注,事实表明,他们愈来愈对人类幸福、人类未来表现出极大的关心。造成科学家日益增长的责任心的,有下列几个突出的科学事件和历史事件必须提出来加以分析。

(1) 核研究与核伦理

美国在第二次世界大战中研制原子弹,没有出现应不应该研究原子弹的争论,因为希特勒德国也在研制。但是当1945年美国杜鲁门政府准备对日本使用原子弹时,就有科学家出于对人类前途和道义的考虑反对这样做。1945年6月由詹姆士·弗兰克(J. Frank)等7人联名向国防部提交报告,反对使用原子弹。到了要使用原子弹的最后时刻,又有里奥·西拉德(L. Szilard,1898—1964)等60名科学家向杜鲁门发出请愿书。但是这个建议没有被接纳。1945年8月,美国向日本的广岛和长崎各投了一颗原子弹,共死亡30万人,伤20万人,宣布了原子战争的开始,也震惊了全世界。到了20世纪50年代初,美、苏都开始制造氢弹,氢弹与原子弹不同,原子弹用的是重元素的核裂变反应,其破坏能力有限度。而氢弹用的是聚核反应,它的破坏能力大得多。一颗就可杀死1000万人,1000颗氢弹就会引致核冬天的到来,所以氢弹的威力足可以毁灭全人类。J. R. 奥本海默,原子弹之父,美国原子能委员会科学家顾问组主席,不愿承担这个毁灭人类的风险,公开反对试制氢弹,因而被美国国防部解雇。这表明科学家进入一个新时代,就是社会道

[①] 转引自约翰·迪金森《现代社会科学和科学研究者》,第211页。

德伦理责任的觉醒时代。由此开始了大规模的科学工作者反对战争、反对核军备竞赛运动，对大国的政治和国际关系产生了极大的影响。关于核科学与核伦理问题，我们将在第八章中加以研究。

(2) 基因工程的社会责任

基因工程或基因重组技术，是当代最先进的生物工程，它将带来21世纪的农业革命。基因工程是用人工方法切割出来的或人工合成的DNA大分子的片断（基因）植入某种细胞（例如细菌）内与细胞内原有的DNA重组，从而创造出具有人们所需要性状与功能的生物物种品系。例如用人工方法将生产激素的基因或将生产人造胰岛素的基因植入大肠杆菌，产生的大肠杆菌变体能生产各种激素、人造胰岛素等。这类技术在20世纪80年代中期和后期有新的发展。例如合成了能杀死松毛虫的病毒，重组了狂犬病毒基因，使其后代"无害"于人体，而创造一种能吃掉海面石油浮油的细菌也接近成功。很显然，基因工程研究的目的是给人类带来福利，但也存在着一种潜在的危险。我们人工地制造了各种新的细菌将它释放到开放的自然界中，会不会引起生态平衡的大破坏？而且这种工程万一不慎创造一种致病细菌或致癌病毒引进自然界就会危害人类的健康，而如果创造恶性菌株用于战争那更是不可设想。在这些方面，生物学家们认识到自己的道德责任。现在，生物学家们达成某种共识：如果有种极大危险潜伏在某项研究中，则我们应"暂时停止"这项实验。这种实验叫作"暂禁"实验，待建立严格管理制度，确保安全后，再开放这个实验。现在有些国家（如英国）设立危险病原体顾问委员会（ACDP），确定那些引起人类疾病的危险病原体。对于这些病原体，不许拿来作为基因重组工程实验。这些都表现出科学家社会责任心的加强。由此引起一系列伦理问题，我们将在第九章中进行具体的研究。

(3) 人体实验与医学伦理

导致对科学伦理反思的另一个重要领域是人体实验与医学伦理。第二次世界大战后在纽伦堡对纳粹医生在集中营中骇人听闻的

第七章　科学共同体的伦理规范与科学家的社会责任

罪行进行审判，揭露了他们在集中营中用人进行所谓"医学实验"，大多数受害者极端痛苦和恐怖，并且导致死亡或终身残疾。世界医学联合会在反思这个事件的基础上制定了关于以人为实验对象的第一份国际公约，叫作《赫尔辛基宣言》（1964年通过，1975年、1983年修订）。这个宣言一方面肯定对人进行实验是必要的，"医学的进步基于研究，而研究最终必须部分依赖于以人为对象的实验"。但"它的目的必须是改进诊断、治疗和预防的程序，以加深对病因和发病机制的理解"。而以人为对象的实验必须遵守一些基本原则，例如：这种实验"应当以进行过充分的实验室实验和动物实验以及全面掌握科学文献知识为基础"，这种实验对研究对象的危险和利弊必须有专门委员会进行充分的考虑和认真的评价与论证，"对研究对象利益的关注必须始终高于科学和社会的利益"。在这里体现了普遍人权的思想和康德的道义论立场：我们只能将人当作自身是个目的而不仅是个手段。所以我们应该将作为研究对象的人的利益看作高于科学利益和社会利益。此外还规定被研究对象是否参加这项实验应有绝对的而不是形式的自由，"他或她可以随时退出研究，并可随时自由地收回其作为研究对象的同意"等。至于用人的胚胎做实验，由于人的胚胎也是人，但他不能表示愿意或不愿意，所以现代许多发达国家的法律也是一般规定不允许做这种实验的。英国至今有两个法案草案，一个是由哲学家 Warnock 领导的一个委员会起草的，即允许早期胚胎即受孕后14日内的胚胎进行实验研究，另一个法案是右翼提出的禁止一切人胎的非治疗性实验研究。议会迄今未能做出决定。可见科学的影响太大了，因而它的社会责任受到充分的注意；科学研究绝不是伦理无涉的。至于能否拿动物做实验的问题，也有一个《动物权利的世界宣言》，由保护动物权利国际联盟于1978年通过。其中规定"所有的动物都有出生的自由也有生活的自由"，"动物不应受到粗暴的对待或残酷的役使"，"在必须宰杀动物时，宰杀应当是快速的、无伤的和不引起痛苦的"，"用动物做实验，不论是医学的、科学的、商业的，还是其他性质的，凡是涉及产生肉体上或心理上痛苦的，都是与动物权利不相容"等。至于医学伦理的其他方面，是当代科学伦理学的热门课题，也将在第九章中加以研究。

（4）环境保护与环境伦理

科学技术有两重性，一方面现代科学技术极大地提高了人类的福利，但另一方面它又威胁人类的生存。由于科学技术的发展，对不可再生资源的迅速消耗，对人类后代社会的稳定性构成极大的威胁，科学技术及其伴生工业污染了整个环境。就以 DDT 的使用为例，它固然杀死了害虫以及蚊蝇之类的疾病载体，可是它同时又杀死了大量的益虫，进而通过空气和水源散播到地球表面各个部分，积累起来，毒害了整个食物链，各种飞鸟和水中的鱼类无不受其害，最后受害者还是人本身。至于工业的污染怎样导致大气上层的臭氧层变薄，太阳中有害的辐射增加，导致增加人体致癌的危险，以及工业污染造成的酸雨给人们健康带来的危害在此就不一一论证了。因此最近兴起了环境伦理学，说明科学家应该有怎样的行为规范对待自然、对待环境，在这方面科学家特别有自己的社会责任。它的责任是发扬科学为人类造福的方面，抑制和减少科学对人类的副作用，保持生态平衡，提高人类的生活质量。关于这些问题我们将在第十章加以研究。

由于科学和科学家的社会影响越来越巨大，因此关于科学研究工作者的道德规范便愈来愈注意规定科学家社会责任的内容。1949年9月"国际学会联合会"第五次大会通过的《科学家宪章》，对科学家的义务有6条规定，其中5条都与科学家的社会责任有关。这6条规定是：

（1）要保持诚实、高尚、协作的精神。

（2）要严格检查自己所从事工作的意义和目的，受雇时须了解工作的目的、弄清有关的道义问题。

（3）用最有益于全人类的方法促进科学的发展，要尽可能地发挥科学家的影响以防止其误用。

（4）要在科学家研究的目的、方法和精神上协助国民和政府的教育，不要使其拖累科学的发展。

（5）促进国际科学合作，为维护世界和平，为世界公民精神做出贡献。

（6）重视和发展科学技术所具有的人性价值。

七　结论

将现代社会的伦理原则应用于科学社会，便产生了科学伦理。研究科学社会伦理的基本方法论原则依然是系统主义的原则，即假定每个伦理系统都有一组价值目标，确定行为的方向；都有一个资格标准，确定其成员的角色与功能；都有一个自动实现目标的机制和成员自律的规范，规定成员的权利与义务。行为的正当性视其是否达到目标，是否承担当前角色功能，是否促进自动机制，是否符合规范而得到辩护或谴责。

科学不仅是一种特殊的知识体系，而且是一种特殊的社会活动和社会建制。对于科学社会及其伦理的研究，从来就有两个基本的学派：一是马克斯·韦伯和默顿学派，着重分析一组文化价值如何支配科学家的行为，说明科学中的社会运行机制；二是马克思学派，着重分析物质生活的生产过程如何决定科学和科学伦理的发展，说明社会中的科学。这两个学派的观点是相互补充的。我们必须研究科学的社会，分析它的伦理规范。科学共同体的目标是知识的增长，为达到这个目标，科学家的基本道德规范应该是普遍主义、知识公有、无私利与偏见以及有组织的怀疑主义。在这种规范下科学家向他们的共同体提供创新的知识，并由此获得共同体对他的工作和优先权的承认。科学社会的提供信息与获得承认之间的交换体制便构成科学社会运行的自动机制。科学家的道德就是为了发挥科学家认识世界的角色作用，促进科学社会自动机制的实现。可以将科学家的四项基本道德规范写成权利与义务的语言。科学工作者最基本的义务就是追求真理、维护真理、服从真理、为真理而奋斗，而他们最基本权利就是学术自由和学术民主权利。

随着社会生产和社会文化的发展，科学由"小科学"发展到"大科学"，使科学、技术、生产一体化，导致工业实验室即多学科的研究与开发实验室成为科学社会的基本组织形式。这时科学家的行为在某种程度上背离默顿的四项基本原则，发生了保密、专利和知识产权的扩大与知识公有和无私利原则之间的矛盾，以及权威主义与管理文化和普遍主义与怀疑主义的科学精神相矛盾。这并不意味着科学道德的四项基本原则已经过时，而是意味着在科学道德与企业道德之间需要寻找新的平衡点。因为随着工业与社会的发展，"为科学而科学"的时代已经过去。科学既是为了探索自然界的奥秘，同时又是获得利益与效率的工具，因而我们必须寻找科学的内在价值与外在价值、人文价值和工具价值的价值差异和冲突的新的平衡点。而随着科学在社会生活中的地位愈来愈高与作用愈来愈大，科学家的社会责任也愈来愈明显。科学家在保卫和平反对战争、保护环境反对污染、发挥科学造福人类生活的功能而防止科学被误用和滥用的危险等各方面将会发挥愈来愈大的作用。在现代社会发展过程的因果链条中，科学家控制着一个非常重要的环节，这就是科学家的社会责任之客观的根源。

第八章

核科学与核伦理

20世纪40年代开始不久,人类在科学技术上进入一个新时代,这就是所谓的核时代。在核时代,人类手中已掌握了足以毁灭自己,甚至毁灭这个星球全部生命的自然力,能驾驭像太阳般的能量。那么这个过程是怎样发生的呢?人类又应该发展出一套什么样的新伦理观念和新伦理规范才能适应于掌握核科学技术,才配掌握核科学技术呢?如果人类不能提出一种新伦理而用一套陈旧的、落后的伦理来看待和控制核技术又将会怎样?这就是本章要解决的科学伦理问题,即用什么样的伦理来看待和处理核科学和核技术问题。

一 核科学的"春天"和"核冬天"

人类在一步一步地认识与掌握自然物质结构的同时,一层又一层地认识和掌握自然物质的能量。物质结构的结合能,按单位质量来计算,愈到里层就愈大。记结合能与被结合元素静能比为 E/m,则宏观物质的 E/m 值为 10^{-11},分子的 E/m 值为 10^{-9},原子的 E/m 值为 3×10^{-5},原子核的核的 E/m 值为 2×10^{-3},基本粒子的 E/m 值为 1。[1] 结合能是可以人工地将它们释放出来的,我们对于物质

---

[1] 参见张华夏《物质系统论》,浙江人民出版社1987年版,第294页。

结构的认识,为释放其能量提供理论依据,不过我们在探讨这些物质结构的时候,只是为了求知识,人们甚至没有想到要释放它的能量。按照上面的质能比 E/m,在假定系统元素重新结合能释放出来的能量与原系统结合能的比例在不同层次系统中不会发生太大变化的情况下,分子层次单位质量释放出来的能量比宏观物体层次单位质量释放的能量大两个数量级,单位质量的原子核释放出来的能量比分子变化释放出来的能量大 6 个数量级。如果说 1 吨的宏观物体运动变化的力量能杀死几个人,则 1 吨的 TNT 炸药在释放它们的分子能量时能杀死几百人,而 1 吨的核材料造成的核弹释放核能时(例如将它制成几枚大氢弹)能杀死几亿人,如果他们都集中在大城市里居住受氢弹或超级核弹袭击的话。以上所说,当然是很不精确的说法,其目的只是想说明人类愈是能够认识深层次的物质结构,人类的手中就愈能掌握更强大的自然界能量。人类利用人力、畜力、风力、水力标志着人类掌握了宏观物体这个层次的能量,而利用火、炸药,特别是发明蒸汽机,标志着人类掌握了分子这个层次的能量,然而科学必须对原子核有所了解才能掌握原子核层次的能量进入核时代。

(一) 核科学的兴起

20 世纪 30 年代,是原子结构的科学知识取得飞跃发展的时期,我们或许可以称它为核科学的"春天"。这时物理学家们已掌握了 20 世纪最伟大的理论发现即相对论与量子力学,便忙于运用它们来认识物质的深层结构,即原子的内部结构。用 P. 奥本海默的话来说,这时"物理学家被量子论武装起来,充满着探索的激情……注意力从靠近原子核的电子转向原子核本身"[①]。1932 年英国科学家 J. 查德威克发现中子。1934 年法国物理学家约里奥-居里夫妇

---

① P. 奥本海默:《物理学的三次危机》,转引自 И.Т. 弗罗洛夫《科学伦理学》,辽宁大学出版社 1988 年版,第 116 页。

(Jean Frederic and Irene Joliot-Curie) 用 α 粒子轰击硼、铝、镁等类物质，使它们成为放射性物质，于是发现人工放射性，即人工制造的放射性元素。而意大利物理学家 E. 费米以中子代替 α 粒子轰击各种物质，产生人工放射性元素效果更佳，于是发现大量的放射性同位素。不出几年，核科学家发现，几乎周期表中所有的元素都有其放射性同位素。然而决定性的发现是在 1938 年底（发表于 1939 年 1 月），德国物理学家 O. 哈恩和 F. 斯特拉斯曼用中子轰击铀，结果打破了原子核使之分成质量约相等的两块，并在裂变过程中释放出大量能量，经哈恩的前合作者奥地利物理学家梅特涅的解释，知道它们就是化学元素钡和锝，这个发现由前往美国访问的伟大物理学家玻尔带到华盛顿的物理学家大会，立即轰动全球，不出一个月内，物理学家们六次宣布重复实验成功。至此为止，核科学家们都停留在纯粹科学理论和纯粹科学事实的研究。物理学家们热衷于探索微观世界的奥秘：各种元素原子核的组成是什么，它们的结构如何，以及怎样从一种结构裂变或聚变为另一种结构。

但不知不觉地纯理论的研究转变为应用的研究，即对是否可能将核能释放出来的问题进行探索。当时许多物理学家们认为这是异想天开的事，只有像 L. 西拉德这样执着的物理学家，早在 1935 年就坚持认为，通过核裂变，链式反应的可能性很大，因而被很多人批评为想入非非。但是 1939 年初情况变了。1939 年 3 月，费米、西拉德等人在哥伦比亚大学实验室中发现铀裂变过程，不仅产生大量的能量，还产生大量的中子，平均每次裂变估计可产生 2 个中子（后来证实，当时估计不准确，事实上，每次每个原子的裂变产生 2.4 个中子）。而同年同月，法国物理学家约里奥 - 居里夫妇的实验小组，在实验中计得铀原子核裂变过程平均放射 3.5 个中子。这些实验表明铀原子核链式反应的概率很大。而所谓链式反应，就是一个中子使一个铀原子分裂，而铀原子分裂又放出 1 个以上的中子，比如说两个中子，这两个中子又能产生两次裂变而放出 4 个中子……如此类推，裂变的原子核数量便按 2，4，8，16，32，……

的级数迅速增加，核反应就此持续维持下来，各级之间的时间间隔后来查明不过是五十万亿分之一秒。通过链式反应，整块超过临界质量的铀物质会在一瞬间发生猛烈的爆炸，将它的核能释放出来。这就是原子弹爆炸的原理，查明这种可能性的研究是应用研究。

（二）核技术的开发和原子弹的研制

这时，正是第二次世界大战爆发前夕，再没有什么事情比抢在纳粹分子之前研制成原子弹更紧迫了。非常明确地看到了这件事情的是匈牙利血统的美国物理学家 L. 西拉德，他于1939年7月说服了爱因斯坦，1939年8月2日爱因斯坦上书罗斯福，建议政府介入，着手研制原子弹。信中写道："在过去的四个月中，通过法国的约里奥和美国的费米进行的工作，已经有几分把握地知道，在大量的铀中建立起原子核的链式反应会成为可能，由此，会产生出巨大的能量和大量像镭一样的元素。现在看来，几乎可以肯定，这件事在不久的将来就能做到。这种新现象也可用来制造炸弹，并且能够想象由此可以制造出极有威力的新炸弹来。"[①] 如制造这种炸弹，"特别要注意为美国取得铀矿供应问题"；并要加强政府与物理学家的联系，把"这任务委托给一个您信得过的人"。这个建议已经说得很具体了，爱因斯坦信上还附上西拉德的备忘录加以补充说："我们要用几吨的材料来进行初次实验。像过去在实验室中那种提供有限的预算是不可能进行这些实验的。现在既要加强（以财政和其他方面）迄今仍在研究此课题的那些组织，又要为此目的组织一些新机构。"[②] 罗斯福总统经过了短暂的犹豫还是同意了爱因斯坦的计划，成立了关于铀的"顾问委员会"。由于爱因斯坦1940年3月给总统写了一封信催促积极行动，又由于1941年英国在原子弹研究方面（特别是分离铀-235方面）取得了新进展，罗斯福才下定

[①] 《爱因斯坦文集》第三卷，许良英、赵中立、赵宣三编译，商务印书馆1979年版，第177页。

[②] 《科学与哲学》（研究资料）1986年第1期。

了决心。1941年12月批准了一个计划庞大的工程机构,名叫"曼哈顿工程管理区",由陆军部负责,全面开展了原子弹制造计划,这标志着核物理的应用研究转变为开发研究。

原子弹的研制计划在奥本海默的领导下进展迅速。1942年确定了用气体扩散法从铀-238中分离出原子弹材料铀-235,一些分离厂就在田纳西州橡树岭秘密建立起来。1942年5—6月准确地计算了有中子反射的球形铀-235爆炸的"临界质量",其临界质量为15公斤。1942年12月,费米、西拉德建成了世界上第一座原子反应堆,在芝加哥大学足球场下面运行,并用这个反应堆实现了世界上第一次链式反应。1943年初,4万多人在华盛顿州汉福特着手安装以费米原子反应堆为依据的巨大反应堆,用以从铀-238中生产出钚-239,成为制造原子弹的另一种材料。到了1945年,已经有足够多经过提纯的铀-235和钚-239可供制造原子弹。制造原子弹的工作在美国另一个秘密城市,新墨西哥州的洛斯阿拉莫斯进行。原子弹的构造并不复杂,它不过是这样一个装置,能使两块分开的亚临界质量的铀-235(或钚-239),通过普通炸药的力量结合起来。1945年7月前美国就已经造好了三颗原子弹。核时代已经悄悄地来到人间。

(三)核爆炸和核军备竞赛

1945年7月16日凌晨5时30分,第一颗试验原子弹在美国新墨西哥州的洛斯阿拉莫斯爆炸成功。它的爆炸威力比研制这颗核弹的科学家们估计要大得多,有2万吨TNT炸药的当量。对于这次爆炸,首先发现中子的J.查德威克这样描写道:"天刚破晓,有一团刺目的光在天地间出现,犹如上帝出现在我们中间,爆炸如此突然,如此激烈,使人感到天空像被撕裂了一样。这正像《启示录》里的场面啊。"[①] 而这个计划的主持人、伟大的物理学家奥本海默则

---

① M. 高英:《关于原子能历史的沉思》,《科学与哲学》(研究资料)1986年第1期。

带着沉重的心情描述道:"有几个人笑了,有几个人却哭了,大多数人惊呆了,一声不响。我心中浮上古印度圣诗《勃哈加瓦基达》中克里希那试图说服王子执行他使命的一句诗:'我成了死神,世界的毁灭者。'"① 不过死神是在1945年8月降临日本的,1945年8月6日第一颗军用原子弹投在广岛。广岛在日本西部,人口约45万,是第二次世界大战中日本的军事重地。那天是星期一,人们正在上班的路上。美国B-29轰炸机在高空投下这颗原子弹,在城市中心2200英尺上空爆炸,数秒钟内爆炸的冲击波摧毁了这座城市60%的建筑物。成千上万人被冲击波杀死,爆炸时火球发出的辐射使很多人烧伤致死。原子弹火球温度比太阳表面温度还要高,表明人们确实掌握了太阳般的能量用以杀人,许多人陆续死于电离辐射引起的辐射病。根据联合国秘书长在《核武器》一书的报告,广岛有32万人受原子弹爆炸影响,到1950年为止,共有20万人死亡。1945年8月9日,即广岛原子弹爆炸的第三天,第二颗原子弹在长崎上空爆炸了。该城市人口约30万,大部分被毁灭。根据联合国秘书长同样的估计,死伤28万人,其中直到1950年为止10万人死亡。一位广岛的幸存者这样追述了几十万人死亡的情景:"一道炫目的闪光划破长空。我本能地扑倒在地上,全身感到被灼烧般地疼痛。然后四周一片死寂,好像地球停止转动。几秒钟后,听到一阵巨大的爆轰声,好像远处传来的雷鸣……所有的东西都烧焦了,彻底地烧焦了……到处都横七竖八地躺着死尸。我在地板上连下脚的地方都没有。当时我想象不出是什么力量在一瞬间夺去了这样多人的生命……到处都没有灯光,我们像梦游者一样走动。……我立刻想到这正像我从书本上读到过的地狱景象。我从来没有看到过这样恐怖的情况,但我想世上如果真有地狱的话,那就是在这里。"②

---

① 张跃铭等:《文明的代价》,中国友谊出版社1994年版,第52页。
② 同上书,第54页。

第八章 核科学与核伦理

I. 阿西摩夫认为，核时代应该从 1942 年 12 月 2 日开始，即从建立第一座能控制持续核裂变的核反应堆开始。"就在这个时候，人类不知不觉中进入了原子时代。"[①] 但这个时候正是人类进行历史上最为残酷、最为野蛮的战争年代。很不幸，人类的道德状况、道德进化特别是政治伦理的进化远远赶不上科学技术的进化，便导致人类遭受核弹袭击和核弹威胁的苦难。不错，原子弹落在日本的广岛与长崎导致了日本的投降和第二次世界大战的结束，这是原子弹的功劳。但是它杀死了这么多无辜的平民，包括妇女与儿童，不能不说这是人类战争史上最悲惨的一幕，是应该引起道德哲学家和政治家们不断进行反思的。但是政治家们并没有吸取足够的教训，结果第二次世界大战结束之日，就成为核军备竞赛开始之时。1949 年 8 月苏联爆炸了自制的第一颗原子弹，其威力比广岛原子弹大 10 倍，爆炸效果为 21 万吨 TNT 当量。1952 年 1 月英国也爆炸了一颗自制的原子弹。

然而核武器很快发展到一个新阶段，这就是氢弹和其他超级炸弹的出现。在铀裂变时，铀原子的质量只有 0.1% 转化为能量，但是美国化学家 W. 哈金斯（W. Harkins）早在 1915 年就指出，在氢聚变为氦的过程中，原子的质量有 0.59% 转变为能。20 世纪 30 年代人们认为这种核反应只有在恒星的中心才能发生，因为那里有这种热核反应所需要的 5000 万摄氏度的高温条件。现在这个条件具备了，原子弹爆炸能提供这样的条件。用普通原子弹作雷管以氢、氘或氚作燃料（用常温下是固体的氢化锂或氚化锂更佳），即可制成氢弹。1952 年 11 月美国在太平洋一个珊瑚岛爆炸氢弹成功，爆炸力为 1000 万吨 TNT 当量，一下子将这个岛炸飞了。苏联不甘落后，1953 年 8 月爆炸了一颗更先进的氢弹。氢弹爆炸除产生了巨大能量外，还产生大量多余的中子，将这些中子加以利用可引发铀-238 裂变。于是在氢弹外面包上一层铀-238 外壳，就会造成裂变

[①] I. 阿西摩夫：《从元素到基本粒子》，何笑松译，科学出版社 1977 年版，第 266 页。

—聚变—裂变的超级炸弹。1954年3月美国在太平洋马绍尔群岛中的比基尼岛试爆了这种炸弹，其威力为1500万吨TNT当量。更令人注目的是，有一阵放射性尘埃雨落在一条日本渔船上，船上23个渔民都因此得了辐射病，其中1人死亡，已看出了氢弹对全球性生存环境的破坏。很快苏联人也掌握了这种炸弹，他们于1961年竟爆炸了一颗超级炸弹，威力为6000万吨TNT当量，即等于美国第一颗原子弹威力的3000倍，即可以炸毁3000个广岛，比第二次世界大战中所使用的全部炸弹释放的能量总和还多10倍。核军备竞赛在1958年和1962年达到了高峰。1958年美国进行了77次核试验，苏联进行了26次。1962年美国进行了96次核试验，苏联进行了42次。直至1985年底，全球已进行了1045次核试验，世界核武器库存有弹头5万余枚，根据1981年联合国秘书长的估计，其中美国拥有核弹头25000—33000枚，苏联则为11000—15000枚，爆炸总量达160亿吨TNT当量，约等于100万颗广岛原子弹。一旦核大战之门打开，假定用100亿吨TNT的核弹相互攻杀，全世界立即有一半人口死伤，其余的人类也存活不了多久，这真是"世界末日"的到来。早在1983年，美国化学家L.鲍林写道："30年来世界处于极大危险之中，一场核战争会爆发的危险，几乎可以肯定将导致人类的灭绝。虽然这种危险的存在尽人皆知，但是我们没有能够采取行动以减少这种危险并使军国主义得以控制。相反，我们已经使得核武器系统和运载它的工具越来越复杂化，这种不断增长的复杂化增加了这种机会，即一个技术上或心理上的错误将导致一场灾难性的核战争，这场核战争将会带来地球文明时代的结束。"[①]

（四）"核冬天"

如果爆发一场核大战，将会出现什么结果？它对人类、对地

[①] L.鲍林：《告别战争：我们的未来设想》，吴万仟译，湖南出版社1992年版，第121页。本节有关核军备和核试验的数字，大部分来自此书。

球、对生命、对生态系统将会产生什么影响呢？这是一个需要自然科学来加以研究的问题。对于核大战将会带来什么结果，对这个问题我们不能凭主观想象便信口开河，宣称："核大战也没有什么了不起，原子弹也是纸老虎，即使人类死掉了三分之一，打完仗再建设，再过几年又是二十七亿人口。"真的，核大战爆发仅仅是死几十亿人的事情吗？人类会毁灭吗？起初人们集中在核战争会杀伤多少人的这个方面进行研究。根据 1958 年美国国会原子能联席会议特别辐射小组会上物理学家威廉·凯洛格和气象学家沙夫尔所作的证言，如果有 25 亿吨 TNT 当量的核弹打击美国，则爆炸后第 60 天便有 8300 万人死亡（占总人口 47.4%），2500 万人受伤（占总人口 14.2%）和 6000 万人口受辐射损害（占总人口 34.2%），根据 L. 鲍林估计，只有 700 万人口（占总人口 4%）未受损害。后来科学家们发现核大战带来的环境污染，包括大气、土壤和水源所受的污染，足以使千百万人患上白血病和骨癌，并引起人的基因突变，有可能改变人类种质库的性质，导致人类种属不能生存下去。高夫曼博士 1981 年写了一本书《辐射与人类健康》就曾指出："直到 1972 年，进行核试验所产生的钚使美国 10 多万人患致癌症，而在世界范围内总数有 95 万多人。"[1]

由于科学家们对核试验和核战争带来的环境破坏不断地进行研究，到了后来有所突破，提出了"核冬天"的概念。1983 年 10 月，在华盛顿召开一次关于"核战争后的世界"[2] 的学术讨论会上，美国气象学家 C. 萨根提出这个概念，他指出当核爆炸当量达到 50 亿吨 TNT 时，它所产生的尘埃云将在北半球的中纬度地区造成一个黑幕，遮掩了正常的太阳光的 5%，于是北半球温度突然降到 -23℃并终年霜冻。地球上有 30% 的地方，辐射量达到 250 伦琴（伦琴为辐射测量单位，定义为射线通过 1 立方厘米空气所产生的

---

[1] L. 鲍林：《告别战争：我们的未来设想》，湖南出版社 1992 年版，第 100 页。
[2] C. Holden, "Sclentists Describe,'Nuclear Winter'," in T. Donaldson ed., *Issues in Moral Philosophy*, Mcgraw-Hill Book Company, 1986, pp. 431–433.

离子数目），达到置人于死地的程度。大气为城市大火引起的有毒烟雾所污染，破坏了大气上层的氧化氮带，于是人们暴露在紫外线的辐射之下，破坏人体的免疫系统并导致失明。美国斯坦福大学生物学家 P. 埃尔里奇（Paul Ehrlich）对这核冬天图景进行生物学的补充。他指出，在这黑暗的、烟雾弥漫的、寒冷的世界里，许多生物饿死了，家畜也荡然无存，连植物的光合作用也停止了。厚厚的冰层覆盖在海流和海洋表面，森林大火烧尽了死亡的树木，只有企鹅南侵，抢夺食物并传播瘟疫。

如果核冬天真的降临人间，这是科学的罪过吗？这是文明进步的代价吗？不！这是坏的政治伦理的罪过，是道德进步赶不上时代的代价。下面考察一下核科学研究所引起的伦理问题以及核技术应用所引起的伦理问题。

二 核科学伦理：世界主义与民族主义

核科学研究所遇到的伦理问题，已经超越了上章所讨论的默顿—哈格斯特朗所总结的科学伦理模式，不过这种超越并不意味着作为科学研究的伦理准则的这个标准模式已经过时，而是科学与科学家在社会中的作用与地位在 20 世纪 40 年代以来发生了重大的变化。现代的科学家已经不仅担当了旨在增长人类知识的真理追求者的角色，而且担当了资深公民和社会精英的角色。后者在战争年代和和平时期反战运动中表现特别突出，这使他们不仅深深地介入社会经济发展的领域而且深深地介入了国家、民族和全球性的政治领域。科学家这种"一身而二任焉"的地位使他们陷入角色的冲突、角色矛盾和角色转换以及相应的伦理价值的差异、冲突与协调之中，从而以新的方式解决科学研究的伦理问题和科学家的社会责任问题。在上一章中我们特别提出了科学上的世界主义和知识公有与政治上的民族主义和国家利益的价值冲突，以及科学上的怀疑主义和无私利原则与经济上的权威主义和管理文化的文化冲突所引起的伦理问题。本节将以核物理科学研究的具体案例来讨论这些问题。

科学上的世界主义和知识公有与政治上的民族主义和国家利益的矛盾在核科学研究的保密问题上表现得特别突出。根据科学上的世界主义和知识公有的原则，人们曾经指出："公布自己的发现是科学工作者的道德原则，而保密对于科学家来说则是一种不道德的行为。""科学是没有专利的，只有技术才有专利。"在科学上"每一个科学工作者都有公开自己研究成果的权利和义务"。从科学运行机制来说，公开发表论文是科学家的生命，在科学工作者中流行一句话叫作 Pubishing or Perishing，即或者是出版论文，或者是死亡。因此要劝说科学家不公开出版他的论文是很困难的事，可是核物理空前繁荣发展之日，正是希特勒夺取德国政权和疯狂地准备和发动战争之时，而核物理的基础研究与制造原子弹之间没有多少可以将二者隔开的中间环节。后来证明，从铀裂变的发现到原子弹的制成之间的时间间隔不过是四五年的工夫。那么对于铀裂变这种自然现象的基础性研究是应该在自由和公开探索的传统下进行呢，还是应该在严格保守秘密的情况下开展呢？这就是 20 世纪 30 年代末 40 年代初核物理学家们，特别是英、美、法等国具有强烈自由研究传统的核物理学家们面临的道德困境。

最先认识到这个问题并极力倡导保密制度的是匈牙利物理学家里奥·西拉德。1933 年，他因逃避纳粹对犹太人的迫害而移居英国。1935 年他首次提出释放原子核能的链式反应假说：如果能用粒子（例如中子）轰击某一元素，使其裂变并发射两个粒子，则具有一定质量的该元素的物质能维持链式反应。"这可能引起一场工业革命，但或许首先会引起一场灾难"，因为可以由此制造一种炸弹，"其毁灭能力比普通炸弹大好几千倍"[1]，西拉德就是这样说的。从那时起他一直寻找这种物质并一直在各种场合反复提出要建立一种

---

[1] S. R. 沃尔特：《保守秘密的科学家》，《科学与哲学》（研究资料）1986 年第 1 期。

保密机制,"达成一项协议将危险领域的实验成果仅仅提供给英、美,或许还有一两个其他国家里从事核物理研究的那些人,而对其他人保密"。办法是有关实验结果可寄给国家期刊,但不发表,实验结果以手稿形式在协议国实验室之间进行交流。在这里,西拉德在核物理领域首先提出和试图解决两个重大问题。第一个是科学问题:提出物质链式核反应假说并力图证明或推翻这个假说。第二个是科学伦理问题,建议保密制度并力图说服核科学家们遵守这个新规范。第一个问题在 1939 年 1 月得到德国核物理学家 O. 哈恩和 F. 斯特拉斯曼的实验的决定性支持,他们在 1938 年底发现了铀的裂变,解释了费米等人早已发现的铀吸收中子这种令人迷惑不解的现象。1939 年 1 月他们公布了这项发明。于是英国的一流核物理学家,法国的约里奥-居里夫妇小组和美国哥伦比亚大学小组都转向研究铀裂变意味着什么?它是否发射中子?发射的中子是否可以引起持续的链式核反应这些关键性的理论问题和实际问题。这个问题我们在上一节中已作了详细的讨论。关于第二个问题,即保密问题之所以重要,是因为这时正是纳粹撕毁慕尼黑协议入侵捷克斯洛伐克的非德意志人地区的时候,第二次世界大战已经是不可避免的了。于是西拉德只好加紧进行活动,谋求核科学家们对其保密建议的支持。不幸的是,他的活动四处碰壁,因为传统的科学道德是一种无形的但却是非常巨大的力量。

  事情的经过是这样的,西拉德 1938 年以前一直侨居英国。可是英国、丹麦的一流核物理学家对他的保密建议反应十分冷淡,他们对科学上有无此可能和伦理上有无此必要都提出质疑。早在 1939 年以前,英国许多一流科学家都有一种不重实利的学院式研究传统,他们怀疑链式核反应及其实际应用的可能性。例如 1933 年英国的物理学家菲尔德就说过这样的话:"核现象距离人们的周围环境太遥远了……所有想从原子转换过程得到能量的人都是想入非非。"而 1936 年丹麦著名物理学家玻尔就说过,中子碰击原子核的"类似的效应也未必能说明我们做出将核能用于实际目的的决定。

第八章　核科学与核伦理

令人遗憾的是，我们关于核反应的资料越多，距离这一目标的实现反而更遥远"①。英国许多物理学家采取了同样态度，连有无应用的可能都值得怀疑，都是十分渺茫的事情，这种研究有何保密之必要呢？即使核研究有应用价值，要对这种研究进行保密也是令人费解的。科学史家 S. R. 沃尔特指出，英国第一流的物理学家，"他们认为科学保密的想法完全是不能接受的。即使那些对自己的发现的后果有非常强烈的责任感的科学家也沿袭传统，认为保密是讨厌的，干涉公开批评的正常过程，不仅阻碍科学进步，而且还使科学走上邪路"②。

　　美国核科学家对保密的反应又如何呢？哥伦比亚小组领导人费米直到 1939 年 1 月，即在得知铀裂变的消息之后，对西拉德的保密建议的回答很干脆，就是"没有必要"。西拉德回忆道："一开始就出现了分歧；第一天和费米谈论这个问题时，费米的整个态度和我就明显不同。我们都希望稳妥一些，但是费米认为稳妥就意味着把这件事（链式反应）发生的可能性想得暗淡一点；而我认为稳妥的办法是假设链式反应会发生，并采取所有必要的预防措施。"③到了 1939 年 3 月，费米、西拉德等人在哥伦比亚大学实验室中完成了自己的实验，独立地做出结论：裂变产生中子。产生的中子数目尚未准确测定，小组估计每次裂变大约产生两个中子。这就是使原子弹的制造成为可能，原子弹的原理已经被揭示了。1939 年 3 月 16 日哥伦比亚的物理学家们将这个实验结果整理成论文寄给《物理评论》。西拉德仍不甘心，三天后会见了费米和另一位匈牙利流亡物理学家爱德华·特勒，西拉德和特勒坚持要求对他们的工作保密，要求《物理评论》无限期推迟发表有关文章。费米坚决反对，他坚持认为"公开发表论文是基本的科学道德"，不过"这是一个

---

　　① 转引自 И. Т. 弗罗洛夫、П. У. 尤金《科学伦理学》，齐戒译，辽宁大学出版社 1988 年版，第 117 页。
　　② 《科学与哲学》（研究资料）1986 年第 1 期。
　　③ 同上书，第 78 页。

民主问题，如果大多数人反对发表，他服从大家的意见"。于是在双方意见相持不下的情况下，将这件事提交给哥伦比亚大学小组的管理资助人、物理学家乔治·佩格勒姆解决。几经周折，得到的回答是："试图限制发表文章，不仅是无益的，而且由于违反科学传统而令人反感。"

要求科学研究进行保密，特别是要求对像铀元素原子核分裂时是否放射中子，发射几个中子这样的科学基础理论问题的研究成果进行保密，的确违背科学道德，违反科学传统，限制学术交流，阻碍科学进步。但是，现在科学发展的利益与国家民族的利益发生矛盾，科学上的世界主义与政治上的民族主义发生矛盾，科学伦理与政治伦理发生矛盾，核物理学家不但是科学精英和自然秘密的探索者，而且是国家的资深公民和社会精英。在希特勒发动世界大战，国家、民族处于生死存亡之秋，科学家们还是表现出他们的资深公民和社会精英意识，比起一些对核物理无知的政治家更早地认识有关核物理研究保密的必要性。在没有政府的参与下，他们也能酝酿出一种新伦理规范来。西拉德和韦斯科夫终于在1939年3月底说服了英国的大物理学家M.S.布莱克特和约翰·科克罗夫特，丹麦的玻尔以及美国进行核研究的华盛顿小组，英国《自然》杂志、皇家学会《汇编》、美国《物理评论》这些主要期刊主编也同意合作。一个国际性的由科学家自发组织起来的关于核科学某些领域研究的保密协议即将达成。

然而，由科学家们自己达成一个国际性的自我约束发表论文的社会契约是困难的，因为人们会怀疑这种国际协议的效力和约束力，现在关键在于法国的态度了。法国F.约里奥（居里夫人的女婿）领导的小组，是研究原子核裂变的世界著名的权威研究小组，直接继承了居里夫人研究铀和镭的学术传统。1939年2月2日西拉德致函约里奥，1939年3月韦斯科夫也致电约里奥的合作者哈尔班转告约里奥，要求他同意保密协议。西拉德致F.约里奥的信中写道："这几天这儿的物理学家们讨论了我们是否应该采取行动防止这方面的任何消息发表在国家的科学期刊上,并要求英、法同事考虑采取相似的行动。……我们都希望不会有,或至少不会有足够的中子辐射,因而也就没有什么可担心的了。"[1] 而韦斯科夫的电报则补充指出:"无论约里奥是否愿意在接到进一步通知前同样推迟发表实验结果,建议像往常一样把文章寄给期刊,但要等到弄清楚肯定不会出现令人惧怕的有害结果以后再将其发表。"[2] 约里奥和他的合作者详细讨论了这个问题。约里奥强调的是科学家的国际友谊,不太同意保密,况且他们认为这种保密制度是不可行的,他们不相信私下交流论文会保守得住秘密;他们也不相信人们会遵守协议,而如果有人不遵守协议,法国人就会在发表成果上落后于他人,这就在获得资金发展核工业方面遇到麻烦。基于这种考虑,约里奥给韦斯科夫的回电是很令人泄气的,电报说:"问题已研究过了,我的意见是现在发表。"于是1939年4月22日英国《自然》杂志发表约里奥小组的文章,他们估计铀每次裂变发射3个至4个中子。协议由此而告吹,美国哥伦比亚大学小组要求《物理评论》刊印了他们原来要求推迟发表的论文。这件事引起了政府的注意,实验结果促进了英、法、德、苏官方对核能研究的资助。尽管如此,由于有了这段时间关于核能研究的保密问题的酝酿,第二次世界大战于1939年9月爆发后,核科学的保密问题立刻得到解决,战争导致了西拉德等人的保密计划的实行。法、英、德都禁止有关核裂变的文章发表,战争解决了科学家们的角色冲突。虽然美国还没有参战,但美国物理学家们认识到当时正处于战时状态,自觉地限制自己文章的发表。如西拉德关于核反应堆的精确计算论文;费米和安德逊关于核反应堆中作为减速剂的碳的中子吸收截面很小的论文(它导致最有效的原子反应堆的建立),关于铀-238受中子轰击能经一系列步骤最后产生钚的论文(它得到制造原子弹的最容易方案:钚

---

[1] L. 西拉德致 F. 约里奥的信(1939年2月2日):《科学与哲学》(研究资料)1986年第1期。

[2] 同上书,第82页。

原子弹方案）等重要文章就自动地或被说服推迟发表。决定的一步是物理学家格雷高里·布瑞特在美国科学院物理分部会议上建议成立与铀有关的出版委员会，负责审查有关裂变研究的论文。这些论文都是科学杂志编辑或作者自愿提交审查的。当然这不是法律，是完全道德性质的。但它却使美国在参战前一段很长的时间内，把最重要的科学信息保持在自己的圈子内。

应该指出，由科学家们角色转换而建立起来的科学研究的某些保密规范，比起由国家机关的公安部或保密局之类的部门所制定的保密条例，更能协调和兼顾科学和科学家发展的利益以及国家的利益。例如即使在保密的前提下，科学家们考虑到要将论文寄给期刊或一定的委员会，目的不是发表而是登记文稿日期以便将来确定优先权，他们还考虑到这些论文作为保密文件可在国内或友好国家之间的物理学家之间进行交流，有利于相互启发，促进科学的发展，也还考虑到对于一些青年人因不能发表有关论文所造成的损失给予某种补偿。的确，发起保密制度的科学家是功利主义者，但是他们不是狭隘的功利主义者而是系统功利主义者，尽可能兼顾国家的政治功利和科学发展的功利，将民族主义与世界主义统一起来。相反由国家控制的原子能法案，例如1946年美国通过的麦克马洪法案，则只规定任何人要是泄露任何关于原子武器的生产和使用以及裂变材料的生产和应用的资料将要受到包括死刑和终身监禁的刑罚。这个法案同样适用于将秘密泄露给敌对国、联盟国或中立国任何一方的人。这个法案只能看作一种国家功利主义没有兼顾科学发展利益和国家政治利益，也没有兼顾我、友之间的利益，更没有把世界主义与民族主义统一起来。美国科学家埃塞尔·卢森堡夫妇就是因为泄露了原子能秘密被判死刑。事情的经过据说是曾在原子弹的制造中心洛斯阿拉莫斯工作过的一位机械师戴维·格林格拉斯将某些"低级的秘密"告诉了他姐姐与姐夫卢森堡夫妇，后者将其转给苏联。

核科学的保密规范是科学研究中的一种以前没有实行过的新科

学伦理规范，它是科学家自觉地处理科学的世界主义与政治的民族主义的矛盾，协调科学发展利益和国家民族利益的结果。核科学伦理的另一个更为重要问题，就是核武器的制造与使用以及它的国际控制问题，这也是一个世界主义与民族主义的矛盾问题。对待核武器的国际控制问题，绝大多数核科学家从制造原子弹开始就反对使用原子弹，主张要防止出现核军备竞赛，反对核战争、核威慑，要求全面禁止核试验，直至销毁一切核武器。这回科学家们是站在他们天生的世界主义立场上，反对狭隘民族主义。此时，科学家们不但是探索物理世界奥秘的真理追求者，而且是维护人类利益的世界公民。又是这种双重角色使他们为呼吁世界和平、反对世界战争进行不屈不挠的斗争。在下面我们即将分析这些案例之前，提醒读者带着这样一些问题来对案例进行研究是必要的。这些问题是，为什么科学家们一反埋头做实验和一心搞理论的常态如此热心履行自己的社会责任，积极进行活动，召开会议，发动签名，发表与政府不同的政见，去参与反对核武器的斗争呢？为什么在与核武器有关的各种重大问题上他们总是如此站得高、看得远，以至于他们的政治见解不但对现实发生重大影响，而且往往超前于政治家们的见解好几年甚至好几十年呢？为什么政府官员们往往忽视科学家们的不同政见，不重视他们在政治伦理上所起的作用？政府应不应该以安全为理由阻止他们的不同政见的发表呢？

　　在上一章中已经讲过第二次世界大战中在美国制造原子弹的科学家们没有出现应不应该研制原子弹的问题，因为希特勒的德国也在研制，美国可能受原子弹的袭击，唯一的防御就是用相同的方法进行反击。但是到了原子弹制成之时，德国已经投降。对于美国政府决定对日本人使用原子弹，科学家当中的许多人都采取与此不同的立场。又是那个里奥·西拉德博士于1945年3月向罗斯福总统递交了一份备忘录。备忘录中强调必须建立"得到苏联和英国支持的对核武器的国际控制系统"，"避免美国和其他一些国家在生产原子弹方面的竞赛"，才能使我们安度20世纪，免遭城市的覆没。到了 1945 年 5—6 月，即第一颗原子弹试爆前夕，在实验室里工作的许多科学家们议论纷纷，从原子弹的使用方式到国际控制进行了许多自由讨论，使得控制原子弹生产的陆军部十分恼火，下令不准三个人以上在实验室会议上讨论这一问题。但科学家们却采取了奇异的办法，在小房间里开"轮流"会议，有 20 个人，每次有一人进入房间与预先选出的两名科学家组成三人小组讨论这些问题。在这背景下产生了有七人签名的诺贝尔奖奖金获得者詹姆士·弗兰克的《致陆军部长的报告》。报告的目的旨在阻止对日本使用原子弹。报告中说："我们确信，过早地不预先宣布就用原子弹来打击日本的想法是不明智的。如果美国真的首先使用了这种新的、不分青红皂白地毁灭人类的武器，它就要失掉全世界公众的支持，加速军备竞赛，破坏了达到将来控制这种武器的国际协议的可能性。"而"除非制定一个有效的国际控制核爆炸的协议，那么在第一次向世界披露我们拥有核武器时，核军备竞赛马上就开始了"[1]。

到了 1945 年 7 月，科学家们看到官方对弗兰克报告没有反应，便由西拉德起草了《致美国总统的请愿书》，有 60 名科学家集体签名，请愿书上最后写道："为了毁灭的目的而开创了使用这种新释放的自然力的先例的国家，要为打开一个无法想象的破坏规模的时代的大门而承担责任。……希望您行使您作为最高司令的权力，命令美国不要在现在的战争中使用原子弹。"[2]

关于 1945 年 8 月美国是不是应该使用原子弹对日作战的问题，当时美国陆军部与科学家们有很大分歧，一直到现在人们还有争论，我认为重要的事情是揭开争论双方的伦理基础，从而明确大多数核科学家们看待这个问题的伦理观点是什么。美国陆军部及其支持者认为，当时日军仍有三百万，用原子弹迅速结束战争，所挽救的美军和盟军的生命将比在广岛与长崎死于原子弹的 40 万人生命

---

[1] J. 弗兰克等：《致陆军部长的报告》(1945 年 6 月 11 日)，《原子科学家通报》(美国) 1946 年 5 月号；《科学与哲学》(研究资料) 1986 年第 1 期。
[2] 《科学与哲学》(研究资料) 1986 年第 1 期。

第八章 核科学与核伦理

多得多，而争取战争的迅速胜利是压倒一切的事情。这是一种功利主义，是军事功利主义，以最大限度打击敌人和最大限度保存自己为最高的行为标准。按照这个标准，在这场正义的反法西斯战争中，我们应该使用原子武器。不过以弗兰克、西拉德为代表事后又得到爱因斯坦支持的核物理学家们反对对日本使用原子武器的伦理基础却复杂得多：（1）它包含了某种道义主义或义务论因素，反对用原子弹不分青红皂白去滥杀无辜，滥杀无防护的妇女与儿童。弗兰克报告甚至将使用原子弹与使用毒气作战看作同一类，都会受到美国人在道义上的反对。（2）不仅考虑到使用原子弹能减少美国人在战争中生命的损失，而且考虑到使用原子弹将会带来武器竞赛，使全世界人民都长久地受到原子弹爆炸的威胁。爱因斯坦因此说："美国人做出的（使用原子弹）决定可能已经是个错误。"[1]（3）反对将使用原子弹看作是个军事上的权宜之计，而认为是个国际政治问题。"这种政策主要的就是取得一种国际协议以有效的国际控制来控制讨厌的核战争。"[2] 他们的立场正是本书第三章第五节所说明的系统功利主义的伦理立场：既考虑准则的功利（道义的功利），又考虑行为的功利；既考虑军事的功利，又考虑政治的功利；既考虑民族的功利，又考虑全人类的世界功利。可见，从核时代一开始，核科学家们就开始倡导一种有关核科学、核技术和核武器的世界主义的和人道主义的新政治伦理。爱因斯坦在1946年就说过这样的话："现今原子弹已深刻地改变我们所知道的世界的性质。因此人类处于新时代，而且必须使自己的思想与其相适应。根据新的知识，一个世界权威，一个必然产生的世界性政府，不只是人类友好相处所要求的，而且是生存所必要的。"[3] 爱因斯坦的这个主张也

---

[1] 爱因斯坦：《只有到那时我们才有勇气》，载《纽约时报》1946年6月23日；转引自L. 鲍林《告别战争：我们的未来设想》，湖南出版社1992年版，第173页。

[2] J. 弗兰克等：《致陆军部长的报告》，《科学与哲学》（研究资料）1986年第1期。

[3] 《纽约时报》1946年6月23日；L. 鲍林：《告别战争：我们的未来设想》，湖南出版社1992年版，第169页。

许不够现实，却的确是核时代的一种科学的想象，可能要几百年之后才能实现。但强调全球一体化，从全人类的整体来思考问题，就是这种核时代世界主义伦理的一种表现。

果然不出科学家们所料，第二次世界大战一结束，核竞赛，特别是美、苏之间的核竞赛就开始了。1949年苏联试爆原子弹成功，跟着1952年英国试爆了第一颗原子弹。自此以后，世界核武器的储备愈来愈多，威力愈来愈大。1954年，苏联和美国都成功试爆了氢弹。氢弹的威力比原子弹大2500倍，它所造成的核辐射对人类生存的威胁立即引起了世界许多科学家的关注。特别值得提到的是1955年7月发表的罗素—爱因斯坦宣言，十位世界著名科学家在上面签了名。与此同时，发表的还有52位诺贝尔奖奖金获得者的迈瑙宣言。罗素—爱因斯坦宣言是直接针对氢弹而发的，在宣言中告诫各国政府，在核时代"我们必须学会用新的方法来思考"，"决不可用战争来解决人类的争端"，"如果我们这样做出抉择，那么摆在我们面前的就是幸福、知识和智慧的不断增进。难道我们由于忘不了我们的争吵，竟然要舍此而选择死亡吗？作为人，我们要向人类呼吁：记住人性而忘掉其余。要是你们能这样做，展示在面前的是通向新乐园的道路；要是你们不能这样做，那么摆在你们面前的就是普遍死亡的危险"。

罗素与爱因斯坦呼吁科学家召开一次会议，通过如下决议："鉴于未来任何世界大战必将使用核武器，而这种武器威胁着人类的继续生存，我们敦促世界各国政府认识到并且公开承认，它们的目的绝不能通过世界大战来达到，因此，我们也敦促它们寻求和平方法去解决它们之间的一切争端。"

为了响应这个呼吁，1957年7月在加拿大新斯科舍的帕格瓦什村庄，召开了第一次帕格瓦什会议，共有10个国家22位代表参加。通过了《在和平与战争期间使用原子能引起的危害》《核武器的控制问题》《科学家的社会责任》三个报告。自此以后，帕格瓦什科学与国际事务会议每年召开一次，对各种重大国际事务问题召开座谈会、研讨会,这是对世界国际政治产生极大影响的科学家会议。就在帕格瓦什会议召开的那一年,美国化学家 L. 鲍林特别针对核武器试验对人类的危害写下了《美国科学家向世界各国政府和人民呼吁》(1957 年 5 月 15 日)一文,"强烈要求制定停止核试验的国际协议","作为普遍裁军和彻底销毁核武器的第一步"。这个呼吁书很快得到了美国 2875 位科学家的签名,后来还得到全世界 11021 位科学家的签名成为《科学家致联合国的请愿书》(1958 年 1 月)。鲍林谈到科学家们不懈努力取得的成果时写道:"(帕格瓦什)宣言发表以后的几年,冷战降级了,在缓和的进程中有一个很重要的开端。因此,1963 年的部分禁止核试验条约、1970 年的防止核扩散条约、1972 年的禁止生物武器包括反弹道导弹在内的第一次限制战略武器会议和 1978 年的第二次限制战略武器会议,都是标志着所取得的进步的里程碑。在这些成绩中,帕格瓦什运动和其他科学家都起了显著的作用。"①

从以上有关科学家特别是核科学家的反对战争、保卫世界和平的历史事件中可以看出:

(1) 自从在日本广岛和长崎投入第一颗原子弹以及战后的核军备竞赛以来,科学家们特别是核科学家们看出人类的道德,特别是许多国家领导人的道德远远落后于核时代的技术进步,以至于他们不能"用新的思维方式"来处理国际问题。正如 L. 鲍林所说的:"多年以来,我很关切每个人行为的道德原则与国家以及国家领导人不道德行为的矛盾。这些国家领导人不是以人道和和平的方法,而是愿意牺牲数百万人的生命来解决他们之间的分歧。"②

(2) 为了解决这个道德问题,科学家们大声疾呼,要在国际关系中建立一种新道德原则,就是将"人道""仁爱"这些原则从国

---

① L. 鲍林:《告别战争:我们的未来设想》,湖南出版社 1992 年版,第 198 页。
② 同上书,第 130 页。

◈ 下篇 现代伦理视野中的科学与技术

家、民族内部推广到全世界和全人类。无论国家之间、民族之间、不同意识形态之间有多大的争论与分歧都决不能用战争的方式解决争端。为了全人类的幸福才是我们一切行为正当性的最高准则。他们的这种认识是与科学伦理中的世界主义联系在一起的。正是科学共同体中的世界主义原则，使科学家们越过国家利益这个屏障，提出处理国际关系的新道德原则。

（3）他们从核科学技术的性质和力量中认识到，这种世界主义与和平主义的伦理之基础，就是核时代将人类命运联系在一起。核科学技术的发展已经改变了世界的性质也改变了战争的性质。核战争是人类的灭亡，它不能区分为正义战争与非正义战争，核战争也无胜利者。要么灭亡，要么销毁核武器，用和平方式解决人类争端。正如爱因斯坦说的："今后每个国家的对外政策必须在每个问题上要有这样的考虑：它将引导我们走向有法律和秩序的世界，还是倒退到混乱和死亡？"① 也正如奥本海默在1945年10月接受陆军部给洛斯阿拉莫斯的感谢奖时所说的："生活在这个世界上的人们必须团结起来，不然他们就会遭到毁灭。这次如此残酷地蹂躏全球的战争已经写下了这些词句。原子弹已经说出了这些词句，并使所有人去理解它的含义。"于是，核时代可能带来道德的曙光，也只有用这种道德才能适合于控制核技术的发展，于是就会实现本杰明·富兰克林在1780年的预言："哦！道德的科学是如此地发展着，人类将停止互相残杀，人类终将知道他们现在的所谓人道。"②

（4）正因为他们有上面三点认识，加上他们是社会公民中最先认识到核能性质和在核时代中生活的性质的人们，因此他们对有关核武器的国际政策的见解，包括核武器的国际控制、停止核军备竞赛、禁止核试验、禁止核扩散、消灭核战争等都超前于各国政治家

---

① 爱因斯坦：《只有到那时我们才有勇气》，载《纽约时报》1946年6月7日；转载于L.鲍林《告别战争：我们的未来设想》，湖南出版社1992年版，第170页。
② 同上书，第132页。

们许多年。正因为这样，集会、他们的签名运动往往不为当时政府所理解，甚至将他们当中一些人打成"异己人士"并关进监牢，这也是需要政府领导人加以反思的。

（5）尽管科学家的和平运动和与此有关的争取人权的斗争有很多阻碍，但是仍然出现像美国的西拉德、爱因斯坦和鲍林以及俄国的哈萨罗夫这样的人物。科学家只关心教学讲台和实验室的时代一去不复返了，科学家已逐渐认识了自己的社会责任。这是因为"大科学"将基础研究与应用研究连接在一起，科学对社会的影响愈来愈大，以至科学家不能不扩展自己的视野，关心科学技术应用的后果，关心科学技术是否被滥用。这些都是用现代伦理的观点来看待和处理核科学与核技术的问题。

三 核政治伦理：从国家中心主义到人类中心主义

以上只是从科学家的角色冲突和科学家的社会责任来讨论核伦理问题。我们已经看出核科学技术要求一种世界主义的价值哲学，即要求一切政治家和科学家要将是否有利于全人类的利益作为行为正当性的最高标准来协调国家之间、民族之间、国家民族利益与全人类利益的价值冲突。本节就要具体地从政治伦理特别是从国际政治伦理的角度来讨论这个问题。首先讨论的问题是：与核科学技术的发展相适应，我们到底"应该有"什么样的政治伦理呢？然后再讨论当我们不能到达这个"应该"的境界时，"现实地应该有"什么样的伦理？这种"现实"的发展又怎样走向那个理想的世界呢？

（一）世界主义的理想

核时代人类掌握了能彻底毁灭人类的自然力，人类的命运便彼此联结在一起，迫使各国领导人逐渐学会和平共处。核时代由于科学技术、通信手段和国际贸易与跨国公司的发展，走向国际分工和经济一体化，迫使各国领导人逐渐学会国际合作；核时代一系列全球问题,如人口爆炸、粮食短缺与饥荒、生态环境恶化、能源危机、战争与和平问题等需要各国共同解决。世界变成了"地球村",于是必然在世界人民中产生一种世界主义的理想,统一协调解决核时代的各种全球问题。那么,这种与核时代的世界性质相适应的世界主义的道德理想到底是什么?它也许可以表述为下列五点:

(1)走出国家中心主义。人类其实早就吃尽了国家中心主义和民族中心主义的苦头。所谓国家中心主义或民族中心主义,就是只顾本国本民族的利益,不顾别的国家民族的利益,甚至牺牲别的国家民族的利益来达到本国和本民族的利益,结果使野心家们与权力狂者有机可乘,遭殃的还是老百姓。1480—1841年全球共发生战争278起,而进入20世纪后人类不但经历了两次史无前例的世界大战,而且在第二次世界大战结束后,人类还经历了140次局部战争,其中17次濒临核战争边缘。这一时期世界军费开支为每年1000亿美元,仅美苏(俄)两国每年都要开支800亿美元。从全人类的利益观点看,将这么多的资源用于战争和准备战争,而全球却有8亿人口得不到足够的食物而在死亡线上挣扎,这是完全不道德的。所以核时代的道德理想是走出国家中心主义,走进人类中心主义,将是否有利于全人类福利视作国家行为与人们行为的最高标准。

(2)裁减军备和销毁核武器,建立一个没有战争的世界。从以上的最高原则出发,世界主义要求各国领导人完全放弃诉诸武力来解决国际争端,改用彼此尊重领土、主权、平等协商和平共处的方式解决他们之间的分歧,这样就导致要求所有国家都全面彻底禁止和销毁一切核武器,并裁减军备数量、军备规模及军费开支,达到只与国家安全和国内安全相一致的标准,在世界上实现一个没有核武器的世界和没有战争的世界。在这个世界里,连阶级的矛盾、政见的分歧都可以而且应该用和平的、非暴力的方式来加以解决。

(3)扩展人权概念,推行国际人权。人权绝不是什么坏的或资产阶级的东西。正如在第五章指出的:"人权就是现代的健全社会中一切人都基本上平等拥有的最为重要的道德权利，它是普遍的，因而是不可丧失和不可废止的。"人权的观念是不断充实和不断发展的，启蒙时代的人权观念是人人都具有生存权、平等权、自由权和追求幸福的权利。它的核心是自由权，即言论自由、信仰自由、集会结社的自由和自由拥有财产。这是负面意义或否定意义的自由，即"免于……的自由"，它要求政府或其他人不予干预的自由。这种人权是第一个层次的，任何时候都是基本的。由于社会主义思潮和福利思潮的发展，20世纪上半叶，人权观念有了新的发展，它的核心是强调人人具有经济、社会和文化的权利，即劳动权利、失业保障权利、受教育权利、休息权利和享受福利生活标准的权利。这是正面意义或肯定意义的权利，它要求政府不是弃权而是负起保障人民经济、社会和文化福利的责任。以上这两个阶段或两个方面的人权内涵已包括进1948年12月联合国大会通过的《世界人权宣言》中。到了20世纪下半叶，由于核军备竞赛的发展，全球生态环境的恶化以及世界富国与穷国的差距拉大，于是人权概念有了新的发展，和平、环境和发展变成了基本人权之一。1972年联合国环境大会通过的《斯德哥尔摩宣言》就规定："人人享有在给予人们生命尊严和健康生活的环境中的自由、平等和适当生活条件的基本权利，并承担为本代和后代人民保护和改善环境的庄严义务。"至于发展权，首先指的是个人参与社会、经济、文化发展并从发展中获益的权利，其次指的是作为个人权利代表的国家在国际上有权建立国际关系新秩序以促进国家的发展，满足本国人民的需要。至于和平权，这是核时代的一项基本权利，人人都享有和平生活环境和为和平事业做出努力的权利，并有拒绝参加某种反和平的军事行动的权利，因而任何一个国家有保卫和平的权利和不使用武力、不进行侵略和以和平方式解决争端的义务。这不过是时代的普遍话题用权利与义务的语言来加以表达和加以总结。

世界主义伦理不但从内涵上扩展人权的概念；从自由权扩展到福利权再扩展到和平、发展与环境权；而且在外延上扩展人权，将

◇ 下篇 现代伦理视野中的科学与技术

人权不仅看作国内人权,而且跨越国界看作一种国际人权和世界人权。也就是说,任何个人或任何国家不仅要尊重本国人的人权,而且要尊重任何国家、任何种族的即别的国家民族的人民的人权。按照世界主义的这个观点,人权本来是世界性的。任何一个国家对内侵犯人权要受到世界性的伦理谴责,这种谴责不是干涉内政而是一种正义的伸张;任何一个国家对外侵犯人权,例如发动战争、对别国进行核讹诈,或进行种族歧视、种族侵犯和种族杀绝,就如同在国内侵犯人权的同类行为一样是一种道德上的罪行。人权伦理从国内向国际推广无疑是人类伦理的一种巨大进步。

(4) 进行国际合作,建立世界新秩序。建立一个什么样的世界秩序,不仅是一个国际政治问题或国际权力斗争问题,而且是一个实现什么样的国际伦理或人类伦理,以及怎样实现一种国际伦理或人类伦理问题。有三种旧的世界秩序,这就是:第一,强国富国统治弱国穷国的世界秩序。希特勒的第三帝国和日本东条英机的大东亚共荣圈就是旨在建立这样的血腥的世界秩序,它推行的自然不是世界人权伦理或国际人权道德。第二次世界大战的胜利和战后风起云涌的民族独立和民族解放运动已相当彻底地扫除了这种旧的世界秩序。第二,两大阵营对立和两个超级大国左右世界的秩序。这种秩序以一种新的形式实行大国支配小国的紧张性的和不平等的世界秩序,在这种秩序下,小国利益受到侵犯,人类时刻受到核大战的威胁,自然也就不利于推行世界人权的新道德。由于各民族国家和各地区共同体的兴起和世界走向多极化,由于国际形势的缓和,由于苏联的解体和冷战的结束,两极对立的旧秩序也崩溃了。第三,就是没有秩序的"秩序"。世界走向一种完全"无政府"的状态,各个主权国家之间互不让步,互不协调,日益增长的全球性问题一个也不能解决。处于这种状态,国际人权自然也就得不到保障了。所有这三种旧世界秩序及其所代表的道德规范都是与核时代不相适应的。

与核时代核伦理相适应的世界秩序是一种什么样的秩序呢?这

是一种既尊重各国主权又保障世界人权的和平、稳定、合作、共存的世界秩序。系统主义认为，世界上任何一个系统，无论分子、细胞和有机体，或是生命群体、社会和生态系统，一方面有低一层次的不断分化，多极化和多样化的发展，另一方面有高一层次的不断的整合和组织化。当整合占上风时朝分化发展，反之当分化、多极化占上风时朝整合倾斜。当今世界各国政府正面临着一个困境，它们面临着日益增多的全球性问题需要解决而靠本国政府又不能解决；而当面临要相互协调、相互配合来解决这些问题时是尽可能坚持自己国家的全部主权呢，还是在某些问题上将某些主权移交给国际组织和国际团体呢？从世界主义的观点出发，民族国家的权利不是绝对的，为了建立和平稳定、合作共处的世界新秩序，某种权利在某些情况下是可以让渡的。例如在解决国际和平与安全问题这样的全球性问题方面，某些国家为参加国际集体安全组织，就有必要将某些军事指挥权交给多国部队；在需要国际部队进行武装冲突的仲裁时，也要求相关国家交出某些主权。又如在环境保护方面，有必要建立全球环境机构，以便形成一个对领土内和领土外海洋、大气、水源的环境监察、评价和控制系统，签订某些有关环境的国际公约，这也要求国家交出部分主权使国际组织有效工作。再如在金融系统方面，全球金融系统正在形成。各国政府必然会认识到，正像它们不能单靠自己来保护其公民免受外来侵略和免受环境污染的影响，它们也不能单靠自己保护国民经济免受金融周期波动的不利影响，这就得求助于全球性金融机构，例如国际银行组织的调节，为此它们也必须接受国际金融机构的某种监控。世界新秩序、各种国际组织和国际公约，是在国家不能起作用的世界层次上发挥作用，归根结底是保护世界人权也是保护各国利益的作用。

（5）成立世界政府。建立和平、稳定、合作共处的世界新秩序不过是一种过渡形态，人类必将成立世界政府，从民族国家过渡到世界国家，这个世界政府是国际的政治权威。它包括立法机构、行政机构和国际武装部队，其任务是保障全世界公民的权利与义务，保卫世界和平，彻底消灭战争。这是我们时代伟大的科学家爱因斯坦早在1946年提出来的政治构想，相信未来的发展必定证实爱因斯坦的构想。

以上就是核时代世界主义政治伦理的一些基本内容。

（二）博弈与信任：通往核伦理之路

核时代的伦理要求是：走出国家民族主义、全面彻底裁军，创造一个无核武器无战争的世界、保障世界人权、进行全球经济合作、建立世界和平稳定合作共处的新秩序，并逐步过渡到成立世界政府来保证世界主义道德原则的实现。这是以全人类解放和全人类利益为中心的世界主义伦理理想。可是现实的世界决非如此，当代国际政治是以国家利益和权力为中心的。在国家关系中，各国政府之间并不怎么讲伦理，因为没有统一的伦理标准，世界道德尚未形成也没有对违反世界伦理的制裁机制和执行世界伦理的奖励机制。它们主要讲的是实力地位，有实力就有地位，没有实力就没有地位。试想如果美国有核弹可以置苏联于死地而苏联没有核弹那岂不是时时有被侵犯之危险。试想美苏（俄）有大量核弹，而中国没有，我们有没有今天的国际地位呢？这样各国之间的实力竞赛和核军备竞赛从国家利益中心来看即从国家功利主义的角度上看是有它的合理性的。因为，我们的前提是：各个民族国家是为自己最大利益而奋斗的"理性国家"，就像经济学中的"理性人"一样，这样国际关系就类似于霍布斯所说的自然状态。这样霍布斯所说的"自然状态"或罗尔斯所说的"原初状态与无知之幕"便有了一个现实模型，这是互不信任的"理性国家"之间的关系模型。我们重新陷入一个国际性的霍布斯问题情景中：以实力地位为基础的自利的国家之间的无政府状态怎样能够发展出一种各国自觉遵守的以全球利益为最高原则的包含利他主义的世界伦理呢？

我们陷入霍布斯问题就是重新陷入在第三章第二节所说的"囚犯困境"，不过这是一个国际囚犯困境（见图8—1）。现在假设有两个国家 A 国与 B 国。A 国有两个方案：A_1 发展核武器，A_2 放弃发展核武器。B 国也有两个方案：B_1 发展核武器，B_2 放弃发展核武器。如果 A 国放弃发展核武器，裁减甚至销毁自己的核武器，B 国也跟着如此干，自然对双方都有好处，可以从沉重的军备费用的负担中解放出来，解决自己国内的一系列社会、经济问题。这样评价它们的得失时双方"得分"都比较高，是 6∶6。可是如果 A 国放弃发展核武器，而 B 国却大力发展核武器并用它的弹头统统瞄准 A 国的大城市，这时 B 国可以迫使 A 国签订不平等条约，使 A 国成为 B 国的附属国等，这样双方"得分"的比例可能是 B 得 10 分 A 得 0 分。结果，为了自己国家的独立与安全不受威胁，双方便采取了发展核武器的方针，这叫作按博弈论中的最大最小原则进行决策。这决策就是核军备竞赛决策，它是下列支付矩阵的 A_1B_1 决策。

	A_1 (搞核武器)	A_2 (不搞核武器)
B_1 (搞核武器)	(2, 2)	(10, 0)
B_2 (不搞核武器)	(0, 10)	(6, 6)

图 8—1　A、B 两国核军备博弈矩阵

但是，根据博弈论，如果博弈进行多次，通过对利益得失的认识与学习过程，A、B 双方是会通过自组织，趋向于采取 A_2B_2 的方针，即达到彼此信任、彼此谅解，达成裁减甚至销毁核武器的协议。关于多次博弈能导致合作的道理，这在第三章第二节中作了详细论述。

图 8—1 活灵活现地表现了美苏两国核军备竞赛的历史，A 国就是美国，B 国就是苏联或现在的俄罗斯。在 20 世纪 50 年代，美苏之间高度不信任，关于核武器的国际控制问题，尽管核科学家们极力主张，极力劝说，但始终达不成国际协议。这时美国采取的方针是"大规模报复"（massive retaliation）的核战略方针，以战争相威胁，遏制苏联及其卫星国。而苏联也急起直追，不但发展了自己

的核武器，而且在核弹运载工具洲际导弹方面率先超过美国。到了60年代初，美苏双方的大城市都处于对方核弹的瞄准之下，双方的居民成了对方的核人质。这时美苏的领导人都认识到发动一场核战争对双方都是大灾难，但是谁也不能肯定对方就不会发动第一次攻击。因此核战略的方针就变成"相互确保核威慑"（mutual assured nuclear deterrence），即双方都发展出这样的军备，以至于在遭到第一次打击之后仍能摧毁对方的城市。例如美国就定下这样的指标，即能消灭苏联人口的四分之一，摧毁其工业能力的一半和炸毁苏联200个城市。① 为了加强第二次打击的核力量，双方核军备竞赛更加激烈，终于达到了"恐怖的均衡"。到了1978年，美国拥有核弹头2万多枚，苏联也拥有核弹头2万多枚，美国有洲际导弹1054枚，苏联有洲际导弹1400枚，美国进行了693次核试验，苏联进行了399次核试验。② 并且双方都发展了空中导弹发射、潜艇导弹发射和地下导弹仓库的技术。这样，经历了几十年的博弈，它们便逐渐学会了做出相互的让步。例如，1962年古巴导弹危机时，苏联赫鲁晓夫就做了让步，从古巴撤回中程核导弹。而到了70年代，双方除早已签订部分禁止核试验条约和防止核扩散条约外，还不断签订各种限制核武器的条约。1987年双方甚至签订了全部销毁两国中程和中短程核导弹条约。1991年美俄双方又签订削减进攻性战略武器条约，各自将战略核武器削减三分之一。虽然这离双方遵守世界主义核伦理还很远很远，但是通过多次博弈，各国逐渐认识到，各国之间有着许多共同的利益，服从全球的利益不但无损于本国利益甚至能增进本国的利益。通过多次博弈能达到世界主义，而相互信任则能加速这个过程。例如南亚曾出现的核竞赛，就是印度和巴基斯坦各自进行针对对方的核弹试验，如果它们能加强彼此的信任与谅解，用协商的方式解决分歧，就不必要再进行这种核博弈

---

① Solly Zuckermnan, "A Brief History of the Arms Race", T. Donaldson ed., *Issues in Moral Philosophy*, Mcgraw-Hill Nook Company, 1986, p. 427.

② 参见倪世雄《战争与道义：核伦理的兴起》，湖南出版社1992年版，第10、112页。

了。当然通往世界主义的道路是漫长的,通过博弈达到对核武器问题进行国际控制,只是达到世界主义的万里长征的第一步。

(三) 核威慑的伦理原则

虽然核威慑本身是达到世界主义核伦理的博弈过程的一个环节,但也不能说核威慑本身处于前道义状态而无道义可言。核威慑行为有不同的范围、不同的程度和不同的威胁方式。一种特定的核威慑行为,即威胁要向对方使用核弹的行为正当性不能单看它的动机,而且要看它的手段,特别要看它的结果或效果。有时动机是坏的,手段是坏的,其效果可能是好的。有时动机是好的,手段是好的,可能结果是坏的。所以应该综合地考虑这三者的功利来评价一个行为。美国政治伦理学家约瑟夫·奈写了《核伦理学》[①] 一书分析了核威慑伦理的五项基本原则。

(1) 防御应是正当的、有限制的。这是核威慑的动机原则,即核威慑只能严格用于防御,不得已而使用核武器时也不是首先向别人发动进攻。同时,即使用于防御也只限于自卫,不能包含扩张的意图,例如不应包含为了保护盟国而使用核武器的企图。这就是在可能的核战争中讲动机的原则。

(2) 绝不能视核武器为常规武器。这是核威慑的手段原则之一。在战争中每一个国家都有自卫的权利,但这不意味着自卫就可以不择手段。即使是正义的战争也不能不择手段,随便轻率地使用核武器。所以要严格区分核武器和常规武器的不同作用,不要将核武器当常规武器来用。在正义战争中使用常规武器打击敌人是正义的,但使用核武器就不一定是正义的。常规武器在战争爆发前起威胁作用,在战争爆发后起歼灭作用。但核武器的储备仅是为了威慑迫使敌人不敢使用核武器,不敢发动战争,而不是为了使用核武器

[①] Joseph Nye, *Nuclear Ethics*, The Free Press, 1986. 参见倪世雄《战争与道义:核伦理的兴起》。

去消灭敌人。这就是在可能的核战争中择手段的原则。

（3）把对无辜平民的核伤害减少到最低限度，这也是核威慑的动机原则和手段原则之一。就是说，在确定核威慑的打击目标时，不采取大规模打击城市和大规模打击导弹基地的目标，而应采取有限制打击城市和有限制打击敌人的目标。因为这种大规模打击城市会大规模杀伤平民，而以杀伤平民为目标的行为是不道德的。而大规模打击敌方导弹基地必导致对方孤注一掷，将全部核武器射出，导致核冲突的升级而不是有可能降级。

（4）消除近期内核战争危险，这是核威慑的结果原则。核威慑的结果应该是避免核战争，因此对可能导致核战争的各种因素都应加以防范。例如当发生核危机时，要避免对形势判断错误，避免决策失误，避免对偶然事件处理失当，避免通信系统的失误等，这些都是属于消除近期核战争危险的范畴。

（5）长期内减少对核武器的依赖。这是包括提高科学技术，以便使核武器能准确打击军事目标而尽量减少伤害平民，也包括建立核防御系统，推动裁减核军备谈判，改善国际政治环境和建立有效国际安全机制等项措施。这又是核威慑的结果原则之一。

总之，如果要通过核威慑的博弈来达到避免核大战的目的，它必须在动机、手段和效果三个方面来限制核威慑的范围，约束核威慑的行动方式，一步步减少核战争的危险最后达到建立无核世界，确保持久和平。约瑟夫·奈的五项基本原则有它合理的地方。

四　结论

人类在20世纪40年代便进入核时代。在核时代，人类掌握了足以毁灭自己的自然力，驾驭了像太阳般的能量。这时，人们应有什么样的伦理关系才能与这种科技水平相适应呢？对于这个问题的回答是。

（1）从科学伦理方面看，核时代将理论科学、应用科学和政治经济联成一体，科学家的社会地位发生重大变化，他们不仅是自然奥秘的真理探求者，而且是资深的社会公民和社会的精英，因而能自觉地担当起社会道德责任。在反法西斯年代，他们一方面要坚持科学的世界主义精神，另一方面又要坚持反法西斯的国家民族利益，以这种精神处理核保密问题，建立新的科学规范。而在战后和平时期，科学家们由于认识到核技术改变了世界的性质也改变了战争的性质，因而一直站在反对使用核武器，反对核军备竞赛，维护和平、反对战争的最前列。他们提倡一种世界主义的新伦理甚至不惜与自己的政府发生政见的冲突。

（2）从政治伦理方面看，核时代由于掌握了如此巨大的自然力，以至于人类成了必须同舟共济、和平共处、相互合作的"地球村"居民，必然要走出国家民族主义，走进人类中心主义。这样，人权的概念，从广度上便从国内人权扩展为国际人权，从深度上便从自由权扩展到福利权再扩展到和平、发展和环境权。这样尊重世界人权，将全体人类的福利视作行为正当性的最高标准，以此来调整国家之间、人们之间的关系便成为世界主义新伦理的基础。人类是通过国家之间的博弈、竞争与合作、和平与发展来达到这个新伦理基础的。

第九章

基因工程与生命伦理

社会的许多伦理问题是随着科学技术的进步而涌现出来的。科学的研究，科学技术的进步使得原来许多不能做到的（甚至不可想象的）事情现在能够做到了。这就发生一个问题："我们应该做这些事吗？"这就是伦理问题。狭义地说，这个问题属于科学伦理学问题，广义地说属于一般社会伦理问题。在第八章讲过，我们能够制造氢弹，能够导致核冬天，这是一个科学问题；而应该不应该制造氢弹和使用氢弹呢？这是一个伦理问题。同样，在本章中将看到，生物医学科学与技术，特别是分子生物学和基因工程的发展，使我们能够操纵基因，操纵精子与卵子，操纵受精卵、胚胎和胎儿，操纵人体、大脑和人的行为。这是科学技术问题，说的是我们能不能够做，以及在什么条件下能够做的问题。至于应该不应该去做，哪些应该做哪些不应该做，根据什么原则和规范确定我们应该做还是不应该做，这就是伦理问题，具体说来是生命伦理的问题。我们能够改变人类的基因，设计出一些"聪明的"人、"漂亮的"人、"能干的"人和"没有遗传毛病的"人，那么应不应该去改变祖先遗留给我们人类的基因库呢？如果这些设计有不安全因素则我们应不应该去保护人类基因物质的安全呢？我们能够通过基因显示（genetic screening）来识别胎儿的性别或疾病，那么应不应该对那些有缺陷的或不是所意欲的胎儿（例如是个女婴或侏儒）进行人工流产，而剥夺他们出生的权利呢？他们真的有出生的权利吗？我们

第九章　基因工程与生命伦理

能够在试管里进行体外人工授精,并将其受精卵植入代理母亲子宫中或人造子宫中进行妊娠培育直至出生,那么我们应不应该用"代理母亲"来代理基因母亲的不能实现或不愿实现的职能呢?用"人造子宫"来代行母亲的职能是妇女的解放呢,还是人类道德堕落的表现呢?由此而引起的家庭与人伦问题又如何解决?我们能够移植人体器官,包括心脏、肝脏、骨髓等,可是这些活体器官如何获得呢?我们能够允许有人出售它吗?或者我们应该从死囚中割取它吗?科学已经使我们能够通过技术来控制人的行为,可是在什么情况下控制人的行为包括控制精神病患者的行为,以及控制到什么程度才是适当的呢?还有,现代医学已能够使一个垂死的病人延续他的生命,那么对垂死的病人应不应该尽一切可能延续他的生命呢?这是延长生命还是延长死亡呢,是延长快乐还是延长痛苦呢?我们应不应该允许临危病人或老人有安乐死的权利?所有这些都是与生物医学科技有关的生命伦理问题,简而言之是有关生与死的伦理问题。科学技术可以决定我们怎样生,怎样死,可以决定我们从哪里来和到哪里去,那么我们到底应该用什么样的伦理来掌握我们自己的生与死,来控制科学技术的运用呢?这是我们所关心的问题。不过生命伦理学是一门新学科,而我国生命伦理学家邱仁宗教授在他的《生命伦理学》[①]一书中已对有关的问题作了比较系统的介绍与论述,有兴趣的读者可参考阅读这本书,本章不可能全面讨论这些问题。本章讨论的问题将集中在:(1)21世纪将大大发展起来的基因工程和生物技术会产出一些什么样的伦理问题,引起什么样的伦理危机。对这些问题将做出一些预言,这些问题与困境目前只见其端倪,还未普遍出现,例如基因工程对家庭和后代人道德地位的影响问题就属这类。(2)人权问题在生命伦理领域怎样得到进一步的发展,人权概念如何向生命的各个阶段延伸,以及在什么意义上延伸到婴儿、胎儿、胚胎的权利以及后代的人权。这些权利的限制

---

① 邱仁宗:《生命伦理学》,上海人民出版社1987年版。

与边界是什么。(3) 在生命伦理各种问题和困境中，各个价值主体之间在权利、义务和利益上怎样发生价值冲突，各种伦理原则与规范之间怎样发生价值冲突。如何运用系统主义的思考方式来解决这些冲突或为解决这些冲突提供指导。(4) 在解决上述伦理问题时，科学家负有什么社会责任，如何解决科学发展的利益与社会利益之间以及科学发展要求和社会伦理习惯之间的矛盾，履行科学家固有的社会责任。

一 分子生物学与基因工程的创立

(一) 20 世纪 50 年代和 60 年代分子生物学的基础理论研究

像一切高科技及高科技产业一样，基因工程起源于基础理论的研究，这种研究并不是以实际应用为目的，而是旨在探索自然界的奥秘和自然界的规律。这就是说，基因工程起源于分子生物学的理论研究，这种研究旨在解决一个问题：人们早在 19 世纪末 20 世纪初就已经知道的基因，其组成与结构到底是什么？如果它不是蛋白质而是 DNA（去氧核糖核酸），则 DNA 如何起到遗传的作用？1953 年英国生物学家 J. 沃森与英国物理学家 F. 克里克合作研究，发表了《去氧核糖核酸的结构》[1] 的论文，首次揭开了基因的秘密。在此以前，许多生物学家都误认为生命只能是蛋白质的存在形式，决定生命最基本功能的基因也必然是由蛋白质或核蛋白所组成的。沃森和克里克都挑战了这种观点，他们指出：虽然蛋白质是完成大多数生命活动所必需的大分子，一切新陈代谢是在酶的催化下进行的，但是遗传的信息却只存在于核酸中。核酸分为去氧核糖核酸（DNA）和核糖核酸（RNA）两类。去氧核糖核酸由四种含有不同碱基的核苷酸组成，它们分别称为 A（腺嘌呤）、G（鸟嘌

---

[1] J. D. Watson and F. H. C. Crick, "A Structure for Deoxyribose Nucleic Acid", *Nature*, 1953, pp. 171, 737–738.

呤)、C(胞嘧啶)、T(胸腺嘧啶),各个核苷酸之间首尾相接缩合成核苷酸链,每条链上的 C、G、A、T 的不同顺序是"携带遗传信息的密码"[1]。DNA 分子是双螺旋结构,它是由两条核苷酸链按 C—G、A—T 配对组成。这两条链是互补的,因此当两条链分开时,每一条链都可以作为建造 DNA 分子链的模板。DNA 双螺旋结构的发现,开辟了生物学发展的新时代,这就是分子生物学的时代。在此以后一二十年的生物学进步等于过去全部生物学进化的总和。1958 年沃森和克里克又发现了分子生物学的中心法则,又称为"中心教义"(central dogma),它揭示了遗传机制是通过 DNA → mRNA → 蛋白质单向信息流而实现的。其过程是:在解旋酶的作用下,DNA 大分子的双螺旋分解成两个单螺旋,每一条单螺旋作为模板,按碱基配对的原则,在一些酶的催化作用下,各自由周围的核苷酸作材料,重新形成和原来 DNA 大分子相同的两个 DNA 大分子,自我复制就是这样实现的。而 DNA 控制蛋白质制造的过程是:先由 DNA 的一条链作模板,根据碱基配对原则在细胞核中复制出一条单链的 RNA。RNA 也是由四种核苷酸组成的链,其中 A、G、C 都是一样的,只是链中以 U(尿嘧啶)代替 T。这条单链的 RNA,起着传递信息的作用,叫作信使 RNA(mRNA)。这个过程叫作转录。mRNA 从细胞核走出进入细胞质中起到传递信息,以合成特定的蛋白质。至于 mRNA 上抄录的遗传信息怎样指导合成蛋白质呢?美国生物学家 M. W. 尼伦伯格(M. W. Nirenberg)与美国化学家 H. G. 考拉那(H. G. Khorana)于 1961—1965 年破译了遗传密码,指出 mRNA 链中每三个核苷酸组成一个三联体密码。四种核苷酸三个一组共有 $4^3 = 64$ 种不同的组合码子,每一个(或每几个)码子对应着一种氨基酸。这样 20 种不同的氨基酸便依 mRNA 的编码对号入座形成特定编码的蛋白质。这个过程就是基因的表达过

---

[1] J. D. Watson and F. H. C. Crick (1953), "A Structure for Deoxyribose Nucleic Acid". *Nature* 171, 964-967.

程,称它为"翻译"。基因表达过程受到细胞内外环境的严格调节和控制。其中主要环节是转录水平上的调控。法国分子生物学家J.莫诺(J. Monod)在这方面做了极其重要的工作。所有这些都使得分子生物学的基本理论在20世纪60年代已经臻于完善,这就为基因工程的应用研究打下基础。

(二)70年代基因工程的创立

既然生物的一切性状都是由被称作基因的DNA分子片断决定的。因此如果能够将这些基因分离、剪切并重组,并转入宿主细胞中加以复制和传代,便可以按人们的要求改变生物的基因,改变生物的物种,改变生物的性状,并进而改变人类本身,开辟人类改造自然、改造自己的新纪元。这种应用研究称为基因工程。当20世纪五六十年代分子生物学获得理论上的重大突破之后,基因工程的研究便在70年代开始了。1972年美国斯坦福大学的保罗·伯格(Paul Berg)第一次把两种不同的DNA重组在一起。他用限制性内切酶EcoRI(Eco是大肠杆菌的简称)把病毒SV_{40} DNA的环打开成线状,剪切后与噬菌P_{22}DNA重组。1973年柯恩(Cohen)将E. Coli抗四环素质体与E. Coli抗卡那霉素质体体外重组后再转移到E. Coli受菌中,建立了分子无性繁殖系。分子无性繁殖,叫作克隆,这是分子水平上的克隆。这两件事标志基因工程的诞生。

基因工程的操作,大体上可以分为下列几个步骤:

(1)重组体DNA片断的取得。主要方法是,将供体细胞中的DNA提取出来,加入限制性核酸内切酶,它是一种可以识别双链DNA中特定核苷酸序列的DNA水解酶,能在这DNA链的特定位置上切开它;另外对作为这载体的质粒,限制酶也可以将它的DNA切成特定的片断。被切割的DNA片断末端可带黏性因而相互吸引,也可以不带黏性而成为平整末端。除了用限制酶来取得重组体DNA片断外,还可以用机械方法剪切(例如用超声波断裂)、从mRNA

中通过反向转录作用合成或化学方法合成而取得这些片断。

（2）重组：DNA 片断与载体的连接。通常是加入 DNA 连接酶，使 DNA 片断之间、供体 DNA 片断与载体质粒 DNA 片断之间连接起来。

（3）引入宿主细胞。通过转化、转染和转导等方法，将重组的 DNA 引入宿主细胞（如噬菌体、大肠杆菌、质粒体等），以便分析重组基因的功能和获取基因表达产物。如宿主是比较大的动植物细胞则可以用注射或用"基因枪"高速射入 DNA 分子以改变其动植物品种的特性。

有了 20 世纪 70 年代这些应用科学的研究，基因工程的开发便在 80 年代蓬勃发展起来。

二 基因工程和克隆技术的发展带来的伦理问题

（一）80 年代基因工程的发展及其伦理蕴涵

20 世纪 80 年代，基因工程在各个方面蓬勃发展起来。它在农业、畜牧业、医药卫生业有着广泛的应用并由此而产生出一系列伦理问题。

（1）转基因植物、转基因动物和转基因微生物的开发。既然基因可以剪接、重组，这就打破了物种之间的界限，甚至打破动物、植物与微生物之间的界限，为杂交和人工创造出各种新物种开辟广阔的道路。例如 1978 年德国创造出一种植物品种，地上结西红柿，地下长土豆。1982 年美国加州大学伯克利分校生物学家 S. 林道（Steven Lindow）用基因重组方法创造了一种抗霜冻细菌菌株，把它洒在植物上，例如洒在土豆上可抗霜冻，而美国每年因春季土豆霜冻损失十亿美元。1986 年美国 Wister 学院对狂犬病毒进行基因重组，使其对人、犬无毒。在动物方面，欧洲生产了一种特殊的猪，其肉能发出咖啡香味；英国有一种山绵羊，其奶里可产生凝结血的"9 号凝素"，成了白血病患者的福音。直到 20 世纪末，国际上已获得转基因农作物优良品种100多种，田间推广试验已有600多例。① 有人预言21世纪许多肉类的营养会由植物制造出来。② 当然，在我们摆弄生物的基因使之相互结合的时候，也确实出了一点差错。例如我们制造了一种新品种——杀人蜂，当它们被释放到自然界中去的时候，确实会袭击人类，将人杀死。于是从基因工程开始推广那一天起，就有这样的伦理问题出现：是否在扮演上帝（play God），是否过分干预了自然界的进程和生物的自然发展，从而破坏了生态平衡，也威胁了人类的安全呢？

（2）人体基因显示（genetic screening）和基因疾病的诊断（the diagnosis of genetic：disease）。随着医学的发展，原来严重威胁着人们生命的一些疾病，如天花、霍乱、鼠疫之类，得到治疗和控制，发病率大大下降；于是遗传性疾病所占的比重便突出起来，估计每1000个新生儿有3—10人患有各种遗传病，如舞蹈病、镰刀形细胞贫血症、脊柱裂和无脑儿、唐氏综合征、血友病等。对于这些疾病不久以前医学界对它是束手无策的，只有作保守性治疗，如减轻病人的痛苦和增加某些方面的营养等。自从有了分子生物学和基因工程，生物学家、医学家最低限度能够将这样一些疾病的基因条件探测出来，有一些遗传病可以在早期胚胎中诊断出来，为选择性人工流产提供根据；有一些则可以通过基因治疗（gene therapy）加以治愈。这里特别值得注意的是产前的基因诊断，其基本方法是用针插入母体下腹，进入胎盘吸出羊水液。在羊水液中含有胎儿的活体细胞，检查活体细胞的染色体和基因，以及羊水中的生物化学成分，便可以得知胎儿可能有的遗传疾病。1967年C. 瓦伦蒂（C. Valenti）和H. 纳德勒（H. Nadlev）对胎儿细胞染色体进行分析检查出胎儿唐氏综合症。1972年，通过对胎儿生活在羊水中的甲胎蛋白浓度分析，检查出胎儿的无脑儿和脊柱裂疾病，这就开辟了

---

① 参见朱丽兰《迎接21世纪的国家高科技发展战略》，《世纪之交》，辽宁教育出版社1995年版，第8页。

② 参见《人类未来三大突破》，《中国青年报》1998年7月13日。

基因诊断的先声。基因诊断在 20 世纪 80 年代快速地发展起来了，其基本工具就是上面所说的限制酶。利用各种限制酶，将人 DNA 的不同长度基因段落切下加以分析。从 80 年代开始，有一个全球性的计划：绘出全部人类基因的总图，要搞清每一个基因的位置及其功能，即它的表达形态。如果这个工作一旦完成，则不仅能够搞清每一个人可能出现的遗传疾病的条件，而且可能搞清由遗传决定的每一个人的品性，至少由单个基因决定的性状就了如指掌了。这样，基因诊断就像超级商场的售货员用他或她的计价器读出商品条码的价格一样了解基因密码的一切意义。基因诊断可能探测到某人是某种疾病的基因载体，但这疾病可能不在他或她身上发生，而在他或她后代身上发生，例如镰刀形细胞贫血症可能就是这样。有时也可能探测到某人在一定年龄以后才发生某种疾病，例如舞蹈病就是这样。有时还可以发现某人对某种疾病有先天遗传的易感染性，例如易得高胆固醇，易得心脏病，易得癌症等。而如果你想知道早期胎儿的性别，则产前检查加以辨别在技术上是毫无困难的。但是，基因显示和基因诊断引起了一系列伦理问题。我们应该如何对待被诊断出有遗传缺陷的人才是正当的呢？我们到底如何与一个我们预知他（或她）未来将会有某种疾病的人相处呢？对于通过基因诊断出有遗传缺陷或有某种我们所不喜欢特征的胎儿，在什么情况下剥夺他们的生存权利才是正当的呢？还是他们根本就没有生存的权利呢？

（3）基因治疗和优生学的进展。基因工程最重要的方面是基因治疗（gene therapy）。广义地说基因治疗就是对人类基因的控制，消除人们一些不愿意有的品质或疾病，改进存在的一些品质等。许多疾病由于产生于基因层次的，因而它是被遗传的或能遗传的，如膀胱纤维化症、镰刀形细胞贫血症、莱施－尼汉氏综合征（Lesch-Nyhan syndrome）、综合免疫缺乏症等。病人有这些疾病非常痛苦并且危及生命。对于这些不治之症，直到 20 世纪 80 年代以后，由于基因技术的发展才有治愈之可能，甚至我们有可能将这些疾病从人类基因库中清除干净。并且我们还有可能运用基因技术来提高我们所欲求之特征（例如身高、体重与相貌）以及改良人类这个物种，使人类能够优生。

因此基因控制或广义的基因治疗有四种形式：

第一，体细胞基因治疗（somatic cell gene therapy）：它旨在纠正病人体细胞的基因缺陷，而不是他（或她）生殖细胞的基因缺陷。

第二，生殖系基因治疗（germ line gene therapy）：将某一基因引入病人的生殖细胞中，不仅使其本人受益，而且对其后代发挥作用。

第三，增强基因工程（enhancement genetic engineering）：将某一基因植入以改进人们的某些特征，例如植入一个补充生长激素基因，可以使人的体格变大。

第四，优生学基因工程（eugenic genetic engineering）：它旨在运用基因控制来改进人的某些复杂特性，例如性格、智力等，它不是由单个基因，而是由许多基因共同决定的。

对于人类来说，目前的进展首先是在体细胞基因治疗上。前面讲过的莱施－尼汉氏病就是这样一种基因疾病，患病者神经失控，导致自我摧残，这是由于有某一基因缺失，以至于不能合成某种HPRT酶而造成的。前面说到的另一种基因病是所谓综合免疫缺乏症，患这种疾病的儿童不能抵抗很简单的细菌感染，它是由某个基因的缺陷以至于不能合成ADA酶所造成的。这类疾病由于来自某个基因的缺陷或缺失，可以通过向细胞植入正常基因来加以治疗。例如莱施－尼汉氏病可以通过带正常HPRT基因的病毒感染人类造血细胞而被植入人的体细胞中，而免疫缺乏症则可通过取出病人的骨髓，将ADA基因植入其细胞中，处理后重新注入人体，这种体细胞的治疗问题一般不会引起太大的伦理问题。救人一命胜造七级浮屠。不过使用这种技术有很大的危险性，用新基因植入可能会瓦解其他基因的功能，从而引起癌症，因此必须谨慎使用。至于生殖系基因治疗，主要方法是将正常的 DNA 注射到受精卵中，再放回母体子宫中继续孕育，于是新的遗传特性不但遍及身体而且遗传于后代。不过这种方法，目前只在老鼠中取得成功，需要有充分的动物实验和充分的体细胞基因治疗的经验，才能应用于人类。而在它能广泛被应用于人类之前，必须用人的胚胎和人体进行试验。而如何对待人的胚胎实验和人体实验就是这些基因治疗的首要伦理问题。至于增强性基因工程和优生基因工程，对于人类来说，虽然目前尚未实际收到成效，不过在理论上首先出现一系列伦理问题，例如，我们有什么理由认为听话的人要比爱冒犯别人的人就好一些，从而将后代人从基因上改变得比较听话？我们到底有多大的权力来改变后代人的特征，我们到底有多大的权力来创造新的人种？这些问题将在以后各节中加以讨论。

（二）90 年代基因研究的新进展和克隆技术带来的伦理问题

20 世纪最后一个年代在分子生物学和基因工程方面的进展中特别值得我们注意的，首推人类基因组计划（Human Genome Project）的趋于实现和哺乳动物克隆的成功。

人类基因组计划是要将人类基因具有的 30 亿对核苷酸分子加以解码，弄清它们的位置、次序并逐步阐明其遗传意义。这是人类比较彻底地了解自己的结构特征和生、老、病、死的关键性步骤。1989 年美国卫生部（NIH）和能源部（DOE）提供 30 亿美元的财政支持，计划在 15 年内完成这个国际性科学计划。1996 年 2 月，以麻省理工学院怀特海基因谱中心为首的国际研究组织经过三年努力，终于宣布制成一个以 15000 多条（已定序的）DNA 短片为标志的人体基因谱鸟瞰图（top-down map）。同年 5 月法国的韦辛巴赫和美国麻省理工学院的兰德与底特底治所领导的研究小组又发表了人体的基因关联谱（genetic linkage map），这样实际上已经完成了人类基因组计划的重要准备工作。有了这个基因关联谱，上节所说的人体的基因治疗、基因改良和设计新基因便有了一个科学基础。

◇ 下篇 现代伦理视野中的科学与技术

这就是我国科学技术部部长朱丽兰女士所说的"人造人，吓坏人"的时代到来了。

"人造人，吓坏人"的时代到来的另一个标志是哺乳动物克隆成功。据英国1997年2月27日出版的《自然》杂志报道，I. Will-mut等科学家从一只6岁成年母羊的乳腺下取出一个体细胞，将它的核移植到另一只母羊的去了核的卵子中，把它培养成胚胎后，再植入第三只母羊子宫中发育成长，产下了一只小羊。这只无性繁殖的命名为"多利"的小羊已悠悠地在苏格兰的试验基地上生活了两年多。这只羊羔是其"基因母羊"的完全复制品，其所有"生物特性"与基因母羊保持一致，人们称之为"克隆羊"。克隆，作为名词，英文原名为clone，是"无性繁殖系"的意思；作为动名词，英文原名为cloning，是指通过人工操作获得无性繁殖群体的过程，即所谓"克隆化的过程"。"多利"诞生的过程是一个十分复杂的过程，同时涉及若干只不同的母羊，可用下面的示意图来表示（见图9—1）：

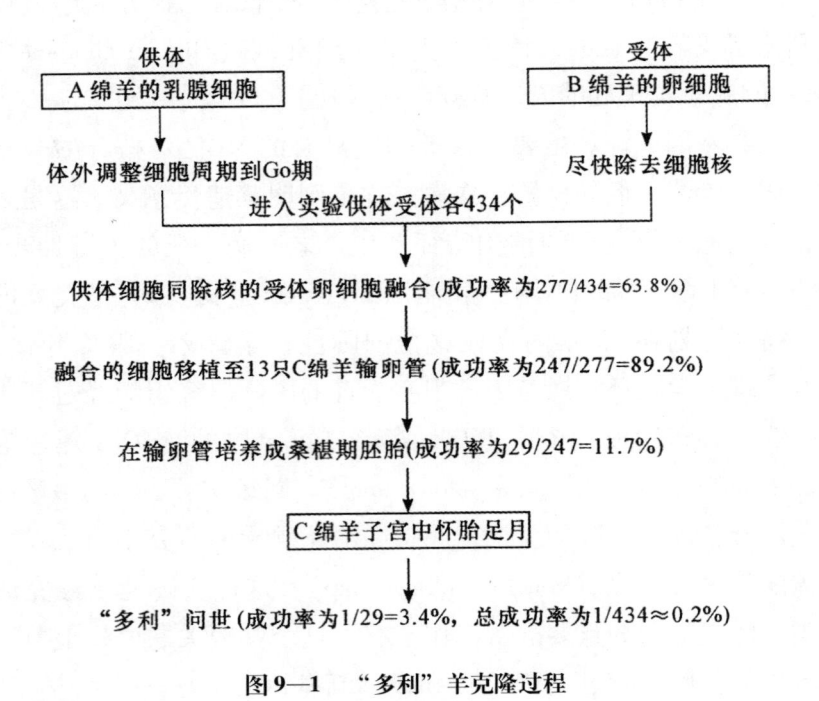

```
    供体                          受体
┌─────────────┐            ┌─────────────┐
│ A绵羊的乳腺细胞 │            │ B绵羊的卵细胞  │
└──────┬──────┘            └──────┬──────┘
       ▼                           ▼
体外调整细胞周期到G0期          尽快除去细胞核
       └──────────┬───────────────┘
                  ▼
           进入实验供体受体各434个
                  ▼
   供体细胞同除核的受体卵细胞融合(成功率为277/434=63.8%)
                  ▼
   融合的细胞移植至13只C绵羊输卵管(成功率为247/277=89.2%)
                  ▼
   在输卵管培养成桑椹期胚胎(成功率为29/247=11.7%)
                  ▼
           C绵羊子宫中怀胎足月
                  ▼
   "多利"问世(成功率为1/29=3.4%，总成功率为1/434≈0.2%)
```

图9—1 "多利"羊克隆过程

这项技术有两个要点：一是使用完全分化的体细胞作遗传物质的供体；二是需要卵细胞的发育指令，即母体信息。

克隆绵羊的成功，在技术上至少有三大突破：第一，找到了供体细胞脱分化的方法，供体细胞为绵羊乳腺细胞，它虽然包含了绵羊全部基因，但它在形态上和生化组成上已经分化即向专一性和特异性方向发展了，在这细胞中许多基因已经关闭，不再表达。为了使它脱分化，即逆向分化和退行发育，即所谓"返老还童"，就必须调整体细胞的分裂周期，使之进入胚胎细胞的分裂周期 Go。第二，细胞融合技术突破。绵羊克隆是通过细胞融合将体细胞的细胞核移植到去核的卵细胞中，这就要求卵细胞中的遗传物质必须去除干净；在取出卵细胞的细胞核时，不能损害卵细胞的线体信息，这是决定体细胞细胞核启动的指令；而供体细胞核不能有任何损伤，否则造成突变甚至不能发育。第三，融合细胞的激活。在有性生殖过程中，卵细胞在未接受精细胞的遗传物质之前，它所携带的母体信息是没有活性的。一旦接受了精细胞的遗传物质，即受精之后，卵细胞的母体信息就被激活，这种现象称为受精激活。如何保证接受了移植细胞核的母体信息被激活，也是一项关键技术。"多利"是成年哺乳动物无性繁殖成功的第一个例子，它打破了"用成年动物细胞无法培养成胚胎""动物细胞分化过程中发生了不可逆的变化"的理论，在胚胎发育理论上和在基因工程技术上取得了划时代的突破，在科学发展史上是一个重大的"历史事件"。

我们应该如何认识这个历史事件的科学意义呢？我想，比较一下 19 世纪末和 20 世纪末的科学形势是很有意思的。大家知道，19 世纪末，在物理科学上有几个重大的发现，这就是 X 射线的发现（1895 年）、电子的发现（1897 年）、放射性元素的发现（1896 年）以及普朗克的量子论初步（1900 年）。这些发现预示一二十年后即将出现的微观世界规律和宏观世界规律（量子力学、相对论、量子场论等）的全面揭露，宣布了 20 世纪即新物理学世纪的到来。在 19 世纪末有谁想过原子可分裂性的发现后只有几十年的时光，就

◇ 下篇 现代伦理视野中的科学与技术

爆炸了世界上第一颗原子弹呢？当时又有谁能预测到 20 世纪科学、技术会发生如此巨大的变化呢？到了 20 世纪末，生命科学出现了 19 世纪物理科学同样的形势：基因重组工程的重大突破（20 世纪 80 年代），人体基因关联图谱的绘出（1996 年），以及克隆羊的成功（1997 年），可以说是 20 世纪末生命科学的几个重大事件。我们完全可以有根据地预测，在今后一二十年间，生命规律将会得到全面的揭露，由此而引起另一场翻天覆地的变化，就像原子弹的出现、人类登上月球一样惊人。因此我们完全可以说，克隆羊是 20 世纪的"电子"发现，它宣布了 21 世纪，即生命科学世纪的到来。

克隆羊之所以引起世界的关注，是因为既然羊这种高等哺乳动物能被克隆，那么克隆人在理论上和技术上应该是没有多大的困难的了。成功克隆世界第一只绵羊的主持人苏格兰科学家 I. Willmut 说："有可能在不到两年的时间里培养出克隆人，不过我想象不出有谁会这样做。"[1] 但是，他现在却正在进行克隆人类早期胚胎的实验。1998 年 3 月 2 日美国科学家公布他们用胚胎细胞复制了猴子，只要进一步研究，用成年猴克隆出小猴是完全可能的，他们估计"不出 5 年，复制技术就会应用在人类身上"[2]。于是一时间，世界各地都有这样一类议论：我们能否可以从世界上最伟大的科学家、政治家和企业家身上取出细胞进行复制，来改进人的遗传性状呢？如果将克隆技术与基因重组技术结合起来，我们是否可以设计创造出有各种各样高体能、高智力的超人呢？如果这项技术被黑社会利用了，我们是否会制造出"奴隶大军"？而人类有性繁殖逐渐被代替后，是否会由克隆人统治世界？真的，一个怪影在世界上游荡着，这就是克隆人的怪影，它带来了许多社会问题和伦理问题，它可能会侵犯人的尊严，破坏人伦道德，带来意想不到的社会危害……

---

[1] 《英下院举行克隆技术听证会》，《参考消息》1997 年 3 月 10 日。
[2] 李永群：《无性生殖搅动世界》，《中国青年报》1998 年 3 月 8 日。

三 "扮演上帝"与"过分干预自然"

当基因重组工程开始用于微生物和动植物还未用于人类之时，就已经发生了一系列伦理问题，首先是我们应不应该扮演上帝和应不应该过分干预自然正常过程问题。

1973年重组DNA工程开始不久，美国斯坦福大学保罗·伯格教授反对把动物肿瘤病毒植入大肠杆菌，认为这样做对人类是一种危险。这时人们担心为实验的目的而改变细菌的基因，会不会从实验室中泄漏出来危害对这些人工细菌没有抵抗力的人类呢？这首先是一个生物科学家的社会责任感问题。像原子能科学家们在1944年表现的高度社会责任感一样，30年后，生物科学家们表现了同样的责任感。对于理解DNA做了开创性工作的E.查理伽夫（Erwin Chargaff）问道："我们有权利为了满足少数科学家的求知欲而不可逆地抵制亿万年自然进化的智慧吗？未来将会咒骂我们。"加州科技学院生物系主任、基因工程的倡导者之一罗伯特·辛希默（Robert Sinsheimer）说道："在为了我们的目的而开发一种新的生命形式时，我们需要有一种对我们行星的生命的基本责任感吗？我们真的要将我们的未来的进化掌握在自己手里吗？……对于科学家来说，这原是一件很反常的事情。"[①] 出于这一类对人类安全和对生态环境的保护意识，1974年夏，美国科学院成立了由保罗·伯格任主席的特设委员会，建议暂禁重组DNA的研究，直到制订出适当的安全措施为止。美国政府随即建立了重组DNA咨询委员会，开始研究这个问题。研究结果决定可以开放重组DNA研究，不过要在严格的监控下经一定的审批手续后才可进行。邱仁宗教授说："这是在科学史上第一次科学家自愿不进行某种实验，而且是技术

[①] Erwin Chargaff, Sidney Gendin & Lowell Kleiman eds., *Ethical Issues in Scientific Research*, Garland Publishing Inc., 1994, p. 309.

◇ 下篇　现代伦理视野中的科学与技术

上最富挑战性，理论上最激动人心的实验。"① 尽管这次暂禁时间很短，事后证明，问题并没有那么严重，但毕竟这是科学家社会责任感觉醒的表现，意义相当重大。

重组基因工程的伦理问题在哪里？美国研究医学以及生物医学和行为研究的伦理问题委员会主任为此询问三大宗教领袖：美国基督教教堂联合会秘书长，美国犹太教联合会秘书长和美国天主教会秘书长（the Ceneral Secretaries of the National Council of Churches, the Synagogue Council of America, and the United States Catholic Conference），他们的联合回信警告说："一旦基因工程在技术上可能，扮演上帝这种诱惑就会比以前任何时候都要大。"显然，创造生命原来认为只是上帝的事情，现在基因工程行使了上帝的职能，自然也就是要扮演上帝了。不过医学和生物医学伦理问题委员会的主席还是弄不清扮演上帝是什么意思，便要求美国三大宗教领袖详加说明。三大领袖任命了神学家给委员会回答了这个问题，这个问题已无从考据，不过其结果使委员会得出如下结论：

> 从神学家的观点来看，现代分子生物学所提出的问题，不是要禁止分子生物学的问题，而是一个责任心问题，因为它取得了人类从不具有的能力，《圣经》的教义告诉我们，在某种意义上，人是和上帝一起共同创造世界的创造者。因而，按委员会的解释，主要的宗教信念是，要尊重有关自然的知识，促进人类对自然认识的提高；同样，我们也要负责任地运用这些知识。基因工程值得称赞的地方就在于它能改进人类的生活状况，而滥用人类的自由会造成邪恶，会使人的知识与权利受到损害。②

---

① 邱仁宗：《生命伦理学》，上海人民出版社 1987 年版，第 135 页。
② P. Singer and D. Wells, "Genetic Engineering", in *Ethical Issues in Scientific Research*, eds. by Edward Erwin et al., Garland Publishing Inc., 1994, p. 311.

第九章　基因工程与生命伦理

所以，即使从宗教的观点看，基因工程也不应该被禁止，只应该防止它被滥用。因为，如果改变物种的基因也算是扮演上帝的话，则我们治疗天花也是扮演上帝，因为天花以及其他疾病曾被认为是上帝对人们的一种惩罚。不过，改变物种，改变人的天性与功力在各种宗教中都认为只有神才能办到的，而现在人也可能办到了。我们执行了上帝的高级职能，在这个意义上我们扮演了上帝，成了"神"，所以处理基因问题就应该特别慎重。这就是我们扮演了上帝的科学含义。

至于重组 DNA 研究是否干预了自然界的正常过程，是否破坏了自然界进化的"智慧"问题，这是一个人与自然界的关系伦理问题。其实早在远古时代，人类也已经干预了自然界的正常进化过程。我们今天在农业上和畜牧业上所使用的谷类物种和牲畜物种，都不是自然选择的结果，它们是在人类的干预下进行人工选择的产物，并不发生这种干预自然过程是否正当的问题。当然现在我们用基因工程的方法创造新物种比以往各种方法的人工选种变化将会更加迅速，规模将会更加巨大，但本质上是一样的事情，不存在是否因为基因工程干预了自然进化过程而成为不正当的事情。再说，当今世界上所有文明国家的医疗系统就是对自然进化过程的一种干预。因为按照自然进化，老、弱、病、残和贫困者早应该被淘汰。基因治疗只是用一种更新的手段治疗人们的疾病延长人们的寿命罢了，怎能说因为干预了自然的进化过程而成为不正当的事情呢？所以自然界的正常进化过程并不是神圣不可侵犯的。进化也不总是"有智慧"的，说"进化的智慧"只是在比喻意义上说的，不应受这个词的误导。这个词只是想说明，那适应环境的基因会保留下来，至于这些基因是否对人类有利那是另外的问题。进化本身根源于一种随机的突变，即"上帝所掷的骰子"，而自然选择又是一种长期适应过程和淘汰过程，它们本质上都是盲目的，都不是沿着使人类福利最大和痛苦最少的路线进行的。对于人类利益来说，它可以是"有智慧的"也可以是"愚蠢的"。只有人类的道德实践，才

◈ 下篇 现代伦理视野中的科学与技术

是旨在谋求最大多数人的最大幸福或全体人类的最大幸福和最少痛苦，这就不可避免要干预自然界的进化过程，包括人类自己的进化过程。例如镰刀形细胞贫血症这种遗传疾病，其病患者之所以没有被自然淘汰，其中一个原因，就是带有这种基因的人比普通人更有抵抗疟疾病的能力，这也可以说是"进化的智慧"。可是，由于医学的发展，当今世界，疟疾病早已不是致命的流行病。镰刀形细胞贫血病早已不具备"存在的理由"和"存在的优越性"，它徒然地增加人类的痛苦，自然界却"愚蠢地"保留这种基因，也许还要保留几十万年。在道德问题上，我们不是自然主义者，不是因果决定论者也不是随机非决定论者。我们的本体论和道德论哲学是目的论、因果论和随机论三位一体的系统主义哲学。这个哲学承认目的性与自由意志，以及人类干预自然过程的可能性与必要性。但是我们又必须尊重自然系统的合理性，不要使我们对自然过程的干预到达破坏自然界生态平衡的地步。如果所谓过分干预自然过程指的是破坏自然界的生态平衡，威胁人类自身的安全，则我们也反对过分干预自然过程。我们也应该看到，经过亿万年自然创造的自然系统是十分复杂并且高度适应环境的。对于它们，我们常常是牵一发而动全身，产生我们预想不到的后果。所以要改造这些系统时我们应该特别小心，防止因草率从事而过分干预自然。

所以在人与自然关系问题上，我们不是不干预者也不是过分干预者。我们认为干预自然必须符合客观的自然规律，符合我们的基本道德准则，以这样的观点看待基因重组工程的伦理问题，就不是基因重组工程本身一般地应不应该进行的问题，而是我们必须对每一项基因工程进行道德决策，考察它是否符合自然规律，符合人们的基本道德规范，考察它所具有的伦理价值的大小，特别要考察它是否符合环境伦理的要求，以不带宗教的和自然主义的背景来看待基因重组的伦理问题。这个问题便首先是个环境伦理问题，一项基因工程应不应该进行首先应该看它是否对人类环境和人类安全带来危害，然后看它对人类是否带来实际的利益，权衡利弊，权衡得

第九章　基因工程与生命伦理

失，在价值协调和价值冲突中决定去留。基因工程是当代世界的伟大创造，创造出各种各样的新的有机体，并将它们自觉地释放到（或不自觉地泄放）到自然环境中，这就产生了一个问题：这些有机体，例如能吃食海上浮油的细菌，无毒的狂犬病毒，不要施肥的农作物，不长肥肉的猪……所有这些其短期效应肯定对人类有益，但我们能够保证它不会破坏本来已是十分脆弱的生态平衡，危害人类生存的环境，从而最终危害人类本身吗？以上面所说的无毒狂犬病毒的基因试验为例。1986年美国惠斯塔学院（Wister Institute）决定做这项实验，因美国办理申请、审批手续严格，于是该学院将实验工作转到无须办申请手续的阿根廷去做。在那里试验工作程序虽然十分严格，但并不直接参加实验的专门负责喂养试验用牛的看管员，经检查都带有狂犬病毒抗体，说明实验室的病毒不胫而走，扩展到他们的身上了。所以在1988年的一些国际会议上，生物学家J. L. 托勒（Jose La Torre）说："现在我们算是多少知道一点有关病毒的生态学了，很可能这些新的人工制造的病毒新品种会在自然界中重新建立起来……经历着与同类病毒的重新组合过程，这是我们必须认真加以研究的。"[1] 很显然，这里的问题并不是要停止所有的基因工程的研究，只是对那些带危险性的基因工程要持十分谨慎的态度。

现在争论的问题似乎是这样：如果有一种尚未确知的巨大危险潜伏于某项基因研究中，则这项研究就不应该进行。例如，某项基因研究会释放出一种致癌的病毒，则这项研究应该停止，即使这项研究的结果会给大多数人们带来很大的利益也是如此。不过到底是不是应该停止某项研究，需要视具体情景而定。例如巴西某研究机关在20世纪80年代末90年代初将本地的蜂种与非洲蜜蜂进行基因杂交重组获得一种新的品种，它是一种极富攻击性的杀人蜂，每

---

[1] E. Mathews, *Science & Responsibility: Genetic Engineering and Embryo Research*, University of Aberdeen Press, 1990, p. 3.

年都有几十人被这种蜜蜂攻击致死。但是这种蜜蜂产蜂蜜的效率很高,每年为巴西多带来几千万美元甚至上亿美元的收入。我们是否应该创造这种蜜蜂新品种呢?功利主义者认为,应该搞这项基因工程,它是为了最大多数人的最大幸福。但是道义主义者认为,这项新品种蜜蜂是不应该搞的,因为它牺牲了少数人的利益甚至生命来满足大多数人的最大利益,而每一个人都是目的。而不能看作达到其他人目的的手段。我个人认为是否进行这项基因工程的道德决策,从系统主义的观点看,至少必须同时考虑三个因素:(1)它是否对社会产生较大的利益,即它是否符合行为功利的原则。(2)它是否对环境带来破坏,破坏的程度如何,即它是否符合环保的原则。(3)它是否有损人们的生命尊严,是否侵犯了少数人的利益,即它是否符合正义的原则和仁爱的原则。当三者不能同时兼得时,按照一个权重对各个原则间的冲突加以权衡决定是否值得干这件事,这就是按我们在第五章第二节所讲述的公式计算这项研究工作的总价值。设这项研究工作为 A,行为 A 的总价值为 $V(A)$,则

$$V(A) = \alpha \cdot Va(R_1) + \beta \cdot Va(R_2) + \gamma \cdot Va(R_3, R_4)$$

这里 $Va(R_1)$ 为这个行为因符合环保原则带来的伦理价值,$Va(R_2)$ 为这个行为因符合功利效用的原则而带来的伦理价值,$Va(R_3, R_4)$ 表示这个行为因符合正义原则和仁爱原则而带来的伦理价值。因为这里我们的例子是创造杀人蜂这种蜜蜂的品种,等式右边第二项是正的。比如说,$Va(R_2)$ 等于一亿美元,而 $Va(R_3, R_4)$ 是负数,因为它以一定的概率导致人生命的损失和对环境保护有某种损失,α, β, γ 是它的权重,对于不同的情景有不同的价值。对于一个富国,它宁愿损失一亿美元的收入而不愿损失几个人的生命,而对于一个穷国来说,它宁愿冒一定的生命风险来求得一亿美元的收入。道德哲学本身并不回答哪一件事应不应该做的问题,而只是回答按照什么原则来决定某一件事应不应该做。

随着将基因技术用于医治人类的疾病和改进人类的物种,可以预见在不久的将来,我们后代的体能和智力,记忆力、思考力和想

象力、性别、寿命、身高、体重和容貌都可以通过基因技术设计出来，乃至他们的性格和品德的基因条件也可以通过基因技术来决定。当然分子生物学的应用研究才刚刚开始不久，增强性的人体基因工程和优生学人体基因工程尚未取得决定性的突破，公众舆论对其爆炸性的伦理含义尚未有足够的注意，需要进行富于想象性的研究和讨论才能将它们揭示出来。可是1997年苏格兰爱丁堡罗斯林研究所克隆绵羊成功以及克隆人即将成为现实一事却掀起了轩然大波。其实像其他基因工程问题一样，这里首先出现的一个伦理问题仍然是培育克隆人是否扮演了上帝的角色，是否违反了自然选择的智慧，我将结合优生基因重组工程来讨论这个问题，不过现在的问题不是涉及其他生物而是涉及重组人类自己的基因和复制人类自己，所以问题便以更尖锐的形式出现了。因为有时人们干扰那外部世界似乎还是值得原谅的，可是干扰自己的内部世界却被认为是不可饶恕的了。我们首先看看宗教界怎样不能饶恕这个"罪行"。1997年2月26日，即克隆绵羊成功的消息发布后的第三天，罗马教廷的梵蒂冈报纸《罗马观察家》便发表社论，强烈呼吁世界各国立即制定一项法律禁止人类无性生殖。这篇题为《对理性及人道的紧急呼吁》的文章说："人类有权以人类的方式出生，而不是在实验室。任何一种反人类的方式都是令人难以接受的，因为这彻底违反了上帝造人计划。任何性关系以外的生殖努力都将被认为是违反道德、人类生育和夫妻关系尊严的行为。"[①] 3月6日以色列犹太教的首席拉比说："犹太教律法允许医生治愈伤痛，但不允许侵犯造物主的作用——不得运用非自然手段制造生命。"[②] 其实从宗教教义立场上反对克隆人并非完全理性的，而且宗教教义的教条也是可以解释成与克隆人相适应的。例如上帝是怎样按照自己的模样塑造亚当、夏娃呢？难道上帝这个全知全能的神不可能取出自己的一个体

[①] 《无性生殖搅动世界》，载《中国青年报》1997年3月8日。
[②] 《参考消息》1997年3月10日。

◈ 下篇 现代伦理视野中的科学与技术

细胞克隆出亚当吗？而从亚当"身上所取的肋骨，造成一个女人"① 夏娃，就显然是无性生殖，即克隆了。不过关于克隆人（以及优生基因重组工程）是否就是违反自然选择的智慧，是否过分干预了自然过程的问题则是值得更仔细考察的。

首先，我们应该承认，人类一直企图影响自己的基因库，企图优生，使后代有更高的体能与智力。例如禁止血缘通婚、近亲繁殖，实行有意识地选择配偶，其中一个主要目的就是想使后代有"更好的"基因，特别是自从发展了个体家庭和出现自由竞争，人类对下一代基因组合更加关心了。现在有一些发达国家，许多妇女以及她们的丈夫，是十分开通的，她（他）们将结婚与生育子女区分开来，从诺贝尔奖奖金获得者的精子库中选择精子进行生育。如果这些不是不道德的话，那么克隆社会上一些精英人物以及用优生基因工程的方法改进后代的基因库在性质上和目的上与此就没有什么原则上的不同，只有手段上的差别。因此克隆人与优生学的研究、试验和推广在原则上是不应该禁止的，只是因为克隆技术尚未成熟应暂禁拿人来做实验罢了。这一点我想我们应该清醒地认识到，我们的这种主张，也许反映了接近功利主义的立场，不过请注意，我们是系统主义的功利论者，不是急功近利者。

不过，克隆人与优生基因工程在手段上与传统的优生学有区别，这一点也必须加以分析。迄今为止人类企图影响自己的基因库只是在宏观领域，即在婚姻配偶的领域企图优化后代。至于在微观领域，即在分子的水平上，我们完全被一个随机世界支配着。分子生物学的创始人，DNA双螺旋结构的发现者克里克说过："在有性生殖过程中把无数个基因偶然地结合起来而遗传给后代，这难道是负责任的吗？"② 真的，在这个随机世界的偶然王国里，由于没有自由意志的作用，我们是不负道德责任的。生下了一个高个子还是矮

---

① 《圣经·创世记》第二章。
② D. M. 罗维克：《人的复制——一个人的无性生殖》，陈良忠译，科学出版社1980年版；转引自《开放时代》1997年9—10期。

第九章 基因工程与生命伦理

个子，生下了一个聪明人还是蠢材，父母无道德责任可言。不过在自然界的有性生殖和自然淘汰的偶然世界里有许多优点，这就是保证和发展人类基因库的多样性和群体杂交的优势。这种多样性和优势导致群体的统一与稳定，构成个体之间在性状与能力上内在的自我调动和自动平衡，这就是自然基因生态平衡。社会上有各种各样的人，有些人智力强一些，有些人智力差一些；有些人体力强一些，有些人体力弱一些；有些人在性格与能力上适合于某种工作（例如公安工作），另一些人则倾向于适合另一些工作（例如会计工作）；有些人左脑占优势适合于从事科学工作，有些人右脑占优势适合于从事艺术工作，这就构成一个系列的平衡。当然人是社会的动物，决定人行为的不仅有基因遗传，而且有后天的发育以及社会环境与教育因素，不过为讨论问题方便，我们不得不采用现代科学广泛采用的单因素分析法，单从基因这一因素来看人的行为，这并不等于否定环境与教育对人的作用。不过通过同卵双胞胎分析说明，在人类行为的许多问题上基因的决定作用比环境还要大。总之，单从基因这方面看，遗传学已经向我们表明人的性状与能力在个体之间有着多样性的差异，并且这些差异及其固有的正态分布，造成自然的基因生态平衡。这也许就是自然进化和上帝掷骰子的智慧。现在克隆技术加上基因重组工程就在分子的层次上打破了这个针插不进、水泼不进的偶然性统治的独立王国，这是科学的胜利。不过一旦自由意志的手伸进了这个基因分子的王国，我们就要在这个领域负起道德的责任。如果我们的社会，我们的父母复制了千千万万个爱因斯坦和玛莉莲·梦露，我们就要负起破坏人类基因库多样性的道德责任。如果我们为了自己儿孙的聪明伶俐，或者为了自己儿孙完全像自己而过多地运用了无性繁殖，我们就要负起破坏杂交优势的道德责任。那么谁来决定下一代人的基因结构，谁来决定克隆的生育和克隆的对象？如果我们成立一个全国克隆计划委员会来统一计划下一代人的基因结构或统一计划克隆什么人、克隆多少和由谁来做"代理母亲"，这将会赋予国家大得可怕的权力，一定会重蹈用指令性计划经济代替市场经济的覆辙。我们将要负起过分干预自然过程,打破基因生态系统固有的自动平衡的道德责任。所以,并不是克隆人和优生基因工程本身是不道德的,错误地运用克隆技术和优生技术才是不道德的。氢弹使人类手中掌握了太阳般的能量,人们对于如何使用这个能量要负起道德责任。同样基因工程和克隆技术使人类手中掌握了上帝般的能力,人类对如何使用这种技术应负道德的责任。在如何使用这种技术面前,我们有了一条新的道德规范,就是保护人类基因物质的安全,保护人类基因库的多样性。这是在第五章所说的当代人类基本道德原则 R_1(有限资源与环境保护原则)或 $(RD)_1$(资源与环境保护的权利与义务)在生命伦理中的具体表现。这个原则用权利与义务的语言来表达就是:每一个人都有自由选择后代基因结构的权利和保护人类基因库安全和多样性的义务。我们不妨称这个道德规范为人类生命伦理第一准则,记作 L_1。

在一个克隆技术和优生基因工程高度发达的未来世界里,如何控制这种科技的使用呢? P. 辛格和 D. 韦尔斯(Peter Singer and Deane Wells)在他们的《基因工程》一书中分析了"中央计划方案"(central planning approacn)和"自由放任方案"(laissez-faire approach)各自的缺点后指出:"因此,我们的建议是:儿童的基因禀赋必须掌握在通常总是掌握在的人的手中,即双亲的手中。但那些想运用基因工程来获得先前没有被社会所认可的那些特征的父母,必须向政府提出许可申请,才能进行这项基因工程,公众必须知道父母们想进行一些什么样的冒险,并同样有权说个'不'字。"

"这样的系统机构是不难设计出来的,一个有广泛基础的政府实体必须安排好批准或拒绝父母们的基因工程建议。它必须考虑这项基因工程的建议,如果在实践上是比较普遍的,它是否对个人或社会有害呢?如果没有可预见到它会有有害的效应,则委员会应批准这个程序。这就意味着双亲可以自由地进行这项工作。委员会会跟踪了解有多少人进行了被批准的程序及其效果如何。如果有未预期的伤害效果出现，委员会可以撤回它的批准。由于委员会所同意进行的只是那无害的基因工程，所以其工作进行比起要按照其所获得的肯定效益来确定同意某项工程容易一些，当然这项工作仍然是困难的。"

"选择有特殊能力的人进行克隆，也按同样的方式进行控制。"①

我们认为辛格与韦尔斯的这个机制的设计是符合我们关于基因工程新伦理规范的，是一个可行的设计。

四 人权向未出生的后代延伸

某种基因工程和克隆技术，和其他许多医学技术一样，在它能够在临床普遍应用之前，必须用人体进行实验。这些医学实验研究，有两个范畴必须加以区别：（1）临床治疗性医学研究：其目的主要是为病人诊断和治疗。（2）非临床治疗性医学研究：其主要目的是纯科学的，对于受研究的人不显示直接的诊断价值或治疗价值。无论哪一种研究，都必须尊重受试者的人权。正如在第七章第六节中我们已经提及，这种尊重受试人的人权表现在下列原则中：（1）这种实验必须以充分的动物实验和全面掌握科学文献为基础。（2）这种实验必须任命一个专门委员会来研究方案并由有科学资格的人员和有经验的临床医生负责执行。（3）这种实验对研究对象的身心影响必须减到最低限度，对研究对象构成的危险应该可以接受，否则应停止该项实验。（4）这里实行的是受试者个人利益高于社会利益。对被研究对象利益的关怀必须始终高于科学和社会的利益。（5）受试者对是否参加该项实验有绝对的自由，不但事先必须

---

① Peter Singer and Deane Wells, *Genetic Engineering*, New York: MacMilan Publishing Co. 1985, p. 169.

得到受试人正式的、有法律根据的同意，而且受试人可以随意自由收回其作为研究对象的同意。这五项原则再一次表现了我们处理伦理问题的功利原则与正义原则相统一的立场。

根据以上的五项原则，目前如果要进行克隆人的实验是不尊重人权的。因为：

（1）它没有充分的动物实验作基础。作为成年体细胞的克隆哺乳动物实验，在世界范围里也仅仅寥寥几例。主要是1997年苏格兰罗斯林研究所克隆出来的"多利"绵羊。1998年日本仿照这个方法成功克隆了两只牛，已死去一只。在这基础上就推广到人体实验显然是不慎重的。

（2）这种实验对受试者及其后代构成不可接受的极大危险。在第九章第三节中我们已经指出，I. Willmut 的论文揭示，苏格兰罗斯林研究所是经历了许多次失败才从434对实验细胞中培养出一只"多利"羊的，其中移进母羊子宫的胚胎29个，超声波测得21个，在发育过程中流产和生下不久就死亡的有20只，有两例是生下怪胎，其肝脏不正常，有几例是生下来就莫名其妙地自然死亡。如果用人体来做实验，必然要克隆出大量不正常的人，包括怪胎、残疾人，有生理缺陷、心理缺陷的人，有遗传缺陷的人，并且在未来的克隆人后代中会发生什么不幸的事情还难以预测，况且实验过程伴随着被实验母亲大量的流产等。所有这些都给这一代人和后一代人带来痛苦，难道这是人道的或合乎道德的吗？难道这不会构成法律责任吗？单从保护妇女儿童的权益来说，我们也应禁止或限制这种实验，因为当某种巨大的危机潜伏在整个实验的过程中时，这个实验是不应该去做的。

（3）我们还没有关于克隆人的立法。例如如何成立克隆人的医学实验委员会，如何提出申请，其审批手续如何，如果克隆出残疾人，应该由谁来负责和养育等，都没有解决。这些问题都是属于人体实验的人权问题。

基因工程和克隆技术不但需要人体的实验，而且需要用人的胚胎进行实验研究。例如体细胞和生殖细胞的基因治疗的研究就需要将胚胎或受精卵从子宫中取出，植入缺失的 DNA 片断，再送回子宫中去。又如为了对遗传缺陷增进了解，有必要察看它在早期胎儿中的表现，这就有必要做胚胎实验，抽取其组织进行研究等。至于克隆人，就更有必要从母体中取出卵子，进行核移植手术，并将其培育为人的胚胎再植入母体中等。这样摆弄人的胚胎或胎儿，像摆弄一些被试验的化学药剂或小白鼠一样，必然涉及人的胚胎的本体论地位和道德地位问题，涉及人的胚胎或胎儿的权利问题。

人的胚胎或胎儿有没有道德上或法律上的权利？有没有生存权呢？有一种很简单的回答是：人的胚胎不是人，因而没有人权，因此只要母亲同意，将它取出进行研究，用刀、针及其他医学器械对它进行解剖，或置之于死地，将它冲入垃圾箱，都不算有什么道德错误，更不是什么违反人权。可是另一种回答也同样简单，胚胎是人，是一个新的生命，因而用人的胎儿进行研究，本身就是宰割小孩，是侵犯人权或犯了杀人罪行。某些国际性文件也作了这样的规定，联合国大会 1959 年通过的《儿童权利宣言》中写道："儿童因身心尚未成熟，在其出生以前和以后，均需特殊的保护和照料，包括法律上的适当保护。" 1969 年《美洲人权公约》也明文规定："每一个人都有使生命受到尊重的权利。这种权利一般从胚胎时起就受到法律保护，不得任意剥夺任何人的生命。"同样，人工流产也可以有这两种简单的解释。不过事情并没有这么简单，恩格斯早就说过："在日常生活中，我们知道，并且可以肯定地说某种动物存在还是不存在；但是在进行较精确的研究时，我们就发现这有时是极其复杂的事情。这一点法学家们知道得很清楚，他们绞尽脑汁去发现一条判定在子宫内杀死胎儿是否算是谋杀的合理界限，结果总是徒劳。"[①] 不过，说胎儿是存在与非存在的统一并没有对胎儿的

[①] 《马克思恩格斯选集》第 3 卷，人民出版社 1972 年版，第 61 页。

本体论地位、道德地位和法律地位有任何论述,而说胎儿的道德权利界限是相对的,并不等于说胎儿的道德权利没有界限。

让我们首先来分析胎儿发育的几个自然阶段吧,它对于我们理解胎儿的本体论地位是很有帮助的。应该说,从受精卵开始,就已经有了能发育为人类的一套完整的基因,此后经历了四个阶段:(1)前胚胎期(pre-embryo stage)——从受精卵到植入子宫,即受精后十天左右。这时细胞之间没有发育上的相互联合,任何一个细胞都可形成完全的胚胎,所以它还不是一个个体,而是多细胞群体。(2)胚胎期(embryo stage)——从植入子宫开始真正的怀孕直到受精后6周为止。这阶段的生命称为胚胎,它已经是一个多细胞个体了。(3)胎儿阶段(foetus stage)——从受精后6周开始,胎儿已经有器官的分化,并可辨认手指、脚趾,从这时开始到受精后20周至28周,即到10%可体外存活为止。(4)"可存活"胎儿阶段——从24周至28周开始到出生为止,这时胎儿可在体外存活。现在我们的本体论问题是:胎儿是人吗?应该说从生物学的意义,从不同于其他动物的人的生物物种的意义看,受精后的生命都可以称作人。这是生物学上的人(human biological life)。在这连续的出生前的生命四阶段中,前胚胎阶段是基因上的人,第二阶段是有个体生命的人,第三阶段是有器官分化的人,第四阶段是可独立存活的人。不过从社会学意义上来说胎儿在出生之前,由于它不是一个独立的存在,不与任何人类发生社会的联系,不在社会上扮演一定的角色,所以还不是社会上的人,即不是人类人格上的生命(human personal life)。所以胎儿在母体中,是 human being,而不是 person。这就是胎儿基本的本体论地位。

现在我们进一步的问题是,人的胚胎或胎儿在道德上的地位如何?由于胎儿或胚胎在生物学上是人生命的一个阶段,因此按照第一章所说广义价值学说以及康德的人类尊严原理,人的胚胎或胎儿的生命应该受到尊重,将他们当作物来处理是错误的。他们自身就是目的,不能仅仅将他们当作达到别人目的的一个手段来处理。但是对胎儿的生命尊重到什么程度才是合理的呢？是不是尊重到在任何情况下都不能破坏其生命的程度呢？有些康德主义者将生命尊严原则看作高于一切的绝对原则，因而主张不能拿人的胚胎做实验，任何一个阶段的人的胚胎都不能作非治疗性的实验；不能人工流产，即使是由于乱伦，由于被强奸而怀孕，也不能流产；由医学查明某个胎儿有严重缺陷，生下来简直等于受罪，母亲也无权掉他（或她）。不过，人类的道德本来起源于各种不同利益之间和各种不同价值之间的冲突，并在冲突中求得利益妥协达到动态的平衡，求得最大期望价值的实现而做出道德选择和道德决策。这样人类生命尊严的原则不可能不放到一个人类利益系统中进行考察，如果还涉及其他种类生命的利益，还不得不放进生物圈的整体价值中进行权衡。总之，我们要将问题放进一个具体的社会情景中来进行考察。当胎儿威胁母亲的身心健康和生命时，通过流产牺牲胎儿的生命来保护母亲的生命是道德的；在人口爆炸的国度里，超计划生育的胎儿威胁整个社会的资源和其他已出生儿童的抚养与教育条件，也威胁整个生态系统，通过人工流产牺牲胎儿的生命也是合乎现代社会的基本伦理原则的。[①] 至于为了社会的福利和科学的进步，人类不能不用胎儿进行非治疗性的实验研究。所以也不能说对任何阶段的胎儿做实验在道德上是不允许的。第五章讨论的系统主义的情景伦理立场有助于我们灵活地解决这类问题。

　　关于将人的胚胎作为实验对象的问题在当代世界上引起极为广泛的争论。随着科学的发展，不但基因的研究需要人的胚胎做实验，各种生殖技术的发展都要用大量的人胚胎进行实验。例如体外人工授精就是经过许许多多早期人的胚胎实验，才于1978年获得第一例试管婴儿的成功。为了改进这个技术，又需要用许多人的胚胎做实验。这些胚胎可以冷冻起来保存，实验完了之后当作垃圾丢掉。20世纪90年代初，仅在澳洲的医院里，就保存有11000个冷

[①] 参见邱仁宗《生命伦理学》，上海人民出版社1987年版，第92、94页。

冻的人胚胎，它是活的，随时可以做实验。那么我们到底应该如何对待用人的胚胎进行实验？大多数国家认为必须严格加以控制。1982年英国政府决定要对不孕问题、体外受精和胚胎研究做比较彻底的研究，以便创立适当的法律框架，于是建立了一个由剑桥大学哲学家D. M. 华纳克（D. M. Warnock）任主任的委员会来讨论这个问题。1984年这个被称为华纳克委员会发表了报告，允许从受精开始至受精后14日为止的胚胎进行非治疗性的研究，但这种研究也要在"法令许可委员会"的批准下进行。该委员会的立场是反对对胚胎的一切阶段进行实验研究，除非这种研究以治疗为目的，即其目的是为了该胚胎本身的利益而不是一般科学利益。为什么在受精后14天之前可以进行非治疗性研究呢？而其他阶段则不行？这是因为在受精14天后，原始的脊索条纹出现了，它后来发展为脊椎骨和神经系统，对它进行实验处理的时候，它会有反应。同时，受精14天前，胚胎不是一个个体，如果将它切开，会发展成双胞胎。只是在14天后，胚胎才发展成个体，而不是"前生命细胞群体"。所以华纳克方案的本质其实是肯定人的胚胎有某种权利，并寻求对胚胎权利以某种法律的保护，即一旦胚胎成为单一的不可逆转的个体，它的生存应受法律保护。不过从科学的观点上看，拿14天以后的人的胚胎做实验，真的应该禁止吗？现在对人的胚胎进行体外的培育，可进行到很长的时间，培育到受精后的第17天，就有血细胞生长，用这种血细胞可以治疗人类某种致命的血疾病。这些胎儿组织的移植，病人人体较少拒斥。这样胎儿的组织可以用于治疗震颤性麻痹症、糖尿病、亨廷顿（Huntington's）病、亚尔希米尔（Alzheimer's）病等疾病。而如果建立起人的胚胎或胎儿库，就可以为有需要的病人提供所需的器官或组织。既然人的胚胎或胎儿的研究对人类有这么大的利益，我们是否可以放宽用胎儿做实验的期限呢？根据著名道德哲学家P. 辛格（Peter Singer）的研究，人的胎儿是在怀孕后18周至25周形成大脑皮层，有神经传导并形成知觉意识。"在此以前，没有很好的理由使人相信，胎儿需要保护其不受伤害性研究，因为它没有知觉系统，无所谓受伤害。"[1] 所以他建议禁止用胎儿做实验的期限，可以推迟到怀孕 18 周之后，18 周之后是不能伤害它的。因为按照功利主义的观点，我们应该尽可能增加人们的福利而减少人们的痛苦，所以拿 18 周以后的胎儿来做伤害性实验是不道德的。无论如何，这里发生严重的价值冲突：出生后的人们与出生前的人们的价值冲突。

那么既然人的胚胎不是社会的人，它有某种意义上的人权吗？是的，不同社会依具体情景的不同赋予胎儿以一定的人权。当然这个权利是以减弱的方式具有的，它并不具有与出生后的人或成年人同等的权利。说得灵活一些，要将他们当人来看，但又不完全当人看。为什么说要将他们当作具有一定权利的人来看呢？我曾在第五章第四节讨论过人的权利的概念，并指出：所谓某人有做某事的权利指的是他有某种法定的或伦理的要求权（claim），要求别人对他做某事不予干预。因此人的权利的概念典型地运用于为实现自己的利益而能够提出自己的目的、要求的成年人中。据此我们可以这样说，人的胚胎没有人权，因为它没有自我意识，不能向什么人提出什么要求以实现自己的利益。不过如果这样看，那么不但胎儿，而且出生不久的儿童、老年痴呆病患者、昏迷病人等也不能具有人权了。我们是否可以任意地拿他们来做实验，宰割他们而不犯侵犯人权的错误呢？显然不是这样。于是人们便将人权的概念加以拓广，拓广为有自身的利益（interests）的，曾经表述过自身利益（痴呆症老人）或能够表述自身利益和将要表述自身利益于某种要求的人们之中。这样，痴呆老人、刚出生的儿童甚至植物人也都有人权，而且是平等的人权。不过他们的要求可以由代言人或法定代理人来表述。但是，这样一来，依这样的标准，未出生的胎儿也有自己的应受到别人尊重的人权。第一，他有自己的利益，生存就是最基本的利益，他有生存的权利（right to life）。第二，他未来有其愿望与

---

[1] Peter Singer, *Practical Ethics*, Cambridge University Press, 1997, p. 165.

要求。我们现在就要保护和尊重他未来的愿望与要求（只具备第一点是动物的权利，具备这两点才是人的权利）。"有人权"可以作为谓词有意义地用到"胎儿"这个主语上。有一个这样的例子说明这一点。1966 年 6 月 17 日《纽约时报》登载一条消息，有一怀胎 8 个月的孕妇生病在医院留医，她拒绝输血，因为她信奉的基督教耶和华作证派（Jehovah's witnesses）认为，接受输血等于吸人的血，死了是不得进天堂的。医生警告她说"如果你不输血，你和你胎里儿子很快就会死亡"。她仍不肯输血。事情闹到美国新泽西最高法院，法院不敢肯定非孕妇的成年人是否有权为了宗教自由而拒绝救她一命的输血。不过法院还是命令医院输血，理由是"未出生儿童的权利受到法律保护"①。未出生的人的胚胎，不但可以有生存的权利，而且甚至有财产权。邱仁宗教授在他的《生命伦理学》一书中举了这样一个例子：美国洛杉矶一对拥有百万家财的里奥斯（Rios）夫妇膝下无子，原因是里奥斯有不育症。1981 年他们去澳大利亚墨尔本接受体外受精术。医生从里奥斯夫人体内取出若干卵子，用一个匿名供体的精子受精，将其中若干胚胎植入她子宫中，余下两个冷冻在医院中。里奥斯夫人对医生说："你们必须为我保存他们"。但植入失败了。后来里奥斯夫妇在智利死于飞机失事。这样就产生一个问题：这两个胚胎有没有权利活下来并继承他们的财产？是否应破坏他们？澳大利亚专门成立一个国家研究委员会来研究这个问题。1984 年该委员会建议破坏里奥斯夫人的两个胚胎，但维多利亚州议会上院决定把胚胎植入代理母亲子宫中，长大后继承遗产。

这样，我们可以将讨论表述为一个原则：未出生的人类胚胎以及后代人都具有某种权利，这些权利应该受到尊重，我们应该像考虑本代人具有的利益一样来考虑他们的利益，而不应任意侵犯他们

---

① Joel Feinberg, "The Rights of Animals and Unborn Generations", in *Philosophy & Environmental Crisis*, edited by William T. Blackstone, University of Georgia Press, 1974, p. 63.

的权利。这是生命伦理的又一个原则,这个原则正是康德人类生命尊严原理的具体表现,我们可以称之为人类生命伦理的第二准则,记作 L_2。很显然,这里的 L_2 与上节所说的 L_1 是相互制约或相互制衡的。不过对他们的权利应尊重到什么程度呢?是不是到了禁止对一切人的胚胎实验和禁止人工流产的地步?那是另外一个问题。一般来说,这人胎是未出生的,因此不能具备与出生儿童或成年人具有的同等权利。至于在哪个阶段上,胎儿被用于做实验是可以允许的,在哪个阶段上是不允许的,我们也许不必坚守华纳克的 14 日那条线,这是在第五章中所说的道德决策的情景推理问题,要视具体情景而决定。如果不是里奥斯夫人有言在先的条件,我们大可以将她死后遗留的两个胚胎用做实验。这又是一个在特定情景下的价值冲突、价值评价和价值平衡问题。不过这里我们至少可以得出结论:连未出生的人都有人权,则对于生活在世上的人的个人权利应该有足够的尊重。

依据生命伦理第二准则(L_2),在不同的情景下,我们应该如何具体决定我们对待人类胚胎的某种行为是正当的还是不正当的呢?我们应该按照本书第五章第四节所讲的情景推理即 DrN 模型来加以判定。

(1)规律陈述集:康德生命尊严原理和人的胚胎权利原则。

(2)情景陈述集:里奥斯夫人死后留下两个受精卵胚胎,需要继承她的财产而里奥斯夫人又有言在先要保留这两个受精卵。

(3)情景对规律的回溯:人的胚胎的生存权利可上推到前胚胎时期。

(4)情景道德判断:我们应该将里奥斯夫人的两个受精卵植入代理母亲子宫以培养成人,接受遗产。

我们已经讲过在这种推理中,情景陈述和情景变量对于道德决策比道德规则更有决定性的作用。因为按照维特根斯坦"语言的意义就在于它的用法"的论断,规律中的那些概念在不同情景下有不同的意义、不同的应用和不同的权重。这一点必须通过情景回溯对规律陈述集的意义加以重新界定、修正、评价才能做出解释或预言，在价值推理的情况下，做出价值决策。如果情况陈述集是里奥斯夫人本来是穷光蛋，根本没有继承遗产的问题，并且生前又没有遗言，而保全她卵子的医院又急需冷冻受精卵做实验。这个情景对规律的回溯便是：人的胚胎虽然是有人权，但这是减弱了的人权。其受保护的生存权利应从受精后14日的发展阶段开始，我们对胚胎人权作了华纳克的理解。经过这种回溯，给出特殊情景下规律陈述集运用的意义。于是我们做出和上例完全相反的道德判断。我们不应将里奥斯夫人的两个受精卵植入代理母亲子宫，而应转到实验室进行实验，实验后可加以破坏。不过我们在此也不能对胚胎人权及华纳克解释作教条主义的理解。如果早期胚胎可以做实验并且证明可以治病，因而医院为实验用或药用早期胚胎付出报酬。而如果某妇人为了获得金钱而怀孕并早期流产以出售这14天前或18周前的胚胎，她这种行为在道德上是可接受的吗？反之，若该妇人本来有一位12岁女儿患先天性糖尿病，她可用母亲胎儿的组织来治愈，母亲因此而怀孕以便流产取出胚胎组织来治疗大女儿的疾病，这样做在道德上是正当的吗？这些都要依具体情景重新确定胚胎权利的意义及其与其他权利相冲突时它的权重，特别要考虑仁爱原则在其中的作用，才能做出判断。不过胚胎人权原则的相对性并不排除胚胎人权基本含义的确定性。

　　胚胎人权不过是后代人权的一种形式。在优生基因工程和克隆人的技术中，我们所涉及的伦理问题已不单是我们与胚胎之间的伦理问题，而是我们这代人与后代人的伦理关系问题。后代人权（the rights of unborn generations 或 the rights of future generations）问题本来是在第十章将要讨论环境伦理时提出来的。后代人虽未出生，甚至尚未被怀孕，我们尚未能具体识别他们作为受权者或权利要求者，但是由于他们有自己的利益，这种利益现在就应该受到保护，他们的利益又可通过其代言人（例如绿党）表达为某种对现代人的要求。因此后代人也有人权，他们的人权不应受到侵犯。可是我们现在已经侵犯他们了,我们留给子孙后代的世界比我们从祖先那里接受来的世界,在环境质量上差多了。我们多生殖了人口,侵犯了他们的生存空间,使他们生活在拥挤不堪的世界里,我们用尽了肥沃的土地,破坏了森林,毒化了空气,耗尽了不可再生的资源,使他们生活在资源贫乏不堪的世界里,我们制造了温室效应,制造了各种放射性尘埃,使他们生活在环境恶劣不堪的世界里……已经到了有愧于后代的程度,这是对后代人的不道德行为。同样,优生基因工程与人类克隆技术掌握不好,也会发生侵犯后代人权的伦理问题。这个问题可以从两个方面进行分析:

(1) 假定克隆人的技术完全成熟,并假定克隆技术又与改变人类遗传性状的基因重组技术结合起来。我们能复制出千千万万的天才,复制出一批又一批的爱因斯坦、贝多芬、贝利、玛莉莲·梦露……那样的人物,并且假定在这个过程中我们照顾到人类基因的多样性并遵循了生命伦理第一原则:保障人类基因的安全和多样性……不过,既然我们能制造或复制天才,难道我们就不能制造或复制一批一批带有暴力基因和犯罪基因的暴徒吗?难道我们不能制造或复制出一批一批的奴才来接受克隆"造物主"的命令吗?这样会导致社会失控和产生基因阶级和基因奴隶。这是对人类尊严的极大侵犯,对后代人权的极大侵犯。美国的黑奴是通过美国独立战争,并在林肯领导下获得解放的。可是那基因注定了当奴隶的人又如何解放呢?这是第一类后代人权问题。

(2) 假定我们能够绝对禁止人们利用克隆技术和基因工程来复制有害的人类基因,我们能够只挑选世界上最有才华的人的基因来克隆人并且还通过基因重组将一些人类优质基因集中起来,于是我们生活在一个充满着"善"和充满着"美"的世界里,在那里人人都聪明能干、健康长寿,人人英俊貌美,个个性格开朗和善于社交……这可以算是优生学的伟大胜利。可是这立刻带来了一个伦理问题,我们有什么权利将我们上一代人的价值标准,我们的善恶观念和审美观念,不是通过说服教育的方法,而是通过基因的方法永久地强加给下一代呢?假设技术进步提早 200 年到来,清代就掌握了完善的克隆技术和基因重组方法,那岂不是现代的女性个个都长着小脚吗?虽然这种小脚不是通过残酷的裹足而实现的,而是通过基因工程(其中包括克隆技术)设计复制出来的。我们在这方面已经没有自由选择自己命运,自由选择自己价值观念、伦理观念、审美观念的权利了。我们的权利受到侵犯。这是一个关于后代人权问题,后代公民的权利问题,或者是关于我们对后代人的责任问题,这也是一个伦理问题。因此,一旦我们掌握了优生技术和克隆技术,我们立即要注意不要将我们的价值观念强加给下一代这个后代人权问题。根据第四章介绍的道德基本规范的正义原则,不仅同代人之间自由、权利和基本的善都要平等地分配,而且不同代之间也要享有同等的自由、同等的权利和同等的机会,对下一代人权利的侵犯是不容许的。关于这个问题将在下一章继续进行讨论。这是第二类后代人权问题。

五 基因工程与生殖技术对家庭伦理的冲击

人类从文明时代开始,社会、经济与技术都发生了翻天覆地的变化,但是有一个社会组织没有发生多大的变化,那就是血缘家庭,即男女之间都是经过性爱、婚姻组成家庭,负责延续后代。在这里,家庭、性生活、基因组合、生儿育女是结合在一起的,这个自然过程又被一种家庭伦理将它巩固起来,仿佛是一种天经地义的事。但是现代生物学和医学的发展,出现了四种新的生殖技术,这就是:(1)人工授精;(2)体外受精(将男性精子与女性卵子取出,放在一个碟子上进行受精,受精卵再植入子宫中,俗称试管婴儿);(3)克隆技术,即无性生殖技术;(4)人造子宫。第(1)、(2)项在技术上完全没有问题,自 1978 年第一位试管婴儿 Louise Brown 在英国诞生以来,至 1985 年止,世界上已有数以万计的试管婴儿。① 第（3）项即克隆技术，即无性繁殖人，虽然没有公布个案，但技术上基本上是没有问题的。而第（4）项即人造子宫。根据美国《未来学家》杂志 1998 年 8、9 月报道，可望在 21 世纪初制造出来。"人造子宫可能使妇女在怀孕与分娩时所受的痛苦成为历史。一位日本科学家已经研制成功一种人造子宫，可为只有三个星期大的山羊胚胎提供营养，容纳其发育直至降生。如果能制造出可以容纳人类胚胎的人造子宫，今后夫妻只要提供精子和卵子就可以生儿育女，用不着忍受怀孕与分娩之苦。"② 这四项技术加上本书在上面所说的优生的基因重组工程的技术，便可能对家庭和家庭伦理进行彻底的冲击。

首先，单是人工授精和试管婴儿，就已经使性爱与生育分离以及生育与养育分离。当一个妻子接受了不是她丈夫的精子而怀孕时，性爱便与生育分离了。当一个"代理母亲"为别的夫妇精卵合子怀孕，孩子诞生后交回委托人养育，她成了"被租用子宫"的生殖机器，生育与性爱和养育便完全分离了。现在母亲可能有三个："基因母亲""生育母亲"和"养育母亲"，而父亲则可能有二个："基因父亲"和"养育父亲"。当然我们可以用一种新的伦理观念和法律的权利与义务界定来维护家庭的关系，但不可否认在性爱、生育、养育分离的家庭中，亲情与人伦关系比没有这种分离淡薄得多，家庭的稳定性受到冲击。

克隆就是无性繁殖，它可以没有基因父亲和养育父亲，父亲的意义消失了。它也可以没有基因母亲。克隆人在遗传学的意义上本来就不能同时有父母的，这显然是对家庭和家庭伦理的极大冲击。而一旦人造子宫得到普及，妇女彻底地从生儿育女的痛苦中解放出来，家庭便消亡了。试想生儿育女根本不是父母的事，连自己的基因也被不断的修改与重组，婴儿是在工厂的人造子宫

---

① 参见《自然辩证法研究》1997 年第 6 期。
② 《中国青年报》1998 年 7 月 13 日。

中有计划地生产出来的，人们还有什么必要去领养不是自己的小孩呢？即使他们领养了，也不过是育婴院的保姆和幼儿园的阿姨与老师罢了。这时养育的工作必然社会化，成为一种第三产业。而一旦父母的意义没有了，父母的作用也没有了，那么"我的父亲""我的母亲""我的儿子""我的女儿"的语词也就消失了，它们也许被"我们的长辈"和"我们的晚辈"这样的词汇所代替。而上一代人对后一代人的爱以及后一代人对上一代人的爱这种人伦将继续存在下去。

家庭并不是不可以消亡的，当然它不是被消灭的。当家庭作为经济单位、养育单位和教育单位的职能逐渐丧失，这种职能完全社会化了，就是个体家庭的消亡，这也许是后代人的事情。这些伦理问题现在还没有提到我们的议事日程上来。不过，对这些问题的研究，绝不是什么脱离实际的无根据的臆测和推断。马克思和恩格斯早就预言了未来社会即共产主义社会，个体家庭行将消亡。他们说"不言而喻，消灭单个经济是和消灭家庭分不开的"[①]"随着生产资料转归社会所有，个体家庭就不再是社会的经济单位了。私人的家庭经济变为社会的劳动部门。孩子的抚养和教育成为公共的事业"。这时"真正自由缔结的婚姻""结婚的充分自由"就会到来，进而"一夫一妻制家庭在遥远的将来不能满足社会的需要"[②]。现在克隆人行将到来的科学事实会给马克思和恩格斯的预言提供更加充分的论据，说明任何伦理观念都不是绝对的，都是不断改变和发展的。不过，无论家庭形式怎样变化，无论在不远的将来，或者在遥远的未来，个体家庭将会消灭，但社会与个人对后一代人的出生、养育、教育与成长给予普遍的关怀和仁爱，将永远存在。这种代际仁爱原则，可以看作生命伦理的第三准则，记作 L_3。

---

① 《马克思恩格斯选集》第1卷，人民出版社1972年版，第33页。
② 《马克思恩格斯选集》第4卷，第72、78、80页。

六　结论

21世纪是生物学的世纪，因此我们应该特别注意研究分子生物学和基因工程发展带来的伦理问题。这些科学与技术使我们能够操纵基因，不但改变动物的品种而且改变人的天性、人的行为、人的生殖和人的能力。我们确实"扮演了上帝"，具有了神话中只赋予神的职能，那么应该以一种什么样的伦理态度来处理问题才配得上我们具有这种高科技，使我们能够善用这些生命科技而不是滥用这些生命科技呢？我们认为基因工程对于自然界的态度既不是不干预主义也不是过分干预主义，我们以尊重生态环境的完整与安全，尊重人类的尊严，促进人类的整体福利为最高原则。因此关于高科技下的生命伦理，提出了三项基本准则。（1）每一个人都有自由选择后代基因结构的权利和保护人类基因库的安全和多样性的义务。（2）未出生的人类胚胎以及后代人都具有某种权利，他们未来的利益以及可能的价值取向应该受到尊重。（3）不论家庭的形式将会发生什么变化，社会和个人应对后代人的出生、养育、教育与成长给予普遍的关怀与仁爱。

随着分子生物学和基因工程的发展，人类深深地干预了后代人的基因、孕育和出生过程。这样，人权和伦理的观念必须向后代未出生的人类延伸。至于如何处理人类基因重组、基因治疗与优生学问题，如何处理人体实验和人类胚胎实验问题，如何处理人工流产与堕胎问题，如何处理后代人权益问题，没有一个永恒不变的固定的伦理公式可以机械地加以运用。我们处理这些问题的基本立场是系统主义的，即运用第五章所论述的四项基本伦理原则的系统，依照不同国家、不同社会发展水平和不同文化背景的具体情景灵活地加以解决，既反对完全功利主义的立场，也反对完全道义主义的立场。

第十章

生态科学与环境伦理

本书从广义价值开始，对之进行特化而推出人文价值，即进入对以人类为基础的价值进行分析。人类对价值的追求便产生了伦理问题，为了实现个人的和社会的价值与利益的最大化，产生了社会的功利原则，即以实现社会利益总量的最大化为人们行为的基本标准。而为了实现个人与社会的最基本价值，人们选择了正义原则，即自由、机会、人权与基本福利平等分配的原则，也就是道义主义的原则。功利与道义相互促进又相互补充，在不同的情景下有不同的意义和权重，以解决各种人类道德问题。随着科学的发展和人类的进步，道德原则从家庭、家族向社会推广，再从社会向整个民族、整个国家推广，最后走进了人类中心。本章所要讨论的，就是人类的伦理原则如何走出人类中心，进入生态中心，从而表现出人类对动物利益的关怀，对整个生态系统的爱护。于是我们对道德哲学的探索与反思便返回广义的价值和广义的伦理，构成概念与理论的一个循环。不过造成人类迫切需要生态伦理的，还是科学技术的发展和科学技术的局限。

一 生态科学与伦理问题

20世纪的科学，一方面对自然界进行分析，力图揭示自然界存在与发展的基本单元，于是对物理世界的分析一直分析到构成原

第十章　生态科学与环境伦理

子核的基本粒子，而对生物世界的分析一直分析到遗传基因和DNA。第八章、第九章讨论到的核技术和基因工程，就是这种分析方法的产物。可是，单纯的分析方法不能完整地理解自然，基本粒子的形成及其演替只有在整个宇宙的大爆炸中及其之后的演化中，在将整个物理世界联系在一起的量子场中才能理解。而基因的突变、基因的选择、遗传与变异、物种的起源与发展又只有将它们放在更大的整体中，即放在生物群体与环境的相互作用中才能理解。所以20世纪科学的另一个更为重要的特征就是它的系统性和综合性，从整体中认识事物。20世纪中叶发展起来的系统论、控制论、信息论、非线性物理学以及各种复杂系统的自组织学说就代表着20世纪科学发展的新趋势和新的思维方式。生态科学就是这种新的思维方式的一个典型范例。

生态科学，是在20世纪初才开始从生物学中分化出来成为一个独立学科。它是"研究生物或生物群体与其环境的相互关系的科学"[1]，生态学的主要研究对象不是生物的个体。一定物种的个体组成种群，占据一定区域的所有种群组成生物群落。这种生物群落离开一定环境不能生存，生物群落与其非生命环境功能一起组成生态系统（ecological system 或 ecosystem）[2]，它就是生态学的研究对象。生态系统通常是指地球上相对能够自给自足的一个部分。一片相对独立的森林是一个生态系统，它包括森林中所有的动物、植物和微生物以及该地区的土壤、空气和水。一段河流或一片湖泊也可以是一个生态系统。最大和最接近于自我满足的生态系统，就是地球生物圈或生态圈，它包括地球表面，还包括大气层、海洋、河流、土壤表层以及地球上的一切生物。

生态系统主要有两种成分：自养成分，它固定光能，从简单无机物中建构成复杂的物质；异养成分，利用、重组和分解复杂物质

---

[1] Eugene Odum, *Ecology*, NewYork, Holt, Rinehart and Winston, 1963. 中译本：奥德姆：《生态学基础》，孙儒泳等译，人民教育出版社1981年版。

[2] 生态系统的概念是英国生态学家坦斯利（A. G Tanslay）在1935年提出来的。

占着优势。自养成分合成与建构复杂物质，异养成分重组与分解复杂物质，这样便构成物质的循环和能量的耗散。生态学家将这个过程划分为下列五种要素或五种组分：（1）无生命物质。主要是存在于土地、空气或湖泊、海洋中的无机物质和有机化合物，如碳、氮、水、二氧化碳、硝酸盐、磷酸盐、氨基酸、腐殖质等生命必需的营养物质。它们在一定气候状况下对生态系统发生作用。（2）生产者生物。它们是自养生物，主要是能摄取太阳能量从简单无机物中经光合作用制造成食物的绿色植物。森林生态系统中的林木，湖泊生态系统中的大型漂浮性植物和各种藻类，就属于生产者生物。（3）初级消费者生物。它们是异养生物，吃食活的植物及其残体。森林生态系统中吃树木枝叶、嫩芽的鹿，吃种子和坚果的金花鼠和松鼠，吃花、叶、茎、根的昆虫，吃花与种子的鸟以及吃食枯枝、落叶残体的蠕虫和其他小动物就是属于这种初级消费者。在湖泊生态系统中，无数浮游的动物，以及吃食植物的鱼虾以及食腐屑的蚯蚓与昆虫都属于初级消费者。（4）次级消费者生物。它们以初级消费者为食，也是异养者。在森林生态系统中，猎食野鹿的山狮，猎食鼠和兔的狼以及吃食鼠、蛙、鸟和昆虫的蛇，都是属于次级消费者。而在湖泊生态系统中，各种食肉性的昆虫与鱼类也属于次级消费者。此外，还有吃食次级消费者的三级消费者。例如老鹰不仅吃草食动物，而且捕食肉食动物，如黄鼠狼之类。（5）腐养者生物。也是异养生物，主要是细菌和真菌，它们分解动植物的尸体，分解土壤上的腐殖质和湖泊中的腐烂有机物，吸收某些分解产物，释放能为生产者再行利用的无机营养物和有机营养物，从而完成生态系统的物质循环。这种不为人们注意，被认为无用之物的腐养者生物，在整个生态循环中起到决定性的作用。

生态系统是一种远离平衡态的耗散结构，依靠着太阳能的耗散而维持自己的低熵有序状态。在这过程中太阳能转变为化学能、转变为生物能，最后都变成热能通过辐射散失于生态系统之中和之外，但在这个过程中物质却处于不断的循环中而反复被加以利用。

第十章　生态科学与环境伦理

这是通过由生产者到各级消费者再到腐养分解者组成的食物链以及由食物链交叉组成的食物网来实现的。这种物质的循环、能量的耗散和食物链的维持可以用图10—1加以表现。

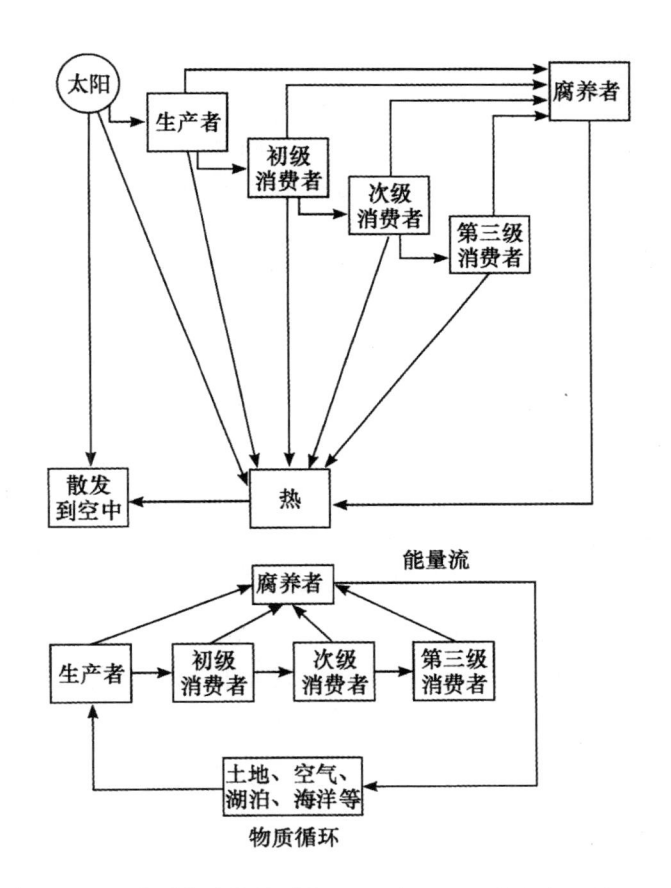

图10—1　生态系统中的物质的循环、能量的耗散和食物链的维持

自然界经历亿万年的进化，在地球上产生大大小小的非常精巧的生态系统并最后整合成地球生态圈。在这种种复杂的生态循环中，任何一个环节，任何一种物质都是必要的，是不可或缺和不可任意附加的。当然我们并不是说人们不可以改变自然或改造自然。人类对自然的开发，如果取走了它们的必要部件，加进一些系统所不能吸收的人工东西，以至于影响生态循环中任何一个环节的作用与功能，就会导致整个生态环境的紊乱，破坏生态平衡，甚至造成生态系统的崩溃。而且问题还在于，在大多数情况下，人类目前的科学技术尚不足以判明人类对自然界的改变会引起什么后果。当代著名生态学家，美国的巴里·康芒纳（Barry Commoner）说："地球的生态系统是一个相互联系的整体，在这个整体内，是没有东西可以取得或失掉的，它不受一切改进措施的支配，任何一种由于人类力量而从中抽取的东西，都一定要放回原处。要为此付出代价是不能避免的，不过可能被拖欠下来。现今的环境危机在警告：我们拖欠的时间太长了。"[①]

整个人类的历史有无数的事例表明，人类对自然界的过度开发与索取，像对自然界拖欠一大笔债务一样，总因不能偿还而遭受自然界的报复。

试想，人类文明发源地，中国的黄河流域，巴比伦的幼发拉底河与底格里斯河流域，以及埃及的尼罗河流域和印度的印度河流域，都曾是森林密布，郁郁葱葱，土地肥沃，人口稠密的地方。由于过度的开发，对林木的无限制砍伐，对土地漫不经心的耕作，使覆盖地面的植被大面积地消失，造成土壤的流失，雨季的雨水冲刷，旱季干风的吹拂，不断地将泥土带走，只剩下光秃秃的岩石和一片贫瘠的沙土。在地图上看到的北非的沙漠、巴比伦的沙漠、印度河畔的沙漠以及黄河河套的沙漠就是如此形成的，再也不能恢复原貌。今天重游旧境，只是一片荒凉，却很难想象那是昔日产生伟大文明的富饶肥沃的地方。当然在古代，一个适合人们生活的生态环境破坏了，人们还可以迁徙到另一个地方去进行开发，现在整个地球早被人类所布满，我们只好忍受所破坏的环境带来的恶果。例如，在我们的国家，我们只好忍受每年 100 万公顷良田流失和每年 1500 平方公里的风沙带向南推进。[②]

[①] Barry Commoner, *The Closing Circle: Nature, Man and Technology*, Bantam-Books, New York, 1974. 中译本：《封闭的循环》，侯文蕙译，吉林人民出版社 1997 年版，第 36 页。

[②] 徐刚：《伐木者，醒来》，吉林人民出版社 1997 年版，第 134、146 页。

第十章 生态科学与环境伦理

然而，工业社会比之农业社会对环境的破坏却有增无减。它以更大的规模和更高的速度耗费自然资源。根据 D. H. 米都斯（D. H. Meadows）在《增长的极限》[①]一书估计，煤、石油、金属矿床等不可再生资源，在2100年以前就要消耗殆尽。即使这个估计有夸张的因素，但无论如何这些资源最多也过不了几个世纪，就会消耗干净。至于可再生的资源，肥沃的土地、森林、动植物、空气与水，工业世界对它们的开发与使用，早已超出生态系统再生循环所能容许的范围，早已造成永久性的损害，全世界的野生动植物早已面临重大危机。在过去2亿年中，平均每年只有一种物种灭绝，而工业社会出现后，每年就有数千种物种遭灭绝。[②]这正如生态系统学家 L. W. 麦克康门斯所说的："我们正接近于一个空前未有的环境危机。一个物种威胁到生物圈的生存，这在地球历史上可能还是第一次。"[③]工业生产不仅大规模地高速度地耗费自然资源而且它的产物和副产物大多数以自然界生态系统所不能纳入再循环的形式毒化整个环境，污染了大地、空气和海洋。在这方面，只要举出 DDT 农药应用的例子就能说明问题了。DDT 及其他碳氢氯化物农药，是工业化农业的产物，它本来是用以杀死害虫以保护农作物的。不料 DDT 在环境中不能分解，或降解极为缓慢，于是长久地散布在大地、湖泊和海洋中，残毒为腐屑所吸收，主要通过吃腐屑的浮游生物和昆虫进入食物链，进入小鱼的组织中，通过食物链的捕食关系，在摄入与再摄入过程中变得愈来愈浓缩，结果越是处于食物链顶部的生物，吸入的分量越大。于是在喷洒 DDT 的相当大的范围里，许多吃食鱼虾的鸟类以及吃食鸟类的鹰都濒于死亡，而

---

① Dennis L. Meadows, *The Limits to Growth*, New York, Universe Books, 1972.
② World Commission on Environment and Development, *Our Common Future*, Oxford University Press, 1987. 中译本：《我们的共同未来》，王之佳、柯金良等译，吉林人民出版社1997年版，第190页。
③ Laurence W. Mackomance et al., *What's Ecology?* Addison-Wesley Publishing Company, 1978. 中译本：麦克康门斯等：《什么是生态学》，余淑清等译，江苏科技出版社1984年版，第86页。

◈ 下篇 现代伦理视野中的科学与技术

人类吸入过量的 DDT 会引起癌症。这就是伟大的生态运动创始人、美国海洋学家蕾切尔·卡逊在《寂静的春天》一书中所说的"死亡之河"。世界各地使用 DDT 及其他类似的毒性杀虫剂，就使得许多生物群落严重退化，它在海洋中不但破坏了许多海产的幼虫期，而且抑制了海洋浮游植物的光合作用，对海洋的氧气形成产生影响，并破坏大气的平衡。它的影响如此遥远，在喷洒 DDT 数千公里之外的南极，那里的海豹和企鹅的脂肪里均可发现有害的 DDT。

生态科学由于研究了生态系统及其运行机制以及人类活动在其中的作用与地位，便发现了一个根本的矛盾：生态系统的运作是循环式的，不但物质要素是循环的，而且事件的因果关系也是网络式的和循环式的。而迄今为止的工业生产以及科技应用是直线式的，环境一经开发不能"复原"，产品一经使用即被丢弃。在这里不但物质的生产与消费过程的起点与终点首尾不能相接，而且事件的因果关系也被看作单线的因果关系。正是这种直线式的工业生产和科技应用破坏了循环式的生态系统。巴里·康芒纳说："正是在这儿，在生物圈中的人的生活出了第一个大错。我们破坏了生命的循环，把它的没有终点的圆圈变成了人工的直线性的过程：石油是从地下取来裂解成燃料的，然后在引擎中燃烧，最后变为有毒难闻的烟气，这些烟气又散发到空气中。这条线的终点是烟。其他因为有毒的化学品、污水、垃圾堆而出现的各种对生物圈循环的破坏，都是我们强行毁坏了生态结构的罪证，这个生态结构在几百万年里一直维持着这个行星上的生命。"[①]

承认这一点，就意味着必须在思想方法、基本态度和价值观念上发生一个转变。这种向生态的观点和态度的转变至少包括下列三点：（1）承认有一个比我们从自然界中获得利益更高的价值，这就是保护生态环境的稳定、健全和发展。只有在这个前提下求得人类的生存、繁荣与发展。（2）认识到环境的资源是有限的，许多是不

---

① 巴里·康芒纳：《封闭的循环》，吉林人民出版社 1997 年版，第 8 页。

可再生的。环境吸收、消化废物与污染物是有限的。人类必须限制自己的欲求，限制自己的消费，并投入更多的人力物力，尽可能使我们直线形的工业生产向圆周形发展，循环利用资源，循环处理废物。（3）认识到对环境的任何改变都有反弹，对环境的任何开发与利用都意味着对其他人和后代人负有责任，必须用系统整体的观念代替机械的因果观，用整全的价值观念代替狭隘功利主义。

这样便产生了一系列伦理的问题：怎样对待环境，怎样处理有限的自然资源的分配才是正义的呢？我们承认人人有享用适宜的自然环境的环境权吗？我们承认后代人有他们的人权吗？我们有责任现在就要尊重后代人的权益，现在就要保护后代人的资源环境权吗？我们的伦理视野有可能有必要走出人类中心吗？我们是否承认动物有自己的权利或权益呢？我们是否承认生态系统的内在价值，而人类的价值是它的组成部分呢？人在自然界中的地位到底如何？所有这些问题都是本章要触及的问题。

这些问题如果与科学家的社会责任问题相联系，那就不仅是某一种科学家负有环境责任的问题，而是人们应用科学的目的和方式对环境的恶化负有责任。

二　环境权利与代际伦理

在世界范围里，环境运动是从 20 世纪 60 年代开始的。蕾切尔·卡逊女士的《寂静的春天》一书对这个运动起了非常重要的作用。曾任美国副总统的阿尔·戈尔说："1962 年，当《寂静的春天》第一次出版时，公众政策中还没有'环境'这一条款……《寂静的春天》犹如旷野中的一声呐喊，用它深切的感受、全面的研究和雄辩的论点改变了历史的进程。"[1] 从那时候开始，公众对滥

---

[1] Rachel L. Carson, *Silent Spring*, Boston, Houghton Mifflin Co., 1962. 中译本：卡森：《寂静的春天》，吕瑞兰、李长生译，吉林人民出版社1997年版。

用自然资源，对工业造成的公害表现出极大的道德义愤，表明保护环境、反对污染是一种公德，是一种道德的命令，已经被纳入基本道德规范的范畴了。

我们反复讲过道德的规范，可以用权利与义务的语言来表达。如果将资源与环境的保护看作一种约束与引导人们行为的基本道德规范，则要求人人要保护环境使之不受污染和破坏，就不仅是一种愿望而且是一种道德责任，而人人都有适宜生活的环境，便成了一种基本人权。提升到人权的高度来理解资源与环境，表现人们对环境问题的重视。

较早地将环境权作为基本人权见之于正式文件的，有1970年美国总统尼克松的演说和1972年联合国通过的《人类环境宣言》。1970年1月22日尼克松的演说中讲道："70年代最重大的问题是我们将要放弃我们的周围环境呢？还是与自然界和平联手并偿还和修复我们对大地、空气和水源上所造成的破坏和损害？……拥有清新的空气、干净的水源和开放的大地——这些都再次地成为每一个美国人的与生俱来的权利（birth right）。"[1] 而1972年通过的《人类环境宣言》则将环境权利明确概括为："人类有权在一种能够过尊严和福利生活的环境中享有自由、平等和充足的生活条件的基本权利，并且负有保护和改善这一代和将来世世代代的环境的庄严责任。"

为什么要提出环境权利（人人都有适宜生活的自然环境）呢？环境权利与平等、自由、福利、财产这些基本人权的关系如何？提出环境权利的目的，在于限制人们的某种自由权利，以保护人人具有平等的自由、公平的福利的权利。当然人人都具有开发与利用自然环境和自然资源的自由权利。但任何自由，即使是不可让渡的自由也都不是无约束、无限制的。早在洛克时代，人们就认识到，一种自由应以不妨碍其他人也具有同等的自由为限制，一种权利应以

---

[1] W. T. Blackstone ed., *Philosophy and Environmental Crisis*, p. 29.

第十章　生态科学与环境伦理

不妨碍其他人也能实现类似的权利为限度。假使你拥有某种自然财富（如你购得一座山林、一块池塘）或有权开发某个区域的共有的天然财富，当社会的自然资源或自然财富相当丰富，而人口极为稀少之时，你如何使用这些资源也许不会妨碍别人的权益，不会侵犯公共的利益。可是当今世界人口极度稠密，资源相对短缺，环境已受到了严重破坏，如果你滥用资源，任意浪费自然资源，对自然财富进行掠夺式的开发，污染周围环境，就必然要侵犯他人的自由，侵犯他人的权益，损害公共的福利，甚至威胁别人的和社会的生存，当然要受到社会的道义的（甚至法律的）谴责。这样就自然要提出人人都有与生俱来的在适宜的环境中生活的权利，以加强人们对环境保护的责任。所以环境权利之所以成为基本的人权，是因为适宜的环境是人们享有和实现自由、平等和福利生活这样基本权利的前提条件。在这里人与自然环境的关系，人对环境的权利与义务是以人与自然关系的形式反映了人与人之间的道义关系，个人、集团与全社会之间的利益关系。这样认识的环境伦理是所谓浅层的生态伦理（shallow ecological ethics），它限制于传统伦理的框架。本章的后面几节将要讨论所谓深层生态伦理（deep ecological ethics）。

　　这里所说的环境权利，虽然是个浅层的道德权利，但这种道德权利早已不局限于一个国家，它根本上是一个世界人权问题。这是因为随着科学技术的发展，随着国际贸易和国际经济合作的加强，随着核武器时代的来临，世界早已成了一个地球村。环境的污染，核辐射的扩散，臭氧层的穿洞以及温室效应都是无国界的。在一个国家里破坏环境不可能不侵犯他国国民的环境人权，而侵犯他国国民的环境人权，例如将垃圾倾倒到别国的海域乃至公海上，其祸害不可能不反弹回本国国民之中。美国自己禁止使用的那些农药，仍然有一些公司加以生产，并将它出口到其他国家。这样他们便陷于一种出售公害的对别国国民不道德的状态；而且因为毒杀任何一个地方的食物链最终会导致所有的食物链中毒，包括前面讲到的南极的企鹅与海豹，于是他们很快又陷入对本国国民不道德的状态。当代世界大量的工业的有毒有害的废料,不可能丢到太阳系之外,即使它可以转移和"出售"给其他急需美元的国家,也还是留在地球上,通过生态圈的循环有一部分仍然回到自己的身旁,去惩罚那些不道德的社会和不道德的人。

当然,并非一切道德权利与义务必须转变为法律的权利与义务,但鉴于当代全球性的环境破坏和环境污染已到了决定人类存亡的时刻,制定一个保护环境的国际法似乎是有必要的。那些严重影响全球生态系统的重大环境事件,如核军备竞赛以及切尔诺贝利核电站之类的事件应受到国际法庭的制裁。然而在当今强权政治、实力外交占统治地位的国际社会里,人类的道德和法律尚未进展到能控制这类事件的地步,人们只好无可奈何地忍受别国环境事件带来的灾难。这也许是人类的悲哀,是人类道德水准赶不上科技发展的表现。不过在一个国家或一个政府管辖的范围里,环境的法律作为环境伦理的补充是绝对有必要和比较地可行的。在解决环境问题上必须有政府的干预和介入,这是因为市场经济的运行机制在解决环境问题时是无能为力的。这表现在:(1)市场经济下企业的驱动力是利润,没有政府和法律的强制,企业是不会花费巨大资金去解决污水和废气的处理问题的。(2)市场经济下企业的压力是自由竞争和优胜劣汰。"优"者就是降低成本,"劣"者就是成本的增加。企业是不会愿意为了保护环境而大大提高成本的,除非所有同类企业必须这样做。(3)市场经济所关心的问题是经济的增长和总产量的增加,而 GNP 的高速增长往往就是环境危机的信号。所以市场经济与环境的关系也是直线式的而且是短线式的运动对循环式的和长线性的运动的关系,必须有具有生态思维方式和掌握生态科学与生态伦理的政府和法律的介入与干预才能解决环境问题,保障人民的环境权利不受侵犯。

环境权利的问题,不仅是当代人之间的相互关系问题,它特别涉及的是代际之间的关系问题,即当代人与子孙后代的关系问题。因为物质资源、能量资源和信息资源的保护主要并不是为了当代人的利益，而是为了后代人经济发展和文化发展的需要。而解决环境污染问题也不仅是为了当代人的利益，更重要的是为了子孙后代的幸福。如果我们多增殖了人口，不仅使现代人生活艰难，而且侵犯了后代人的生存空间；如果我们耗尽了自然资源，用尽了肥沃的土地就等于夺去了后代人的饭碗；如果我们毒化了空气，毒化了水源，制造了温室效应和破坏了臭氧层，或者发动原子战争，这就等于置后代人于险境与死地。这就产生了一个对后代人的道义责任和尊重后代人的人权的代际伦理问题。

为什么我们对后代人负有道义责任呢？从第五章讲述的系统主义规范伦理的四项基本原则的每一项原则都可以推出我们对后代人负有道德责任，协调这四项基本原则所推出的对后代人责任的不同结果便可得出我们对后代人在何种程度上负有何种责任。

首先，从功利原则来看对后代人的道义责任问题。由功利主义者提出的功利原则告诉我们，一个行为或一种制度的设计原则是正当的，它必须趋向于增进全体社会成员福利的总量，这包括增加他们的福利和减轻他们的痛苦。这里"全体社会成员"包括前代人的社会成员和当代人与后代人的社会成员。正像个人的善或幸福总量是不同时期的善与幸福的积累一样，社会成员福利总量是各代人福利的总和。因此一个社会或一个家庭必须有对后代人物质生活、文化教育的投资包括提供后代人的适宜环境以保证各代人福利总量的增长。必须有对后代人的投资这个原则叫作储存原则（savings principle），它表现了我们对后代人的责任。而在一定的限度内，投资带来的边际效用要比消费掉这笔资金的效用大，因此较高的储存率能导致后代人福利总量的增加。所以，从功利原则出发，不仅得出对后代人有道德责任的结论，而且在资源和福利的分配上应对后代人有较大的倾斜。可是我们这代人对石油的开发以及矿床的使用上有没有向后代人倾斜呢？显然没有。200年后的后代人将没有石油也没有煤，许多金属矿床也消耗殆尽了。这是现今人类在代际伦理关系的利己主义的恶果。

再来看看正义原则。正如罗尔斯所指出的，一个行为或一种社会制度的设计原则是正当的或正义的，它的社会的基本的善（自由和机会、收入与财富、自尊的基础）必须在社会成员间进行平等的分配，除非这种不平等有利于最不利者。这个原则支配着社会福利总量的公正分配问题。这里"社会成员"也如功利主义所分析的那样，包括不同世代的社会成员。为什么我们要选择不同世代成员间对社会基本的善要进行相对平等的分配原则从而决定着本代人对后代人负有道德责任呢？根据罗尔斯的分析，从契约的观点看，人们在无知的面纱或"无知之幕"的遮盖下"各方不知道他们属于哪一代，会发生什么样的事情，以及他们处于文明的哪一阶段。他们没有办法弄清自己这一代是贫穷的还是相对富裕的，是以农业为主还是已经工业化了等"①。正是在这种"无知之幕"下进行选择。"没有哪一代比其他的世代有更强烈的要求"，代际之间要求是平等的。"他们试图制定一个正义的储存方案，其方法是使在每一阶段上他们为了紧邻的后代所愿意储存的数量和他们感到对自己的前一代有权利要求的数量之间达到平衡。他们想象自己处于父亲的地位，他们根据自己所认为的对他们的父亲的合理要求，来弄清他们自己应该为子女们储存多少。当他们达到一个从父子两方面看来都是公平的估计，并且为改善他们的环境留下了必要的资金时，这一阶段的公平储存比例就被确定了。"② 这就是说，按照平等的正义原则，一个世代从上一代接受了多少的储存率，他们就有义务为后代人付出同等储存率的道义责任。在这里正义原则和功利原则一样得出了对后代人负有道德责任的结论，不过这种资源、福利与自由与机会的分配上，并不向后代人倾斜。就环境问题来说，在理论上讲，我们从祖先那里接受了清新空气、清洁河水和郁郁葱葱的大地，我们就有责任至少给予后代人一片同样的大地，而不是一堆有

---

① John Rawls, *A Theory of Justice*, Oxford University Press, 1972, p. 287.
② Ibid., p. 289.

毒的垃圾。应该说，在保护自然环境方面我们是有愧于后代人的。当然我们可以辩护说，我们为后代人留下的文明和技术进步比我们从祖先那里接过来的多得多。不过它是否能补偿那无价之宝的自然环境和自然资源的丧失呢？这仍然是一个没有解决的问题。

比较功利主义和正义主义对代际伦理的解决，我们似乎得出这样的结论：功利主义对后代人过分倾斜，而正义主义或道义主义则对后代人过于不偏不倚。事实上随着社会经济的发展，我们留给后代人的东西以及为后代人的储存率应该比我们从祖先那里接过来的东西和储存率高一些。所以我们在确定代际储存率的大小方面，采取一个介于功利主义的高储存率和正义主义的低储存率之间的中间立场。我们所主张的政策的伦理原则是向青年人倾斜的，但不过分倾斜。具体说来，假定我们从系统主义的四项基本伦理规范可以分别推出不同的代际储存率，即 $R_1 \vdash r_1$，$R_2 \vdash r_2$，$R_3 \vdash r_3$，$R_4 \vdash r_4$ 则我们根据综合伦理价值公式（见本书第五章第三节）可得出我们所主张的储存率 r 公式为：$r = \alpha r_1 + \beta r_2 + \gamma r_3 + \delta r_4$，其中 $\alpha + \beta + \gamma + \delta = 1$。

现在我们需要继续讨论仁爱原则（R_4）和环境保护原则（R_1）与我们对后代人的代际责任的关系。仁爱原则说明一个行为或制度的原则是有助于社会成员之间的互惠和互爱的，则它是正当的。人类之间的爱自然首先是父母对儿女的爱，并由上一辈向下一辈延伸。这种亲情及其推广甚至可以说是由基因决定的，人类不但为了自己的幸福，而且为了自己群体的生命的延续，这就决定了当代人对下一代人的道德责任。不过从亲情与仁爱推及对下一代人的道德责任，并没有给出储存量或储存率大小的定量标准。当然不同的文化与不同的情景有不同的 δr_4 的值。一般说来代际利他主义越强，δr_4 的值越大。至于环境保护原则或生态伦理的原则，即要求人们保持生活于其中的生态系统的完整、稳定与优美。由此自然会推出对后代人的责任，因为对后代人不负责任，自然也就妨碍了人类的世代延续，因而也就破坏了整个生态系统的完整性；反之，破坏了

◈ 下篇 现代伦理视野中的科学与技术

生态系统的完整性，也就使我们的后代不能持续发展。这里我们应该特别注意的是：从 A. 莱奥波尔德的保护生态系统的完整、稳定和优美的伦理基本原则附加上人类代际关系的初始条件，便可以推出可持续发展的原理。"可持续性发展是既满足现代人之需要，又不对后代人满足其需要的能力构成危害的发展"，表现了当代人对后代人的责任。这个责任的实现是以人类的行为没有危害生态系统的完整稳定和优美为前提的。

世界上大多数的环境伦理学家认为，我们对后代人的责任，包括在保护环境方面对后代人的责任，出自我们尊重后代人的权利。[1] 这便产生了后代人权的问题。根据我们在第五章的分析，权利的概念至少有三个含义：(1) 存在着权利的主体，它有自己的利益（interest）需要保护。(2) 存在着表达这种利益的要求（requirement），要求别人不要阻止他们实现这种利益。(3) 对这种要求，有一种社会的承诺或社会契约的承诺。这是权利概念的三个必要条件，那么后代的甚至未出生的人有没有现在就需要保护的利益呢？有！他们的生存空间、自然资源、需要的新鲜空气、需要的合适环境等就是他们的利益所在。我们之所以鲜明地确认他们利益的存在，是因为现在人们已侵犯了他们的利益。当然这个利益的主体尚未现实地存在，因而我们不能识别认同他们是谁，有多少人，有怎样的面孔等。但这也没有能否定这个权利的主体将因果必然地存在着，因而并不妨碍我们将权利赋予他们，那么后代人有没有实现他们利益的理直气壮的要求？他们没有出生，不能说话，也不能像小孩子一样通过痛哭一场来表达他们资源的缺乏。但是，在这个世界里早有许许多多道德上的和法律上的代言人，代他们提出各种利益的要求，全世界的生态学家、绿色力量就代他们提出了要求。在现

---

[1] Cf. Joel Feinberg, "The Rights of Animals and Unborn Generations", in *Philosophy and Environmental Crisis*, ed. by W. T. Blackstone, University of Georgia Press, 1974, pp. 43–68. 该文对后代人权问题有较详细的论述。

实世界中，许多未成年的儿童，有生理缺陷和智力缺陷的人，他们的权益可以由代言人提出，甚至死去的人（如托洛茨基、布哈林、彭德怀、刘少奇）的权益（例如要求平反）也可以由代言人代他们提出，为什么后代人环境利益的实现不可以由代言人代他们向现代人提出呢？而我们的四大道德规范原则及其对后代人道德责任的推理已经承诺了他们这种要求是合理的。所以在权利概念的基本意义上，我们是应该承认后代人道德权利的，特别应该承认后代人有享有合适生活环境的权利，我们对后代人的道德责任就是尊重他们的人权。在后代人权是否存在的问题上，我们采取了道德实在论的立场，这种道德实在论与因果实在论有所不同。什么是实在？一般人们的看法是：能够作用于我们的东西是实在的。像卡尔·波普尔所说的，实在的概念最初来自那些能"放入我们的口中使我们的触觉达到了它的东西"。因果实在论不承认未来的东西有作用于现在的东西的任何可能，所以不承认未来的东西的实在性。可是道德这东西不完全是因果论的，它主要是目的论的。目的论承认贝塔朗菲所说的"果决论"，即目标对现在的行为有决定作用。这就是说在某种意义上承认未来的东西对现在的东西有某种作用，因而也就有可能承认未来东西的实在性。未来人类的需要对现代人类的行为起到某种约束作用，这是我们承认后代人权实在性的本体论根据。

三 动物伦理与动物的权利

在本书以上的各章各节中，我们看到，随着现代科学技术和社会的发展，人类对价值主体的道德关怀，冲破了国界，冲破了代沟，建立了以全人类为中心的伦理原则。整个生态系统繁荣、完整与稳定（环境保护原则），人人都为全人类的幸福而贡献自己的力量（功利原则），大家对自由、机会、福利和自尊都有平等的权利

(正义原则)，博爱充满着人间（仁爱原则）。如果世界真的完全能按照这样的原则建立起来，便是人类的自由、平等、博爱、福利与环保的道德理想世界。这是一个没有战争、没有武器、没有国界的大同世界。当然这是一个可能世界而不是现实世界，不过人们极力争取现实世界朝着这个道德目标运动。然而现在的问题是，伦理关怀既已冲破了国界、冲破了代沟，惠及天涯海角，惠及千秋万代，它的外延是否可以继续扩展惠及动物世界，惠及整个生态系统呢？这就是我们的问题。

让我们离开理想的道德王国，降落到悲惨的动物世界里去看看吧。人类是杂食动物，在生态系统中的地位是处于食物链和食物金字塔较高处的营养级。在发明农业以前，在食物方面，有一半是靠采集野果、植物根块为生，有一半是靠狩猎为生。由于处于食物金字塔的顶端，人类的数量绝不会太多，在几百万年的采集与狩猎生活中，全世界人类的数量只不过10万左右。公元前6000年人类农业文明时代开始，全世界也不过500万人，比现在广州市的人口还少许多。当然早期人类要与其他动物进行生存竞争，他们为生活所迫，当然对动物是很残酷的，猎获动物的过程就如同非洲大草原中虎狼追赶野鹿一样。不过我们在这过程中不但要看到弱肉强食的一面，而且要看到这是协同生存的过程。在猎食过程中，猎食者帮助被猎食者控制群体的数量，使它们不致出现食物危机；淘汰其中的弱者和病者，增强被猎食者的技能，优化它们的遗传基因。在生态系统中，猎食者只要不超过一定的数量，它们是有利于被猎食种群的发展的。试想世界只有十万的人口，却有几百万、几千万的野牛和野鹿，前者决不会对后者种群的生存发生什么威胁。不过自从人类学会饲养牲畜与种植庄稼，至公元元年，仅6000年的时间世界人口就增至13000万。不过农业社会由于生产力低，对世界生态系统和野生动物物种的生存并不构成太大的威胁。

工业社会彻底打破了生态系统的平衡，动物世界的大灾难便到

第十章 生态科学与环境伦理

来了。前面讲过，就野生生物物种来说，每年有数千种物种被灭绝，仅仅20世纪地球上就消灭了六分之一的动物物种[1]，巨大的在进化上最接近于人类的鲸鱼与海豚，也在濒于绝种的行列。除此之外，工业社会在动物饲养方面为动物提供了最为残酷的条件，猪、鸡、鸭、鹅之类的家畜家禽一生处于高密度的非常拥挤缺乏阳光与空气的环境下饲养，然后驱入屠宰场，在它们神志非常清醒的时候就割断喉咙。为了获得高产量和降低成本，这些动物不过就是饲料转变为鲜肉的机器，饲养技术的进步就是这种转换率的提高。生物的自然本性被工业完全异化了。和这种异化相联系的还有阉割、幼畜与母亲分离、群体的拆散、一层叠一层的运输、打烙印、残忍的屠杀等。这些都是完全不考虑动物的利益的。有一个权威的动物伦理学家写道"只有在利润率停止起作用时人们才会认识这个过程的残酷性"[2]。

再来看看动物实验的情况。医学上的某些动物实验是必要的，它牺牲了某些动物的利益带来了更多人类的利益。但是在工业和商业世界里，许多动物实验压根就没有想过动物的利益也占有一席之地。例如化学公司为了试验洗发剂与化妆品的毒性，将它的浓缩液滴入兔子的眼睛中做实验，无数的兔子死于这种试验，这叫作Draize实验。还有，食物的色素与防腐剂等食物辅助剂，为了检验其剂量致命的程度，将它们喂给受试动物以确定其"死亡剂量"与"50%死亡剂量"，无数受试动物被折磨致死，这种试验叫作LD50试验。美国陆军放射生物学院为了检查军队在核攻击下继续作战能力，用猴子做实验，模拟核攻击以试验猴子的忍耐程度。美国灵长类研究中心在长达15年中对大量猴子进行母子分离试验，以观察反常的母猴和失去母亲的猴子的心理与行为，这类实验其实并没有

---

[1] D. Simonnet, *L'ecologisme*, Presses Universitaires de France, 1982. 中译本：《生态主张》，方胛雄译，（台北）远流出版公司1989年版，第18页。

[2] P. Singer, *Practical Ethics*, Cambridge University Press, 1997, p. 63. 本节有关动物状况的某些事实，也来自该书。

◇ 下篇 现代伦理视野中的科学与技术

给人类带来利益或带来的利益是不确定的，但却给动物带来极大的痛苦。西方一些贵妇人曾用野生鸟类的美丽羽毛来装饰她们的帽子也属这一类人，大量鸟类因此而遭射杀。

依据我们的伦理价值公式，一种行为的伦理价值由相互交叉又相互区别的仁爱价值、正义价值、功利价值和环境价值四个要素组成，即反复说过的

$$V(A) = \alpha V_1(A) + \beta V_2(A) + \gamma V_3(A) + \delta V_4(A)$$

其中 $V_2(A)$ 表示功利价值，$V_1(A)$ 表示环境价值。在上述公式的人类定位解释中，我们对动物的伦理关怀大多数表现在 $V_1(A)$ 中。当然我们马上要看到在扩展的解释下，V_2，V_3，V_4 都与对动物的伦理关怀有关。不过我们这里暂且假定 V_2，V_3，V_4 都是人类定位的，而 V_1 则不可能单纯人类定位的，因为环境保护原则本来是生态定位的，因此我们称它为莱奥波尔德原理。随着一些发达国家人们生活水平的提高，在他们的伦理世界中，功利价值成分的比重下降，而环境价值的成分比重提高，即 β 下降，α 提高。人们开始对动物伦理给予重视，即对动物的状况，对人类对待动物的道德状况给予关怀，与世界人民反公害运动相伴而来，就有动物权利运动和动物解放运动。我不想去评价很有些过激行为的动物权利运动，不过无论如何在这些国家中，人们的道德状况有所改变。像 Draize 实验和 LD50 实验那样虐待动物的情况大大减少了。人们反对穿野生动物的皮毛，反对用羽毛装饰帽子，在英国、荷兰、澳大利亚和美国野生动物的皮毛贸易几乎绝迹了。许多国家逐渐结束工厂式的动物饲养，将它们放回自然界，放回开放式的牧场中去。瑞士已禁止鸟笼式的养鸡场，英国已立法禁止在畜舍内养牛，并逐步结束厩内养猪。而1988年瑞典议会通过法律，10年内完全禁止工厂式的牲畜饲养场，让家禽家畜恢复其自然行为。①

为什么有如此的必要给动物以人道的关怀呢？动物世界不是自

---

① P. Singer, *Practical Ethics*, Cambridge University Press, 1997, pp. 68–69.

第十章　生态科学与环境伦理

然竞争和弱肉强食的吗？达尔文不是说过"最适者生存"吗？为什么我们不应吃食工厂式农场饲养出来的牲畜而成为最适者呢？首先，除原始民族如因纽特人，狩猎野生动物是自然进化和生存必需者外，工厂式农场的肉类供应并不是自然进化的结果，也不是人类生存必需的东西，它是为满足人们的食欲需要而人为制作的，不属于动物世界生存必需的弱肉强食范畴。其次，即使我们如上面所说的残酷地对待动物，属于弱肉强食的自然过程。但一个过程是自然的并不一定就是道德上正确的。我们砍伐了黄河、长江流域的山林，导致水土流失，洪水淹没我们的家园，导致巨大的死伤，这显然是一个自然淘汰的过程，但并不意味着我们不加固堤坝、对洪水袖手旁观是道德的，也并不意味着我们筑堤防、疏河道是不道德的。人要生病，要衰老，要死亡，这是自然过程也是自然淘汰，但这不证明我们可以虐待老人，不给他们治病，不护理他们。人类不仅是自然人而且是道德人，对待动物也有一个道德问题。

　　动物不是人，为什么给予它人道对待，这不是"兽道主义"吗？当然动物不是人，甚至灵长类动物也不是人，可是为什么只有对待人才应给予伦理关怀，而对待动物则不应给予伦理关怀呢？是因为人有思维与语言而动物就没有，所以动物不应享有某种伦理待遇吗？可是近年的研究表明，黑猩猩与猴子不但有思维能力，而且可以使用语言。生物学家 Francine Patterson 居然教会一只名叫 Koko 的大猩猩懂得 500—1000 个手势语言[1]，有些弱智人类还远远达不到这个程度，为什么我们应该人道地对待弱智人而不应人道地对待大猩猩？那是因为人类之间有社会契约的约束，约定我们彼此应该以兄弟相处，而我们与动物不存在社会契约，不存在伦理关系。是的，我们与动物之间没有社会契约，我们对动物的行为不受契约约束，因而我们可以任意宰割它们。它们不可能对我们承担什么义务，所以我们也对它们不承担任何道德义务。不过，虽然我们与动

---

[1] P. Singer, *Practical Ethics*, Cambridge University Press, 1997, p. 111.

物之间没有社会契约，难道我们不可以制订社会契约来约束我们的行为，使我们伦理地对待动物吗？当然这可能是单方面的契约，正像我们对后代人负有道德责任，这些后代人并未出生，则可由其代言人表达他们的利益。我们不是已经有了一种《动物权利的世界宣言》吗？这个宣言是1978年10月由保护动物权利国际同盟于巴黎通过的，刊登于欧洲议会 Forum（季刊）1982年第3期之中。劈头一句便是"所有动物都有出生的自由，也有生活的自由"，"每一动物都有权受到尊重"，"受到人的关心、照顾和保护"，"动物不应受到粗暴的对待和残酷的役使"[1]。当然这个契约只反映了一部分人，特别是素食者的观点和看法，尚未变成人类的共同道德原则。尽管如此，我们仍然认为形成一些道德原则使我们能够伦理地对待地球上的动物是完全必要的。这是因为在一个地球生物圈中，人与动物有着某种共同的利益、共同的感情；虽然这种共同的利益远远小于人类之间的共同利益，所以人类不可能像对待人一样平等对待一切动物。伦理学家P. 辛格要求人们要像对待人一样平等对待一切动物，其理由似乎并不充分。不过随着文明的提高，社会的发展，迈向后工业社会或生态社会的人类，必将更加伦理地对待动物，这大概是没有疑问的。

对待动物世界伦理关怀的根据是什么呢？我想，对系统主义的规范伦理四项基本原则加以扩展，就不难找到动物伦理的基础。首先来分析功利原则。功利道德原则的一种解释是，一种行为凡是能够增加相关人们快乐或减轻人们痛苦的就是道德上善的，反之就是恶的，这就是功利主义创始人边沁的原始解释。可是不但人能体验苦和乐，而动物特别是高级动物也能够体验苦和乐，这就是我们对动物应有伦理关怀的道义基础。边沁在1789年出版的《道德与立法的原理绪论》第18章中写下这样一段话（写这段话的时候非洲

---

[1] 《动物权利的世界宣言》（1978年10月15日），见约翰·迪金森《现代社会的科学与科学研究者》，张绍宗译，农村读物出版社1988年版，第238—240页。

的黑人和动物一样被英国殖民者当作牲畜来贩卖)。他说:"总有一天,其他动物会要求这些除非受到专制暴政的剥夺否则就绝不会放弃的权利。法国人已经发现皮肤的黑色绝不是一个人可以任意被人严刑拷打的理由。总有一天,人们会认识到,腿的数目、皮肤有毛或下颚骨突出对于遭受到同样命运的有感觉生物来说其理由也是不充分的。确定这不可逾越的道德界限是什么呢?是理性的能力吗?或者是说话的能力吗?但成年的马和狗在理性和说话的能力上大大超过了刚生下来一天或一星期甚至一个月的婴儿。如果不是这些,又是什么东西能成为这种分界线呢?关键的问题并不在于他们能推理吗?或者他们能说话吗?而是要问他们能感受苦乐吗?"[1] 动物有苦乐的感受等于宣布自己有需要保护的利益,一块木头无苦乐的感受,你锯开它劈开它烧掉它无所谓有自我利益。而仁爱的原则,使人类将同情心从亲属扩展到民族,进而扩展到全人类并扩展到动物世界,就等于承认我们应该尊重动物的利益,给予伦理的关怀。功利原则与仁爱原则的结合给动物保护以比较完整的辩护。

那么动物是不是具有一定的权利呢?前面我们分析了权利存在的三个判据,即存在着权利的主体,它有自己的利益需要保护;存在着对这种利益要求的表达,无论是自我表达还是代理人的表达;存在着成文的或不成文的对保护它们利益的承诺。按照这三个判据来分析动物,动物显然有自己的利益,而且不是一般生命的生存利益,而且是通过高级动物所具有的苦乐感受、欲望、意向动机等整合组成动物的福利。同时,动物也显然可以表达其维护自身利益的要求,叫喊或肢体的语言固然表达了它们自己的利益,而且通过维护它们利益的人类,例如前面说到的动物解放组织,甚至非常充分地表达它们的利益。而由于当代生态问题的紧迫性也使整个社会承诺要关心生态系统和动物的福利,这样动物便具有了一定的权利。

---

[1] J. Bentham, *An Introduction to the Principles of Morals and Legislation*, J. Burns and L. Hart (eds), London, Athlone Press, 1970, Chap. 18, Sec. 1.

这并不是天赋动物权利，而是人赋动物权利。我们将正义原则与环境保护原则运用于动物保护，和功利原则与仁爱原则一起，导出动物权利的概念，它是将四项伦理原则推广到动物的结果。

然而适用于人类社会的四项基本伦理原则只是在某种意义上或转义上向动物界推广，因此适用于动物界的伦理原则即人类对动物的伦理原则肯定与人类四项基本伦理原则在意义上大不相同。维特根斯坦的"意义即用法"在这里又起了作用。我们所谓运用于动物界的功利原则只是尽可能适当地减轻动物的痛苦和增加它们的快乐，并不是以提高动物的福利为动物伦理的最高原则，我们对动物的仁慈或仁爱只是以比人类减弱的形式传递到动物界，而绝不是与动物实行"己所不欲，勿施于人"的原则。我们对动物的某种道义承诺和"契约"是单方面的，在动物无道德自律的情况下实施的。因此，由此引出的动物权利（animal right）决不可以与人权（human right）相提并论。被饲养的动物可以有不受"工厂式"农场禁闭那样在敞开的环境下生活的自由权利，野生动物享有在自然保护区内自由活动的权利，但它们没有任意迁徙的自由；动物有某种不受虐待的权利并在必须宰杀时宰杀应当是快速的和减轻痛苦的，但动物不具有与人类一样的普遍的生存权利。连反对肉食的动物自由主义者都主张当维持人们生存必要时可以宰杀动物。[①] 至于动物到底有些什么权利？我们对待动物具体伦理原则又如何？这取决于一个国家的经济发展和文化状况。这是一个情景伦理的问题，有待于我们具体研究，道德哲学的主要任务是为这种研究提供一种比较全面的系统的思考方式。

四　走出人类中心主义

上节我们将规范伦理的四项基本道德原则在缩小内涵的较弱的

[①] D. Singer, *Practical Ethics*, Cambridge University Press, 1997, p.134.

第十章 生态科学与环境伦理

意义上向动物世界推广，我们承认动物有自己的内在价值，承认动物有苦乐的感受，承认动物在一定意义上有自己的权利，并尊重它们这种内在价值与感受，尊重它们的权利，不虐待动物，保护野生动物的物种，必要时甚至牺牲人类的某些利益，为动物建立自然保护区等。所有这些固然出于对人类利益的关怀，但也不仅仅单纯为了人类的利益，这样我们便已经走出了人类中心主义（anthropo-centrism 或 human-centrism）。人类中心的伦理与非人类中心的伦理有着非常重大的区别，生态伦理的特征就是非人类中心的。因此在进一步阐明生态伦理之前，让我们讨论清楚人类中心伦理与非人类中心伦理的区别。

人类中心主义的伦理认为，人类影响自然环境的行为是正当的，当且仅当这些行为有利于人类的福利或有利于保护与高扬人类的正义与人权。因此人类只对人类有道德责任，并且只有人类才有道德权利。我们关心（with regard to）动物、关心生命、关心自然只是为了人类的利益，而不是为了其他生物的利益。我们没有道德责任去保护和提高非人的生物的利益或内在的价值。

非人类中心的伦理学认为，人类影响自然环境的行为是正当的，当且仅当这些行为有利于生态系统或生命共同体的稳定、繁荣与发展，有利于尊重、保护和提高生命的内在价值与权利。因此作为生物世界一个部分的人类有责任维护生物世界的利益，维护生态系统的完整性，保护野生物种免受人类干扰而灭绝，保证地球生命尽可能不受人类造成环境污染的危害。这些道德责任来自地球生命和生态系统的内在价值，是独立于并复加在对人类的道德责任之上的。

在人与自然关系上，西方文化的主流思想就是上面定义的这种人类中心主义，这种人类中心主义到了工业时代便发展到登峰造极的地步。

首先我们看看基督教的人类中心主义。《圣经·旧约全书·创世记》中写道："神说：'地要生出活物来，各从其类；牲畜、昆虫、野兽，各从其类.'事就这样成了。神说：我们要照着我们的形象，按着我们的样式造人，使他们支配统治（dominion over）海里的鱼、空中的鸟、地上的牲畜和地球，以及地上所爬的一切昆虫。""神赐福给挪亚和他的儿子，对他们说：你们要生养众多，遍满地球。凡地上的走兽和空中的飞鸟，都必惊恐，惧怕你们；连地上一切的昆虫并海里一切的鱼，都交付你们支配。凡活着的动物，都可以作你们的食物，这一切我都赐给你们，如同蔬菜一样。"

基督教关于人类要统治自然的思想，其关键词是 dominion（支配统治）一词，并不包含有任何关心爱护动植物和周围环境的意思。《圣经》讲的是整个地球任由人来支配，对于其中的生物，要使它们恐惧与害怕，并任人宰割。而《圣经》的权威解释者奥古斯丁（Augustine，354–430）则明确指出"妨碍人们猎杀动物与破坏植物是邪教的高度表现"[1]。

西方文化的另一个源头是古希腊的哲学，其集大成者是亚里士多德，在人与自然的关系上，亚里士多德表现出极为明显的人类中心主义思想。他认为自然界是有等级结构的，一个等级层次是为了另一个等级层次的目的而存在。他在《政治学》一书中写道："植物是为了动物而存在，而野兽是为了人而存在。家畜为了人们的役使和供人作食物，野生动物（或者在某种程度上大多数如此）供人作食物，其他的作为人们生活的附属品，就如同是人们的衣服和各种工具一样。由于自然界不是无目的的和空虚无聊的，她创造出所有的动物都是为了人的缘故，这无可否认是真的。"[2]

《圣经》和亚里士多德的《政治学》中的几段话，充分揭示了西方世界的人类中心主义的最基本传统，自然界是为了人类的利益而存在的，上帝放手让人类统治世界，至于人类如何处理自然界上帝是漠不关心的。在世界上，人类是唯一的道德主体，自然界本身

---

[1] Augustine, *The Catholic and Manichean Ways of Life*, Trans. D. A. Gallagher and I. J. Gallagher, Boston, 1966, p. 102.
[2] Aristotle: *Politics*, London, 1916, p. 16.

第十章　生态科学与环境伦理

是没有内在价值的，它只有作为人类的工具价值，对动物、植物和整个生态系统，无论我们怎样糟蹋它都不是不道德的，更不是罪恶的，除非因此而伤害了人。工业社会继承了西方的人类中心主义的传统，并发展到登峰造极的地步。工业社会思想家培根高唱"征服自然""对待自然要像审讯女巫一样，在实验中用技术发明装置折磨她，严刑拷打她，审讯她，以便发现她的阴谋秘密"[1]。就这样，人类中心主义加上现代科学技术，就将野生动物界、植物界和整个生态系统推向崩溃的边缘。

难道我们在与大自然的关系上不是以人类的利益为中心考虑问题吗？难道我们讨论环境的伦理，要对自然环境进行全面的保护不是为了人类的长远利益吗？为什么有必要走出人类中心主义呢？

这是一个整体主义的世界观问题，也是一个关于伦理规范形成的整体主义观点问题，试想在人与人的关系问题上我们是怎样走出个人中心和国家中心的。在第三章中已经讲过，在一个社会群体中，每个个人都是为了个人的利益进行着激烈的竞争，但是如果每个人都只顾自己利益，不对自己的行动自由进行适当的约束与限制，势必导致两败俱伤，于是正是导致人们相互竞争的同一个"自利"的驱动力导致人们相互合作，导致自觉遵守公共秩序、约束自己的行为，不但关心自己，而且关心别人的利益、要求和权利，关心社会共同利益和共同目标的实现。我们的原初状态是个人中心主义的，只为自己利益着想，但通过彼此同意的社会契约，在形成了社会伦理规范之后，就走出了个人中心主义，进入了一个尊重他人权利，关心他人利益，对他们表现仁爱的道德新境界。关于这一点罗尔斯讲得很清楚，他说："由于原初状态中的人们被假定是对相互利益不感兴趣的，人们可能会认为作为公平的正义本身是一种利己主义的理论。……这是一个误解。因为，在原初状态中被设定为

---

[1] 转引自吴国盛主编《自然哲学》第 2 辑，中国社会科学出版社 1996 年版，第 501—502 页。

不关心相互利益的各方,并不会引出在日常生活中坚持那些将被同意的原则的人们会同样地相互漠不关心的结论。正义的两个原则及职责和自然义务的原则显然要求我们考虑别人的权利和要求。正义感就是一种通常有效的服从这些约束的愿望。原初状态中的人们的动机,决不可混同于那些在日常生活中接受将被选择的原则并有相应正义感的人们的动机。……现在相互冷淡和'无知之幕'的结合达到了跟仁爱一样的结果。"[1]

再来看看国家之间的博弈。我们正处于国家之间形成世界伦理的原初状态,各个国家与民族为了自己的利益,不断地发生战斗,其结果也是两败俱伤。经历了无数次国际战争、世界大战、军备竞赛、核讹诈,在国际范围里现在开始出现国家之间、民族之间的和平共处、相互合作,以及世界伦理和国际法的形成,于是国家之间,除了关心自己国家的利益之外,还关心别国的利益,关心战争与和平、保护全球生态环境、国际经济合作等世界共同利益,当别国有金融危机和自然灾害的时候还伸出援助之手。这样在国际关系中就开始走出国家中心主义,走向世界中心主义或人类中心主义。

现在,轮到考察人与自然之间的关系。人类迄今仍然处于原初状态,人类为了自己物种的利益,与其他物种进行生存的竞争,与自然界进行不断的斗争。人类以征服者姿态出现,繁殖人口,砍伐原始森林,将它们开辟为耕地,结果许多地方导致水土流失,不但土地肥力下降,土地植被多样性丧失,土地报酬递减而且导致江河泛滥,洪水横流,或者一步步退化为沙漠,自然界一再报复了我们。人类以征服者的姿态出现,发展现代化技术,使自然资源、石油、煤矿、金属矿藏渐渐消耗殆尽,而建立起来的大工业,污染了大地,污染了河水,污染了海洋,使地球上许多物种都濒于绝种。而生物物种的递减,破坏了地球生物圈的基因库,破坏了生态系统

---

[1] John Rawls, *A Theory of Justice*, Oxford University Press, 1988, pp. 147-148. 中译本:《正义论》,何怀宏等译,中国社会科学出版社1988年版,第141—142页。

的平衡，而污染的结果又导致整个地球气候的恶化，自然界又来报复我们。就经过人与人之间的反复博弈以及人与自然界的反复博弈，人类逐渐认识到：人不是自然环境的征服者，人类不过是地球生态系统的一个组成部分，是众多物种中的一个物种，是生命共同体的一个普通公民，我们与地球上的其他生命形式是相互依赖的，协调发展的，与整个自然环境是相互依赖的和协调发展的。因此我们不但要关心人类自己的利益，而且要关心其他动物物种的利益，关心所有生命形式的利益，关心整个生态系统的稳定性和完整性。这样我们便产生了一种尊重生命、尊重生命共同体、尊重自然的伦理态度，即生态伦理态度。我们在第一章中就已经讲过，生命、生命共同体、生态系统是具有内在价值的，它们不仅对于我们有工具价值，这个论点就成为尊重生命、尊重自然的理论基础，成为生态系统的价值论基础。这些认识与实践，使我们在人与自然的关系上走出人类中心主义伦理，走向生态中心主义伦理。

五 深层生态伦理

我们走出人类中心主义，应该进入什么中心？即应从什么立足点来观察伦理问题呢？是动物中心吗？是生物中心吗？还是以自然界为中心呢？著名环境伦理学家 P. 辛格是以有感觉的动物为中心考虑问题，从而提出一切有感觉的动物都应平等对待这样的动物平等主义作为他的环境伦理学基础。美国伦理学家 P. 泰勒则提出以生物为中心考虑伦理问题[1]，而 A. 施韦策（A. Schweitzer）提出"尊敬生命"（reverence for life）也是属于生命中心伦理，即将伦理关怀放在生命的个体上，认为生命本身有"自我"，有内在价值，因而应该受到伦理的关怀。不过我个人还是倾向于以生态系统为中心考虑人类对自然的关怀，所以我支持的生态伦理是美国生态学家

---

[1] P. Taylor, *Respect for Nature*, Princeton：Princeton University Press, 1986.

◇ 下篇 现代伦理视野中的科学与技术

A. 莱奥波尔德的大地伦理和以挪威生态伦理学家 A. 纳西（Arne Naess）为代表的深层生态伦理思想。

1949 年莱奥波尔特在他的《沙乡年鉴》中提出了"新伦理观"，即"一种处理人与大地，以及人与大地上生长的动物和植物之间的伦理观"。他的"大地伦理"（land ethic）就是扩大伦理共同体的边界，使"它包括土壤、水、植物和动物或者把它们概括起来：大地"。很显然，这里的"大地"或"土地"就是生态系统的代名词。他说："简而言之，大地伦理是要把人类在共同体中以征服者的面目出现的角色，变成这个共同体中平等的一员和公民，它暗含着对每个成员的尊敬，也包括对这个共同体本身的尊敬"，"宣布了它们要继续存在下去的权利，以及至少是在某些方面，它们要继续存在于一种自然状态中的权利"[①]。

由于 20 世纪 70 年代以来生态运动的兴起，引起了人们对莱奥波尔特这本著作的兴趣，以这本书的基本思想为基础，生态学家和生态伦理学家们便提出了深层伦理思想，即以生态系统为中心的伦理思想。挪威哲学家 A. 纳西细心区分了浅层生态伦理思想和深层生态伦理思想。浅层生态伦理思想也是极力提倡保护生态环境的，不过它囿于传统的人类中心主义的思想框架，认为我们要保护水源使之免受污染，目的是使人类有清洁的水饮用，而我们要保护野生动物和野生植物，以便子孙后代能够观赏那大自然的美景等。可是深层生态伦理的思考却深了一层，它是为了地球生物圈的完整性而保护生态环境，而不管这样做是对人类有利还是不利。深层生态伦理思想，不仅强调个体生命的价值，且将个体生命的价值放到整个生态系统的整体中进行考察，强调物种、各种生态系，进而是生物圈的整体价值。由此导出了生态伦理的最高原则，这就是我们在第一章第四节所引述的莱奥波尔德原则："一事物趋向于保护生物共

---

① Aldo Lepold, *A. Sand Country Almanac*, New York: Oxford University Press. 中译本：《沙乡年鉴》，侯文蕙译，吉林人民出版社 1997 年版，第 192—194 页。

同体的完整、稳定和优美时，它就是正当的，而当它与此相反时，它就是错误的。"

从这个基本原则出发，A. 纳西在他的一篇著名论文《深层生态运动：几个哲学的方面》[①] 中提出了深层生态伦理思想的八项基本原则。从这八项基本原则中，我们可以看到以生态系统为中心的生态伦理会导出与人类中心的生态伦理很不相同的结论，并能导出对社会发展方向的见解和新经济政策的见解。因此本节便以纳西的八项基本原则为纲去尽力发掘和发挥深层生态伦理的基本思想。这八项基本原则是：

（1）生命世界的内在价值原理："在地球上的人类与非人类的生命的福利与繁荣有着自身的价值（同义词：固有价值，内在价值），这些价值独立于这些非人类的世界对于人类目的的用途。"这里所说的地球上的人类与非人类的生命世界是包括整个生物圈的生命个体、物种、种群和群落以及生态系统。从整体观点看，生命之间、生命与非生命之间存在着密切的普遍的联系，它构成了地球生态系统的繁荣与稳定，生物共同体的繁荣与福利这个整体价值。组成这个整体价值的有各种生物，包括动物和植物的内在价值和工具价值。这种生命世界价值的多样性决不能还原为对人类的工具价值。这是深层生态伦理的第一原则。

（2）生命世界多样性的价值原理："生命形式的丰富性和多样性乃是上述的价值的实现，它同样是价值本身。"这就是说，在整个生态系统的循环中，在生物的进化中创造了生命世界的多样性与复杂性，它们都有自己的价值。尽管在生态系统循环的食物链中，低级的植物为食草动物所食，而食草动物又为食肉动物所食。但在一个循环中每个物种都有自己的价值。这样生命世界的多样性和丰富性就是我们需要维护的价值自身，人的价值不过是这个多样性价

---

① Arne Naess, "The Deep Ecological Movement: Some Philosophical Aspects". *Philosophical Inquiry*, 1986, Vol. VII, No. 1 – 2 in *The Ethics of the Environment*, Edited by Andrew Brennan, The University of Western Australia, 1995, pp. 161 – 182.

◈ 下篇 现代伦理视野中的科学与技术

值的一个组成部分。

（3）维护生命多样性的原理："人类除了维护生存的需要之外，没有权利降低生命世界的丰富性和多样性。"

以上三条原则是深层生态伦理的基本前提。维护生命世界的整体价值，维护生物共同体的完整性、繁荣和多样性是深层生态伦理的最高原则，其他原则可以附上具体条件而由此推出。在这基础上可以批判工业社会的弊端和工业社会的政策。

（4）大幅度降低人类人口的原理："人类生活与文化的繁荣，与人类的人口的实质性的降低相协调，其他非人类的生命和物种的繁荣也要求这种人口的紧缩。"为了维护生物共同体的完整性、多样性与繁荣，大幅度降低人类人口的数量是深层生态伦理的一项极其重要推论。那么到底世界人口要降低到什么程度为适宜呢？根据深层生态伦理学家的估计，为了保证生物共同体的繁荣、稳定与完整，整个地球上的人口应降至1亿、5亿或至多10亿。[①] 这并不单是从人类出发来考虑的，单纯从人类中心来考虑，有一些国家（如法国）应奖励人口的增加。但是目前世界人口大爆炸是导致地球上其他物种灭绝速度之所以比以前大100倍以上的根本原因。人类中心的生态伦理是不会导出全世界人口要缩减至1亿人的结论的，而深层生态伦理却能导出这个结论。

在过去的时代，世界人口的数量是有一个自然的自动控制的机制来调节的，这就是战争、饥荒和瘟疫。由于科技与政治的发展，这三项自动机制不起作用了，唯有用自律的机制来控制人口的增长，这就是道德、法律和自觉。

（5）反对过分干预自然。纳西说："现时人类已过分地干预非人类的世界，并且情况愈来愈严重。"当然我们不应也不能提出对自然界采取不干预政策，听其自然。当然人类是可以而且应该改进

[①] Arne Naess,"The Deep Ecological Movement: Some Philosophical Aspects". *Philosophical Inquiry*, 1986, Vol. VII. No. 1 – 2 in *The Ethics of the Environment*, Edited by Andrew Brennan, The University of Westem Australia, 1995, p. 170.

第十章 生态科学与环境伦理

我们的生态系统的，但目前人类却是对生态系进行大破坏。就对地球野生物种的破坏来说，我们不仅妨碍了它们的进化而且妨碍了它们的生存。在保护野生动植物资源上，深层生态伦理的政策是：不但要建立各种野生生物的自然保护区，而且要不断加以扩大，扩大到这样的程度以便这些物种不仅能生存，而且能够在生物圈中进化。这样野生物种成员的数量就应该有一个优化的数值，不仅人口应该有一个最优化的人口，而且像对待人类的优化一样，我们要增加野生生物的数量以便使其物种能够优化。在这里人类中心的生态伦理与生态中心的伦理即深层生态伦理又做出了不同的结论。人类中心的生态伦理保护野生动物以其不致灭种为限度，而深层生态伦理却要求到这些物种能正常地进化。

（6）实行生态政策的根本转变。纳西说："政策必须改变。政策影响基本的经济、技术与意识形态的结构，转变政策将会与现行政策根本不同。"很明显，现时世界各国的经济政策与社会政策与上述（1）—（5）项是不协调的。就经济政策来说，人们用稀缺性和商业价值来衡量物品的价值，结果是用一种高消费和高浪费来刺激经济增长。这是完全违反深层生态伦理的精神的。按照生物共同体的完整性与多样性的要求，人类不应该进行过分的享受和奢侈的消费，人类只应该从自然界里索取他们生存的基本需要的东西，其他的需求都以不妨碍生态系统的完整性和多样性为原则。就经济发展的持续性来说，目前世界各国提出的社会经济可持续（sustainable）发展只是相对于人类，相对于人类后代的可持续或可支持的发展，都根本没有考虑整个生命世界和各种生物物种的可持续发展。就工业政策来说，我们应该改变现时在工业中盛行的直线式的生产方式，按照"生态的智慧"（eco-wisdom）将它们改造成循环式的。这就是：在这样的生产系统中，当输入物质能量生产了第一种产品之后，其剩余物第二次使用成为生产第二种产品的原材料，它的剩余物又成为生产第三种产品的原材料，直到用完或循环使用，而一切工业剩余品都应对生物无害并能为自然界吸收为原则。

当然这样做需要投入很多的资金和大大提高产品的成本，但是它却是与生态循环相协调的。

（7）转变生活目标和生活方式。纳西说："意识形态的转变主要是朝着提高生活素质转变，而不是追求不断提高生活标准。"这就是说，人们的人生观应该发生转变，不是更多追求物质享受，而是追求更高的文化、更高的教育水平以及人性的自我实现，以适应未来生态社会的到来。

（8）不断试探新政策。纳西说："任何认同上述各点的人，有责任直接或间接地尝试用各种措施补充和改进必要的政策转变。"

总之，紧缩的人口、循环的工业和简朴的消费就是深层生态伦理所要求的新经济政策。

六 结论

生态科学对于现代社会伦理关系的影响比起其他科学技术对伦理观念的影响更加深远。生态科学揭示了当代生态危机的根源在于按食物链和金字塔组成的将各个生物种群有机地联系在一起的生态系统的运作是循环式的，而现代工业的运作是直线式的，它从挖掘不可再生的自然资源开始到排放自然界所不能吸收的废物而告终。这个"循环"与"直线"矛盾的揭示是对现代资本主义和现代工业社会进行生态主义批判的基础，又是当代生态伦理建构的出发点。当代生态危机的另一个重要的根源是西方文化中的人类中心主义，它把人类看作自然界的统治者而不将人类看作自然界的一部分，看作生物世界诸多物种平等的一员。

当代生态运动分为浅层生态运动和深层生态运动两个组成部分，或两种生态思潮。浅层生态运动强调保护生态环境、控制人口增长、反对工业污染、保护野生动物，特别注意提出和发展了"环境人权"和"代际伦理"的观念，对人类生态意识的觉醒有着重大的贡献，然而它的基本出发点仍局限于人类这个物种的利益，没有超越人类中心主义的范围。深层生态运动则超越人类中心主义的立场，它的基本出发点认为，不仅人的自身有内在的价值，而且非人的动物、非人的生命以至于整个生态系统都有其内在的价值，不能只视其为人类的工具与手段。人类自身的价值不过是动物世界的价值或生态系统价值的一个组成部分。因此深层生态伦理学派的一个分支提出了动物权利的概念，而另一个分支提出了大地伦理或生态系统伦理的构想。我们的系统主义的生态伦理观念力图综合浅层生态伦理和深层生态伦理的理论以及动物权利学派和大地伦理学派的观点。它认为，大地伦理的构想较为合理，将生态系统的完整性、稳定性和优美看作生态伦理的最高原则和判别人在与自然界发生相互关系的行为的正当性的基本标准。从这个基本观点出发，批判地吸收动物解放运动和动物权利学派的一些积极成果，并从这个基本观点出发，导出新历史时代的新的生态政策和经济政策，这就是大幅度地缩减地球上的人口数量，建设循环的生态工业体系，把它与高科技产业结合起来，用提高生活质量来替代高生活标准的消费性的追求。生态科学和生态伦理的发展，必然返回整体主义和系统主义的本体论、价值论和伦理观念。只有系统主义的哲学才能与当代伦理思想的发展相协调。

结　语

健全的社会和整全的人

　　本书从一般道德哲学的观点来看，可以看作一本讨论系统主义价值学说和系统主义规范伦理原理及其在主要科学技术领域中的应用的书。令人遗憾的是，由于个人研究的局限和原始资料的缺乏，本书缺少了电脑科学和信息技术中的伦理问题。不过这个缺陷并未影响本书的主要原则。本书所阐明的系统主义的价值哲学来自系统主义本体论中的过程哲学。这个过程哲学特别强调系统的目的性，将系统的运行机制看作因果性、随机性和广义目的性三种相互作用在系统中协调统一的结果。价值问题，本来是与系统的目的性联系在一起的。有目的性才有价值，那目的性本身就是系统的一种内在价值，而对达到目的本身有作用、有贡献的实体、过程、关系、行为与条件就具有工具价值。这些工具价值和目的价值整合到系统的整体价值中。于是，生命系统、种、种群（其中包括人类）、生态系统都有自己的内在价值、工具价值和整体价值。这样，系统主义的价值哲学和道德哲学便有了两个基本出发点：（1）走出人类中心主义看价值与伦理，建立生态系统价值观和生态系统伦理学。（2）将人类生命的目的性，即将人是理性的，是要实现自己利益最大化（或满意化）的这种目的性视作人类价值观和人类伦理学的前提与基础。

　　那么，理性人或经济人是怎样能够变为伦理人的，以及他们应该变成什么样的伦理人呢？这个问题是伦理学的关键问题。我们的

结语 健全的社会和整全的人

分析表明，通过社会成员之间的反复博弈，即不断进行竞争性的合作，人们会达成某种社会协议（社会契约）形成某种伦理规范，约束自己的行为，相互团结、相互合作，来达到人们在社会中的共同目标，这样经济人就变成伦理人。而如果社会成员都是具有意志自由和人身自由、有独立人格的个人，则他们会合理地选择而且应该合理性选择功利原则、正义原则、仁爱原则和生态伦理原则这四项基本原则作为他们规范伦理的基础。这四项基本原则不但是人类伦理行为的最高标准而且是健全社会的基础。

可是，在历史上和在现实生活中，人们的行为并不都是合理性的，都是有道德的。所以古今中外许多思想家都把功利效率和集体主义原则，自由与平等、民主与人权的正义原则，各种仁爱与博爱的原则，以及环境保护和生态伦理的原则，作为自己的道德理想和社会理想加以追求、宣扬和实施。不过以四项基本原则为基础的各项道德原则组成一个自组织、自调节的系统，如果只是片面地强调其中某些原则而忽视或抹杀另一些原则，就会造成社会的不平衡和病态。所以健全的社会应该全面、系统和均衡地倡导与推行功利、正义、仁爱与生态伦理的原则。我们应该同时主张功利主义、道义主义、博爱主义和生态主义，主张由片面的经济人转变成为全面的伦理人。

伦理原则与政治原则是一致的，并且基本的伦理原则包含了基本的政治原则。政治原则不过是伦理原则中这样的一些部分，它通过政府的权力和民主的建制以及公共事务的管理强制地加以推行，以促使整个社会共同承认的伦理原则能够执行和贯彻。因此，我们所理解的"伦理人"已经包括而且必须包括"政治人"在内。

由于工业社会的发展带来的弊端以及人们力图克服这些弊端所进行的努力引出了一个问题：经济人和伦理人怎样必须和怎样能够变成"生态人"，他们将会如何地与整个生态系统协调一致呢？这种协调一致会带来区别于工业社会的新社会形态吗？这是当代伦理学的又一关键问题。依据系统主义的生态伦理，我们的基本主张

◇ 结语 健全的社会和整全的人

是：通过全球性的措施来实现人口负增长，将世界人口压缩到不超过十亿的水平；发展循环的、智能的和生态的工业与农业和其他产业的体系，解决全球性的污染和生态危机；提倡简朴的重素质反浪费的生活方式，使"经济人"和"伦理人"逐渐发展成为"生态人"。

因此，本书的中心思想可以浓缩成为一句话：要构造坚持功利、正义、仁爱和环保四项基本原则的健全的社会，要实现经济人、政治人、伦理人和生态人这四面整全的人。而本书的论述方法也可归结为一句话，运用科学精神与人文精神相统一的方法来讨论价值问题和伦理问题。本书上篇"现代科学视野中的价值与伦理"表明：以价值观念和伦理观念为核心的人文精神是可以用严格的科学精神和科学方法来加以分析的。而本书下篇"现代伦理视野中的科学与技术"则表明：人类的科学行为应该是伦理地可接受的，而科学技术的发展必须用人文精神来加以掌握和控制。而所谓"科学与价值""科学与伦理""科学与人文""科学与文化"这些论题的实质就在这里。本书由于主张功利、正义、仁爱和生态伦理诸原则在特定情景下的调节平衡以及科学与伦理的协调发展，所以它是系统主义的、非本质主义的、整合多元主义的和科学—人文主义的。

主要参考文献

一 外文文献

Abel Donald C., *Theories of Human Nature*, Mcgraw-Hill, Inc., 1992.

Anderson W, French. Human Gene Therapy: Scientific and Ethical Considerations, the Journal of *Medicine and Philosophy* 10 (1985).

Augustine, *The Catholic and Manichean Ways of Life*, Trans. D. A. Gatlagher and I. J. Gallagher, Boston, 1966.

Beer S., *Cybenetic and Management*, John Wiley and Sons, New York, 1959.

Blackstone W T, Ethics and Ecology. in *Philosophy and Environ-mental Crisis*, edited by W. T. Blackstone, University of Georgia Press, 1974.

Blackstone W T ed., in *Philosophy and Environmental CriSis*, Uni-versity of Georgia Press, U. S. A.

Brennan Andrew ed., *The Ethics of the Environment*. Published by Dartmouth Publishing Company Limited, 1995.

Bunge Mario, Ethics: The Good and the Right. in *Treatise on Basic Philosophy*. Vol. 8. D. Reidel Publishing Company, 1989.

Dale Beyerstein, The Functions and Limitations of Professional Codes of Ethics. In *Applied Ethics: A Reader*, edited by Earl R Winkler and Ferrold R. Coombs, Blackwell Ltd, 1993.

Daniels Norman ed., Reading Rawls: Critical Studies on *Rawls'aTheory*

◇ 主要参考文献

of Justice, Basil Blackwell Ltd, 1975.

Donaldson Thomas, Nuclear Deterrence and Self-Ddense. in Issues in *Moral Philosophy*, edited by T. Donaldson, Mcgraw-Hill Book Company, 1986.

Edward W Keyserlingk, Ethics Codes and Guidelines for Health Care and Research: Can Respect for Autonomy be a Multicultural Principle? in *Applied Ethics: A Reader*, edited by Farl R. Winkler and Ferrold R Coombs, Blackwell Ltd, 1993.

Elliot Robert and Gare Arran ed. *Environmental Philosophy*. Open University Press, 1983.

Erwin Edward, Sidney Gendin & Lowell Kleiman. Ethical Issues in *Scientific Research*, Garland Publishing Inc, 1994.

Evans, J. D. G ed., *Moral Philosophy and Contemporary Problems*. Cambridge University Press, 1987.

Feinberg J, Social Philosophy, *Prentice Hall*, Inc, 1973.

Feinberg Joel. The Rights of ANreals and Unborn Generations. in *Philosophy and Envirorrmental Crisis*, edited by W. T. Blackstone. University of Georgia Press, 1974.

Geach, Peter, Good and Evil, in *Analysis* 17 (1956).

Harsany, J. C, Can the Maximin Principle Serve as a Basis for Morality? A Critique of John Rawls' Theory. *American Political Science Review*, 69 (1975).

Hartshorne, Charles, The Environmental Results of Technology. in *Philosophy and Environmental Crisis*, edited by W. T. Blackstone. University of Georgia Press, 1974.

Heap, S. H. and Others, *The Theory of Choice: A Critical Guide*, Basil Blackwell Inc, 1992.

Hoffmaster, Berry, "Can Ethnography Save the Life of Medical Ethics?" in *Applied Ethics: A Reader*. edited by Earl R. Winkler and Ferrold R. Coombs, Blackwell Ltd, 1993.

Holden, Constance, "Scientists Describe 'Nuclear Winter'". in *Issues in Moral Philosophy*, edited by T. Donaldson, Mcgraw-Hill Book Company, 1986.

Hooker, C. A., On Deep Versus Shallow Theories of Environmental Pollution. in *Environmental Philosophy*, edited by Robert Elliot and Arran Gare. Open University Press, 1983.

Jantsch, E., *The Self-Organizing Universe*. Pergamon Press, 1980.

Karin-Frank, Shyli. "Genetic Engineering and the Autonomous Individual", in *Moral Philosophy and Contemporary Problems*, edited by J. D. G. Evans. Cambridge University Press, 1987.

Keller, L. M. et al., "Work Values: Genetic and Environmental-Influences", *Journal of Applied Psychology* (February 1992).

Klamke, E D. ed., *Introductory Readings in the Philosophy of Science*, Prometheus Books, 1980.

Langmuir, Irving. Pathological Science, *Physics Today*, 10 (1989).

Laszlo, E. A Systems Philosophy of Human Value, in *Systems Science and World Order*, E. Laszlo ed. Pergamon Press, 1983.

Mackie, J L., *Ethics: Inventing Right and Wrong*. Beguin Books, 1977.

Mahon, Joseph., Ethics and Drug Testing in Human Beings, In *Moral Philosophy and Contemporary Problems*, edited by J. D. G. Ev-ans, Cambridge University Press, 1987.

Mathews, Eric., *Science & Social Responsibility: Genetic Engineering and Embryo Research*, University of Aberdeen Press, 1990.

Mathews, F. *The Ecological Self*, Routledge, London, 1991.

Meadows, Dennis L. *The Limits to Growth*. Universe Books, New York, 1972.

Moore, G E. *Ethics*, London, Williams & Norgate, 1912.

◇ 主要参考文献

Morris, Christopher. "A Contractual Defense of Nuclear Deterrence", in *Issues in Moral Philosophy*, edited by T. Donaldson, Mcgraw-Hill Book Company, 1986.

Naess, Arne. "The Deep Ecological Movement: Some Philosophical Aspects", *Philosophical Inquiry* 1986. in *The Ethics of the Environment*. edited by Andrew Brennan. The University of Western Australia, 1995.

Naess, Arne. "The Shallow and the Deep, Long-Range Ecology Movement", *Philosophical Inquiry* Vol. 16, 1973.

Nye, Joseph. *Nuclear Ethics*, The Free Press, 1986.

O'briant Walter H. Man, "Nature, and the History of Philosophy". in *Philosophy and Environmental Crisis*, edited by W. T. Blackstone. University of Georgia Press, 1974.

Merton, R., *The Sociology of Science*. Chicago: University of Chicago Press, 1973.

Odum, Eugene. Environmental Ethics and the Attitude Revolution 1974. in *Philosophy and Environmental Crisis*. edited by William T. Blackstone. University of Georgia Press, 1974.

O'Hear, A. *An Introduction to the Philosophy of Science*, Clarendon Press, Oxford, 1989.

Richards, Stewart. *Philosophy and Sociology of Science*, Basil Blackwell Limited, 1985.

Rolston, H. A Value in Nature Subjective or Objective, in *Environmental Philosophy*, R. Elliot and Arran Gave ed. Open University Press, 1983.

Rolston, Holmes. "Duties to Endangered Species". in *The Ethics of the Enviroment*. edited by A. Brennan. Dartmouth Publishing Com-pany Limited, 1995.

Rolston, Holmes. "Disvalues in Nature". in *The Ethics of the Environ-

ment. ed. by A. Brennan. Dartmouth, 1995.

Rosenberg, Alexander. *Philosophy of Social Science*, Westview Press, 1988.

Singer, Peter and Deane Wells. Genetic Engineering, in *Ethical Issues in Scientific Research*, edited by Edward Erwin, Sidney Gendin, Lowell Kleiman, Garland Publishing Inc, 1994.

Singer, P., *Practical Ethics*, Cambridge University Press, 1997.

Sivard, R L. *World Military and Social Expenditures*, 1987 – 1988, 12th ed., Washington: World Priorities.

Stevenson, L. *Seven Theories of Human Nature.* Oxford University Press. 1974.

Stich, Stephen. "The Genetic Adventure", In *Ethical Issues in Scientific Research*, edited by Edward Erwin, Sidney Gendin, Lowell Kleiman, Garland Publishing Inc., 1994.

Sztompka, Piotr. *System and Function: Toward a Theory of Society.* Academic Press, 1974.

Taylor, P. *Respect for Nature*, Princeton University Press, Princeton, 1986.

Wachbroit, Robert. "What is Wrong with Eugenics?" In *Values and Public Policy*, edited by Claudia Mills, College Park, Md. Institute for Philosophy and Public Policy, 1992.

Weinberger, Caspar W. "A Rational Approach to Disarmament", in *Issues in Moral Philosophy*, edited by T. Donaldson, Mcgraw-Hill Book Company, 1986.

Westra, Laura. *An Environmental Proposal for Ethics: The Principle of Integrity*, Rowman & Littlefield Publishers, Inc, 1994.

Willmut, I and Others. Viable Offspring Derived Fetal and Adult Mammalian Cells, *Nature*, Vol. 385, 813, February 27, 1997.

Winkler, Earl R and Ferrold R Coombs ed. *Applied Ethics: A Reader*,

Blackwell Ltd., 1993.

Winkler, Earl R. From Kantianism to Contextualism: The Rise and Fall of the Paradigm Theory in Bioethics. in *Applied Ethics: A Reader*. edited by Earl R. Winkler and Ferrold R. Coombs. Blackwell Ltd., 1993.

Whitehead, A N. *Process and Reality*, Cambridge Press, 1929.

Word. Commission on Environment and Development, *Our Com-mon Future*, Oxford University Press, New York, 1987.

Zuckerman, Sally. A Brief History of the Amls Race, in T. Donaldson ed Issues in *Moral Philosophy*, Mcgraw-Hill Book Company, 1986.

二　译著

［澳］J. C. 斯马特、［英］B. 威廉斯：《功利主义：赞成与反对》，牟斌译，中国社会科学出版社1992年版。

［德］Haken，H.：《协同学及其最新应用领域》，《系统论、控制论、信息论经典文献选编》，求实出版社1989年版。

［德］康德：《实践理性批判》，关文运译，商务印书馆1960年版。

［法］D. Simonnet：《生态主张》，方胛雄译，台北远流出版公司1989年版。

［法］雅克·莫诺：《偶然性和必然性》，上海外国自然科学哲学编译组译，上海人民出版社1977年版。

［古希腊］亚里士多德：《亚里士多德全集》第8卷，苗力田主编，中国人民大学出版社1997年版。

［美］L. W. 麦克康门斯等：《什么是生态学》，余淑清等译，江苏科技出版社1984年版。

［美］L. 鲍林：《告别战争：我们的未来设想》，吴万仟译，湖南出版社1992年版。

［美］R. 默顿：《科学的规范结构（1952）》，《科学与哲学》（研究资料）1982年第4期。

［美］R. 默顿：《十七世纪英国的科学、技术与社会》，范岱年、

吴忠、蒋效东译，四川人民出版社 1986 年版。

［美］T. 帕森斯：《现代社会的结构与过程》，梁向阳译，光明日报出版社 1988 年版。

［美］W. 布劳德、N. 韦德：《背叛真理的人们——科学界的弄虚作假》，朱进宁等译，科学出版社 1988 年版。

［美］爱因斯坦：《爱因斯坦文集》第一卷，许良英、李宝恒、赵中立、范岱年编译，商务印书馆 1976 年版。

［美］爱因斯坦：《爱因斯坦文集》第二卷，许良英、赵中立、范岱年编译，商务印书馆 1977 年版。

［美］爱因斯坦：《爱因斯坦文集》第三卷，许良英、赵中立、赵宣三编译，商务印书馆 1979 年版。

［美］奥德姆：《生态学基础》，孙儒泳等译，人民教育出版社 1981 年版。

［美］奥尔多·莱奥波尔特：《沙乡年鉴》，侯文蕙译，吉林人民出版社 1997 年版。

［美］巴伯：《科学与社会秩序》，顾昕等译，生活·读书·新知三联书店 1991 年版。

［美］巴里·康芒纳：《封闭的循环》，侯文蕙译，吉林人民出版社 1997 年版。

［美］贝塔朗菲：《一般系统论》，秋同、袁嘉新译，社会科学文献出版社 1987 年版。

［美］大卫·格里芬：《后现代科学——科学魅力的再现》，马季方译，中央编译出版社 1995 年版。

［美］弗兰克·梯利：《伦理学概论》，何意译，中国人民大学出版社 1987 年版。

［美］弗兰克纳：《伦理学》，关键译，生活·读书·新知三联书店 1987 年版。

［美］杰里·加斯顿：《科学的社会运行》，顾昕等译，光明日报出版社 1998 年版。

◇ 主要参考文献

［美］蕾切尔·卡逊：《寂静的春天》，吕瑞兰、李长生译，吉林人民出版社1997年版。

［美］罗伯特·艾克罗特：《对策中的制胜之道——合作的进化》，吴坚忠译，上海人民出版社1995年版。

［美］约翰·罗尔斯：《正义论》，何怀宏等译，中国社会科学出版社1988年版。

［美］约瑟夫·弗莱彻：《境遇伦理学》，程立显译，中国社会科学出版社1989年版。

［苏］И. Т. 弗罗洛夫等：《科学伦理学》，齐戒译，辽宁大学出版社1988年版。

［以色列］约瑟夫·本-戴维：《科学家在社会中的角色》，赵佳苓译，四川人民出版社1988年版。

［英］K. 波普尔：《波普尔思想自述》，赵月瑟译，上海译文出版社1988年版。

［英］R. B. 培里：《价值和评价》，中国人民大学出版社1989年版。

［英］边沁：《道德与立法的原理绪论》，周辅成编：《西方伦理学名著选辑》下卷，商务印书馆1996年版。

［英］怀特海：《科学与近代世界》，何钦译，商务印书馆1959年版。

［英］维特根斯坦：《哲学研究》，汤潮、范光棣译，生活·读书·新知三联书店1992年版。

［英］约翰·迪金森：《现代社会的科学与科学研究者》，张绍宗译，农村读物出版社1988年版。

［英］约翰·齐曼：《元科学导论》，刘珺珺等译，湖南人民出版社1988年版。

［英］约翰·齐曼：《知识的力量——科学的社会范畴》，许立达等译，上海科技出版社1985年版。

Feld Bernard T.：《爱因斯坦和核武器政策》，《原子科学家通报》1979 年第 3 期；《科学与哲学》（研究资料），《自然辩证法通讯》1986 年第 1 期。

Feld Bernard T.：《呼吁的一年》，《原子科学家通报》1982 年第 10 期；《科学与哲学》（研究资料），《自然辩证法通讯》1986 年第 1 期。

Frank，J and Others：《致陆军部长的报告》，《科学与哲学》（研究资料），《自然辩证法通讯》1986 年第 1 期。

Gowing，Margaret：《关于原子能历史的沉思》，《原子科学家通报》1979 年第 3 期；《科学与哲学》（研究资料），《自然辩证法通讯》1986 年第 1 期。

Green，Harold p.：《奥本海默案件：滥用法律的一项研究》，《原子科学家通报》1977 年第 7 期；《科学与哲学》（研究资料），《自然辩证法通讯》1986 年第 1 期。

Merton，R.：《科学发现的优先权（1957）》，《科学与哲学》（研究资料）1982 年第 4 期。

Simpson，John A.：《从事公共教育的科学家：两年总结》，《原子科学家通报》1947 年第 9 期；《科学与哲学》（研究资料），《自然辩证法通讯》1986 年第 1 期。

Smith，Alice Kimball：《科学家和公共问题》，《原子科学家通报》1982 年第 10 期；《科学与哲学》（研究资料），《自然辩证法通讯》1986 年第 1 期。

Steiener，Arthur：《原子科学家的洗礼》，《原子科学家通报》1975 年第 2 期；《科学与哲学》（研究资料），《自然辩证法通讯》1986 年第 1 期。

Stimson，Henry L.：《使用原子弹的决定》，《哈波斯杂志》1947 年第 2 期；《科学与哲学》（研究资料），《自然辩证法通讯》1986 年第 1 期。

Szilard Leo：《西拉德备忘录.1939》，1945 年；《科学与哲学》

（研究资料），《自然辩证法通讯》1986 年第 1 期。

Szilard, Leo：关于原子弹的亲身经历. *The University of Chicago Round Table*. No. 901. 1949；《科学与哲学》（研究资料），《自然辩证法通讯》1986 年第 1 期。

Weart, Spenser R.：《保守秘密的科学家》，《今日物理》1976 年第 2 期；《科学与哲学》（研究资料），《自然辩证法通讯》1986 年第 1 期。

三 中文文献

《马克思恩格斯全集》，第 23 卷，人民出版社 1972 年版。

崔之元：《博弈论与社会科学》，浙江人民出版社 1988 年版。

樊洪业：《科学道德刍议》，《百科知识》1983 年第 2 期。

何祚庥：《伪科学曝光》，中国社会科学出版社 1996 年版。

黎红雷：《儒家管理哲学》，广东高等教育出版社 1993 年版。

倪世雄：《战争与道义：核伦理的兴起》，湖南出版社 1992 年版。

钱学森：《人体科学与现代科技发展纵横观》，人民出版社 1996 年版。

钱学森等：《论系统工程》，湖南科学技术出版社 1982 年版。

庆承瑞：《病态科学、冷核聚变化及其他》，《自然辩证法研究》1991 年第 1 期。

邱仁宗：《国外自然科学哲学问题》，中国社会科学出版社 1994 年版。

邱仁宗：《生命伦理学》，上海人民出版社 1987 年版。

盛庆琜：《功利主义新论》，顾建光译，上海交通大学出版社 1996 年版。

孙耀君：《管理学名著选读》，中国对外翻译出版公司 1988 年版。

吴国盛：《自然哲学》第 1 辑，中国社会科学出版社 1994 年版。

吴国盛：《自然哲学》第 2 辑，中国社会科学出版社 1996 年版。

徐刚：《伐木者，醒来》，吉林人民出版社 1997 年版。

杨伯峻：《论语译注》，中华书局 1980 年版。

张华夏：《多层次经济运行机制和多层次经济学》，《自然辩证法研究》1994 年第 7 期。

张华夏：《访苏格兰哲学见闻》，《学术研究》1991 年第 6 期。

张华夏：《广义价值论》，《中国社会科学》1998 年第 4 期。

张华夏：《科学本身不是价值中立的吗？》，《自然辩证法研究》1995 年第 7 期。

张华夏：《科学与人权》，《开放时代》1998 年第 11、12 期。

张华夏：《克隆技术与社会伦理》，《开放时代》1997 年第 7、8 期。

张华夏：《论价值主体与价值冲突》，《中山大学学报》1998 年第 3 期。

张华夏：《实在与过程》，广东人民出版社 1997 年版。

张华夏：《物质系统论》，浙江人民出版社 1987 年版。

张华夏：《现代科学技术与传统儒家伦理》，《开放时代》1998 年第 1、2 期。

张华夏：《学术研究的规范理想和实际运作》，《现代与传统》1995 年第 3 期。

张华夏、张志林、叶侨健：《科学·哲学·文化》，中山大学出版社 1996 年版。

张培刚：《微观经济学的产生和发展》，湖南人民出版社 1997 年版。

张跃铭：《文明的代价》，中国友谊出版社 1994 年版。

张志林、陈少明：《反本质主义与知识问题》，广东人民出版社 1995 年版。

周辅成：《西方伦理学名著选辑》，商务印书馆 1996 年版。

朱丽兰：《世纪之交——与高科技专家对话》，辽宁教育出版社 1995 年版。

续篇　现代科学与伦理的拓广研究

本书初版至今，已有十年。在这十年中，我断断续续地对有关科学伦理问题展开一些研究，这些研究扩展了原来的见解也扩展了原来的研究领域，包括科学领域和哲学领域，因此，本书有必要补充一个"续篇"。

我的基本道德哲学思想既不完全是道义论的，也不完全是功利主义的，并又接受了博爱主义和深层生态伦理那样一些不能融入传统的或主流的道德哲学学说，这样我便是一个道德多元论者了。但我深信这些不同出发点道德原则是能够逻辑协调地整合起来的，这样我便是一个整合的道德多元论者了。我在本书上、下篇中讲的"系统主义"其实主要说的是这个意思。为了说明这种整合道德多元主义何以可能，我必须有一个元伦理的和方法论的论证，续篇的开头一章，即第十一章，就是为了解决这个问题而写的。

我的道德哲学的另一个基本特征就是主张广义价值论和狭义价值论。我的生态伦理观和经济价值观分别建立在这两个价值论的基础上。有关生态伦理问题，我赞同深层生态伦理的主张，认为生命世界，特别是整个地球的生态系统具有自己的内在价值，这种内在价值并不是因为有了人类才具有的，它本身的价值就包含了人类的价值作为其组成部分。在本书上、下两篇完成之后，我意外地发现了维纳之后的新控制理论，特别是威廉·鲍威斯（William T. Powers）的"感知控制论"和图琴（V. Turchin）的"元系统跃迁理论"或"进化控制论"[①]，可以为广义价值学说做一种科学的论证。虽然单靠控制论是不能解决生态伦理问题的，但它可以为生态伦理做出价值学的诠释。所以在续篇的第十三章中我补充了从感知控制论到生态伦理学的论证过程，并通过感知控制论说明行为控制过程怎样将事实判断和价值判断，即"是"和"应该"沟通起来。同样在狭义价值论即人文价值论方面，过去经济学的价值学说无论劳动价值说还是边际效用说，都与哲学上的价值论分离开来，

---

① 颜泽贤、范冬萍、张华夏：《系统科学导论》，人民出版社2006年版，第八章。

仿佛是两张皮,彼此毫不相关。续篇中的第十二章"主观价值和客观价值的概念及其在经济学中的应用"力图将哲学的价值学说和经济学的价值学说统一起来,重新界定价值、善和福利的概念,使哲学上的价值概念能具体地表现出来。

在道德哲学和科学伦理的问题上,我基本的立论点是科学与伦理的交叉视野:对于道德问题尽可能用科学视角来进行分析,包括运用博弈论来分析社会契约伦理的形成以及功利主义和道义论的突现,运用控制论来分析深层生态伦理及其价值学说;而对于科学技术的发展,我尽可能运用道德哲学来分析揭示它的伦理含义,包括科学家的社会责任问题、核伦理问题、基因伦理问题和生态科学的伦理问题。续篇中继续沿着这个交叉视野,在第十四章"论新时代科学精神气质的坚持与扩展"中,我分析了全球经济发展的新时代里,我们还必须坚持基本的科学精神和科学家的伦理规范,并探讨这种基本精神和科学规范有些什么新的发展。而在第十五章中,我以人类基因解码为例,说明科学技术商业化怎样对人们的科学精神和科学伦理规范带来一个大冲击,以及科学家应如何应对这个冲击,以坚守真理的阵地。我在最后一章"科学发展与伦理问题"中,以回答问题的方式回到了问题的起点,说明科学与伦理的交叉视野是必要的,但有一条底线不可冲破,就是科学标准不能代替伦理标准,单靠科学理性不能解决伦理问题。科学伦理无论在生活领域、研究领域和教学领域都是完全必要的。

本篇各章是本书出版后与同行们进行讨论、辩论的结果。第十一章是与陈晓平教授讨论的产物,第十二章是与我国的劳动价值论者和边际效用论者讨论的结果,第十三章是与感知控制论创始人 W. T. Powers 的讨论,第十四、十五章主要在全球一体化和科技商业化大潮中为科学真理精神作辩护,第十六章主要与刘华杰教授、刘兵教授和田松博士等少壮派科学哲学家讨论科技伦理问题,而且还将继续讨论下去。

第十一章

论道德推理的结构

——兼答陈晓平教授的批评[①]

本章在本书提出现代健全社会的基本伦理价值系统的基础上考察道德推理的基本特征，它的事实条件和价值条件以及其组成、结构与层次；进而指出这种道德多元论是可以用公理方法来进行表述的，这个道德公理方法的特征就在于它的公理体系必须包含协调公理和采用情景推理来解决价值原则之间的冲突问题，因此我们依据维特根斯坦的反本质主义认识论提出和进一步论证 DrN 推理模型。考虑到这些问题在本书中的重要地位，尽管在本书以前某些章节中已零散地有些论证，仍需要有一章对其进行集中的讨论，并回答一些同行的批评。而在讨论这些问题之前，首先重新介绍一下我们所主张的伦理价值系统。

一 健全社会伦理价值系统的组成与结构

在本书第五章中，我没有重点讨论不同国家、不同民族和不同社群的伦理价值的组成与结构，这些伦理系统五花八门，受不同历史和文化传统的制约，研究它们主要是历史学家和社会学家的任

---

① 本章主要内容曾发表于陶黎宝华、邱仁宗主编《价值与社会》（第三集），中国社会科学出版社2001年版，第3—27页。

务，我要讨论的问题是现代的、由独立自主的个人组成的社会，应该有一个什么样的伦理价值系统才是健全的和公正的，我个人考察了当代道德哲学中功利主义、道义主义和情景主义等几个主要学派，认为他们都各有自己的片面性，因而提出现代健全的社会中保持社会生活稳定性和促进社会健康发展应该有四项基本伦理原则。

有限资源与环境保护原则（R_1）：一个调节社会基本结构的原则以及调节政府与公民行为的准则是正当的，它必须趋向于保护生物共同体的完整、稳定和优美，否则就是不正当的。这个原则称为利奥波尔德原则。①

功利效用原则（R_2）：一个调节社会基本结构的原则，以及调节个人与集体的行为与行为的准则是正当的，它必须趋向于增进全体社会成员的福利和减轻他们的痛苦，否则就是不正当的。这个原则称为边沁、穆勒功利主义原则。②

社会正义原则（R_3）：社会的所有基本价值，包括自由和机会、收入和财富、自尊的基础，都要平等地分配，起码对其中一些价值的不平等分配大体上有利于最不利者。一种调节社会基本结构和人们行为的原则是正当的，它必须符合这个原则，否则就是不正当的。这个原则称为康德－罗尔斯作为公正的正义原则。它包括平等的自由原则、机会均等原则和适度差别原则三者。③ 对于适度差别原则，即最不利者也受益原则，我们加以弱化，并不要求毫不例外地执行，只要求"大体上"如此。

仁爱原则（R_4）：一种调节社会基本结构和人们行为的原则是正当的，它就必须促进人们的互惠和互爱，并将这种仁爱从家庭推向社团，从社团推向社会，从社会推向全人类，从全人类推向自然，否则它就是不正当的。我们可以将这个原则称为孔、孟博爱原

---

① 参见奥尔多·利奥波尔德《沙乡年鉴》，吉林人民出版社1997年版，第213页。
② 参见边沁《道德与立法的原理绪论》，载周辅成编《西方伦理学名著选辑》下卷，第211页。
③ 参见约翰·罗尔斯《正义论》，中国社会科学出版社1988年版，第56—58页。

则，因为它最早是由孔子提出来的。

以上讨论的 R_1—R_4 的基本伦理原则可以帮助我们建立伦理价值的概念。一种社会制度、一种行为准则或一种具体行为是正当的、善的或有价值的，当且仅当它符合、满足这些基本伦理原则，能从这些基本原则推出；反之就是不正当的、恶的和没有价值的。当然，一种行为（准则和制度也是一样）能全部满足 R_1—R_4，即能从 $R_1 \wedge R_2 \wedge R_3 \wedge R_4$ 推出，它就具有强的正当性，具有较高的伦理价值；而一种行为不能全部满足 R_1—R_4，即它只能从 $R_1 \vee R_2 \vee R_3 \vee R_4$ 推出，它就只具有弱的正当性，具有较弱的伦理价值。当一种行为很符合 R_i 而不很符合 R_j 时，我们就要对因符合 R_i 而带来的伦理价值与因符合 R_j 而带来的伦理价值进行权重，而当我们面临对行为 X 与行为 Y 进行选择时，我们就要对 X 与 Y 的伦理价值进行比较。这样，一种行为的总伦理价值公式便可以由下列公式给出：

$$V(A) = \alpha Va(R_1) + \beta Va(R_2) + \gamma Va(R_3) + \delta Va(R_4)$$

这里 $V(A)$ 表示行为 A 的总的伦理价值。$Va(R_1)$ 表示该行为的生态价值，即该行为因符合环境保护原则而带来的伦理价值；同理，$Va(R_2)$ 表示该行为的功利价值，$Va(R_3)$ 表示该行为的正义价值，而 $Va(R_4)$ 表示该行为的仁爱价值。系数 α，β，γ，δ 分别表示这四项价值在总伦理价值中的权重。它对于不同的情景和不同的个人有不同的数值，不可能有一个确定的公式和确定的优先性来加以计量。例如当社会处于极度贫穷之时，功利价值（或发展生产力的价值）的系数 β 较大。当社会处于相当富裕之时，生态价值的系数 α 较大。

这四项基本原则调节、约束着社会中人们的行为，使之有序化。R_1 使人与自然关系协调发展；R_2 使人们行为朝向共同福利的目标；R_3 调节共同福利的分配使之公平，达到减少摩擦、促进社会稳定；R_4 的功能也是如此。这是社会系统的四个伦理序参量。

这样，在我们面前，有四种伦理价值：生态价值、功利价值、正义价值和仁爱价值；有四种衡量行为与决策的价值标准：生态标准、生产力标准、正义标准和仁爱标准；有四类人权：环境权、生存权与福利权、自由权与平等权、仁爱权。这虽然是多元的，但这些都应整体地推进和均衡地协调处理，这是用系统的整合的方法建立健全社会的途径。

二 道德推理的逻辑结构

以上就是系统型非本质主义的基本伦理观念。它不像功利主义那样宣称某一种价值（功利、幸福或福利）是基本的，而另一些价值（如个人自由与平等）是第二位的或派生的，也不像新自由主义诺齐克宣称另一种价值（个人的人身与财产所有权）是绝对的至高无上的，其他的价值不过是这个价值的推论，所以它是多元论的。正因为它主张人类伦理生活的基本原则不是一个，而是四个，彼此相互独立，哪一条原则都没有绝对优先权，于是很可能被认为是太过非本质主义和多元主义了；又由于它主张在处理具体问题时，当四个原则分别导出的结论相互冲突时，如何权衡与取舍，无固定的原则与模式可循，它取决于具体情景包括道德主体对这些原则的主观权重，于是很可能被认为是太过于相对主义和主观主义了。陈晓平教授正是基于这样批评以上的伦理观念，认为这是一种"整体的非本质主义"，是不可取的，并且认为要想为这种非本质主义伦理观念建立一个严格的系统是不可能的。"因为四条基本伦理原则时常发生冲突，因而是不一致的；用不一致的原则作为一个系统的公理或出发点，这个系统已经不成其为系统了。"[①] 于是，我们立刻面临一系列逻辑问题，这就是：能否用公理方法来表述伦理系统？特别是能否用公理方法的原则来说明上述系统型非本质主义的伦理系统？四项基本伦理原则之间时常发生冲突，这种价值冲突是不是就

[①] 陈晓平：《伦理与科学》，载《自然辩证法通讯》1999年第5期。

第十一章 论道德推理的结构

是逻辑冲突呢？将它们作为公理是否就有悖于公理之间的相容性或无矛盾性呢？因而会不会使这个"公理系统"不再能成为"系统"，而成为"画蛇添足"的东西呢？这就是系统型非本质主义，即整合型多元主义的伦理观念遇到的逻辑问题，在此必须仔细加以分析。不过事情还得首先从道德推理的逻辑结构说起。

在日常生活中，我们常常要做出道德判断或道德评价，来断言某件事情、某一种行为及其原则是善的还是恶的，好的还是坏的，应当做的还是不应当做的，正当的还是错误的，道德上可接受的还是不可接受的（不道德的）。有时我们还要进一步断言某些行为（及其原则）比另一些行为（及其原则）更正当、更可接受等，例如"我们不应吸烟""我们不应说谎""损人利己是不道德的""抢劫银行是大错特错的"，都是价值判断而且是道德判断。道德判断通常有两种形式：（1）道德评价判断：它是对已存在的行为、行为的种类或行为原则是不是正当的、是不是道德的一种断言。（2）道德决策判断：它是对未发生的但我们准备去做的事情是不是正当的、是不是有道德的这样一种断言。例如克林顿的性丑闻事件是道德上可接受的还是在道德上应当进行谴责的，这是一个道德评价的问题，而关于三峡水电站是不是应该兴建的问题，就包含一个要做出道德决策判断的问题。当然二者并不是截然分开的。道德的决策潜在地就是一种道德评价，它是对未发生的而我们企图使它发生的事情的一种评价。无论道德评价判断还是道德决策判断都采取陈述句的形式来加以表现。

现在我们的问题是：对于同一个问题人们所做出的道德评价判断或决策判断往往不同。有人认为"克隆人在道德上是可接受的"，有人则认为"克隆人在道德上是不可接受的"。有人认为"安乐死是一种善行"，有人则认为"安乐死是自杀，因而不是善行"等。到底谁对谁错、谁是谁非呢？到底如何评价不同的道德判断？这就要看谁的道德判断在评价中更好地得到辩护（justification）。而所谓更好地得到辩护，就是说它有更充足的理由，有更好的道理。这样对某一道德判断的辩护便要依靠道德论证（moral arguments）或道德推理（moral inference）的形式。道德论证或道德推理和一切论证或推理一样，是一组陈述命题的集合。其中一部分陈述是论证的前提，而另一部分陈述是论证的结论，前提是结论成立的理由，它支持结论，为结论辩护。例如我们怎样来为"鲸鱼不是鱼"这个论断作辩护呢？

1. 所有的鱼都有鳃
2. 鲸鱼没有鳃
———————————
3. 所以，鲸鱼不是鱼

但是上述的论证不是道德论证，因为上述三个命题（或判断）都不是道德命题（或判断），而是事实命题或事实判断。道德论证或道德推理的结论是道德判断，而根据休谟原则，道德判断不能单独由事实判断推出，所以道德推理的前提至少包含一个道德价值命题。而一般说来，道德判断的结论，是由一组道德原则的前提与一个或一组关于事实判断的前提二者共同推出的。请看下列两个道德推理。例如：

1. 我们必须信守诺言　　　　　　　　　　（道德原则命题）
2. 我约好今晚和 A 君一起去看电影　　　　（事实判断）
———————————
3. 所以，我今晚必须和 A 君去看电影　　　（道德判断的结论）

又如：

1. 我们应该保护生态环境　　　　　　　　（道德原则命题）
2. 将污水排入珠江就是破坏珠江的生态环境　（事实命题）
———————————
3. 所以，我们不应该将污水排入珠江　　　（道德判断的结论）

这样，一种行为的道德评价或一种关于行为的道德决策是否成立，是否得到辩护便取决于两个条件：（1）价值条件：它是否符合与依据一定的被认为是好的道德原则。（2）事实条件：它所依据的事实判断是不是真的或者关于某个事实判断是真的信念是否合理性的，即这个事实判断是否有足够的证据支持，是否无强有力证据对之进行否证，它是否内部协调一致，它是否与其他信念相一致等。这里的问题是：道德评价和道德决策所依据的道德原则是不是好的，又拿什么做标准、拿什么来为它辩护呢？它同样要追索到一个高层次的价值条件和事实条件。例如我们必须信守诺言这个道德原则（R_1）如何得到辩护或证立（verification）呢？我们又需要从一个或一组高层次的道德原则（R_2）加上一个或一组高层次的事实判断（C_2）将它推出。

例如：

1. 我们不应伤害人们之间的社会合作 　　　　　　　　　　（R_2）
2. 不信守诺言伤害人们之间的社会合作 　　　　　　　　　（C_2）

---

3. 所以，我们必须信守诺言 　　　　　　　　　　　　　　（R_1）

或者，按康德的推导：

1. 你必须遵循那种你能同时意愿它成为普遍准则的原则来行动 　　　　　　　　　　　　　　　　　　　　　　　　　　（R_2）

2. 我不愿意别人对我不信守诺言，所以不信守诺言不能成为普遍准则 　　　　　　　　　　　　　　　　　　　　　　　（C_2）

所以，我们应该遵循信守诺言的准则 　　　　　　　　　　（R_1）

这样，在道德推理链条或道德辩护链条中，向上追溯，如果不导致循环论证和无穷倒退，最终就必须终止于某些基本的道德原则，它的被接受并不是由更基本的道德原理推出，而是作为公理被接受的。这些公理是道德推理的出发点又是道德辩护的终点。

这个道德推理、道德辩护或道德判断的证立与证明结构可以图示如下（见图11—1）：在下图中 $R_k \wedge C_k \rightarrow R_2$，$R_2 \wedge C_2 \rightarrow R_1$，$R_1 \wedge C_1 \rightarrow R_0$。可见，人类的行为评价和行为决策与基本伦理原则是有逻辑联系和逻辑通道的，而人类的行为与价值定向和道德相关的。行为的道德决策以及行为的其他条件便决定了人类的行为（A）。但是，从人类道德行为的效果到社会基本伦理原则是没有逻辑通道的，它只存在着一种社会的、心理的和直觉的联系。

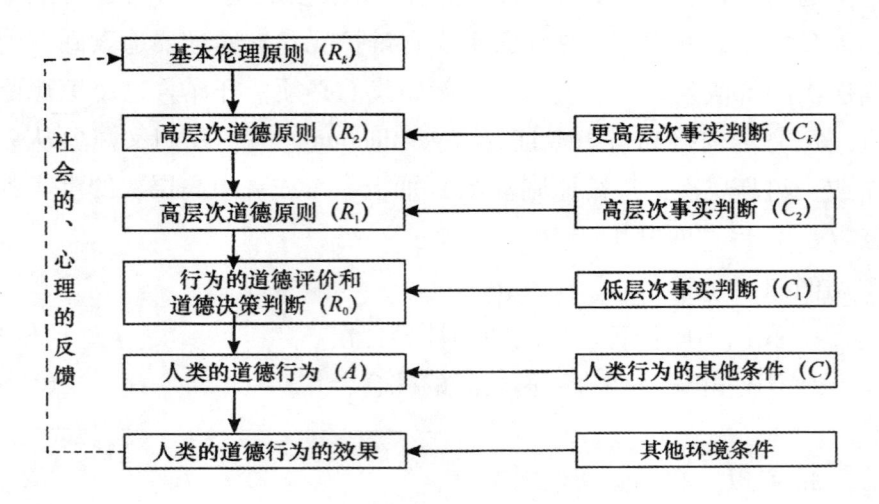

图 11—1　道德推理的基本结构

三　道德多元论的公理体系何以可能

这个问题就是能否用公理的方法和公理系统来表述伦理推理的结构问题，是爱因斯坦于 1950 年首次以极为明确的方式表述出来。爱因斯坦说："关于事实和关系的科学陈述，固然不能产生伦理的准则，但是逻辑思维和经验知识却能够使伦理准则合乎理性，并且连贯一致。如果我们能对某些基本的伦理命题取得一致，那么，只要最终的前提叙述得足够严谨，别的伦理命题就都能由它们推导出来。这样的伦理前提在伦理学中的作用，正像公理在数学中的作用一样。

这就是为什么我们根本不会觉得提出'为什么我们不该说谎'这类问题是无意义的。

我们所以觉得这类问题有意义，是因为在所有这类问题的讨论中，某些伦理前提被默认为是理所当然的。于是，只要我们成功地把这条伦理准则追溯到这些基本前提，我们就感到满意。在关于说谎这个例子中，这样追溯的过程也许是这样的：说谎破坏了对别人讲话的信任。而没有这种信任，社会合作就不可能，或者至少很困难。但是要使人类生活成为可能并且过得去，这样的合作就是不可缺少的。这意味着，从'你不可说谎'这条准则可追溯到这样的要求：'人类的生活应当受到保护'和'苦痛和悲伤应当尽可能减少'。从纯逻辑看来，一切公理都是任意的，伦理公理也如此。但是从心理学和遗传学的观点看来，它们决不是任意的，而是从我们天生的避免苦痛和灭亡的倾向，也是从个人所积累起来的对于他人行为的感情反应推导出来。"①

在这里爱因斯坦采取了伦理学的功利主义立场，将人类的生活应当受到保护，最大限度增进人民的幸福和减少人民的痛苦视作最高的道德原则和道德公理。并且这个公理有心理学的、遗传学的和社会学的根据。图11—1中的虚线"社会的、心理的反馈"就表现这个根据。

现在看来，许多最著名的近现代西方伦理学体系都自觉不自觉地企图使用爱因斯坦所说的公理方法来处理伦理学问题，力图从作为公理的基本道德原则来推出其他道德原则。但问题立刻产生了：这种道德公理方法是从一条基本道德原则推出其他道德原则呢？还是允许从几条相互独立的道德原则推出其他道德原则呢？陈晓平教授似乎认为，只有"统一在"某一个原则的公理之上，才"可以成为一个公理系统"。不过事实上，伦理学家们使用公理方法有下列两种，在逻辑上都是成立的：

（1）从某一个基本道德原则推出其他一切道德原则。例如功利主义就只从"最大多数人的最大利益的原则"或"期望社会总福

---

① 爱因斯坦：《科学定律和伦理定律》（1950），《爱因斯坦文集》第三卷，许良英、赵中立、赵宣三编译，商务印书馆1979年版，第280页。

利最大化原则"这个唯一原则推出一切道德原则。康德主义伦理学从"只按意愿其成为普遍规律的准则行事"（第一绝对命令）这一个基本原则推出其他道德原则。又如道德的神命论者将"服从上帝命令"视为唯一的道德最高原则。当然道德哲学的单公理体系有它的逻辑优点，它比较优美有力：它许诺了一个可以覆盖任何情况的推理程序，找到了一个有绝对必要性的基本本质。它省去了协调几个公理之间可能出现冲突的麻烦，无须进行公理之间的相容性论证，从而容易实现系统内部的逻辑一致。但由此它却带来了沉重的负担，人们会质疑这些一元论者，是否真的找到了一个绝对价值，由此通过推理的程序推出覆盖一切复杂的道德世界的现象。如果世界本来是多元的，硬要去找一元，虽然没有犯画蛇添足的错误，但却出现了"削足适履"的弊端。

（2）从多个基本道德原则推出其余的道德原则。道德世界如同物理世界或数学世界一样，是十分复杂的。它往往不能将它的所有原则统摄于一个原则之下，即使最简单的欧几里得几何学公理，也有五条，几何学家们白费了一千多年的时间想将第五公理统摄在其他四条公理之下，由它们推出，结果都徒劳无功。就算是最为基础的命题演算逻辑，罗素（B. Russell，1872－1970）当年将它公理化时提出了六条公理，经一代人的整理，现在缩减为四条公理（重言律、析取引入律、析取交换律和附加律）。所以有许多道德哲学家，他们并不是从一条公理推出其他，而是提出几个基本道德原则。例如罗尔斯正义论的作为公理的基本道德原则有三个：（A）平等的自由，（B）机会均等，（C）最不利者也受益。当代著名伦理学家弗兰克纳（W. K. Frankena）在他的《伦理学》中提出了基本道德原则是两个：（A）仁慈原则，（B）正义原则。他说："我们得出了一种与前面提出的义务论有所不同的混合义务论。它以仁慈原则和正义原则（不是功利原则）为基础，并与平等待人相一致。我们是否还必须承认某种关于正当与否的其他基本原则？我认为大可不必。在我看来，我们可以从两条原则中导出所有希望被当作责任的东西……产生各种当然义务的特殊准则。"① 另外，美国伦理学家 J. P. 蒂洛在他所著的《伦理学——理论与实践》和《哲学——理论与实践》中，提出了五项基本的伦理原则：（A）生命价值原则，（B）善良原则（扬善抑恶），（C）公正（公平）原则，（D）诚实与说实话原则，（E）个人自由原则。② 因此，我的系统型非本质主义伦理观念提出四项基本伦理原则（环保原则、功利原则、正义原则、仁爱原则）来建构伦理学的理论体系不过是当代众多的伦理体系之一种。我想，我与弗兰克纳和蒂洛一样，并不会因为提出了多公理而使我们的系统不成其为系统。

四　伦理公理系统中的协调公理

陈晓平教授主要并不是因为我提出了多条公理而认为我的体系在逻辑上不能成立，而主要是因为基本道德原则之间在特定的情况下存在着价值冲突和规范冲突，这似乎违反了公理之间的相容性，所以陈晓平教授说："四条基本伦理原则时常发生冲突，因而是不一致的；用不一致的原则作为一个系统的公理或出发点，这个'系统'已经不成其为系统了。"③ 如果陈晓平对我的批评是对的，那么罗尔斯、弗兰克纳和蒂洛也不能免受责备。在这里我有意将他们和我一起拖下水，以便看出这不是我个人的一种疏忽，而是伦理体系固有的一个特征问题。我们所面临的问题是：要不就是爱因斯坦所说的公理方法或准公理方法在伦理学中不可能使用；要不就是公理方法在运用于伦理学时有自己的特点。而我是倾向于后者的。

我认为，从上节的道德推理结构来看，不是公理方法在伦理学中不能应用，而是伦理公理有自身的特点。

---

　　① 弗兰克纳：《伦理学》，关键译，生活·读书·新知三联书店1987年版，第108页。
　　② 参见 J. P. 蒂洛《哲学——理论与实践》，古平等译，中国人民大学出版社1989年版。
　　③ 陈晓平：《序》，载张华夏《现代科学与伦理世界》，湖南教育出版社1999年版，第4页。

◇ 续篇　现代科学与伦理的拓广研究

伦理公理系统的第一个特点是：不仅不同伦理系统的伦理原则之间经常会发生价值的冲突和规范的冲突，而且同一伦理系统甚至是同一元伦理系统诸伦理原则之间也会发生冲突。例如"我们不要说谎""我们不要偷盗"就是功利主义伦理的两个道德准则。而"我们应该帮助和解救受难者"也是功利主义导出的道德准则。当我们家里住着犹太人，而盖世太保来查问家里是否有犹太人时，"不要说谎"的原则就与我们应该帮助受难者的原则发生冲突；而当有手提原子弹落入恐怖组织手里，我们要设法将它偷回来时，"不要偷盗"的原则就与我们应该解救受难者的原则发生冲突。不过同一伦理系统中发生的道德原则之间的冲突往往起源于我们不能严格划定道德原则的适用范围。一般说来，道德原则虽然是普遍适用于所有人的，但它本身却不是绝对的，而是相对的，只相对于一定的条件才能成立。"我们不要偷盗""我们不要说谎""我们应该帮助和解救受难者""我们不要杀人""我们要保护环境"，所有这些道德原则严格说来都是采取条件语句的形式来表达的。即"如果存在着条件 C_1，则我们不要说谎""如果存在着条件 C_1，则我们不应×××"等。可是社会生活太复杂了，我们一般不能明确地说出这个条件 C，即使说出来也会挂一漏万。于是在我们不明白、不确定或不表述这个条件的情况下，在原则之间就会发生价值冲突。这种价值冲突并不说明规范之间非发生逻辑矛盾不可。一旦我们能精确地将这些道德原则的适用范围严格地规定下来，不但道德原则之间表面的逻辑矛盾消除了，而且道德原则之间的价值冲突也消除了、解决了。爱因斯坦在讨论伦理公理时早就预见到这一点，所以他才说"只要最初的前提叙述得足够严谨，别的伦理命题就都能由它们推导出来"，而不发生逻辑的矛盾。问题就在"足够严谨"这四个字上。

但由于伦理生活的复杂性，以及条件的变化性，我们往往不能像数学与物理学那样将道德原则（包括基本道德原则）的适用范围严格地表达出来，于是基本道德原则之间就会在特定的情况下发生

第十一章 论道德推理的结构

冲突，包括价值的冲突和逻辑的矛盾。因此，当伦理公理系统的公理数目超过一个时，就需要提出一个附加的协调公理来解决基本道德原则之间的冲突问题。例如罗尔斯提出他的平等的自由（A）、机会均等（B）、最不利者也受益（C）和功利效率（D）四个原则的重要性按字典式进行排列，用优先逻辑的符号（P表示优先）来表示，就是（APB）∧（BPC）∧（CPD），有了这个原则，罗尔斯的道德公理之间可能发生的冲突便可消除，他的公理系统便是内部协调的和相容的。同样，J. P. 蒂洛关于他的五项基本伦理原则也提出了一个协调原则来调解它们可能发生的冲突。这就是他的五项原则的顺序是按重要性排列的。他说："按照重要的次序，被排列出的第一批原则是：生命原则、善良原则、公正原则和诚实与说实话原则。最后一个原则——自由原则一般地服从于其他四个原则。因此，在自由不违背其他四原则的范围内允许在道德问题上有人的自由。"[①] 这是第一个协调公理，它给其他公理在发生冲突时排定一个优先次序以消除矛盾。道义逻辑中的优先逻辑正是为了解决这类问题被逻辑学家们设计出来，可是如果不存在解决原则冲突的固定公式又怎样办呢？弗兰克纳对于他的仁慈原则和正义原则可能发生的冲突问题，提出的解决冲突的协调原则或协调公理是："提高洞察力"，求助于"直觉"，灵活地加以解决。他说："在我看来，这两条原则确实可能相互冲突，因为两者在个人行为和社会决策方面都处于同一水平上，我认为没有能够告诉我们如何解决这种冲突的公式，甚至不能告诉我们如何解决它们所产生的结果之间的矛盾。有人试图说，正义原则永远优于仁慈原则：执行正义——哪怕天塌。"这是"走极端了"[②]。我的伦理学体系提出四项基本伦理原则，也面临弗兰克纳同样的问题，我提出了一个对原则进行权重的协调公理，即

[①] J. P. 蒂洛：《哲学——理论与实践》，中国人民大学出版社1989年版，第248页。
[②] 弗兰克纳：《伦理学》，关键译，生活·读书·新知三联书店1987年版，第109页。

$$V(A) = \alpha V_a(R_1) + \beta V_a(R_2) + \gamma V_a(R_3) + \delta V_a(R_4)$$

这个协调公理，虽然比起罗尔斯或 J. P. 蒂洛的协调公理来说不确定一些，但比起弗兰克纳的协调公理要确定一些。有了这个协调公理，在原则上就可消除四项基本伦理原则间可能出现的冲突，从而保证我们伦理系统的内部相容性。它怎么会像陈晓平教授所说那样"不成其为系统"呢？

还值得一提的是，1998 年诺贝尔经济学奖获得者阿马蒂亚·森（Amartya Sen），在他那本 1999 年出版的《以自由看待发展》一书中写道："有很强的方法论的理由来强调，需要对生活质量的各个组成因素明确地赋予评价性权重，然后把这些选定的权重提供给公众进行讨论和批评审视。"① 他的生活质量是个广义的概念，包括政治自由、经济条件、社会机会等。与我们这里提的功利、正义、环保、仁爱相类似，可见我的权重是有一定根据的，并不是个人胡思乱想的产物。

所以，伦理公理系统或伦理学理论结构的第一个特点是容许基本伦理公理或基本道德原则之间可能发生冲突，附加上一个协调公理或协调原则来消除这个冲突以保证公理的相容性。这虽然会降低伦理公理系统的严格性，但它却反映了伦理生活的真实性：我们生活在价值冲突的世界里，一切价值冲突都与人们所遵循的规范的冲突息息相关。

五　情景推理和 DrN 模型

伦理公理系统或伦理学的理论结构的第二个特点是从基本伦理原则到各种具体的伦理行为的评价与决策之间的推理过程，情景的推理占着一个重要的地位。在本章第二节中讨论的道德推理的基本

---

① 阿马蒂亚·森：《以自由看待发展》，任赜、于真译，中国人民大学出版社 2002 年版，第 67 页。

形式是下列这样一种形式：

(1) 道德准则集：R_1，R_2，…，R_m

(2) 事实陈述集：C_1，C_2，…，C_n

---

(3) 行为的道德评价与决策：E

这是一个典型的传统的科学哲学的假说—演绎模型，即 DN 模型在道德推理中的运用。但这种由一般原则来说明具体决策或评价的推理是很难进行的，是因为伦理道德问题是十分复杂的，我们不仅需要一般的解释论证而且需要具体的诠释说明。况且，就从一般的解释论证来说，道德原则也是不够明确的。这是因为：(1) 由于道德原则和基本伦理原则常常不能做出严格确定的和意义明确的表述，在不同情景下有不同的含义、不同的适用范围和不同的重要性。(2) 由于道德原则之间容许在特殊情况下的价值冲突，在冲突中道德原则何者优先，何者重要会依不同情景发生变化。有关这两点已在上节中讲清楚了，问题是如何加以解决，采取什么推理形式来加以解决。我们认为，有必要在上述道德推理形式中补上一个情景诠释或情景回溯项，它的作用是对道德规则 R 的应用范围和概念语义进行具体规定。我们将这个情景诠释项记作 C_r。于是道德判断的推理形式便可表达为：

(1) R：R_1，R_2，…，R_m

(2) C：C_1，C_2，…，C_n

(3) C_r：C_{r1}，C_{r2}，…，C_{rk}

---

(4) E

这里 R 为道德准则，C 为情景陈述，C_r 为对道德准则的情景诠释，E 为被解释了的道德评价和道德决策，我们称这个推理模型为 DrN 模型。

假定有一晚期肺癌病人 x，当他知道自己患了不治之症，便向医院提出对他实行安乐死。其理由如下：早死晚死都是死，利用呼吸器和静脉注射维持个把月的生命是没有意义的，与其难堪的痛苦的死亡不如有尊严的安乐的死亡。况且，家庭经济有困难，与其花几十万的住院治疗费用，不如将这笔钱用来供他的高中毕业的成绩优秀的女儿读大学。如果用掉这笔钱，他的女儿将要失学而且家庭还要负债。可是医务人员拒绝了病人 x 的要求，理由是政府尚无这方面的立法。他只好写下遗嘱，要求他的父亲拔去他的呼吸器和静脉注射针头。于是他的老父亲拔去了他的呼吸器和静脉注射针头，并帮助他将他积累了多年的从医生那里得到的足够数量的安眠药吃下去，若干小时后 x 身亡。

为了使这个推理过程表述得更为明确，我们不妨将它写成如下的逻辑格式。

前提：

（甲）道德准则集：

R_1：关心爱护他人的行为是伦理上正当的行为（仁爱原则）；

R_2：能增进相关人们的快乐，减轻他们的痛苦的行为是伦理上正当行为（古典功利原则）；

R_3：尊重别人的权利的行为是伦理上正当的行为（正义原则）；

R_4：我们不应该杀人（道德戒律）。

（乙）情景陈述集：

C_1：x 患晚期肺癌，无治愈希望；

C_2：x 一再要求安乐死；

C_3：x 现在靠呼吸器和静脉注射维持生命；

C_4：x 的父亲拔去他的呼吸器和静脉注射针头，并帮助他吃下安眠药。

这里特别要注意，如果不考察和诠释道德准则集中"我们不应该杀人"这个命题的意义和用法。我们不能对 x 的父亲的行为做出正确的伦理判断，因为如果拔去输氧的呼吸器致死就是属于杀人的范畴，则他父亲的行为描述 C_4 得不到辩护。因此，在这里必须依据具体情景回头研究道德准则集的意义与用法，有无重新订正之必要。

（丙）情景回溯集：

C_{r1}：R_4 中的"不应该杀人"的"杀"的概念，不应包括在病人要求下中止呼吸的一切情况，拔去呼吸器的行为与蓄意杀人行为只是维特根斯坦的"家族类似"，并无共同的本质特征；

C_{r2}：R_1 中"爱护他人"，应包括在某种情况下使他安乐死，并且牺牲自己一个来月的痛苦生命使得自己的女儿能上大学的行为本身是一个有仁爱的行为；

C_{r3}：R_2 中增进相关人们的幸福，应包括减少病人和家人的痛苦；

C_{r4}：R_3 中尊重别人的权利包括尊重他人安乐死的权利。自由权不但应该包括生存的权利，而且包括死亡的权利。

在作了这些回溯与补充后，由（甲）、（乙）、（丙）可推出如下结论：

结论 E：x 的父亲中止对 x 的人工呼吸或喂饲，不但不是谋杀，而且是伦理道德上正当的行为。

我们将这类带情景回溯项的道德推理，称为道德领域的情景推理。这个推理模型简称为 DrN 模型，是我在《现代科学与伦理世界》初版中首次提出的。这个模型的特点是，它具有某种可操作性。因为道德原则通常不能做到像爱因斯坦所要求那样"前提叙述得足够严谨"，这不是因为我们的逻辑与语言的修养不够，而是因为社会生活过分复杂而且多变，所以要使推论能合理地进行，必须补上情景诠释项 C_r。同时，用诠释项补充 DN 解释模型，使它成为 DrN 模型，正是克服传统解释模型的某种局限性。解释（explanation）是用普遍性来说明特殊性，用一般来说明个别，它预设了将个别特殊的现象放进一个类中从而用这个类的共同本质与规律来说明这个个别现象。一旦不存在这个"自然类"（它有共同本质），而只有像维特根斯坦所指出的家族类似类的存在（它们无共同的本质），律则解释就失去基础，因此必须对 R（规则）或 L（规律或定律）的存在及其应用范围进行诠释。诠释（interpretation）与解释相反，它是用更加具体的东西来说明一般的东西和比较不太具体的东西。"学而时习之"可以诠释为读书要不断进行复习也可以诠释为一种技能（如举重）的获得要不断地进行训练。"导致死亡"可以诠释为"自杀"，也可以诠释为"他杀"，也可以诠释为"让他安乐死"，也可以诠释为"自然死亡"。特别在社会生活中，一种行为是具体的局域性或地方性的（locality）和历史性的，甚至是独一无二的，只有用行为者的动机、目的、意向和心理特征以及文化来诠释它。因此将诠释学（hermeneutics）中的诠释补充到解释模型中就能扩展解释模型的功能。这就是作者提出 DrN 模型的原因。当然 DrN 模型为了确定或选择诠释项 C_r，就有某种回溯性，即具体考察哪一些 R_i 及其诠释能解释 E 解释得最好，从而选择 R_i 与 G_{ri} 就带有回溯推理（abduction）的因素。不过，这是关于 C_r 的确定问题，而不是 E 的解释或辩护问题。

六 数学、科学、伦理学在推理结构上的比较

最后我们不妨在数学、科学、伦理等这三个不同领域的推理结构及其真理性质进行一种简单的比较作为本章的简单结论。

	数学	科学	伦理学
公理系统的特征	自明性、完备性 相容性、任意性	自明性、完备性 相容性、已确证	自明性、完备性 协调性、约定性
理论的结构层次	公理（基本命题） 定理 命题	理论规律 经验规律 经验事实	高层次伦理原则 低层次伦理原则 单称伦理命题
判断的性质	分析判断、重言式	事实判断	价值判断与事实判断
推理的性质	演绎	演绎与归纳	演绎与情景推理
推理的作用	证明	解释与预言	评价与决策
真理的性质	分析真	事实真	约定"真"、契约"真"

图 11—2 数学、科学、伦理推理结构比较

第十一章 论道德推理的结构

这里科学上的真的主要标准与伦理上的善（或道德上的"真"）的主要标准是不相同的，前者是事实真，依赖于有没有事实证据支持它、确证它或证实它。而后者是社会契约"真"，依赖于有没有基本伦理原则支持它，而基本伦理原则的"真"，是一个社会契约的建立的问题，是一个有没有社会交往合理性的问题。这就是爱因斯坦前面所说"我们能对某些基本的伦理命题取得一致"的问题。

第十二章

主观价值和客观价值的概念及其在经济学中的应用[*]

本章从系统主义价值哲学的观点出发，将价值看作事物的第三性质，即主体与客体之间的关系性质；承认主观价值论和客观价值论，并着重分析主观价值与客观价值的互斥互补关系及其模型。作者将这种观点运用于经济学，主张既承认边际效用的主观价值论又承认生产要素价值论的客观价值论，在二者统一的基础上，指出劳动价值说这种还原主义和本质主义的一元价值说的局限性。在福利问题上，作者承认主观福利概念的合理性，同时特别强调它的局限性；并在分析马克思、罗尔斯、邦格、阿马蒂亚·森等人工作的基础上，建立三个维度和四个层次的客观的社会福利新概念及其模型。

价值是主观的还是客观的呢？对于这个问题哲学界有过许多争论。我认为许多论者的论点有两个缺点：（1）概念混乱，对价值概念缺乏精细的历史分析和语义分析。（2）概念悬空，没有将主观价值或客观价值与现实生活及其具体科学（例如经济学）联系起来。本章的讨论想绕开这些缺点，对价值、主观价值和客观价值做出较为清晰的定义并将它们用于经济学的分析中。

---

[*] 本章作为论文，发表于《中国社会科学》2001年第6期。收入本书时略作了修改。

第十二章　主观价值和客观价值的概念及其在经济学中的应用　◈

一　什么是价值

20世纪初英国哲学家亚历山大将价值看作世界的第三性质，这种性质与第一性质不同，它不是客体内部性质或客体与客体之间的关系性质；这种性质也与事物的第二性质不同，它不是生物感官与客体之间的关系性质，而是主体与客体的关系性质。价值是主体（S）与客体（O）之间的关系，即是主体与对象的二元函数。我同意上述观点。这里，关系并不比元素实体有更少的实在性。

一个对象客体（包括事物、事件、属性、功能、行为、观点、社会制度等）因为能满足主体的某种需要（need），提供了某种利益（benefit）与用途，因而被看作有价值的东西。而主体因此而对该对象客体（物、行为等）产生某种偏好（preference）、兴趣（interest）和欲望（desire or want），从而便有了价值标准和价值尺度。价值作为一个谓词（"×××是具有价值的"一语的谓词）指的就是×××能满足主体需要和偏好的那样一种性质。今早你们吃的那顿早餐是有价值的，指的就是这顿早餐具有能满足你的生理需要和心理偏好的那样一种性质。在公式 $V=V(S, O)$ 中，主体 S 是什么？它可以是个人、社会、全人类，也可以是动物、生态系统等，从而有狭义价值论（以人定位的价值论）和广义价值论（例如以生态系统定位的生态价值论）的分别。客体是什么？它是价值对象或被评价对象。依被评价对象不同可以划分为经济价值、认知价值、道德价值、政治价值、审美价值等。本章讨论的是以人类为主体的价值。既然价值问题总是牵涉到人类主体与客体双方的，所以价值自身可以用图12—1表示出来：

从这个图式看，价值在原则上可以从两个方面来分析、量度。一个对象能给主体以什么样的效益，使他们得到什么样的满足，这与对象客体的各种性质有关。衣能保暖，饭能充饥，鸦片有害健康，这都有一个客观标准可衡量。至于能否加以计量以及用何种单

◆ 续篇　现代科学与伦理的拓广研究

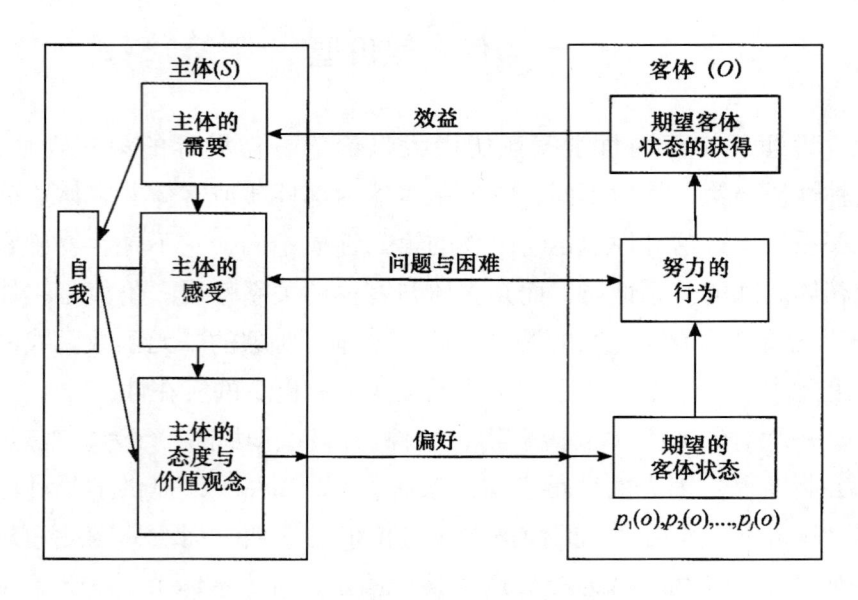

图 12—1　价值关系：主体与客体，偏好与效益

位、何种方法来加以计量则是一个具体学科的问题。这就是它客观上的善与价值。但由于主体的内部结构是复杂的、变化的和能动的，同一对象对不同的人在不同时间和不同环境条件下有不同的效益，并由于主体的满足感与价值观念不同，产生了它对这些对象的不同的兴趣、偏好与评价，因而对主体来说有不同的价值，自然可以从主观的方面来对价值进行分析。这样对象客体 O 的价值便有了一个更为详细的公式表示：

$$V_0 = V[S, O, P_i(S), P_j(O), R_k, t]$$

这里 S 是主体，O 是客体，$P_i(S)$ 是主体的目标 $P_1(S)$、主体的需要 $P_2(S)$、主体的感受（满足感）$P_3(S)$、主体的价值观念 $P_4(S)$ 等的总称。$P_j(O)$ 是人们需要、喜爱与偏好的对象的各种属性。如果客体不具有主体所需要的某种属性，主体将会去改造它，使它具有他们所期望的属性与状态。图 12—1 右边的方框展现了这个过程。这个过程最典型的就是生产过程，R_k 是价值关系

第十二章　主观价值和客观价值的概念及其在经济学中的应用

成立所处的环境。t 是时间，对象在不同时间对主体有不同的价值。因此，价值便是与主体和客体有关的各种因素的多元函数。我们对这个多元函数的认识仍在不断的发展。

在以上的价值关系式中，假定主观参量 S，$P_i(S)$ 不变，那么，随着客体的属性及其价值环境的变化，你会发现客体的价值也发生变化，这就显示了价值的客观性。如果 O，$P_i(O)$ 即客体及其属性不变，而主体及其环境改变了，则客体价值也会发生变化，这就显示了价值的主观性。显然，价值具有主观性与客观性这两重性。科学与哲学的分析和抽象力可以将它们析离出来。从主观方面看客体的价值，是主观价值，它是主体偏好的描述。在经济学中就将这种描述称为效用。从客体对主体的作用来看客体价值，称作客观价值，它是客体给予主体提供利益或效益的一种描述。在经济学中，供给的概念以及福利的概念，可以看作或可以改造成为对人们获得的客观利益的一种描述。

历史上的和当代的许多哲学家，只看到价值关系的一个方面，因而得出结论说价值只是主观的或只是客观的。当代著名英国哲学家马奇（J. L. Mackie）有一句名言："价值不是客观的，它不是世界结构（fabric of the world）的一部分，而是人们主观感受和态度的一个部分。"[1] 马奇首先将主体及其需要排除于"世界"之外，价值自然就不具有那种能脱离开主体的客观性了。可是，主体及其需要是价值的必要条件并不等于主体是价值的充分条件，我们无论如何不能排除作为价值必要条件而非充分条件的客观性。如果世界包含了主体，则我们会得出与马奇相反的结论：价值是主客体之间的关系，这种关系是世界结构的一个组成部分。由于有了主体与客体之间的需求与满足需求的关系，世界就突现（emergent）它的第三性质。这种第三性质所具有的客观性并不比像颜色、气味这些第二性质所具有的客观性差多少。如果人的眼球的结构突然发生不断

---

[1] J. L. Mackie, *Ethics: Inventing Right and Wrong*, Penguin Books, 1990, p. 15.

变化，以至于我们看到玫瑰花的颜色忽而是红的，忽而是绿的，忽而是透明的，我们一定会说颜色是完全主观的，像马奇所说的价值完全是主观的一样。从系统主义哲学来看，价值就是主体与客体之间协同具有其分开来所不具有的一种特定的突现性质。所以从系统主义价值论的观点出发，我们同时承认主观价值与客观价值以及主观价值论和客观价值论，并认为二者一般来说是互补的。

二　主观价值及其在经济学中的应用

当我们要比较不同对象的不同价值以及同一对象对于主体不同时间有不同的价值时，最普遍、最有效的标准是主观标准。对我来说，我喜好的就是对我价值大的，我最不喜好的就是对我最无价值的。这种主观价值论将价值看作变量，因时、因地、因人的偏好而异。这里所说的价值，包括道德价值、政治价值、经济价值等不同范畴的价值，我们着重谈经济价值问题。现代微观经济学的效用理论将经济物品与服务的价值看作是主观偏好的满足，运用主观偏好建立效用函数来讨论经济问题，提出边际效用的概念来讨论市场价格，带来经济学上的一次革命，这是经济学对主观价值论的支持以及主观价值论在经济学上的成果。这种观点，在哲学上也是站得住脚的，因为既然价值是对人的主观偏好和需要的满足，那么就可以从主观的角度加以分析与比较。就目前经济学所发现的计量手段来说，只有主观偏好的理论即效用理论才能给微观经济现象以定量的分析，这已经是世界经济学家公认的事实了。当然这种定量分析尚有许多缺点和局限性，经济学家们正在讨论如何加以改进，但这不是对偏好价值说的全盘否定。

不过我国的许多经济学家包括一些非常著名的经济学家，直到20世纪末还全盘否定边际效用理论的学说，这是很令人费解的。唯一能够解释这件事的就是，他们走进一个理论体系（劳动价值说）容易，要走出一个理论体系便异常困难。下面就是他们的一些

第十二章　主观价值和客观价值的概念及其在经济学中的应用

主要论点：

著名经济学家张培刚在《微观经济学的产生和发展》一书中写道："边际效用价值论，兴起于 19 世纪 70 年代。这个时期可说是西方资产阶级经济学界在其视野范围内的一个重要的转变时期。他们把这个时期称为'边际革命'的时代。实际上不过是由于到了这个时期，资产阶级经济学家为了适应垄断组织不断扩张的形势，为了对抗劳动价值论日益扩大的影响，不得不在理论上和方法上采取新的途径，因而他们几乎同时在西欧诸国，相继出版了各自的主要著作，提出了以主观价值为核心的边际效用价值论。""但资产阶级经济学家把'边际效用'这种主观评价作为衡量价值的主要尺度，则是不科学的。"他们的价值论"以主观心理评价代替客观实体"[1]。

另一位经济学家梁小民，在《微观经济学》一书中写道："边际效用理论用效用这个概念来说明偏好。某个人从消费某种物品或劳务中所得到的好处或满足就称为效用。效用是人的心理感受，即消费某种物品或劳务对心理上的满足，是一种抽象的主观概念。因此，效用单位是任意选定的，……边际效用理论……毕竟完全是主观的。"[2]

李翀教授在他的《现代西方经济学原理》一书中对效用原理或主观价值原理则作了如下评价："效用原理把效用看作一主观的范畴，把效用分析基于心理分析之上，这使它陷入了难以摆脱的困境。首先，既然效用是一种心理现象，它必然因人、环境、时间和情绪等许多因素而异，所以它是不确定的。……其次，既然效用是一种心理现象，它肯定不可计量。基数效用论者从来没有能够令人信服地说明为什么能用数量来衡量效用……（既然效用是不确定的）序数效用论者没有令人信服地说明为什么对于某个人来说有这

---

[1] 张培刚：《微观经济学的产生和发展》，湖南人民出版社 1997 年版，第 40、46、50 页。
[2] 梁小民：《微观经济学》，中国社会科学出版社 1996 年版，第 157—158 页。

样一条无差异曲线而不是别的无差异曲线。还有，由于效用论是主观的，它的应用就无法避免设想。这样，把效用分析作为决策的手段，常常若不是多余的，就是难以进行的。"[1]

所有这些反对边际效用论的论点，从价值哲学上来说，有一个共同点，就是认为凡是主观心理的东西都是"主观任意的""与客观无关的""不能确定的""不可测量的"东西。其实说事物的价值是主观的，只是说它的价值由它满足人们偏好的程度而定。但是客观的社会生活中，人们的行为总是有目的、有意向的，这些目的、意向或偏好是人类行为的一个动因。千百万人对某一商品的偏好，恰恰构成对该商品的一种客观需要量。这怎么会是主观任意的呢？效用因人、因时、因环境而变化，恰好说明效用是一个变量，而将效用看作是个变量从而区分效用与边际效用，指出某物对人们的边际效用恰恰决定了某物的交换价值，从而解决了亚当·斯密在200多年前提出的价值悖论（为什么空气和水用处极大而几乎一文不值，而钻石几乎毫无用处却价值极高），具有很强的科学解释力。而且只要偏好是自反的、完备的、可迁的和连续的，它就可以是一个用实数来表示的实值函数。再加上在一定约束条件下，人们总是最大限度满足自己偏好（或实现自己最偏好的东西），这是日常生活自明的公理。有了这些公理（效用公理和经济人公理），全部微观经济学的定理和方程，直到说明市场经济机制的帕累托方程，都可以在这基础上推导出来，这怎么会"肯定不可计量"？怎么会"决策难以进行"呢？

当然，从哲学上来讲，价值不但有主观的一面，而且有客观的一面，不但可以从主观的视野，即主观偏好的角度来进行研究，而且还可以从客观需要的角度进行研究，人们的某种意愿、人们的某种追求、人们的某种偏好到底好不好，可以作科学的研究，可以对它们作客观的评价。至于那些根源于人类基本需要而使之具有价值

---

[1] 李翀：《现代西方经济学原理》，中山大学出版社1988年版，第52—53页。

的东西,是任何人无论欲求什么、想望什么、偏爱什么都需要的东西,这些基本的价值或基本的善显然是客观的。

经济学中的劳动价值论,显然也是一种客观价值论。一个商品的价值,不依需要者的偏好来决定,也与市场的供求无关,它只取决于生产这个商品时所需的社会必要劳动时间。由于无法实际上测量出这种社会平均必要劳动时间,特别是劳动价值论不能解释供求关系和市场价格形成的机制,不能解释自由竞争的机制和市场的自动调节作用,也不能解释企业家智慧在生产过程中的作用和高新技术产业知识在形成价值中的决定作用,把形成价值的一切东西都还原为"人的脑、肌肉、神经、手等等的生产耗费"[1],即"人类劳动力在生理学意义上的耗费"[2],将其作为形成价值的唯一原因。这种还原主义、本质主义和客观主义的价值见解终因其解释力比不上边际效用理论,而在主流经济学中为主观价值论所代替是不可避免的。不过有一点必须指出,劳动价值说在当代主流经济学中被取代,并不等于它的合理思想没有被新价值论所吸收。对于需求价格即消费者基于自己的需要和偏好对一定商品愿意支付的价格来说,用边际效用的主观价值论解释得相当成功。但是,一个商品的价格或价值,不仅取决于需求的价格(或价值),而且还取决于供给的价格(或价值),它是二者均衡的结果。在解释供给价格时,主观效用论者认为,为生产一种商品以投放市场,需要付出劳动与资本,例如付出资本需要忍受"节欲"与"等待"的痛苦,付出劳动就要经过勤勉与努力,疲劳与辛苦,忍耐与牺牲。正如经济学家杰文斯和马歇尔所说的,这都是一种负的效用(disutility)。而且随着劳动时间的延长,劳动的边际负效用增大。但由于这种"辛苦度"或"负效用"不能准确衡量为生产某种产品所做出的付出,不能准确解释生产者为提供他的劳动产品所愿意接受的供给价格,

---

[1] 《马克思恩格斯全集》第23卷,人民出版社1972年版,第57页。
[2] 同上书,第60页。

于是现代微观经济学把边际生产费用作为供给的价格的决定因素。在这里，劳动的耗费并不是供给价格的唯一决定因素，而是决定因素之一。因此，现代微观经济学的价值学说，事实上是以主观价值论为基础，又吸取了客观价值论（包括劳动价值论）的合理因素而形成的。在前述的价值关系图中，如果将从客体到主体的"效益"作用线解释为"供给"，将从主体到客体的"偏好"作用线解释为"需求"，便能很好地说明经济学中的主观价值论（边际效用论）和客观价值论（劳动价值论）之间的对立与互补。还须指出，劳动价值论在当代主流经济学中作为一种旧的理论规范被取代，并不等于客观价值论在一切经济学领域中被取代。在福利经济学的领域中，它有复兴的趋势。

三　从主客体关系价值说来看劳动价值论的局限性

哲学上的主客体关系价值论使本章面对经济学的一个基本理论问题，即劳动价值论及其片面性和局限性问题。由于这个问题在理论上和实践上的重要性，以及不回答这个问题就不能解决逻辑的不协调性，本章拟对此问题加以讨论，以求教于哲学界和经济学界。

将主客体关系价值论运用于商品生产和商品交换可以转换为下面一个价值图式见图12—2。

这个图式与图12—1不同，它显示了生产者和消费者的分离。商品生产是这样的生产：生产者的产品（或服务）不是为了自己的消费，而是为了交换，即为满足他人消费的需要而进行的生产。因此，这个商品价值多少首先是由消费者来进行评价的。这就是商品交换中需求的那一面。抽象地说，消费者的偏好可能很多，但他们的收入使他们的偏好与需求有限。消费者必须对自己的偏好或需要进行效用排序与选择，并根据自己的偏好与需求提出为得到该商品愿意付给生产者多少价钱。这

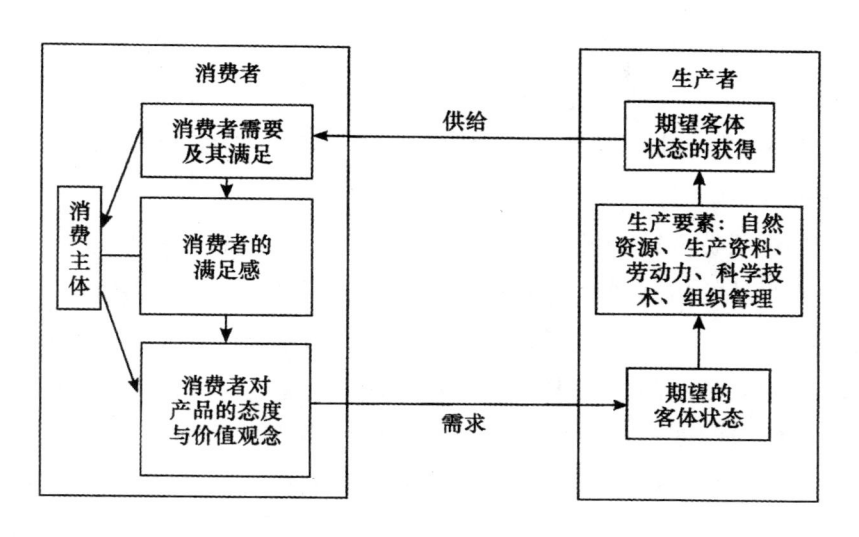

第十二章 主观价值和客观价值的概念及其在经济学中的应用

图 12—2 商品的生产与交换的价值图式

个愿意付给的代价就是消费者对这个商品价值的经济评价，又称为需求价值。劳动价值论认为商品交换价值有一个唯一的、客观的、"内在的""共同的""基础"或决定因素，它就是生产这个商品所需要的人类劳动的耗费，与偏好和"欲望"毫无关系。它完全否认消费者的需求对于交换价值形成的决定作用。试看北京为申办 2008 年奥运会，请来了帕瓦罗蒂等世界三大著名男高音来华演出。一场演出，其价值上亿元，用消费者的偏好与需求自然很合理地解释了这个交换价值。而用演员所耗费的人类一般劳动时间来解释，既说不清楚也计算不清楚这个决定交换价值的"价值"这种东西。因为歌迷的需要，所为之倾倒、所加以评价、所愿意为之付出的并不是帕瓦罗蒂等演唱时所付出的人类一般的体力和脑力的耗费，他们的表演艺术是一种不可还原为社会必要劳动时间来衡量的价值和价格。当然用劳动价值论或许能解释这种交换，但要附加上许多长长的一个接一个的辅助假说和特设性假说，就像托勒密用七八十个本轮和均轮来解释行星运动一样。劳动价值说的第一个片面性就在于它完全忽视主体偏好和效用在形成价值和价格中的作用，忽视由主观偏好决定的消费者需求在形成价值和价格中的作用。它对消费者的行为没有分析，忽视了主观价值的作用，所以出现了前文所说的它"不能解释供求的关系，不能解释市场价格形成的机制"等局限。

在对消费者行为的分析中，我们将商品的价格看作是由消费者对于该商品的边际效用（效用是偏好的度量或描述）决定的，但它也不是与人们生产该类商品的社会劳动没有关系。由消费者边际效用决定的只是商品的需求价格，它是该商品数量的函数，当然是随着商品供应的变化而变化。而稀缺商品的供应自然与劳动相关。生产一个商品越困难，生产者付出的劳动时间越长，他们就越不愿意低价卖出，导致市场上该类商品缺乏从而迫使消费者对商品的边际效用提高，直到出售者愿意售卖这些商品和购买者愿意购买这些商品为止，这样便达到一种经济学上的均衡价格。因此，决定商品的价格除了取决于需要方面和消费者的主观偏好之外，还取决于生产者的供应方面，即所谓"供给价值"。从人们所需要的客观对象的供给到主体的需要，受种种客观条件的限制，即这一价值客体的数量是否充足、质量是否适合主体及其生产成本和技术难度等，是不能依靠生产这类商品的边际辛苦度或边际负偏好来准确衡量的，而需要一种客观的价值尺度来测量。这里所需要考察的，是哪些客观因素在保障供给价值。

毋庸置疑，在原始的以物易物的时代，能保证消费者在交换中得到供给的主要因素是生产者（也是出售者）的劳动。劳动价值论正是抓住这个核心，得出劳动创造价值，商品交换的价值是由社会必要劳动时间来决定的结论。这个结论在劳动起主要作用的早期资本主义时代的确抓住了价值关系中的一个主要变量。但是随着生产进一步社会化，特别是高科技企业的出现，决定供给的价值或价格的供给一方的基本要素扩展为五大要素：劳动、土地、资本、知识和组织。所有这些要素协同地发挥作用，在创造供给价值中都有自己的贡献。如果现在仍然教条主义地坚持劳动价值论,把劳动看作决定价值的唯一因素,就无异于只承认工人劳动的基础作用,否认企业家和经理阶层的创业精神和组织管理以及科学技术起到的主导作用。

　　说到这里,有些坚持劳动价值论的读者可能提出质疑:你在这里将商品使用价值的概念与价值的概念混为一谈了,将价值的生产与价值的实现混为一谈了,将价值与价格混为一谈了,这岂不是犯了"三混淆"的错误吗?我很感谢这些可能的或现实的读者提出的质疑,我的回答是,首先要弄清什么叫作概念混淆。我认为概念混淆就是违背逻辑学中所说的同一律,即使用一个概念在一定关系上应保持概念内涵的一致性,不能随便赋予它另外的意义使它混同于另外的一个概念,方形有四个直角,不能在使用中改变它的这个含义将它说成是圆形。这样看来,考察一个作者是否犯了概念混淆的错误,应该分析他的理论概念体系有没有违反逻辑学上的同一律。我是否犯了概念混淆的错误应从我的概念体系和理论范式(paradigm)来看,不能从你的理论范式来看。我根本没有将价值定义为凝结在商品中的人类一般劳动,更没有将价值决定或"价值生产"看作"一元的、确定不变的、无条件的因而是绝对"[1]地由社会必要劳动时间来决定。我根本没有使用这个"价值"概念,我只说了交换价值从需要的方面来看,取决于该商品对需要者或消费者的边际效用。我既然没有那种价值概念,怎么可能说我将它与使用价值(或效用)混淆了呢?况且边际效用的概念决不能与效用概念或使用价值的概念相混淆。说我混淆了价值与使用价值的人正好表明他自己在理解别人的观点时将边际效用与效用混为一谈了。其实,边际效用论正是通过边际效用的概念,即 $U_m = du/dx = \lim \Delta u / \Delta x$,当 $\Delta x \to 0$(这里 x 为该商品的数量),将使用价

---

[1] 王峰明、牛贾秀:《价值、需求、价格及其"人——哲学"追问》,《学术界》2002 年第 6 期。

与交换价值关联起来，但关联与混淆毕竟是两回事。上面我还说过，交换价值从供给方面来看，不仅取决于工人一般劳动支出，而且取决于应用科学技术的耗费，提高组织管理水平的耗费以及自然资源的耗费等，我根本没有将工人一般劳动的支出看作决定供给价值的唯一因素，我又怎样会将劳动价值的生产（一个因素）与价值的实现（多个因素的决定性）混淆起来呢？在这里我从主观方面又从客观方面，从需求方面又从供给方面来看商品的经济价值，将它看作供需均衡时的均衡价格。在这里一个交点和交点上的两条曲线、均衡价格（或称为价值或均衡价值）与波动着的价格在一般微观经济学体系中本来就是两回事，从哪里可以看出我有混淆的地方呢？不过这里我们特别要注意的是，研究价值和价格的目的，是要追问市场是怎样运作的、价格是怎样形成和变化的、价格围绕什么波动。价格的形成与变化怎样促进着竞争，又怎样促进、调节着社会资源的分配与流动，从而可以被我们用来克服计划经济的弊端。难道这不正是改革开放和市场转轨的关键吗？除了供求不一致对价格发生影响之外，当供求一致时均衡价格是如何决定的。这个决定均衡价格的东西唯一就是工人的劳动吗？其他的阶级或阶层都没有贡献，他们之所得仅仅是从瓜分工人生产的剩余价值那里来的吗？由于这种瓜分和剥削才引起贫富两极分化吗？而随着市场经济和资本主义的发展工人必然发生绝对贫困地和相当贫困化吗？因而任何时候都应该以阶级斗争为纲吗？如果我们确实不顾经济发展的事实而这样看和这样想，那我们恐怕在读完《资本论》之后就睡着了。至于分配不公问题、阶级调和与阶级斗争问题、劳动产权问题、宏观调控问题都不是在这里讨论价值问题时能被说得清楚的。

总之，从哲学上的主客体关系价值说来看，经济价值或交换价值是一个多元函数，劳动只是决定交换价值的诸多变量之一。交换价值是一个复杂系统，劳动价值论的局限性在于它将系统中的一个元素（劳动）看作系统本身。

四 从社会福利（welfare）概念来看主观价值论的局限

目前流行的微观经济学讲的个人福利（或效用），指的是个人偏好的满足，具体说来，是消费者对于消费者中间的整个商品配置的偏好。社会福利指的是个人福利的"加总"。社会福利函数是社会成员个人效用函数的函数。设 x 为消费品的配置，$U_i(x)$ 为第 i 个人对 x 的偏好，即他的个人效用函数，则社会福利函数就是个人效用函数的函数：$W[U_1(x), U_2(x), \cdots, U_n(x)]$。对于个人福利函数或个人效用函数的加总，不同学派有不同加总的方法。[①] 边沁的加总方法是代数和，即边沁福利函数为：

$$W(U_1, U_2, \cdots, U_n) = \sum_{i=1}^{n} U_i$$

边沁认为，功利主义基本原则就是求得这个社会福利函数的最大化，即

$$\max W(U_1, \cdots, U_n)$$

罗尔斯的加总方法是最大最小原则，即罗尔斯社会福利函数为：

$$W(U_1, \cdots, U_n) = \min(U_1, \cdots, U_n)$$

罗尔斯认为正义论的基本原则之一就是最大最小原则，即

$$\max\{\min(U_1, \cdots, U_n)\}$$

但是，不管如何加总，从主观价值论或效用论的角度看，这里福利被看作偏好的满足。这是福利的形式定义，它不问偏好的是什么，不问偏好的内容，并将偏好看作人们主观的决定与选择，不问这种决定与选择的原因以及它是否真的给人们带来客观的利益。现在我们来仔细分析一下将福利看作偏好的满足这种主观价值论有何

[①] 参见 H. 范里安《微观经济学：现代观点》，费方域等译，上海人民出版社 1994 年版，第 681—682 页。

优点又有何局限性。

应该说，将福利理解为个人偏好的满足有很多的优点：（1）这种形式定义能使个人的不同种类不同性质的福利能够成为可以比较和可以统一测量的东西。这个测量的标准就是人的偏好本身，"人为万物的尺度"这句话对于价值论来说有一定的道理，不但同一个人不同福利可以测量，就是不同人的不同福利也可以通过偏好的"加总""社会平均"和"个人效用函数的函数（社会福利函数）"来加以比较、测量和运算，并由此而推导出一些定律，例如福利经济学第一定律和福利经济学第二定律等。（2）将福利看作偏好的满足，也就是说将偏好的满足看作是准确地测量个人需要和福泽的东西，在一个理想的经济世界中成立。在这个理想世界中，人人都有极为完全的信息，并有极为正确的信念、意志和自我控制能力使其偏好不出偏差。在这个理想世界中，人人不但是经济人，而且是全知全能的经济人。例如在这理想的经济世界中，人人都不偏好抽烟，也不偏好赌钱等。现实世界在多大程度上类似于这个理想世界，它就有多大程度适合社会偏好函数所推导出来的定律。（3）即使个人的偏好并不完全反映他的真实福利，但毕竟什么是他的福利之所在，在一定意义上说，只有他自己最了解他，为自己着想比别人为他着想更加切实反映他的实际，毕竟只有他自己才知道他的鞋子在哪里卡脚，并且哪双鞋子最适合他。所以，福利经济学假定每个人都是他自己是否幸福的最佳发言人或唯一判断者，这是有相当道理的，这也体现了个人自由的原则。

不过，当我们从理想的天衣无缝的数学天国徐徐地降落到那"粗糙的"现实的经济世界时，我们立刻发现，用个人偏好的满足或社会偏好的满足来测量人们达到的福利状态出现许多问题。本来，我们测量人们达到的福利状态的目的，在于给我们确定一个福利的比较基准，考察随着科学、技术与生产的发展和社会的进步，人们应该怎样不断提高自己的福利。而我们的社会政策和经济政策的目标就在于尽我们一切力量来提高人民的福利。首先提高哪些福

第十二章 主观价值和客观价值的概念及其在经济学中的应用

利,然后提高哪些福利,这福利提高的目标是什么,以及福利如何分配,这是一个我们必须考虑的问题。可是现在福利被定义为偏好的满足,而不问那偏好是什么、怎样来的,以及是否真实代表它的福利。这就出现一系列问题了:

(1) 那些荒淫无度和反社会偏好的满足也是福利吗?不容否认,社会上是有许多人偏好于毒、赌、黄的。在鸦片战争以后,广东还有很多人偏好于抽鸦片,其偏好的强度大得无比,在他们的个人偏好序中肯定占了首位,为此可以倾家荡产,甚至卖掉自己的老婆和孩子。满足了这个偏好也是一种福利吗?目前我国的贩毒活动仍很猖獗。如果我们的福利定义是偏好的满足,我们就不应该去禁止它,既然我们对它加以严打,就说明我们有一个客观的福利概念而不将福利看作是人们偏好的满足。

(2) 那些在不健全的社会规范下,在恶劣经济环境困迫下和在反常心理状态支配下的偏好的满足也给人们带来福利或最大福利吗?对他们不太偏好和不敢偏好的东西带来满足就不会给他们带来福利或只带来较小的福利吗?试想19世纪的中国妇女在那封建宗法规范的高压统治下,并不太偏爱放掉她们的小脚,也不偏好于剪掉她们的辫子,也不偏好于反对男人的三妻四妾和反抗封建家庭的压迫,也没有偏好于男女平等。然而满足她们当时并不太偏好的东西,实现妇女解放、自由婚姻、男女平等、放掉小脚、同工同酬不正是极大地提高她们的福利吗?有一些极度贫穷地区的青年,在走投无路的情况下,他们确实偏好于在血汗工厂每天做十多个小时的劳动以换取每月三四百元甚至一二百元的工资,难道这种显示偏好的满足,也是他们的最大福利,就不需要再关心他们的劳动保护和阶级的利益吗?关于这一点,1998年诺贝尔经济学奖获得者阿马蒂亚·森有一个很好的论述,他说:"曾经有过不幸经历的人往往会有非常少的机会,非常小的希望,与那些曾经生活在幸运和顺利环境中的人相比他们更容易满足于清贫的生活。可是,幸福程度的衡量尺度(或欲望满足程度的度量)也许会以某种特定的方式来扭曲

◇ 续篇 现代科学与伦理的拓广研究

清贫的程度。没有希望的乞丐、无依靠且无土地的劳动者、受压迫的家庭妇女、长期失业者和过度疲惫的苦力会因得到一点小小的恩惠而感到快乐，并设法为生存需要去承受更大的痛苦和压力，但是，因为他们的生存策略而在伦理上轻视他们福利损失的做法是非常错误的。"[1] 所以主观的偏好和客观的福利毕竟是两回事。我们需要有客观福利的概念和客观福利的量度，我们回避不了"什么是福利"这个哲学问题。

（3）那些由错误信念带来的偏好的满足也带来福利吗？我们是人，我们不是神，我们不是"拉普拉斯妖"，我们对未来的世界和未来的结果知之甚少。我们的信念不可能都是正确的。有人认为有病（即使是重病）靠自己的抵抗力，靠自己练功比去医院治疗好得多，他们害怕医院治疗会夺走他们有限的钱财，医疗事故会夺走他们的生命。对于这种偏好的满足也会给他们带来福利吗？如果不是，我们就应该建立客观的福利概念。

现在，世界上已经有一些经济学家和哲学家企图建立客观的福利概念，并寻找对客观福利的测量。罗尔斯"基本的善"的概念就是一个客观福利的概念。按照罗尔斯的看法，所谓"基本的善"（primary goods）包括基本的自然的善，即健康与活力、智慧与想象力等；也包括基本的社会的善，即权利与自由、权力与机会以及收入与财富，还有自尊等。罗尔斯的"基本的善"，它"是被假定为理性的人欲求其他什么东西都需要的东西"[2]。还特别值得一提的是，阿马蒂亚·森认为客观的福利就是人们能达到和获得有价值机能的能力（the capability to achieve valuable functionings），我们能走路，我们能弹琴，我们有很好的营养，我们能爱朋友，我们能探索与理解世界……这些机能得到发挥和实现的能力就是我们的福利。他批评罗尔斯，

---

[1] Sen, A., *On Ethics & Economics*, Blackwell. Publishers Ltd., 1999, pp. 45–46.
[2] Rawls, J., *A Theory of Justice*, Oxford University Press, p. 62.

认为他的"基本的善"的概念太过于着重善的外在手段而不注意善的内在能力，用我们的话说，提高全民的素质、提高每个公民自由全面发展的能力是最大的福利。我想，这些论点的哲学资源主要是来自亚里士多德学派的自我实现论，这种自我实现论可以从外部条件看也可以从内部能力看。

五　客观价值论的社会福利概念

让我们首先分析亚里士多德的自我实现论。古希腊哲学家运用他们各自的价值论来追问什么是人们的善生活，什么是人们最有价值的生活，这与我们这里讨论的什么是社会的福利有密切的关系。以伊壁鸠鲁为代表的快乐主义者认为，人们最有价值的生活也就是最大限度增加自己快乐和减轻自己痛苦的生活。当然伊壁鸠鲁认为，他所说的快乐不仅包括物质生活得到享受和精神生活得到满足的快乐，而且包括友谊与爱这样的福泽。这是从主观心理感受的进路，从主观价值论的进路讨论人的生活价值或福利问题。近现代的许多哲学家和经济学家就是沿着这个主观价值论的思路考虑社会福利问题，洛克、休谟、边沁、穆勒是快乐主义者，推动19世纪经济学边际革命的经济学家门格尔、杰文斯和瓦尔拉也是快乐主义者。但亚里士多德却沿着不同思路来考虑这个问题。他从生物的客观进化和人之所以为人的客观潜能或能力的发挥，来看人的生活价值和客观意义上的社会福利。亚里士多德将人的生活与动物、植物进行比较，认为植物只有营养灵魂，只具有营养、生长、繁殖的能力；而动物在这基础上，还有感觉灵魂，因而具有营养、生长、繁殖、感知、反应的能力；至于人，又在这基础上加上自己独有的理性灵魂，具有营养、生长、繁殖、感知、反应，以及各种理智的能力。亚里士多德说："不同物种按其本性来说有自己最好和最愉快的东西。因而，对于人，按照理性来生活，是最好的最愉快的。因为是理性而不是别的东西使人成为人，理性的生活因而是最幸福的生活。"① 这也就是荀子所说的："水火有气而无生，草木有生而无知，禽兽有生而无义。人有气，有生，有知，亦且有义，故最为天下贵也。"（《荀子·王制》）因此人生的价值或人的价值就不但是生存需要的物质生活的享受，而且具备这样的条件，使人作为人的潜能和创造力得到充分完善的发挥。这就叫作自我实现的价值观，自我实现的福利观。

这个自我实现论，在马克思那里，就将个人的才能、兴趣和创造力的自由的全面的发展，看作人类最高的善和最大的幸福，那只有到了共产主义社会才能普遍达到。这个自我实现论，发展到现代管理学，就发展为 A. H. 马斯洛的需要层次说：生理的需要，安全的需要，爱情、感情和归属的需要，自尊的需要，自我实现的需要，这就是从低级到高级的五大层次的需要。这个自我实现论，发展到当代福利经济学，就发展为阿马蒂亚·森的"作为自由的发展"，即"个人拥有按其价值标准去生活的机会与能力"。阿马蒂亚·森说："一个人的能力（capability）指的是此人有可能实现的，各种可能的功能（functioning）组合。能力因此是一种自由，是实现各种可能的功能组合的实质自由（或者用日常语言说，就是实现各种不同生活方式的自由）"或"选择有理由珍视的生活的实质自由"②，这样的"能力"称为福利能力。发展就是提高每个个人的福利能力。他们都以一种客观的视野来看人的生活需要、生活追求和福利。

现在，我希望能够从自我实现论中建立起一种福利的概念，这种福利概念不是经济学所说的人们的偏好得到满足的程度，而是人们的客观潜能得到发挥，客观的需要得到满足的程度。参考亚里士多德关于人们具有的不同维度生命功能、马克思关于人类能力的全面发展和马斯洛关于人类需要层次的满足，以及邦格关于需要的状态空间理论，我们将人类客观的需要划分为三个维度与三个层次。

---

① *Great Books of the Western World*, William Benton Publisher, Vol. 9, p. 432.
② 阿马蒂亚·森：《以自由看待发展》，任赜、于真译，中国人民大学出版社 2002 年版，第 62 页。

第十二章 主观价值和客观价值的概念及其在经济学中的应用

1. 人类客观需要的三个维度

人们追求自己的生活幸福或生活福利,他们的需要应该得到满足,潜能得到发挥。事实上人们的需要是多方面的,多维度的。不能牺牲一个而强调另一个。将福利与发展,只看作 GNP 的提高和平均国民收入的增长以及技术的进步就是这种片面性的表现。人们多维度的需要可以分为:

(1) 物质上的需要:包括衣、食、住、行、性(生活),闲暇的时间,活动的空间,良好的生态环境,完善的医疗服务,健康的身体,长寿的生命,繁殖与养育后代等物质的或生理的需要。

(2) 精神上的需要:包括学习和受教育的需要,增长自己的知识、能力与创造力的需要,以及科学、文化、娱乐生活的需要。

(3) 社会上的需要:包括友谊、爱情、社交、参加一定社团获得一定归属感的需要,获得他人的尊重的需要,享受民主、自由与人权的需要。

以上三种需要相互依存又相互交叉,生理上的需要要在一定社会环境下才能满足,而友谊、爱情、自尊要有一定物质基础才能得到保证。所以,三种需要必须协调发展。亚里士多德说:"普通和粗俗的人们认为善就是快乐,因而赞成一种享受的生活。而实际上有三种重要生活:感官的、政治的和思考的。"[1] 美国哲学家詹姆士说:"有一个物质的我、一个社会的我、一个精神的我以及相应的感情与冲动,他希望保存和发展自己的身体,使它有饭可食,有衣可穿,有屋可住;他希望获得和享受财产、朋友和别的快乐;希望获得社会的尊敬,被热爱与崇敬,发展他的精神趣味,以及帮助他的同伴实现同样的愿望。"[2] 这里,从需要来说,是物质需要、精神需要、社会需要三维;从价值来说是物质价值、精神价值、社会价值三维;从福利来说是物质福利、精神文化福利、社会政治福利三

---

[1] *Great Books of the Western World*, Willian Benton Publisher, Vol. 9, p. 340.
[2] 转引自弗兰克·梯利《伦理学概论》,何意译,第 167 页。

维。不可或缺,不可偏废。人们从三维上不断提高自己的福利。假定物质上的需要,包括生理需要由 N_{11},N_{12},N_{13},…,N_{1i} 表示,而精神需要由 N_{21},N_{22},N_{23},…,N_{2j} 表示,而社会需要由 N_{21},N_{32},N_{33},…,N_{3k} 表示,则一个人所处的福利状态,就在 N_{1i},N_{2j},N_{3k} 三维空间中表示为一个点。这三维空间所表示的福利函数,与目前微观经济学边际效用论讲的福利函数是不同的,它是客观的福利函数。

2. 人类需要的三个层次

从需要的层次上,我们大体上可以将个人需要划分为三个层次。第一,生存(survival)的需要,缺少了它,个人不能存在。例如一般说来成人每天需要 2500 千卡的热量供应和 30 克的蛋白质供应等,这是在任何社会条件下都是必需的。R. L. Sivard 在《世界的军事与社会的消耗》(1987—1988)一书中指出,全球有 8 亿人得不到足够的食物,13 亿人得不到安全的饮用水,即他们的生存受到威胁。可见生存的需要在世界上还有许多人得不到满足。[①] 第二,福康的需要,这是在特定社会条件特定文化下为保证身心健康的物质生活、精神生活和社会生活的基本需要,包括较好的物质文化生活、友谊与爱、自尊与安全感等。从现代社会的观点来看,所谓个人的福康需要,指的是人们过着有尊严的、有文化的、有保障的、身心健康的生活所必需的东西。缺少了它们,或这种需要的满足达不到一定的标准,人们或许还能生存,但他们会在身心上和人际关系上受到基本的伤害。第三,自我实现(self-actualization)和全面发展的需要。即个人的兴趣、才能和创造力得到自由的全面的发挥,他的个人生活理想得到很好的实现。根据邦格估计,全世界约有十分之一的人具有满足这种需要的条件。他将满足了这种需要的状态称为理性的幸福状态。以上三种需要,前者是后者的必要条件,后者是前者的充分条件,从而形成需要的层次与序列,而第

---

① R. L. Sivard, *World Military and Social Expenditures*, 12th ed., Washington: World Priorities, 1987 - 1988.

一、第二层的需要是基本的需要。基本的需要是一个十分重要的范畴，凡能满足人们基本需要的东西组成社会基本价值，或如罗尔斯所说的"基本的善"，一个社会成员的基本需要能否得到满足，是一切社会行为、社会政策、社会制度好坏的最终裁决。这样，我们便可以对"温饱""小康"和"富裕"下一个客观价值论的定义。一个社会，凡是具备能而且只能满足其成员第一层次需要条件的社会，称为"贫穷"而"温饱"的社会。凡具备且只具备满足其成员第二层需要条件的社会称为"小康"社会，凡具备满足其大多数成员第三层需要条件的社会称为"富裕"社会。这里说的"具备……条件"主要指的是在经济、文化、政治资源上具备这些条件。至于是否其成员都现实地满足了自己某个层次上的需要，这里有一个分配问题，即分配是否公正问题。

需要的多层次，表现在需要状态空间中，便构成相互包含的圈层结构。其中第二层（小康层）比第一层（温饱层）大并包含第一层，第三层（富裕层）又比第二层大并包含第二层和第一层。假定"贫穷层"属于第零层，我们就在福利的多维状态空间中划出了四个层次，它的结构就如同俄罗斯的玩具娃娃一样，一个套着一个坐落在上面所说的 N_{1i}，N_{2j}，N_{3k} 组成的福利状态空间中。这就是三维四层的客观福利函数，为人类的生活追求提供了一个客观的论证，也为我国改革开放、实现现代化的过程分为脱贫、小康、富裕三步走，提供一个客观的论证。一个恰当的社会福利价值目标对于经济学，特别是对于不发达国家的经济发展十分重要。我们力图表达的这个客观的同时又是广义的福利概念的显著特点如下：

（1）它强调在提高福利的现代化发展过程中，不但要注意物质福利的增长，而且要注意精神维度的福利和社会维度的福利。

（2）它强调在我们从脱贫、小康到致富的三部曲福利发展中，不但要注意人们的实际利益的获得，而且要注意人的自由与能力的拓广。马克思所说的实质自由的实现和阿马蒂亚·森所说的发展就是自由是十分正确的。

第十三章

从感知控制到生态伦理

——PCT 的价值学诠释[*]

深层生态伦理，即非人类中心生态伦理面临着几个根本的理论困难。这就是：自然界，特别是非人类的生命，各种生态系统存在着内在价值吗？是在什么意义上存在固有的内在价值呢？我们，作为人类分子，为什么要尊重自然界、生命和生态系统的内在价值呢？我们为什么有这种道德责任呢？我们能够从生态系统稳定的自然循环的必要性的事实判断中推出我们应该保护生态系统的完整、稳定和优雅的伦理原则吗？这就是泰勒、H. 罗尔斯顿、A. 纳西等生态伦理学家们经常遭到质疑的问题。本章准备从一个新的视野来分析这些问题，这就是从控制论特别是鲍威斯（W. T. Powers）的感知控制论的视野来分析这些问题，不是从主客二分的视野，而是从鲍威斯指出的系统与环境的不对称关系的视野分析这些问题。当然这种分析视野是带有模拟和类比的性质，不过它在方法论上是有启发性的。还应指出，本章虽然在应用层面上是要分析一个生态伦理问题，但中心的环节是要对：鲍威斯的控制理论，即 PCT 作一个价值学诠释（interpretation）。

---

[*] 本章作为论文曾在美国控制系统小组 2003 年年会（Control Systems Group 2003 Meeting）上宣读，并在该小组 2004 年和 2006 年的年会上进行过反复的讨论。其摘要曾发表在《广东社会科学》，2003（4）。这次收入本书时又做了重大修改，合作者为颜泽贤、范冬萍教授。

第十三章 从感知控制到生态伦理

一 感知控制论及其哲学意义

鲍威斯于20世纪70年代创立的感知控制论（perceptualcontrol theory）[1]，可以从动物和人类行为科学方面进行分析，也可以从一般控制论和系统论方面进行分析。近年来它被运用于神经病理学、管理学、社会学、计算机科学等领域，说明了它应用的广泛性，特别是最近鲍威斯本人将这个理论应用于生命起源的研究[2]，更说明它不仅是一种心理学学说，而且具有普遍的方法论意义。由于这个学说尚未翻译介绍到中国学界里来，因此就有必要在运用它来解决价值问题之前，先对它作一个简单的介绍。

早期的控制论，特别是维纳的控制论，起源于工程科学与生物学的跨学科研究，但是后来的发展则着重于工程控制论方面，出现了控制论的发展丢失了生物学，而理论生物学的发展丢失了控制论的局面。鲍威斯的目的是，重新将工程控制论与理论生物学结合起来，在这方面，他比维纳前进了一步。他不仅认为动物世界到处存在着与伺服机器（servo machine）相同的控制机制，而且认为，一切生命都是层级地组织起来的负反馈系统，一切生命行为在所有时间里都是按特定的目的对某种变量的控制，控制机制是生命的本质[3]，"是一切行为的中心的和决定的因素"或生命的"基本原则"（fundamental principle）[4]。

什么是控制呢？鲍威斯、马肯（R. Marken）等人认为控制的

---

[1] William T. Powers (1973), *Behavior: The Control of Perception*, New York, Aldine de Gruyter, Inc. Fourth Printing, 1987.

[2] William T. Powers (1995), "The Origins of Purpose: the First Metasystem Transitions", in F. Heylighen, C. Joslyn & V. Turchin (eds): *The Quantum of Evolution.* Gordon and Breach Sdence Publishers, New York, pp. 125 – 138.

[3] William T. Powers (1973), *Behavior: The Control of Perception*, New York, Aldine de Gruyter, Inc. Fourth Printing, 1987, p. 47.

[4] Ibid., p. 44.

— 383 —

充分必要条件是：

（1）对系统可能状态 q 进行约束（constraint），即通过选择与化约（selection and reduction），减缩到特定状态 q^*，记作：$C(q_i) \to q^*$。

（2）对于环境加到 q^* 的干扰与摄动（disturbances & perturbation），系统总是存在着不断的对抗（counteract）和补偿行动，使 q_i 倾向于返回 q^*，以至于 q^* 是某种类型的非平衡的稳定态、稳定环或其他类型的吸引子（attractor），记作：$R(q) \to D(q)$。D 为对 q 的干扰效应，R 为对 q 的行动效应，→表示对抗、干扰。

只有同时满足这两个条件的系统与行为才被称为控制，例如生物中的体内平衡（homeostasis）、生物世代的生存（survival）维持、人类的目的性行为，以及生态系统的稳定性以及控制工程的伺服机构（servo mechanism）都是控制的例子，因此，R. Marken 将控制定义为变化中的稳定性（stability in the face of variability）。他说："一个被控事件就是这样一个物理变量（或几个变量的函数），它在招致变化性的各种因素中保持稳定。"[1] 而 Powers 则指出："A 称作控制 B，仅当对于所有作用于 B 的干扰影响，A 总要产生一种行动，它倾向于强烈地抵消这种干扰影响 B 的效应。"[2] 由于从能量的观点看，一个系统能够这样做（而成为控制系统）时，它必须是一个耗散结构（dissipative structures）；而任何复杂系统都必须通过控制机制才能达到适应性自稳定和适应性自组织以保持自己的有序结构，所以控制论以及它的这个定义从功能和机制上概括了范围广大的系统科学领域，包括耗散结构理论（theory of dissipative structures）、协同性（synergetics）、混沌理论（theory of chaos）、复杂适应系统理论（complex adaptive systems theory）。所以我们必须从复杂系统及其进化的新观念来研究控制论，控制论在工程师的理解中

---

[1] R. S. Marken,"A Control Systems Group Book", *Mind Readings*, p. 13.

[2] W. T. Powers,"A Brief Introduction to Perceptual Control Theory", http：//www.brainstormmedia.com/users/powers_w/whatpct.html.

第十三章 从感知控制到生态伦理

原本就带几分机械论色彩的。另外，我们又要从控制机制的视角来研究复杂系统，复杂系统的典型代表是生命世界和社会组织，控制论视野给这种研究注入科学的方法。鲍威斯的控制论，特别他近年来的研究，正是朝着将这二者结合起来的方向进行的。

按照鲍威斯的理论，控制系统的运作，可以概括于图13—1中：

这是一个负反馈回路（loop）图，其中有五个函数 k，用方框表示，包括输入函数 K_i，输出函数 K_o，环境函数（反馈函数）K_e，干扰函数 K_d 以及比较函数 K_c。在大脑模型中，它们代表神经系统及其环境中的某个组织或子系统，能将输入信号按一定函数关系转换为输出信号。在图中，尚有六个变量：r, p, e, a, q, d，在带箭头的线中传递。在大脑模型中，r, p, e 通过神经电流（neural current）传播，用信号单位（每秒流过的神经脉冲 neural impulses 的个数）来计量，在神经网络及其"运算器"中有一套加、减、乘、除、微分、积分的运算法则和运算逻辑。a, q 与 d 为环境中的物理量，受物理规律支配。图13—1中虚线之上为控制系统；虚线之下为环境。黑点表示来自另一层级或传向另一个层级的结点。

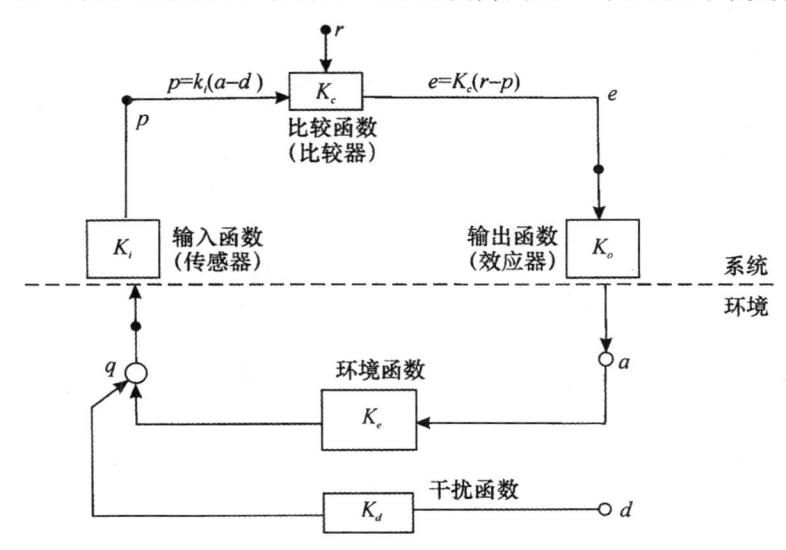

图13—1 控制系统与环境

在这些变量中，有两个最为重要的关系式：

(1) $a = K_o(e) = K_o K_c(r-p)$

(2) $p = K_i(q) = K_i(K_e a - K_d d)$

式（1）表明，系统输出的行动 a 是基准信号（reference signal）与感知信号（perceptual signal）之间偏差（error）的函数，这个偏差越大，为纠正这个偏差所需要的行动变量就越大。式（2）表明，感知信号是干扰变量与行动变量加权差（weighted difference）的函数，它报告了行动抵消（counteract）干扰以达到基准信号所指示的稳定性的情况。现在的问题是，在这个系统及其环境中，到底谁控制了谁呢？是感知控制了行动（或刺激控制了反应）呢？还是行动控制了感知？按照 Powers 的定义，所谓控制就是尽可能抵消某个变量所受的干扰，使其保持某种基准的动态稳定性。从这个观点看，不是感知信号控制行动，而是系统的行动控制感知信号，这就是感知控制论的一个基本原理。控制论讨论的问题不是控制环境吗？怎么会变成控制自己的感知呢？事实的情况就是这样，我们只有通过感知才知道世界和知道怎样控制这个世界（的一部分事态），因此只当感知信号与环境事态相一致，控制感知才意味着控制我们周围的世界，而如果环境与我们感知的通道出了什么差错，环境并没成为我们控制的对象、处于我们的控制之下。所以准确地来说，我们直接控制的对象就是我们的感知，当然在正常的条件下，正如麦克勒兰德（K. McClelland）所说的"经验地说，控制感知就意味着控制我们周围的世界，并在实践上，控制感知等价于控制物理的和社会的环境的某些方面"[1]，包括控制我们自己的身体在内。

感知控制论的模型是相当精确、相当完整的，为了理解这个模型，我们特别要注意分析它的基本概念：

(1) 被控量 q，又称被控变量（controlled variable）：它是环境的一

---

[1] Kent McClelland, "The Collective Control of Perceptions: Constructing Order from Conflict", *International Journal of Human-Computer Studies*, 2004 Jan, 60 (1), p.3.

个组成部分，它因干扰而发生的变化被控制系统行动发生的效应所抵消与补偿，而成为前面控制定义中的 q^*，不仅外界环境的某些部分可以是被控变量，我们身体本身的许多变量都是被控变量，包括我们的体温、血压、各种体液的浓度与数量以及我们自己的生命本身。

（2）干扰 d（disturbance）：除了系统自身行动 a 的效应之外，对被控变量发生影响的一切因素，包括环境的干扰、系统自身的摄动与涨落（fluctuation）都属干扰之列。

（3）输出函数 K_o 与输出变量 a：输出函数发生于传统控制论所说的效应器（effector）或执行器（executor）上，如动物的肌肉、自动机中的马达等，它将指令信号或偏差信号转变为物理效应，即输出变量 a。这个输出变量就是系统的一种行动，它是一种达到目的的手段而不是目的本身。

（4）比较函数 K_c（comparison function）与偏差信号 e（error signal）：控制系统的行动是受偏差信号导向的，所谓偏差信号就是感知信号（perceptual signal）对基准信号（reference signal）的偏离。如果对被控结果（即被控变量）的感知与基准条件完全一致，即 $p=r$，因而 $e=r-p=0$，$a=k_o(e)=0$。控制系统就根本不需要行动。但由于干扰总是不断地出现，感知虽然总是围绕基准条件上下波动，二者的偏差总是存在。比较器的任务就是将作为输入的 r 与 p 进行比较，输出一个与这个差异成比例的信号作为指令信息，指导和规范控制系统的行动，于是我们进到感知控制论的两个最基本的概念：感知信号和基准信号。

（5）输入函数 K_i 与感知信号 p：为了进行控制，控制系统必须获得有关被控环境的信息，包括外界对被控变量的干扰和行动对被控变量及其干扰的影响的信息，这种信息是从所谓"传感器"（sensor）中通过输入函数 $p=K_i(q)$ 而获得，这里传感器可以是伺服机器中的信号接收器，如空调器中的一个热敏电阻，也可以是生命系统中的感觉细胞和感觉器官，还可以是由此获得各种信息的大脑皮层的某种细胞和某个区域。所以这里感知（perception）是一个广泛的概念，对于人类来说，虽然它最初来自某种外界的物理刺激，但可以包括感觉、知觉、表象、概念、判断、推理，甚至科学、艺术以及意识形态。它可以是无意识的也可以是有意识的。它可以是世界的直观形象，也可以是有关世界与社会的概念结构。感知控制论最重要的理论贡献之一就是指出，作为被控制对象的感知，是层级地组织起来的。鲍威斯[1]建议了中枢神经系统至少有十一个相互区别又相互联系的感知等级层次，从"强度"（intensities）、"感觉"（sensations）起，到"纲领"（programs）、"原理"（principle）以及"系统概念"（systems concepts）止，Powers说"感知一词在最普遍的意义上运用，以表示所有的经验，从最原始的感觉输入起到最抽象的表现止"[2]。

（6）基准信号（reference signal）：基准信号这个名词，可翻译成参照信号或参考信号。这个概念在传统控制论中以"给定点"（set point）或"给定值"（set value）、"目标值"（object value）的形式给出。如空调机中设定的我们所期望的温度，导弹中设定的导弹与目标之间的零点距离，不过工程控制论常常将它看作是从系统的外部输入进来的，而如果机器的控制者是人本身，就往往容易产生一些混淆，以为那目标是在环境中的，如导弹要命中的目标位置，室内温度的基准，而事实上在这一情况下，基准信号也只存在于人的大脑中。鲍威斯最重要贡献之一就是十分重视作为目标信息的基准信号的概念，并在模型图中明确加以标示。明确指明它不是从系统外部进入的，而是系统本身固有的本质因素，在生物系统中，它通常来自上一个层次，来自基因。鲍威斯交互地使用基准条件、基准信号、基准值、基准变量这些名词来说明系统这样一种状

---

[1] W. T. Powers (1990), "A Hierarchy of Control", pp. 59 – 82, in *Introduction to Modern Psychology: The Control-Theory View*, R. J. Robertson & W. T. Powers (ed.) Gravel Swith, KY: Control Systems Group.

[2] W. T. Powers (1992), "Thread on Levels of Perception", p. 7, http://www.ed.uiuc.edu/csg/documents/PERCEPT.LVL.html.

态，以它作标准来决定被控的变量对于它的偏差有多大，以它作标准来决定对环境变量的感知状态对于目标的偏差有多大，以决定抵消这个偏差的行动。所以基准条件可以经验地表述为这样的条件，其时被控变量不要求行动做出响应，即基准信号数值就是无偏差信号时感知信号的数值。即在公式（1）$a = K_o (r - p)$ 中，当 a 等于 0 时，$r = p$，以这样的方式来确定基准值。虽然可以这样来推算基准信号、基准条件或基准变量的数值，但要使 $r = p$，$q = q^*$ 实际上是不可能的。因为干扰总是存在着而且变化着，这里，"基准条件"只是一个理论概念，而且对大脑模型来说，基准条件是个内心现象不是可观察的物理现象，我们能观察到的只是它的外部表现，所以行为主义者不肯承认它。鲍威斯说："基准条件精确地就是一种目的，而且事实上它不与任何可观察的物理现象相联系。这就引起了行为主义者拒绝目的定向行为这个概念的原因。"[1] 现在鲍威斯找到了目的性的物理复本（physical counnterpart），这就是基准信号。

强调基准信号即目的性在行为中的决定性作用，强调不是环境控制系统，不是感知控制行为，而是行为控制感知，从而间接控制环境，这就决定了鲍威斯等人的感知控制论的基本哲学立场。在本体论上它是现象学的而不是实在论的；在认识论上它是建构主义的而不是反映论的；在行为的理解上它是目的论的认知主义的而不是机械论的行为主义的。

所谓它在认识论上是建构主义的而不是反映论的，就是说，它不认为人脑的感知，是客观实在的复写（image）、摄影（mirror）、反映（reflection），它不认为它只是由实在投射建构出来的，因而这些所谓映象一定可以通过译码来指称外界，一定有个相应的实在结构。感知控制论认为，事情恰恰相反：依照感知层次观点，虽然有一部分最低层的感知强度信号是由外部物理效应引起的，但大部

---

[1] William T. Powers, *Behavior: The Control of Perception* (1973), New York, Aldine de Gruyter, Inc. Fourth Printing, 1987, p. 65.

分感知信号并非如此,而即使来自感知强度的信号都是经过转换到达大脑的,它一层层地转换成其他的与原初信号完全不同的信号。这些信号的性质依赖的是大脑的计算函数,由这些计算函数建构起来。对于客观实在,它是可以有所指,也可以无所指。鲍威斯说:"这就导致了感知的特别概念。大脑可能充满了许多感知信号与它所依赖的外部实在的关系是完全任意的。至少我们不能断言任何给定的感知有头脑以外的意义,也可能完全没有意义,甚至一阶感知也是如此。我们可以猜想在神经系统几毫米之外有一个客观世界,但我们感知的并非这个世界。"[1] 而从感知控制的观点看,不是外部世界的感知控制行动决定行动而是行动及其目标决定要感知什么事物,要感知什么作用,以及怎样组织这些感知。这些观点本质上就是康德的范畴决定认知、汉森的观察渗透理论和库恩所说的"我们总是倾向于我们所想看到的东西"。

所谓它在本体论上是现象学的而不是实在论的,也就是说它主张我们所说的客观实在,也是由主观感知建构起来的。这是建构主义认识论进展到极点时的必然推理。由于"我们的大脑没有独立的观察点来从实在中区分出感知"[2],所以我们知道的现象世界就是实在的世界。这个观点被社会建构论者加以发挥,有一部分感知控制论者明确宣布自己就是社会建构论者。麦克勒兰德指出:"我本质上同意:Berger 与 Luckman(1996)这些理论家,他们论证我们的实在是社会化地被建构的,我们解释说明是通过描述这些社会建构实在由那些集体控制的感知所组成,它们是怎样通过集体控制而被建构起来的,这个过程是怎样发生的,以此来为社会建构论作辩护"[3],并说明集体控制的感知怎样变成"社会事实"[4]。

---

[1] William T. Powers, *Behavior: The Control of Perception* (1973), New York, Aldine de Gruyter, Inc. Fourth. Printing, 1987, p. 37.

[2] Kent McClelland, "The Collective Control of Perceptions: Constructing Order from Conflict". *International Journal of Human-Computer Studies*, Volume 60, Issue 1, January 2004, p. 68.

[3] Ibid., p. 69.

[4] Ibid., p. 85.

所谓它不是行为主义的而是一种新的认知主义的,因为他反对将行为看作线性因果关系的和机械论的刺激与反应的结果,这种观点全盘拒斥了对心理事件、目的性和企图的研究。它用环形因果关系的控制论的方法引进了"基准信号"的概念和心理层次的精确分析,所以它是一种新的目的论的认知主义。正如福塞尔(D. Forssell)指出的:"鲍威斯将千年的古老观念,即生命系统的行动旨在产生它所期望的感知,转变行为的形式理论:感知控制理论。"[①]

我们认为,鲍威斯的感知控制论与传统控制论不同的地方就在于它对控制论做出了下列四点新的贡献:(1)更加明确和更加透彻地论证了控制论的目的性概念。(2)提出了感知控制论的基本原理:不是系统的感知控制了系统的行动,而是系统的行动控制了感知。(3)提出了相当完备的层级控制模型,由此说明了控制过程的复杂性,目的性行为的冲突与协调。(4)将控制论运用于生命科学和心理学,提出生命本质在于控制,行为的本质就是对感知的控制。因此,我们对控制论进行价值学诠释时选取了感知控制论作模型。

二 感知控制论模型的价值论诠释

由于控制论科学地、不带拟人观也不带神秘主义地解释(explain)了自然界,特别是生命世界的目的性现象和目的性行为。于是控制论,包括鲍威斯的感知控制论便可以做出目的论和价值论的诠释。N. 维纳早在他的第一篇讨论控制论的论文中就提出要重新肯定目的论。他说:"目的论一词是用作'由反馈来控制的目的'

[①] 原文是:Powers turned the millennia-old idea that living systems act to produce intended perceptions into a formal theory of behavior: perceptual control theory. Dag Forssell (1997), *PCT Introduction and Resource Guide*, p. 13, http://www. ed. uiuc. edu/csg/resource. html。

的同义词。在过去，目的论一词是解释作暗含着的目的，其中加进了'终极因，（果决论）这一暧昧概念……但是，当目的论的这一方面被丢开之后，与目的的重要性有关的认识不幸地被抛弃了。由于我们把目的性看作理解某些行为样式所必要的概念，我们认为，如果避开因果性问题（即所谓结果先于原因问题），仅涉及目的自身的探索，则目的论的研究是有用的。"[1] 鲍威斯则说："在知道了控制理论之后，我们可以自由地运用诸如企图、有目的、意愿以及愿望这些词，因为我们现在已经看到这些词的基本意义是由系统与环境的特定关系，即任何种类的咬文嚼字、推理、认知过程都由无所作为的关系来定义的。目的比起它的各种表现是更为基本的现象，我认为它是生命的真正基础。"[2] 某些自然事物、生命系统和生态系统有目的和内在价值吗？我们原来讨论这个问题是从笛卡儿主客二分、心物二分的划界出发的，因而总是得出否定的结论；我们也看到，在价值哲学上从康德、边沁到泰勒，再到 H. 罗尔斯顿怎样艰难地从主客二分中爬出来承认生命系统和生态系统的目的性和客观的内在价值。现在我们绕开许多咬文嚼字的争论，径直解构主客二分的概念转而从控制系统与环境的特定关系来看待这些价值概念，而将以人类主体定位的价值分析当作控制系统与环境关系分析的一个特例。我们就会直接获得一种新的价值学说。现在我们对鲍威斯的控制系统模型作目的性和价值论的诠释，我们可以得出下面一个模型。

（1）控制系统的目的性和内在价值

控制论最重大的贡献之一就是科学地解释了目的性问题，指出一切控制系统都是有目的的，特别是自主性系统（autonomous sys-

---

[1] A. Rosenblueth, N. Wiener and J. Bigelow. Behavior, Purpose & Teleology, *Philosophy of Science*, 1943, Vol. 10, pp. 18 – 24.

[2] William T. Powers, The Origins of Purpose: the First Metasystem Transitions, in F. Heylighen, C. Joslvn & V. Turchin (eds): *The Quantum of Evolution*, Gordon and Breach Science Publishers, New York, 1995, p. 8.

第十三章　从感知控制到生态伦理

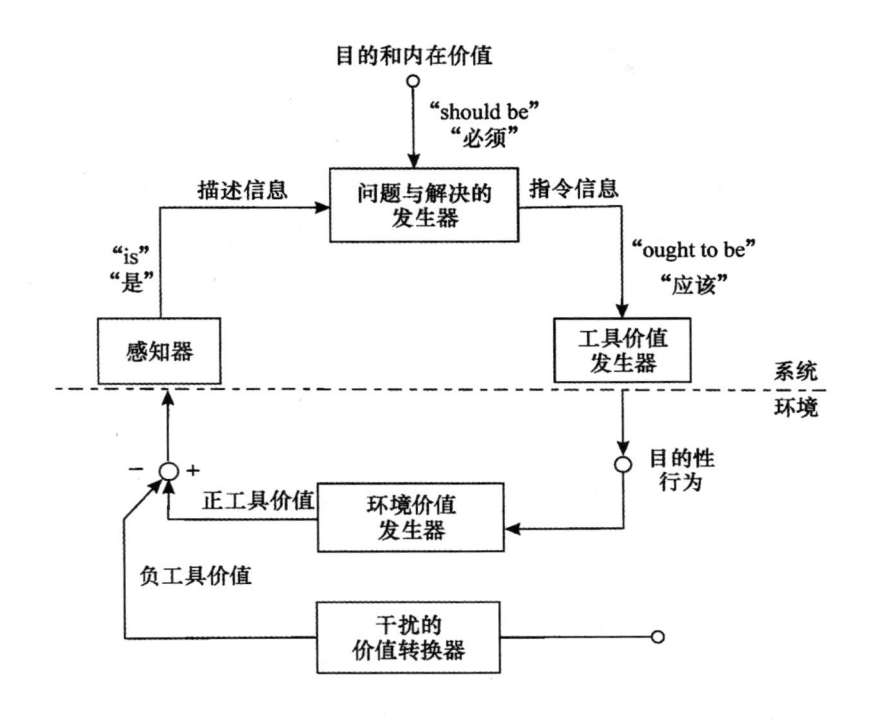

图 13—2　PCT 的价值论的诠释

tem）和自创生系统（autopoietic system），包括生命系统和生态系统在内都是内在地有目的的（purposive）。目的性是这些系统的内部性质和内部状态。Powers 说："目的不过就是基准信号，基准信号决定着这样一个状态，其中一个输入即感觉信号会被带到这个状态，并在那里维持下来。几乎所有控制系统，感觉的输入都表现了受系统行动影响的某些外部变量，所以无论什么行动，只要它将感觉信号带到与基准状态（reference state）相一致的状态，就必然地将被感觉的外部变量带到某种基准状态上去。……控制系统的目的是，控制环境作用于它的效应。我们从系统的外部来观察它如同它控制着某种外部变量一样。被观察变量的某种所偏好的状态（preferred state），对于这个状态，行动总是在任何干扰之后都倾向于返回去的状态。这个状态就是控制系统目的的可观察的反映。"[1]

这样看来，从外部观察一个生命，例如一个恒温动物，它保持自身体温的一定变化范围、血液的一定变化范围、体液的一定变化范围，等等，本身就是其目的性所要求的状态，而在最基本的层次上它的适应性生存（adaptive survival），即适应地对抗外界的干扰与破坏以保持其生命有机体的稳定性，就是它的基本目的之所在。同样，一个生态系统本身的稳定性以及保证这种稳定性的物种多样性与繁荣就是它本身固有的目的性。而忽略了控制论，许多生态伦理学家只好求助于有机论（organism theory）和盖亚（Gaia）学说来说明这种目的性。而鲍威斯的感知控制理论非常明确地说明这种目的性的内部信号和外部表现。可见，并非只有人类的愿望与企图才是目的性，凡是具有下列三个条件的系统都是目的性系统：（1）存在着系统所偏好的状态，即系统离开这种状态时总是倾向于返回这种（基准）状态。（2）存在着一种负反馈机制使系统能对抗干扰以达到这种状态。（3）存在着基准的信息（或程序）来决定这种基准状态的值。生命系统和生态系统因为典型地具备了这三个条件，它具有内在目的性是十分明显的。有了这个控制论和感知控制论的目的性概念就必然存在着一套与此相适应的价值学说即广义价值学说。一个系统有了它所偏好的状态，它的一切行动都倾向于实现这个状态。于是这个状态对于系统来说便具有基本的重要性或基本的价值，对于能达到这个目标的一切条件对系统说来便有了工具价值。目的与手段和内在价值与工具价值，不过是同一个问题的两个方面，或者说是同一个问题的两种不同语言（目的论语言和价值论语言）表达。

如果说，我们对于目的性和价值的关系还不甚清楚，我们可以从古典哲学中借用一些资源来理解它。现在，感知控制论专家们自由地使用了偏好（preference）、意图（intention）、想要（willing）、

---

[1] William T. Powers, The Origins of Purpose: the First Metasystem Transitions, in F. Heylighen, C. Joslyn & V. Turchin (eds): *The Quantutm of Evolution*, Gordon and Breach Science Publishers, New York, 1995, p. 7.

愿望（desiring）这些词来说明控制系统的目的性，甚至 C. Joslyn 称有机体为一个"信念—愿望控制系统"①。这些词用于说明它指向的东西是有价值的。当它指向自己时就表明该系统有内在的价值。关于这个目的性与内在价值的关系问题，亚里士多德在《尼各马可伦理学》（*Nicomachean Ethics*）一书中早有明确论证。他说："为自己的缘故被愿望的东西（其他东西不过为了这个缘故而被想望）……必定本身就是善而且是主要的善。"② 而康德在《道德的形而上学基础》中也是说得很清楚的，他说："假如有一东西，凭它的存在，本身就是有绝对价值，那么它就是目的自身，并能产生精确的规律。"③ 所以目的性本身意味着它是系统本身的内在价值，这是无须怀疑的。

问题在于，我们讨论控制系统，特别是复杂控制系统时，为什么要用原本只用于人类的主客二分的目的论和价值学的概念？这并不是说明复杂控制系统就是人，要用拟人观或万物有灵论来研究复杂控制系统，而是说无论耗散结构、生命、生态系统、人、社会组织有它们的共同特性，用对人类行之有效的目的、价值概念来讨论它们同样行之有效，富有启发性。我们不要唯人独尊，只承认（recognise）和尊重（respect）人类的目的与内在价值，而不承认和尊重其他生命，其他物种的目的与内在价值。某些人类中心主义者认为，只有人类才是唯一的价值评价系统，自然界的非人系统、非人生命等只是对人才有价值，即作为人类达到自身目的的工具价

---

① W. T. Powers（1995.9.7），R. Marken（1991. p. 2），C. Joslyn（1991. p. 26），in F. Heylighen（ed），*Workbook of the 1st Principia Cybenetic Project*, Workshop, Free University of Brussels Press. 1991.

② 原文是：If there is some end of the thing we do, which we desire for its own sake (everything else being desired for the sake of this) …clearly this must be the good and the chief good. *Great Books of the Western World*, Vol. 9, 1990, p. 339. Encyclopedia Britannica, Inc。

③ 原文是：Suppose that there were something the existence of which in itself had absolute worth, something which, as an end in itself would be a ground for definite laws. I. Kant, *Foundations of the Metaphysics of Morals*, In A. I. Melden（ed.），*Ethic Theories: A Book of Reading*. Prentice-Hall, 1950, p. 318。中译本见周辅成编《西方伦理学名著选辑》下卷，第 371 页。

值。而从控制论、系统论的观点看，由于复杂控制系统自身具有目的性和内在价值，它本身就是一个评价系统。在现代，许多哲学家已认识了这个问题，卡尔·波普尔说："价值同问题一道出现……就问题而言，我们可以着眼于某些人（或者某些动物或植物）作这样的猜想，他（或它）是在试图解决某一问题，即使他（或它）可能一点也没有意识到那个问题。……人们常常提出，价值只有同意识一起才进入世界。这不是我的看法，即使没有意识，也存在客观的价值。可见，存在两种价值：由生命创造的、由无意识的问题创造的价值，以及由人类心灵创造的价值，这种创造以先前的解决为基础，是要尝试解决那些可能被或好或差理解的问题。"[①] 当然，承认复杂控制系统特别是生命自身具有目的性和内在价值，并不完全等于对它的尊重。前者主要是一个认知的问题，后者主要是个态度或道德的问题。不过一个事物自身是个目的，它就要求应受保护而不被破坏，一旦我们认识到这一点，在其他情况不变的情况下，我们就应该像康德所说那样，不仅将它只看作一个手段，而且要将它看作一个目的而去考虑尊重它，至于尊重到一个什么程度，是否如佛家所说的不杀生的程度那是另外一件事情，我们对一个内在价值尊重的程度，取决于许多变量。依据鲍威斯的感知等级层次控制论，其中有两个因素（或两个变量）特别要加以考虑：

第一，这个目标和内在价值在整个生态系统中的地位，因为，按照控制系统的等级层次，每一个目标或基准信息，受更高层次的目的控制，而自然界中，对复杂控制系统的最高控制层次就是地球生态系统。如果一个物种的生命处于将被自然淘汰（不是人为地被淘汰）的行列，或不适于该生态系统的自然循环，则它应受到尊重的根据便大大减弱。

第二，这个目标和内在价值在人类文化体系中的地位。根据等

[①] K. Popper, *Unended Quest: An Intellectual Autobiography*, Fontana, London, 1976, pp. 193 – 194. 中译本：《无穷的探索》，邱仁宗等译，福建人民出版社1987年版，第205页。

第十三章 从感知控制到生态伦理

级控制理论,人类行为的感受性受到多层级的控制,其最高的控制是"系统概念"包括社会文化、宗教和意识形态,随着人类文明的进化和生态意识的提高,人们将会愈来愈尊重和敬爱地球生态系统的内在价值。关于这些问题,我们在后面还要论及。

以上就是对感知控制论模型的基准信号、基准状态、基准条件的目的论和价值论的诠释。我们甚至可以将控制系统的客观内在的目的性和价值称为基准价值(reference value),以它为基准来评价它自己的结构与行为,以及周围环境对它的影响与作用,对它的重要性。

(2) 控制系统的工具价值及其组成

有了控制系统的目的性及其基准价值的概念,一个控制系统工具价值的概念就比较清楚了。在复杂控制系统的每一个反馈控制环中,凡是有利于该系统实现其目的或达到其目标的该系统的有关结构与行为,以及相关的环境因素便具有正的工具价值的意义,反之便具有负的或零的工具价值。以植物生命系统为例,它的最基本层次的目的性及其基准价值是适应性生存,它以这个基准来区分得失、善恶与好坏,例如植物自身健全的光合作用以及环境中良好的土壤、空气和水分便具有正的工具价值,而机体的损坏、光合作用机制的破坏以及空气、水源被污染便具有负的工具价值。当然工具价值和内在价值是可以互相定义和相互说明的,我们也可以说,如果一个系统可以有得益或受伤害和破坏的问题,则说明系统本身有内部的善或内在价值。另外,在我们的控制论模型中,并非一切有关系统目的实现的所有工具价值都能讨论到。凡是在这个模型中不能讨论到的工具价值被称为根基的工具价值(radical instrument values),而在本模型中进行讨论的称为控制相关的工具价值(control-related values)。

首先控制过程的"效应器"或"执行器"对于系统达到它的目的性来说具有工具价值的作用。它的价值就在于依照 K_o 函数输出一种行动 a,使这种行动成为合目的性行为,来抵消环境对于系统的可控变量基准状态的干扰。因此,正常运作的作为目的性行动

— 397 —

a 具有正的工具价值的意义。当 a 行动失灵时，它便具有零的或负的工具价值。因此，我们可以将 K_o 的方框称为工具价值发生器（instrument value generator）或效应价值转换器（effective value translator）。对于植物的代谢平衡这个目标来说，叶绿素细胞就是这种工具价值发生器，它创造了碳水化合物这种对植物有营养作用的物质来补偿因环境干扰导致的代谢失调。复杂控制系统的行为能在多大程度上作用于环境并产生效应，控制感知状态和系统状态，使其达到基准条件呢？这还取决于反馈回路的状况。因此保证这个回路畅通并合适地使行为的工具价值得以实现的环境函数 Ke 也就起了环境价值转换器的作用而输出具有正工具价值的作用。至于环境对复杂控制系统的干扰，总是使系统离开其目标状态，在这里通常我们可以将它看作一种负的工具价值。

很明显，系统及其环境的工具价值或效用价值（utility）与系统的内在价值是不相同的，系统的内在价值代表目的本身，它是自在的、自身固有的，因而在某种程度上是客观的、绝对的，而系统的行动以及环境因素的工具价值。是达到目的的手段，它是为他的，虽然也是客观的，但它却是相对的。同一系统行动或同一环境因素对于不同的系统目的有不同的价值，同样是缺乏氧气的环境，对于厌氧生物具有正的工具价值或效用，而对于需氧生物则具有负的工具价值。历史上的道德哲学家，如康德只强调个人系统的内在价值，要将个人看作目的，而不仅仅看作手段，而对工具价值的重要性有所忽视；至于历史上的功利主义，则只强调个人系统和社会系统的工具价值，将价值看作对人们偏好的满足、获得快乐的效用，而忽视了个人或社会的内在价值本身，因而忽视了个人尊严、个人权利、个人的自主性本身。当然功利主义也暗含了一个前提，即个人的感受状态、心理状态、偏好状态本身是有内在价值的，将这个内在价值看作不言自明、不加分析的命题。可是快乐或痛苦的感受并非目的本身，也非等同于自我，它只是对目的是否达到的主观表现。在鲍威斯的模型中，它是感知信号与基准信号的函数，即

快乐度 $h=f(r-p)$。$r-p$ 的数值越小，快乐度越大。可见功利主义者内在价值的观念也是被歪曲了的。而无论康德或边沁，整个来说都没越出人类的目的和感受，而复杂控制系统的价值论，已越出人类定位的狭隘范畴，认为一切复杂控制系统都有自身的内在价值及其相对于这些内在价值的工具价值。

但是，在串联的或层级的控制系统（series or hierarchical control system）中以及在并联的控制系统（parallel colctrol system）中，由于内在价值之间的区别和工具价值之间的相对性，存在着价值的冲突与转换。例如青草为羚羊所食，或枯死成为土壤的腐殖质，青草这种生命有机体的内在价值就转变为羚羊的工具价值或其他靠腐殖质生长的微生物和其他植物的工具价值。而羚羊又为老虎所食，羚羊的内在价值又转变为老虎的工具价值。老虎一代一代的死亡与代谢，又可以成为其他生命形式，例如腐养者的工具价值。但对于生态系统的稳定、多样性和生存与繁荣这个基准价值来说，所有这些内在价值和工具价值都会整合起来成为复杂系统中最高的价值，即生态系统的系统价值，等级层次巨系统预设了一个系统价值的范畴，它包含了其中一切生命个体和生命物种的内在价值以及彼此编织成相互关系和相互利用网络的工具价值。人类自身的价值也是这个系统价值的组成部分而不能高于这个系统价值。系统价值这个概念是环境伦理学家罗尔斯顿提出来的，在这里得到了控制论的解释。[1] 从控制论模型来看，效应器和目的性行为好像只是基于目的性而产生的，但如果手段不能实现目的，行为不能抵消对基准条件的干扰，那基准条件本身也不能存在，因此内在价值、工具价值以及系统价值本身都是自然界演化产生出来的。自然界所有的复杂控制系统，都在不停地解决自己的问题，创造出更多更好的价值。这个过程首先是在控制模型的比较器，即我们称之为问题与试探性解决的发生器中产生的。

---

[1] H. Rolston, *Environmental Ethics*, Temple University Press, 1988, p. 216.

(3) 问题发生器和"是"与"应当"问题的解决

在控制论模型的价值学诠释中,"比较器"被诠释为问题发生器,什么问题呢?行为问题。它广义地包括人类的一切行为问题,动物的行为问题、生命有机体的求生存行为问题、从生命的起源问题到生态的伦理问题。这就是波普尔广义进化论中一再提到的"从阿米巴到爱因斯坦"都"不停要解决的问题",它可以是有意识的,也可以是无意识的"客观问题的状况"[①]。这就是说,在控制论模型的价值论诠释中,不仅价值对于人来说是客观的,而且问题也是客观的。

什么是问题呢?在系统工程和决策论中,问题被定义为目标状态与现实状态的差距。例如,我们的目标状态是预防和治好"非典型肺炎"(SARS)[②],一种曾在广东和亚洲流行的严重急性呼吸性综合征,可是我们的现实状态是这种病的病原体在国内经过很长的时间仍未找到,而一切现有的消炎药都不起作用。这个差距或如控制论所说的 error,便通过 KC 函数,构成某种指令(command),指示我们各种医学研究与开发的活动,试探性地去解决问题。这些解决问题的行动效果最后又由感知器中以描述的信息输入"问题与解决的发生器"或"决策器"与目标状态再行比较。所有这些都是在维护人的生命,爱护人的生命这个高层次价值系统控制下进行的。这是以人为控制系统主体定位的问题,如果用任何一种生物定位的主体,那么某种生物器官(例如眼睛)的出现,以及某种物种变异的被选择也遵循同一问题发生和问题试探性解决的公式,这就是我们在第一节已讨论的公式:

$$a = K_o K_c (r - p)$$

从信息输入输出的关系看,如果用 e 来表示比较器的输出变量,则

[①] K. Popper, *Objective Knowledge*, Oxford University Press, 1972. 中译本:《客观知识》,舒炜光等译,上海译文出版社 1987 年版,第 117、254 页。

[②] SARS—Severe Acute Respiratory Syndrome.

第十三章 从感知控制到生态伦理

$$e = K_c(r - p)$$

值得注意的是，这个公式可以诠释为休谟的"是"与"应该"的关系式，它是一切价值判断以及一切事实判断与价值判断关系的前提。这个诠释图表述如下，它是我们讨论"是"与"应该"问题的最后一个堡垒或最后一座桥梁。

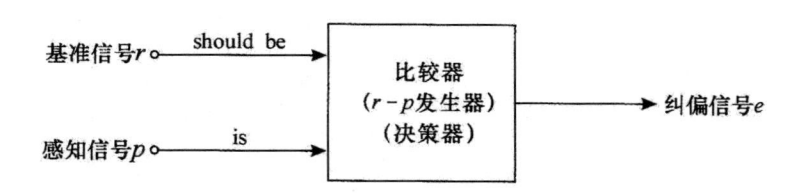

现在我们来分析这几种信号的性质：

感知信号（perceptual signal）或感知信息（perceptual information），是一种描述性的信息。无论它是动物从自己的感官获得的还是人类从思维器官获得的，甚至空调器中从热敏电阻中得到的，只要它是关于环境情况的报道，都是关于事实描述性的和表现性的（representative）信息。其所以在信息的语义意义上是描述的，那是因为：（a）它是关于世界的，是世界的模型或者是物理模型或者是观念模型。（b）它并不直接影响行动 a，即使间接影响行动 a 也有一定的延迟。（c）按照建构主义的观点，这个表现是受行动支配和建构的，不过行动对这种信息的影响也是间接的。因此在这几个意义上，我们说这种信息（information）或通讯消息（message）是事实陈述，不是规范陈述，不带价值负荷的。我们还须注意复杂系统在获得信息和加工信息方面是有分工的。描述信息来自接收器（sensor 或 receiver）并在那里进行加工。

可是从比较器（或叫决策器）输出的信息或信号却带有另外一种性质和语义。它直接导致或阻止系统的行动，直接导致环境状态按它的信息加以改变。所以这种信息或通讯消息是规范的（normative）、命令的（command）信息。除了人类的一切规范陈述和道德律令属于人类行为系统的规范信息之外，电脑中的程序与指令，遥控太空火箭的电子信号语言都相对于它们所属的系统，属于这类规范的、指令的信息。

在控制系统中，这两类信息有原则的区别，关于事实的描述信息告诉系统"what the things are, how the things are"，而关于行动的指令信息则告诉系统"how the action ought to be, how the things ought to be"。"是"与"应该"的原始区分，"事实陈述"与"规范陈述"的原始二分就在控制系统，特别是复杂系统中原始地出现了。它对于非人的控制系统来说，这个二分可以称为自然的事实陈述和自然的规范陈述，它不是以人类语言的形式表达出来的，而是以生命信息流或电子计算机语言等形式表现出来的，不过一旦我们以人的意志为主体，就可以以人类语言的形式，相对于人来划分了事实陈述和规范陈述。

问题在于基准信息 r 的语义类型或语义性质是什么？如果 r 信号或 r 信息的性质是事实陈述，则公式 $a = K_o K_c (r-p)$ 便是由"是"陈述过渡到"应该"陈述的桥梁，因为公式右边的两个变量都是"是"陈述，按照这个公式本身就可以从"是陈述"推出"应陈述"。例如，吸烟有害健康，这是一个"是陈述"，而如果"我们的目的是保护我们的健康"也是一个"是陈述"，则由此可以推出：我们应该戒烟，后者是一个"应陈述"。当然从人类语言的形式上看，表达目的性陈述的确可以有两种形式，第一种将它表达为描述的"是陈述"形式："r 是目的系统 G 的一个元素"，即 $r \in G$。第二种形式是用某种英语中叫作祈使语句（imperative sentence）将它表述为命令陈述或规范陈述，例如"我愿意（'希望'、'想要'、'应该'）保护自己的健康"。第一种形式的陈述虽然不能说是"假的是陈述（pseudo-is-statement）"，但它并不是一个纯粹描述陈述。因为它是一个二阶的"是陈述"，而它的一阶陈述，即当要说明"目的"的内涵时，总不能离开祈使副词，即"意愿""想要"达到什么等。正因为这样，目的系统的一个元素 r 信息的语义最好按普特南的观点，规定为事实陈述与规范陈述的一种缠结（entanglement）①，因而不能删去它的规范含义。这样，在没有鸿沟的地方（缠结概念）想要填平是与应该之间演绎的逻辑鸿沟就没有必要了，而在有鸿沟的地方（纯粹描述陈述与纯粹规范陈述之间）想要填平是与应该之间演绎的逻辑鸿沟就没有可能了。目的陈述是属于前者，它包含规范陈述的内容。

鲍威斯在他的代表作《行为：感知的控制》以及其他著作中，十分明确地说明 r 信号是规范的命令的信号而感知信号 p 是描述信号这种性质，给休谟的"是—应该"问题作了控制论的解释。他说："命令的效应链来自基准信号……基准信号传令下来说'要它感觉到这样'而几十毫秒之后感知信号回报说'已经是感到这样'。"② 在他讲到模拟人们开车在路上行驶时，他说："现在怎样模拟汽车应该在路的哪里？在看到明确的解答之前，第一批控制系统工程师足足被这问题难住了两年，才悟到了必须用第二种信号来指出基准条件……基准信号表现了我们在汽车挡风玻璃看到路的那种感觉应该是怎样的。而感知信号表现了它实际上看上去是怎样的。"③

当然，鲍威斯对于信息的 does-should 划分正如休谟对人类语言的 is-ought 划分一样，只说明描述信息或描述陈述并不能单独地决定或单独地推出指令信息（或规范陈述），并不说明它们之间没有

---

① H. Putnam, *The Collapse of The Fact/Value Dichotomy*, Harvard University Press, 2002, Chap. 2.

② 原文是：The effective chain of command from the reference signal…the reference signals come down saying "make it feel like this", and a few tens of milliseconds later the perceptual signals proceed back upward, "feeling like this". William T. Powers, *Behavior：The Control of Perception* 1973, New York, Aldine de Gruyter, Inc., 1987, p. 88。

③ 原文是：Now how do we model where the car should be in its lane? The first control system engmeers puzzled over this for, perhaps, a couple of years before they saw the obvious answer. The reference condition has to be indicated by a second signal. …The reference "gnal now represents that sense of how the road should look in the windshield, and the perceptual signal represents how it does look. W_ T. Powers, "A Brief Introduction to Perceptual Control Theory", 2003, http：//home. earthlink, met/~powers W/Whatpct. html。

因果的关系和解释的关系，在本体论上描述信息通过决策发生器和效应器这些中介环节影响着和决定着系统的行动，使其达到目的，这是控制论相关或环形因果相关的。而从逻辑上看，与行动结果相关的事实及其规律的描述陈述是行动的规范陈述及其规范的（或道德的）原则的基本解释前提之一，它们是解释相关的。这里所谓解释相关，指的是前提与结论的关系。因此用生命的事实来论证生命的伦理以及用生态的事实来论证生态的伦理是完全必要的，虽然并不是充分的。在这方面，人类中心主义的价值论与伦理学在逻辑上也没比非人类中心主义占什么优势。追问为什么功利主义要采取"最大效用原则"，为什么道义论要采取"道义原则"为价值原则或伦理原则时，回答是，人性是自利的或人是有理性的，他们也是用事实判断来解释或论证价值判断。不过控制论为我们理解这个问题提供了一个模型。

三　从感知控制理论到深层生态伦理

根据以上的论述，系统行动的指令信息或规范信息是它的目的信息与描述信息的函数，即

$$e = K_c(r - p)$$

在上式中，当我们不讨论人类实践和认识行为时，我们明显地可以将 p 看作自然状态的"是"陈述而将 e 看作自然状态的"应"陈述。只是当我们人类语言介入其中时，由于自由意志的作用，情况变得复杂起来。不过它也不会离开它所产生的自然基础。

当一个控制系统目的信息已经确定的时候，系统的行动规范信息依函数关系由描述信息决定。这就是控制系统中的"是"与"应该"的关系，例如当地球生态系统处于发展的上升阶段时，地球生态系统有一种自动控制，即自动调节的能力。它的目标信息或基准信息由层次地组织起来并平行地联合起来的包括人类控制系统在内的许多控制系统共同决定，使得它的目的就是趋向于保持生态

第十三章 从感知控制到生态伦理

系统的稳定、完整、多样和优美。当生态系统的变化，有偏离这个目标时，例如某些物种过分繁殖从而打破生态系统目标要求的动态平衡时，生态系统自身有一种力量，淘汰那些过分繁殖物种的多余的个体，甚至淘汰掉这个物种本身，使其恢复完整性的平衡。这种恢复平衡是一种客观的律令（command），是一种自然的"应该"（natural "ought"），它是依生态系统失衡情况的被描述的消息（descriptive messages）和目标状态消息（goal messages）二者比较来决定的。但是，在整个生态控制系统中，人类生存与发展的控制系统如同其他物种的生存和发展自控系统一样，是其中一个子系统，它们都不是一个最高的层次，它们都受生态系统的客观目的控制。在现代工业技术出现以前，总体来说，人类的生存、发展与总体生态系统协调发展着。但是，自工业革命以来，工业的生产方式是"直线式"的，人口的增长是"指数式"的。环境一经开发便不能"复原"，产品一经生产与使用，废气、废物、污水、有毒化学物质都不能被生态系统吸收、消化而回复到循环的起点；而人口的增长及其对资源的开发导致每年有数万种物种不自然地灭绝。当然，任何物种都不是永恒的，不过排除人为因素的所谓天然淘汰率都比这小得多，至少低100倍。地球上正发生6500万年前恐龙灭绝以来最大的物种灭绝事件。[①] 人类造成的生态危机远远偏离了生态系统的目标状或基准信息，这种情况在生态系统中造成一种"自然的律令"和"自然的应该"指令我们采取措施恢复生态的平衡。正像人有取得自然资源的自然权利一样，每个人都有保护环境的自然责任。如果人类不履行这个自然责任，生态环境本身有一种自然的力量来恢复这个平衡，例如通过癌症、艾滋病、毒物、核辐射、温室效应这些自然杀手来消灭大量的人口以保持生态的平衡。这是"自然的惩罚"。这里我们从自然事实论证到自然应该，再论证到道德

---

① J. R. Des Jardins, *Environmental Ethics*, Wads Worth Group, 2001. Chap. 7. 中译本，贾丁斯：《环境伦理学》，林官明、杨爱民译，北京大学出版社2002年版，第146页。

上的应该。

这些都是从系统论的意义上来讨论的"目的""是"与"应该"之间的控制论关系。在这里我们并不想说明非人类中心的生态伦理原则可以从自然事实,甚至从"自然应该"中演绎地推出。一个伦理的前提或伦理公理是不需要也不可能从其他原则中演绎地推出的。无论人类中心伦理还是生态中心伦理都不能从"自然陈述"甚至"自然应然陈述""自然责任陈述""自然目的陈述"中推出,但都可以用这些陈述来"解释"它、论证它。一旦我们这样来论证生态中心伦理与人类中心伦理,我们就可以看出它们之间的根本区别:

图 13—3 表示包括生态层次—人类层次—个人层次三个层次简化了的感知控制图。其符号与图 13—1 表示的相同。下标第 1 个数字表示层次,第 2 个数字表示系统。请注意在这多层级的控制环中,除了生态系统控制环只有一个基准信息之外,其他控制环都有两个或两个以上的基准信息:一个来自本层次的基准信息或目的,另一个来自上层次加给它们的基准信息或目的。它们可能是相互冲突的,特别是当它们有关同一个变量的基准信号时情况就是这样;它们也可能不是相互冲突的,特别是它们分别控制不同变量的时候,例如由各队员控制不同乐器的乐队合奏一曲时,各个乐队成员演奏的基准状态大不相同,但合奏的结果可以是协调的。但不论它们之间是冲突的、协调的还是无关的,都可以用一个加权的加法器 Σ 将它们整合起来。而同一层次不同系统的基准信号之间的关系也可以如此分析。就个人的伦理准则来说,r_{11},r_{12},$\cdots$,r_{1n},可以是个人自己的行为目标与准则,但来自社会的伦理准则 r_{12},则是每个人都应该遵守的社会行为准则,或社会契约准则,如功利的原则、公正的原则、仁爱的原则等。但除此之外,有一个生态系统的基准信息,作为"自然的应当",作为高层次的"自然律令",客观上作为人类行为的基准。当它被人类认识,被人类接受,成为生态意识和生态文化之时,也就成了人类的一条基本道德原则,这就是大

地伦理学的创始人利奥波德所说的:"一种事物趋向于保护生物共同体的完整、稳定和优美时,它就是正当的,而当它们与此相反时,它就是错误的。"[1]

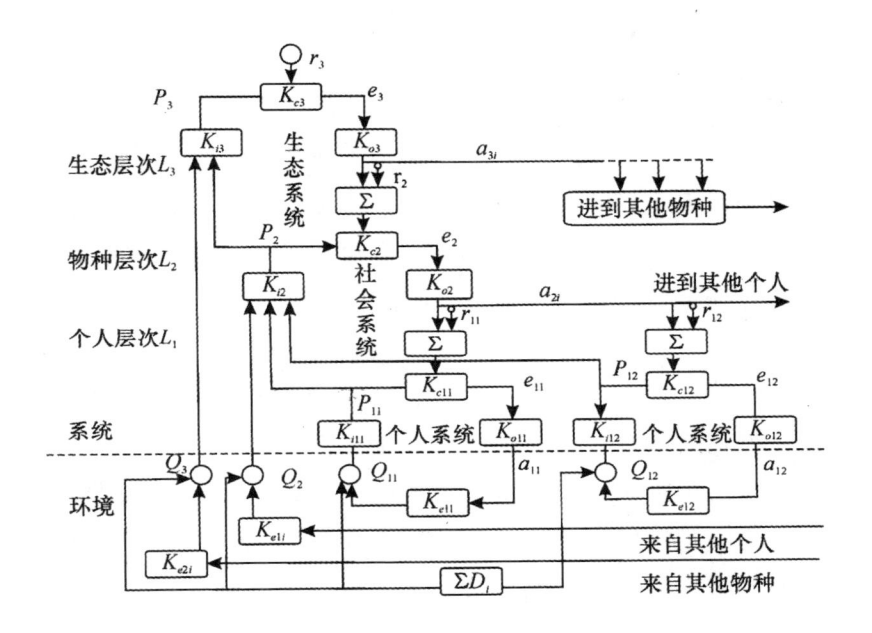

图 13—3 生态伦理的三层控制系统

再来看看,人类中心伦理的控制方框图,如果我们简化了个人层次,它的构造如下:

图 13—4 表示整个生态系统的循环处于人类利益的控制之下,服从人类的利益,于是一切事物,只要它有利于人类利益的也就是正当的,善的;反之就是错误的,恶的。人类现在每天消灭 100 多种物种,只有对人类利益有好处也就是善的,这个道德准则不但不能从"自然的事实陈述"和"自然的应该陈述"中加以推出,甚至也不能用自然生态事实陈述和自然的生态应该陈述中来进行论

---

[1] Aldo Lepold, *A Sand Country Almanac, and Sketches Here and There*, New York: Oxford University Press, 1966, pp. 244–245.

证。因为它直接违反地球生态系统的自然律令和人类社会是地球生态系统的一个部分而不是相反的这样一个自然事实。生态中心的图13—3推论出来的人类行为政策与人类中心的图13—4推出的人类行为政策是不相同的，从生态中心基准信息推出来的人类生态政策至少有三项：（1）人类目前的人口必须大大减少，例如减少至5亿，至多10亿，以至于不但人类能够可持续发展，其他物种也能够可持续发展；（2）人类不能过分开发自然资源，人类利用的自然资源应以满足人类基本需要为限；（3）人类应该大力发展生态技术，生态技术的基本特征就是构造一个这样的循环技术系统或循环生态系统，当输入物质能量生产出第一种产品之后，其剩余物或"废料"第二次使用成为生产第二种产品的原材料，如此类推直至其剩余产品对生物无害并能为自然界吸收为止，这就是循环式的工业技术与循环式的生态运动相协调，这就是未来技术发展的方向。人类中心生态伦理是不能接受这三项政策的，因为它直接违反最大多数人的最大利益原则和只有理性的人才是目的的道义论原理，也直接违反经济学家们所遵循的边际效用原则，不过它都是人类深层生态文化所要求的。科学与技术既然将世界带进一个危机的瓶颈，生态伦理与生态文化所要求的未来科学技术必定能够使人类穿越生态危机的瓶颈，走进人与自然相协调的新境界。

四 我们就控制论价值学与美国控制系统小组的对话

在美国控制系统小组2003年年会上，与会者对我们上述论点进行了热烈的讨论，会后还在电子信件上对这些问题继续进行争论，摘要如下：

马肯（Richard Marken）（美国兰特公司资深行为科学家）：我认为张华夏、颜泽贤教授、范冬萍教授的论文和发言中，有关感知控制论的论述非常好。特别是关于目标信息或基准信号是系统本身

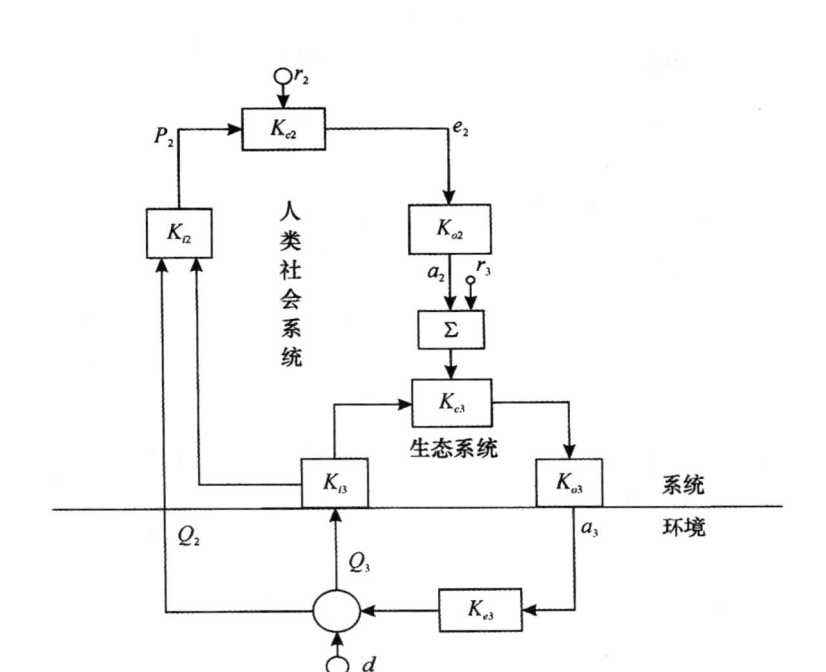

图 13—4　生态系统与生态伦理的人类中心主义

固有的本质因素，关于感知控制论在认识论上是建构主义的论述十分精彩。

另外，我完全同意你们的生态伦理，不过从你们的论文中，我并没有看出，它们是怎样从 PCT 中推导出来的（I just don't see how it follows from PCT）。例如你们说"人类中心生态伦理，在逻辑论证力量上弱于深层生态伦理"，这个结论是怎样得出来的呢？

张华夏：从 PCT 到 DEE（deep ecological ethics，即深层生态伦理）之间，在逻辑链条中有着好几个中间环节。所以从 PCT 是不可以直接导出 DEE 原理的。我们的论文任务就是要阐明这些中间环节。一切伦理学的基础就是它的价值学（axiology）或价值理论（the theory of value）。深层生态伦理的基础就是广义的价值理论，我们是通过对 PCT 进行价值学的诠释来说明或推出这个广义价值理论的。感知控制论的模型能说明地球生态系统以及栖息于其中的生命有它的客观的内在的目的性和价值,人类不尊重它们的目的性与内在价值会造成生态危机,因此对待地球生态系统不应单从人类的利益出发,我们需要的是对生命及其生态系统的伦理关怀,以此建立和确定我们的生态的和经济的态度、立场与政策。当然,单从当今生态危机严重的事实判断是不能逻辑地推出我们应当保护地球生态系统的完整性、稳定性、多样性等生态伦理结论的。尽管如此,正像吸烟有害健康能论证我们不应吸烟一样。生态危机的事实和生态系统适应性自稳定的适应性发展的规律是可以作为论据或理由之一来论证和解释我们应该采取深层生态伦理的态度和政策的。当然,这种论证不是演绎论证,在这个论证中,由于人类中心主义违反了当前生态危机的事实,不能提出根本上避免生态危机的政策,所以它对生态伦理的论证弱于非人类中心伦理。从逻辑学的观点看,PCT 并不是演绎地推出 DEE,这个推出(be followed to)是一个道德决策逻辑的推出。

马肯:我认为你们所尝试做的事情是很有趣的而且是很有价值的(What you trying to do is very interesting and worth-while),我也常常有兴趣于建立 PCT 与伦理学之间的联系,我认为,你们用伦理词(r = "should", e = "ought")来诠释控制环的组成要素是精致巧妙、有独创性的(ingenious)。正如我说的,我认为 PCT 包含着特别的伦理立场,我不是一个哲学家,但比较明显的是,正如你们所说的,伦理体现在每一个个体有机体的基准信号的结构中,借助于世界"必须是"(should be)这样的终极的"仲裁人"就是内在的基准;为各种变量(有些是生物的,有些甚至是美学的)建立起来的内在基准状态,有机体必须保持这种基准状态才能生存。

鲍威斯(美国感知控制论的创始人,美国西北大学教授):我非常高兴能在会上认识你们,并读到你们非常杰出的关于 PCT 与 DEE 的论文(your excellent papers)。我特别高兴地看到你们非常清晰地理解了有关感知(perception)的性质,这是我们曾经提出的,而你们同意了我的观点！感知是有关世界某些事物现时状态的一种报告，它是一种"is"，并不包含这些状态必须是（should be）什么的信息。这个"should be"来自生物有机体的高层次的或深层次的内部。

很难回答有关最高的或最深的 should be 问题，不过我同意你们的观点，所有的生命系统都是有目的的，因而是有价值的。随着我们了解其他人或其他物种的行为与运作，我们能够了解到它们的内在价值，这些内在价值决定着它们通过它们的行为而达到目的。这就给予我们以一种强烈的意义去类比于所有生命有机体，即使我们无法理解在非人的物种中有多大程度的意识存在着。

当我们集中于其他种类的有机体时，道德价值的问题是饶有趣味的。由于我无法知道，极不相同的生命系统，如蝴蝶或树木，它们的目的意味着什么，我们必须考虑的是作为人的道德问题。我们能解决的问题并不是或者一只蝴蝶或一棵树木以某种客观的方式"值得"我们尊重，而是是否我们需要成为人们的模样，他们对于其他生命有机体采取一种尊重的态度，他们有道理地希望这些有机体生活得好并且高兴地看到它们获得成功。我想，通过努力做一个为善的人（借助于我们最深层次愿望和价值），我们所做的就是可能维持我们与其他生命系统的适应的关系。当然，认识到并非所有的生命系统都有同样数目的组织层次，甚至有同样类型的组织层次，我们并不期望其他的有机体同样关心我们的最高的价值。

我对你们的一些图式有些异议，我认为社会系统并不存在它们自己的感知输入函数（perceptual input function）、比较器（comparators）或执行器（actuators），它们在具有物理存在的意义上并不是"真实的"。生态系统也是如此。但个体的人们起到社会的或生态控制系统组成部分的作用，一如个人可以是法官或警察或政治家一样。所以我主张社会系统是真实的，只因人起到一定的作用。不过，这并不改变当许多人们共同追求同样的社会目标时的力量效应

（powerful effects），不过这会改变着我们怎样去考虑它们，以及改变它们。

张华夏：鲍威斯先生，很高兴看到你们同意我们用"is"，"should"与"ought"这些词来诠释控制反馈环的观点，并且同意我们有关生命系统具有内在价值的观点，这是我们论文中最为重要的观点，一旦同意了我们的观点，PCT作为深层生态伦理的理论基础便可以成立。至于你说社会系统没有自己的感知输入函数、比较器或执行器，我们将会认真考虑你的观点。我认为，从心理学的观点看，你是对的，社会没有大脑，只有人有这个东西。

鲍威斯：对！这是重要之点。Santa Fe研究所有些学者研究复杂适应系统的缺点，就在于他们忽略了人。

颜泽贤：如果忽略了人这个因素，复杂的问题也就不复杂了！

张华夏：不过我企图扩展你的控制论模型，把它运用到这样一些领域，在这些领域里，上述的一些概念是在模拟的意义上来加以使用的，而模拟的方法在控制论中是非常重要的。

鲍威斯：是的，我同意。让我们来讨论我们共同讨论的社会的（以及生态的）控制系统的实在性吧。我总是企图尽可能依靠物理实在来考虑问题。我曾经在控制系统小组网络中和其他人讨论同样的问题。我确信，在社会组织的层次上，存在着某种性质与现象，它们可以合理地进行研究。不过，如果可能，我总是想要知道从一个理解层次到比它低一级的层次之间的联系，我想对于创造真实的知识来说，这是非常重要的。HPCT（层次感知控制论）就是为了这个目的而发展起来的，因此，我们需要为一些诸如社会这样的抽象概念寻找到一个位置，社会中每个人都是它的组成部分。我同意，当许多人们具有类同的概念，包括语言在内，它们是某种东西，这些东西被创造出来有着大于单个人的存在。不过我不相信不可思议的或神秘的形而上学的力量，所以如果你希望你的论证有利于这些东西，对我来说就会产生很大的困难。你们中国学者是否容易接受我的层次感知控制论？

颜泽贤：我们对您的控制层次的观点很容易接受。在中国哲学中，具有较强的层次观念。如，"一粒一天地"，每个人是宇宙的一部分，但一个人也是一个宇宙。东方思想中，层次是与整体密不可分的。

张华夏：很感谢鲍威斯教授的提醒，我同样反对用神秘的力量来解释社会现象以及生态系统，不过在市场经济系统的反馈控制环路中，各种商品的价格关系就是社会供求关系的反映，对于厂商来说它是经济认知的一个输入函数。那了解产品销路以及市场调查的机构，就是一个感受器。而独立自主的企业决策机构，如董事会或经理部就是一个比较器，它的基准信号主要就是企业的赢利，他们将计划产量的市场价格可能获得的利益与公司所要求的利润进行比较，做出扩大某种商品生产或缩小某种商品生产的决策，最后交由车间生产有关产品，后者就是一个执行器。我想，将某种社会组织按照其职能划分为感受器、比较（决策）器和执行器，并不会产生什么神秘的东西。在法律上，某个案件的侦查部门是个感受器，而向法院起诉以及法院的判决过程起到比较器的作用，至于刑警队，是执法者，起到执行器的作用。当然，所有这些都是通过低一个层次，即个人，担当一定社会角色的个人发挥作用，这里没有出现什么神秘的东西。这些社会组织的物理力量存在于个人中。

以上是我们和美国控制系统小组的主要学术带头人之间的一些对话，这些对话还要进行下去。2003年控制系统小组年会秘书长作了一个会议的简短总结，总结中说："本次会议有一个非常精彩的节目就是有三个中国教授的发言，中山大学张华夏教授、华南师大颜泽贤教授和范冬萍教授作了题为'感知控制论的价值学诠释'的发言，我们很兴奋地看到，感知控制论不但很好地为中国人所认识，而且在中国已被人们很好地理解了。"

第十四章

论新时代科学精神气质的坚持与扩展

——对默顿规范的拓广研究[*]

什么是科学的精神气质（The ethos of science），科学社会学创始人 R. 默顿所总结出来的科学工作者应有的四种精神气质或科学家行为的四条道德规范在 20 世纪末和 21 世纪初的当今时代是否适用，它应有哪些修正和哪些发展。这是一个非常重要问题。本章的目的就是要从近年来美国科技政策和中国科技政策的转变说起，将较为系统地讨论这些问题。

一　近年来科技政策转变引发的几个问题

最近十几年来，世界一些政府的科技政策发生了重大转变。以美国为例，冷战结束前后美国科学政策同时又是美国科技发展的范式发生转变。根据我们的理解，这里所谓范式的转变就是从科技发展的冷战范式向提高经济竞争力的商业范式转变。所谓科技发展的冷战范式，就是为了发展某项科学技术，例如航天科学技术、核武科学技术和激光科学技术，动员一切可以动员的资源与力量，不计工本、不顾成果有效性的约束，由国家投入极大量资金，全力支持

---

[*] 本章作为论文，曾于 2003 年 11 月发表于《北大科学史与科学哲学》网站，第二作者为张志林。收入本书时我做了部分修改。

以物理学为基础的理论研究和应用研究，给予有关企业占其产值30％的利润来激励这些企业为这些研究提供保证。科学家可以利用这些优越的条件自由地进行与他们的科学兴趣相关的研究，于是带来了物理学的春天，造成了"为科学而科学"的现象，而这种追求本来就在西方科学家中是根深蒂固的。当时的美国政府，有一种科学乐观主义的观点，他们认为，只要科学发展了，国家安全自然得到保证。可事实上从科学到技术再到经济发展，有着无数的中间环节。美国最近有些科学社会学家作了详细的研究，表明前者的发展对后者的发展并无必然联系，而且技术的发展有自己的独立性、自主性和延续性，不是事事依赖科学。到了20世纪80年代末，这种发展科技的范式遇到了极大的问题和挑战。首先是冷战的结束。从美国政府的观点看，冷战的主要敌人"共产恶魔"消失了。其次是美国突然发现，自己在经济力量上落后于日本和德国。美国到处是日本的汽车和日本的地产，连具有象征性的纽约洛克菲勒大楼也为日本财团所收购，舆论对"美国落后"大肆炒作，造成了"危机感"。于是美国科技政策和科技发展便从冷战范式转向提高经济竞争力的商业范式。

所谓提高经济竞争力的科技发展模式或科技发展范式，就是科技成果商品化、私有化，科研行为与商业行为合作加强，追求利润的工具理性在科学家行为中占了主导地位。促进向这个范式转换的是从克林顿开始的新科技政策：（1）美国政府将几个耗资巨大的科学技术项目（包括耗资60亿美元的超导超高能对撞加速器的建设计划）砍掉。（2）将许多由政府资助的研究成果，无偿转归研究者个人所得，个人获得的这些知识产权可以作为商品被出售。（3）颁布法令，规定大企业必须提成1.5％的利润支持小企业提高科技研究。在美国能立足的小企业几乎都是高科技产业，否则早被大公司的规模效应打垮了。这一举措显然提高了美国高科技产业的国际竞争力，提高国内高科技的就业职位的份额。（4）颁布厂校合作的利益分配法、军转民用的利益分配法令。（5）国家对科研项目

◇ 续篇　现代科学与伦理的拓广研究

资助的形式由十年八年长期规划转向要求一年半载提供阶段性成果的短期计划，即从长远目标的定位转向急功近利的研究定位。这个范式的转变带来了高等院校的结构变化。在美国校园里，有许多类似于我国"创收"的机构，科研利益在个人、研究集体和学校之间的分配成了突出的问题，知识分子收入差距拉大，学校的排名有了一个新指标，即获得"专利"有多少。这样加州大学伯克利分校排名第一，斯坦福大学排名第二，而哈佛大学与麻省理工学院却远远落到后面去了。由此引起的知识青年价值观念和价值取向的变化是很明显、很深刻的。[①]

在我国，改革开放以来，在科技政策上也曾发生一种重大的转变。这个转变主要是从计划经济模式到市场经济导向模式的转变。但这个转变在某些方面也有类似于近年来美国科技政策范式转换的地方，主要表现在科学技术体制的改革上，将科学技术工作推向市场，强调"运用经济杠杆和市场调节，使科学技术机构具有自我发展能力和为经济建设服务的活力"，强调"促进研究机构、设计机

---

① 科学哲学家们对美国近年科技政策转变的分析，与美国一些权威经济学家的分析基本相同。参见 R. 尼尔森、P. 罗默《科学、经济增长与公共政策》，《挑战》1996 年 3/4 月号。译文见戴尔·尼夫等编《知识对经济的影响力》，新华出版社 1999 年版，第 59—60 页。文中 R. 尼尔森与 P. 罗默写道：

工业化国家之间经济趋同和美国近 25 年来经济增长放慢放在一起会使美国公众感觉到美国的经济绩效正在经受相对的衰落。这种认识改变了美国就政府在支持科学技术方面的作用进行的政策争论的性质。美国企业主导地位的丧失导致了要求采取措施增强美国企业竞争力地位的政策争论。

一个重要的迹象就是围绕美国政府大规模支持主要由大学从事的基础研究是否值得而展开的日趋激烈的争论。越来越多的人建议对大学研究的支持应紧盯住那些直接促进技术创新的活动和领域。

新技术方案则在很大程度上忽略了大学的作用，很多新的计划和方案直接对企业内的研究活动施加影响，而且第一次试图在联邦政府不是开发出来的产品的主要用户的领域也为此行事。

政府对大学基础研究的支持也受到了攻击，有些在基础研究方面做出重大突破的私人组织——贝尔实验室、IBM 的约克城、施乐的：PARC——已经在削减这方面的支出并将资源转向能更快产生回报或成果更容易保持独占的领域。有些这样的公司正撤回它们从前对学术研究的支持。

越来越多原本希望选定一门学术职业的年轻科学家发现他们的道路因工作机会缺乏而被堵塞了。

构、高等学校与企业之间的合作与联合",以"合同制"将这种联系巩固下来。在政府拨款方面,向应用研究和能短期出效益的项目倾斜。对于这种范式转变,中国科学院院长路甬祥有一个评价,他说"科技体制的改革,在一定程度上克服了过去计划经济时代国家对科研单位包得过多、统得过死的弊端,调动了广大科研人员的积极性。但是,过分强调直接经济效益的政策也一度对科技界和教育界造成新的冲击,国家对科学研究和高等教育的投入相对比例不升反降,基础研究和战略性技术开发一度受到忽视和影响","原创性自然科学基础研究和技术研究发展能力与水平下降"[①]。

无论美国科技政策的范式转换还是中国科技政策的范式转换都引出了三个问题:

(1)在原子弹爆炸前的1942年,美国著名科学社会学家R.默顿总结出来的科学家行为的四项规范(普遍性、知识公有、无私利、有组织的怀疑主义),又称为四项科学精神气质,在现在是否已经过时了呢?

(2)科学的独立自主问题。在以知识为基础的经济发展时代,在全球经济发展一体化的激烈经济竞争时代,有没有可能"为科学而科学"呢?科学与社会的关系到底如何?

(3)基础科学与应用科学的关系如何。有人主张,物理学的研究要纳入生物学的研究,基础科学的研究要纳入应用科学的研究这个提法对吗?

[①] 参见路甬祥《中国近现代科学的回顾与展望》,载《自然辩证法研究》2002年第8期。在同期该杂志上,还刊登了郝柏林院士《20世纪我国自然科学基础研究的艰辛历程》一文。文中指出:"中国传统文化中没有现代意义的自然科学基础研究。起步甚晚的研究工作又受到急功近利、科技混谈的政策影响,多年在似曾相识的压力下挣扎。""我国目前经济繁荣的背后,存在着不少深层次的问题。其中一部分就涉及自然科学基础研究。""国家重点基础研究计划中真正的自然科学研究项目甚少。"关于科学研究的支撑体系"仅以中国科学院图书馆为例,1980年订阅原版期刊5377种,买原版书7245种。到了1991年原版期刊数砍到1277种,购入原版书降到642种"。在SCI收集的论文中,从1981年到1998年,"高影响论文"总计有76998篇入围。这些文章中213篇至少有一个作者的工作单位在中国大陆,占0.27%,即不到千分之三。有47篇论文全部作者的工作单位都在中国大陆,占0.061%,即略高于万分之六。

◈ 续篇　现代科学与伦理的拓广研究

这些问题逼迫着我们不断思考。下面将我们对这几个问题提出一些初步看法以求教于科学哲学、科学伦理学和科学社会学的同行和各个学科的科学家们，希冀引起进一步的讨论。

二　基本的科学精神会过时吗？

什么是基本的科学精神？R. 默顿总结出来的科学家行为的基本规范是否表述了基本的科学精神？在市场经济全球大发展的时代，这些基本的科学精神是否已经过时，是否仍然需要加以坚持呢？这就是我们的问题。

在回答这些问题之前，我们有必要区分什么是科学，什么是技术。现在，科学技术这两个词常常被连在一起或被混在一起使用了。其实这是两个密切联系但又很不相同的概念。在现代，科学与技术，研究与开发，是一个连续统，当然没有一个截然的分界将二者区分开来。联合国经济合作与开发组织（OECD）1970年发表的《科学与技术活动的测量》报告以及联合国教科文组织大会第20次会议于1978年11月27日通过的《关于科学技术统计资料国际标准化的规定》的文献，为解决这个问题不是使用二分法而是使用了三分法，对人类科学技术活动做出了这样的区分："（1）基础研究（basic research）：主要为了获得关于构成现象和可观察事实之基础的新知识而进行的实验或理论工作，不特别或不专门着眼于应用或利用。（2）应用研究（applied research）：为了获得主要目的在于应用的新知识而进行的创造性研究。（3）技术开发或实验开发（experimental development）：基于得自研究的现存知识和/或实际经验，旨在生产新材料、新产品、新装置，设置新过程、新系统、新业务，从根本上改善过去已经生产或设置的那一套的系统性工作。"[1] 有了这个三分

---

[1] 《联合国教科文组织关于科学技术统计资料国际标准化的研究》第2条。转引自约翰·迪金森《现代社会的科学与科学研究者》，第219页法规附录。

天下的明确界定，科学与技术的区别就很明显了：（1）科学（特别是由基础研究组成的基础科学）的目的和价值就在于探求真理，求得知识的增长，为此不但没有创造财富甚至需要消耗大量的财富；而技术的目的和价值在于改造世界，求得财富与效用的增长。（2）科学的对象是自然界，而技术的对象是人工自然系统。（3）科学回答"知道什么"（knowing），而技术回答"怎样做"（doing）的问题。（4）对科学的评价主要是依据论文或论著及其无形的思想，而对技术的评价主要依据产品及其有形的效果。不过我们需要记住在科学与技术的上述区别之间有一个中间或缓冲地带，这就是"应用研究"或"应用科学"。

科学活动的目的在于追求真理，探索自然界的秘密，为了这个目的，为了这个神圣的事业，科学工作者必须社会地联系起来，进行交流与协作，于是形成各种学会、学院、研究团体、实验室等有形或无形、有薪或无薪的社会组织，叫作科学共同体。各个国家的科学院、高等院校、政府与工业下属的R&D实验室就大量地包含这种科学共同体。当然，现实的科学共同体是历史地和社会地发展着的。这种发展大体上经历四个时期：（1）科学家个体自由研究时期，从近代科学的产生到19世纪末，科学活动带有个人爱好和个人奋斗的色彩，他们主要通过无形学院联系起来。牛顿的研究工作和法拉第的研究工作属于这个阶段。（2）科学家集体组织为主导时期，主要是从19世纪末到第二次世界大战之前。在某教授领导下有几十人的卡文迪许实验室、李比希实验室、巴斯德实验室是这种科学共同体的典型。（3）国家组织协调的多学科科学共同体占主导的时期，从第二次世界大战开始到冷战结束。原子弹研究计划，阿波罗登月计划，大型高能物理实验室是这阶段科学共同体的典型。（4）以民营的和官办的R&D实验室为主导的时期，是冷战结束后科学共同体发展的新时期。这个时期科学社会的特征尚未被学界进行仔细研究。大体上说，第（1）、（2）时期属于"小科学"时期，是学术性科学组织占主导时期；第（3）、（4）时期是"大科学"

时期，是工业性科学组织占主导时期。从这四个时期的发展来看，总的趋势是：科学活动对社会的作用越来越大，科学日益与技术和经济发展甚至军事目标相结合。但是为了考察区别于其他活动（如宗教活动）的人类科学活动，这种特殊行为的内部结构和内部规范，有必要将科学目标从具体科技组织的技术目标、利润目标和军事目标中抽离出来，建立科学共同体的理想模型或理想类型，考察它们的特征，研究它们的规范准则。再将这些特征和规范准则，运用到现实的科学社会中进行检验，看看现实的科学世界在多大程度上符合这些理想类型的前提，以及它们是否在同等程度上符合它们的结论，以此来判断这些理想类型是否正确，是否过时等。在研究基本的科学精神是否过时时我们首先要将这个方法论准则确定下来。

运用这个观点我们来检查默顿总结的科学工作者行为规范、科学活动的精神气质（The ethos of science）。

（1）科学是普遍性和世界性的。一种科学知识成立与否不以其发现者的个人特征为转移，与他们的民族、国籍、宗教、阶级和个人品质毫不相干。科学是世界主义（cosmopolitanism）的，它无国界也无阶级性。德国人发现氨，不会因纽伦堡的审判而变得无效，牛顿发现万有引力，不应因鸦片战争而为中国人抛弃。因此不存在什么"犹太人的科学""雅利安的科学""无产阶级的科学"和"资产阶级的科学""东方的科学"和"西方的科学"。很显然，科学行为的普遍性规范和世界主义精神是不会因冷战时期大科学的到来和冷战结束后科学技术更多地应用于提高经济竞争力而变得无效的。相反随着世界经济一体化，全球计算机网络的联通，跨国公司的不断发展，科学将变成名副其实的无国界的东西。当今世界，连银行、企业和公司都打破国界了，何况科学呢？

（2）再来看看科学精神气质的第二个组成要素：知识公有原则或知识共产主义（communism）。对这一点默顿的论证大意是：科学是积累知识的长期的、广泛的社会协作的产物。对它做出贡献的

第十四章　论新时代科学精神气质的坚持与扩展

每个人都是因为利用这份公共财产而做出贡献的。所以，一旦他做出贡献就应毫无保留地发表出来，而不宣布占有这一新思想、新信念或新理论。科学中的所有权被科学道德的基本准则削弱到最低限度，这就是享有发现优先权的荣誉而受到承认与尊重。所以在科学中保密是不道德的，因为它阻碍了科学的发展。默顿的知识公有或知识共享的原则是对小科学时期，包括个人自由研究时期和小集体研究时期科学共同体中科学家行为规范的经验概括，又是从科学目的是探求真理这个理想的大前提的演绎推论。因为从科学（特别是基础科学）的发展来说，保密妨碍了科学界学术的公开交流，妨碍了科学界有活力的自由竞争，极大地延缓了人类探求真理的进程。默顿论证的缺点是没有指出知识公有原则适用的边界。事实上，总体来说科学发现是无专利的、不保密的，而技术是有专利的，在一段时间里须保密的。对于这一点，最初连美国专利局也搞不清楚，要将专利发给爱因斯坦、密立根、康普顿等纯粹科学家，但他们都基于共享科学财富的道德戒律而宣布放弃了。当然法国将巴斯德消毒法的专利权交给巴斯德，这是恰当的技术专利，但坚持知识共享的巴斯德还是放弃了它。并非一切知识都是公有的，完全意义上的知识公有原则只适用于主要的基础研究领域和部分的应用研究领域。即使在第二次世界大战开始以来大科学时代无论冷战时期或冷战后时期，这个原则都是适用的。现回顾那些基本的科学研究：20世纪50年代DNA大分子双螺旋结构的发现和遗传密码的破译，60年代宇宙大爆炸学说的证实和3K微波辐射的发现，70年代和80年代各种新基本粒子的发现和杨振宁—米尔斯规范场的实验检验。其成果都是立刻发表，成为自然科学的公共财产，任何人学习它、使用它、引用它都无须给作者支付分文。冷战结束后的科技成果的商业化和私有化决不会波及这些领域。不过值得注意的是，随着小科学向大科学的发展，作为科研主力军的国家和公司控制的R&D实验室，它们工作的明确目的是要获得国敌和商敌无法得到的知识，为真理而研究知识的目标只占着从属的地位。科学家应该公开研究成果的道德义务受到严格限制，弄不好还得冒政治风险，被说成泄露国家机密之类。这种限制甚至于波及了一些实用性的基础研究。不过即使在这类研究机关中，受雇的科学家仍有按自己兴趣进行研究，并将研究的结果用于公开发表的空间。如果这个空间被完全扼杀了，科学的自由独创精神也就被扼杀了。至于高等院校，主要是学术性研究共同体占着主导地位，知识公有的原则依然广为实行着。所以虽然总体来说，知识公有的规范原则在庞大的科技队伍中适用的范围相对缩小了，但并不等于知识公有、研究成果共享的原则已经过时。试想：如果所有的科学工作者和教育工作者，都将自己的知识创新送进保密局，而不向外人泄露，这个世界将会成为什么世界，它肯定不是一个科学世界，更不会是知识时代、知识社会中的科学世界。

还应看到知识私有、知识产权、专利制度的原则是经济世界的原则而不是科学世界的原则。科学世界的目的与价值是求真，而经济世界的目的与价值是求利。功利的价值和真理的价值常常是冲突的。许多受雇于功利单位的科学家，扮演着相互冲突的角色，有时成为这种冲突的牺牲品。不过社会也有解决这种冲突的方法，它规定专利的使用年限。例如新发明的一种药品，一般有五年的专利期限，五年以后其专利公开，由社会共享。所以连技术上的知识都有一个不断公开化和公有化的过程，怎能说默顿第二原则即科学知识共享的原则已经过时了呢？当代科技政策对知识公有原则的最大挑战，是20世纪90年代美国专利局批准所谓"功能明确的基因"知识获得专利，由此引发了不可收拾的基因知识私有化和商业化的过程。这是美国企业精神对世界科学精神的打击。但是世界性合作组织——人类基因组计划的组织，参加国的科学家共同协议，所有数据都在24小时内公布，这又是知识公有科学精神的胜利。

（3）无私利（disinterestedness）或"为科学而科学"的原则。它指的是：科学家进行研究和提供成果，是为了人类知识增长这个本身利益，不应有其他私人利益或动机妨碍这个目的的实现，影响对真理的忠诚，因此奉献（努力工作）、客观与诚实（不弄虚作假）、谦虚（不夸夸其谈）与无私，是科学家基本的行为准则。科学的可检验性和科学家的成果处于同行严格监督之下，是这项原则的方法论和制度保证。所以科学家的职业比起政客、商人或律师对待其服务对象更加诚实无私。因为它有更强的方法论的和制度上的监督。其实，无私利的原则之所以被约翰·齐曼称之为"为科学而科学"的原则，是因为这个原则主张：（1）不因个人的利害关系影响对真理的提出、接受与辨别；（2）不应因个人利益影响对真理的追求。① 如果这个原则对第二次世界大战开始以来的科学职业或科学社会不适合，就意味着，那些与军事和商业相结合的科学以及学术科学机关的科学家可以投机取巧、弄虚作假和隐瞒真相。当然服从真理与服从领导，忠诚于科学与企业是常常发生矛盾的，科学家对这些问题有时会做出痛苦选择。这是一个价值冲突、规范冲突和角色转换的问题而不是科学无私利原则已经不合时宜的问题，它在科学社会中，特别是学术科学社会中，一直到现在还是一种基本的科学精神。

（4）有组织的怀疑主义（organized skepticism）：科学是怀疑一切的。科学家对于通过科学研究途径以及权威或习俗途径得来的知识，都要进行有组织的怀疑与批判，并即时将这种有根据的怀疑与批判公之于众。对于自己得来的知识即使是自己最心爱的知识，也应该不断地提出怀疑与批判，更应允许别人怀疑与批判。只有这样才能促进科学的发展。这样，怀疑精神便成为基本的科学精神，学术自由便成为基本的科学规范，它是一种历史悠久的传统，又是现代社会政治民主和言论自由在学术领域中的表现，只不过在学术领域中更为突出。一项政治决定、权威文件或军事长官的命令或宗教的教条常常是不允许或不欢迎公开批评和反驳的，但在学术会议上，主题的报告却不但欢迎而且要求有批判性的反驳。通常的国际

---

① 参见约翰·齐曼《元科学导论》，湖南人民出版社1988年版，第124页。

◇ 续篇 现代科学与伦理的拓广研究

学术性会议都是按这个原则组织的。当然，工业性科研组织、军事性研究单位以及政党部门的社会科学和社会政策研究室在讨论敏感性的科技问题与社会问题时允许科学家持不同见解到什么程度呢？对于青年人允许他们怀疑和批判领导到什么程度呢？能给予他们多大的学术自由呢？这是科学发展到官产学密切结合时代提出来的问题，也是对怀疑主义科学精神的一种巨大的冲击。但这个冲击绝没有达到推翻默顿规范的程度。

所以，我们认为，尽管冷战时期科学的社会组织发生了巨大变化，而冷战结束之后，许多国家的科学政策有了根本性的变化。但科学的社会组织或科学共同体的基本道德规范和基本科学精神，代表了现代科学的一种历史传统，它并没有发生多大的变化。默顿总结出来的原则精神仍然有效，它也构成当代科学社会规范的"硬核"，借用拉卡托斯研究纲领方法论的语言来说，比起五六十年代以前或一二十年以前的科学，科学社会规范不是发生了范式的转变，而只是发生了"范式"或"研究纲领"中的"保护带"和"外围"的变化。这些变化及其解释可以归结如下。

（1）依照社会科学方法论，我们只能在一个纯粹理想的状态下研究科学组织区别于宗教组织、经济组织、政治组织或军事组织的行为规范，由此而总结出世界主义精神、共享主义精神、无私的客观精神、怀疑主义和学术自由精神。这些精神气质或原则规范典型地适用于以研究科学的观念体系及其实验基础为目标的纯学术组织，或学院式的学术组织。而随着第二次世界大战以来科学日益与军备竞争和国防技术相结合并进而与提高国家经济竞争力相结合，完全适用于默顿规范的科学共同体（学术科学组织）在整个社会的科学共同体的相对比例日渐缩小。有人估计，它约占现代所有科学共同体的1/10。[①] 不过它的重要性并不与这个数量成比例。

---

① S. Richards, *Philosophy and Sociology of Science*, Basil Blackwell Ltd., Oxford University Press, 1985, p.109.

（2）第二次世界大战开始以来发展起来的国防科研单位与政府和公司的 R&D 实验室，在数量上占主导地位，这些机构的目的、任务、行为规范具有二重性格。首先要完成一定的军事的或利润的目标，同时亦包括探求真理发表论文的任务。科学家在这里演出角色冲突和角色杂交的好戏，使他们具有双重人格，于是默顿的科学精神和行为规则在这个意义上受到各种限制：世界主义为民族主义所限制，无私利性受追求利润的限制，知识共享受专利与知识私有所限制，怀疑主义受权威主义、官僚主义等管理文化的限制。对这些组织背离默顿规范的解释很简单，就是它们不是纯粹的科学组织。这里并没有发生科学组织所遵循的范式转换，而是科学家发生了角色转换，科学家带上军衔成为军人，科学家经营企业变成经理等。不过在考察"官、产、学相结合"的科研单位的行为时，我们不但要看到军事精神、政治意识形态、商业精神怎样对科学工作者的科学精神发生影响，而且也要反过来考察科学精神怎样对政治精神、商业精神和军事精神发生影响。这种影响是：工业实验室中有自己的基础科学研究，这些基础科学的研究是不能不具有学术自由、学术民主、国际交流和知识公有的性质的。而公司的经济决策中也越来越渗透自由学术的精神，各种不同决策方案的辩论就带有怀疑主义和学术自由的色彩。运作得非常好的人民民主和议会民主与纯科学学术讨论会的相似性越来越大。当科学被其他领域"入侵"的时候，科学也同时"入侵"其他领域。后面的一个入侵是特别值得称赞的，因为它是近几百年来人类技术、经济、社会突飞猛进的最深刻的思想价值源泉。这个入侵，同时又带来了科学精神和科学社会规范的扩展。我们不必叹息当今"纯洁的科学怎样出卖了灵魂，勾上了肮脏的商业和罪恶的军事"。我们需要研究科学精神怎样扩展它自己的规范，影响和左右经济、政治与社会进程，这些进程终归要导致科学精神的胜利。

三　科学的外部规范

关于科学共同体的规范，我们可以用三个三维的坐标对之进行考察：（1）"科学共同体—知识—真理"三维。我们在上一节中已经讨论了这三个维度，即科学共同体为了探求真理的目标（"为科学而科学"）以增长其创新知识，需要什么样的科学精神和科学规范。这是科学社会的内部规范。（2）"科学共同体—知识—社会"三维。这就是科学共同体的科学家运用他们的知识创造出技术来影响世界、发展经济、建设国防从而改变社会时，科学家应有什么样的行为规范。这是调节科学与社会互动的规范。（3）"科学共同体—公司—国家"三维。这就是科学共同体运用其知识与技术，提高公司的经济竞争力，进行商业竞争时，对待其他竞争者以及社会和国家应该遵循什么样的伦理规范。这样的伦理规范调节科学家、企业家、政治家三方互动。从第（2）、第（3）种视野看科学，就是一个科学的外部规范问题。当今的科学主要是走出书斋和实验室的科学。仅仅上述四项基本原则已经不够用了，需要进行基本科学精神的扩展研究。

在"小科学"时代，科学主要是科学家和教育工作者的个人爱好。在目的上它是为科学而科学的，这时科学虽然与生产和社会客观上有着一种互动，但它们之间关系并不密切。因此科学共同体对科学的社会应用以及一般政治问题多半采取超然的态度。"从17世纪以后，欧洲各种科学学会就规定，在它们的会议上不允许进行关于政治、道德和神学问题的辩论。"[①] 因此没有发展出一种科学的外部规范。但是20世纪40年代以来原子弹的爆炸、卫星的上天、高科技的应用使科学的社会地位越来越高，它的社会与经济的作用越来越大。于是科学共同体便逐渐形成一系列科学外部规范来处理科

---

① 《杨振宁文选》，（台北）台北时报出版公司1995年版，第163页。

学共同体的外部关系，在这里我们试图对这种外部规范进行整理。

首先，从目的论的观点看，新时代新阶段的科学之目的，已经不仅是为了探求真理，而且直接是为了造福人类、增进人类的福利、减少人类的痛苦。如果这样定位，就不论科学家发明新技术、开办新公司、受雇于军事部门等的个人动机如何。我们必须着眼于社会以及科学社会如何给出一种制度和规范的监控，促使科学家秉承一种新的科学精神气质来投身技术经济与社会生活。这样，科学家的外部行为规范便可概括为以下三点

（1）风险性创新精神

科学家在探求真理上有创新精神，这是科学内部社会学。现在我们这里说的是科学应用上的创新精神和冒险精神。科学家受雇于大工业、大农业和各种 R&D 实验室，不是"下放劳动""上山下乡"，不是起着一般体力劳动者或日常运行管理之技术人员的作用，而是为开发一种新科技而起作用的。现代世界一切新技术都主要起源于科学的应用。核武器以及原子能工业起源于核物理研究，基因工程起源于分子生物学，这已经是人们的常识。但是旧时代的大多数科学家，并不直接参与这种技术开发，他们主要活动场所是在"象牙塔"里。而新时代的科学家，相当大的一部分人直接参与这些技术开发的主要环节，因而技术创新或科技创新的精神必定成为科学共同体外部规范的首要原则。特别值得注意的是，从科学理论到科学应用，或从经验发现到技术开发，有一个概念创新、设计、实现、技术检验和经济检验的复杂过程，这个过程由于种种原因是不确定的和不可预测的。所以创新过程必须要冒技术风险和经济风险。因此需要风险性创新精神，作为行为规范约束和指导科学家从事科学应用和技术开发的行为。

一个非常好的，旧时代不一定需要和新时代一定需要这种新科学精神的案例是，青霉素的发现和青霉素药物的发明，为了这个发现和发明，A. 弗莱明、H. 弗洛里和 E. 钱恩共同得到 1945 年的生理学或医学诺贝尔奖。首先来看 A. 弗莱明，1928 年他在伦敦圣玛

◇ 续篇 现代科学与伦理的拓广研究

丽医院一间微生物实验室工作。他对天然物的杀菌或抑菌作用深感兴趣。在一次偶然的机会发现青霉菌后立刻详细研究它。在以后三四年中，他在检验霉菌提取物的作用方面做出了杰出成绩，证明它对人畜无毒性，并对它进行了浓缩，这项研究结果及时得到了发表。"但弗莱明是一个沉默寡言、不善于辞令的人。由于没有推广的能力，因此他的这项发现几乎完全被忽视。"[1] 作为探索自然奥秘的目的已经实现，作为一个旧时代的纯粹科学家他的任务已经完成。然而科学更有为人类造福的使命。1939 年 H. 弗洛里和 E. 钱恩又开始研究天然抗生素，并证实青西林能浓缩与提纯。但按实用规模制备此药，存在着很大困难。1941 年，弗洛里来到美国，以战争需要为有力的理由，说服美国医药工业公司出资支持他的计划。18 个月后生产了足以治好 200 个病例的青霉素，30 个月掌握了大规模工业生产的方法。青霉素生物生产方法有极大困难和需要极大花费，一个美国研究小组弄清了它的化学结构，当时就断定青霉素的全合成几乎是不可能的，但 E. 钱恩坚持要搞下去，在得不到牛津大学足够经费支持的情况下前往意大利。在毕彻姆制药集团公司下设立青霉素研究室，钱恩出任顾问。"结果很快发现了一组带有取代侧链的新的青霉素衍生物（这就是今天我们常用的氨苄青霉素），能够注射，能够口服，并对那些能抵抗普通青霉素的细菌有效。这项研究工作每年使毕彻姆耗费约 100 万镑，但是新产品终于以 1000 万—2000 万英镑的经营额被销售出去了。这是一个卓越的定向研究的实例，它要求对成果承担很大的经济风险。"[2] 弗洛里和钱恩，他们的行为与弗莱明不同，具有新时代的对应用科学家所要求的创新冒险精神。这种精神与企业家的创业精神结合在一起，成为科学提高经济竞争力，科学转化为生产力的强大精神动力。现在看来，美国政府所做的将政府研究机关的科技知识产权转让给科学

---

[1] 约翰·齐曼：《知识的力量——科学的社会范畴》，许立达等译，上海科技出版社 1985 年版，第174 页。

[2] 同上书，第178 页。

家以及规定大企业提成 1.5% 利润支持科技开发，并不是对原有科学精神的一种否定，而是为科学精神向企业创业和开发扩展做出的制度保证，以足够之风险投资，去支持科学技术的创新精神和冒险精神的发挥。

手工业和小农经济的技术基础是保守的，大工业的技术基础是革命的；而相对来说，传统工业的技术基础是保守的，而现代工业的技术基础是革命的。只要我们想一想电脑工业的技术更新的频率是多么大，而从理论上的解决到应用上的实现之周期又是多么的短，就可以理解这个问题。因此科学要应用于技术和生产以提高经济的竞争力必须要有创新精神。在这一方面东方的文化与教育传统比起西方例如美国的文化与教育传统差得多了。这就是冷战结束以来的十多年，美国经济之所以优胜于日本经济的根本原因。日本经济学家鹫山久和水野隆德曾经说过这样的话："风险企业是支撑美国经济的基础"，"美国风险企业之所以能够迅速成长，是由于他们承认人类有独创的价值。所以支持他们才使 IPO 产业（风险企业的新股票上市）繁荣起来，从而对风险企业做出贡献。而日本人就难以培养风险企业人才。日本人培养人才的目的，是为了一个人成年后进一流中学，从一流中学进一流大学，从一流大学进一流机关、一流企业、一流衙门……（一旦如此）做父母的也好，做子女的也好，总算实现了人生的最终目标，达到光宗耀祖的目的。"[①] 这与中国人的观念何等相似。不过守旧的图保险精神绝不是科学家进行科学应用活动的精神气质，创新的冒风险精神才是科学应用的精神素质和行为规范。

（2）竞争性合作精神

在市场经济下，当科学应用于技术的时候，富有开发创新精神的科学家之间必然发生激烈的竞争。这种竞争不是为了优

[①] 水野隆德：《美国经济为什么持续强劲！》，杨廷梓译，华夏出版社 2000 年版，第 59—60 页。

先发表论文，获得发明和发现的优先荣誉以及由此而来的利益，而是为了创造新的科技产品，获得专利，使雇主单位、公司或国家在效率上、经济上、政治上和军事上处于领先地位。但是个人研究的时代一去不复返了。大科学的研究设备变得如此复杂，绝非个人所能操控，而某一项目的研究领域所涉及的学科领域和工业领域如此广泛，又非个人熟悉的单个学科所能应付。于是必须有一种合作规范跨越不同企业、不同院校甚至不同国家进行科技合作，不善于处理组织、协调科学技术社会人际关系甚至国际关系的人，不能很好地推动科学的应用。时代需要的主要不是具有孤僻性格的科学家，而是具有组织天才、善于与各方面协调合作的科学家。杨振宁教授说："今天，比如丁肇中在做的实验，他的实验设备就要花一亿美元。""今天，像丁肇中，他必须是一个外交家，到世界各地去跟许多政府人士和科学家谈话，这样一种现象，不可避免引起科学界自己的结构也有了一些变化，有许多科学家的工作不是在做科学的工作，而是去做社会关系的工作，甚至公关这个问题也发生了。"[①] 这样便形成科学社会在科学应用方面的合作规范。设在日内瓦的欧洲核研究理事会建立的质子同步回旋加速器，美俄宇宙飞船太空对接，正在实行的并已基本完成的投资60亿美元的全球性合作的人类基因组计划，就体现科学研究和科学应用的国际合作精神。

（3）肩负社会责任精神

在现代社会，科学的影响力越来越大，爱因斯坦说："以前几代人给我们高度发展的科学技术，这是一份最宝贵的礼物，它使我们有可能生活得比以前无论哪一代人都要自由和美好。但是这份礼物也带来了从未有过的巨大风险，它威胁着我们的生存。"[②] 这样，

[①] 杨振宁：《杨振宁文选：读书教学再十年》，（台北）时报出版公司1995年版，第164页。
[②] 《爱因斯坦文集》第三卷，许良英、赵中立、赵宣三编译，商务印书馆1979年版，第99页。

科学家就不仅对自己的工作及其所在的科学共同体负有伦理义务，而且对整个社会负有道义责任。这是因为，造成科学应用（包括被滥用）后果的，有一个因果链，有自由意志的科学家的工作，是这个链条的重要环节。

科学家的社会责任，可以用一言而概括之：科学家不但要做好工作，而且要做好的工作，因而科学家不但要向他所受雇的领导负责，而且要向公众和向历史负责。因此，对于某项科学的应用，科学家有责任向社会公布它的人性的、社会的和生态的后果，有责任站在社会福利的立场，影响当事人，包括政府的决策，有责任参与或宣布退出该项研究工作。在这方面有无数的例子说明科学家坚持自己的社会责任规范。例如，以爱因斯坦、罗素、鲍林为首的一大批科学家，他们成立组织，发表宣言，不断呼吁禁止核试验、防止核扩散直至限制和销毁核武器，对于世界性的核裁军起着极其重要的作用。美国原子弹之父 R. 奥本海默，不愿做"死神，世界的毁灭者"，冒着受中央情报局审查的危险，毅然退出氢弹试验工作。中国的马寅初先生不顾"万炮齐轰"的大批判，发表他的《新人口论》，极力主张节制生育，提高中国人口的素质。而中国经济学家孙冶方先生早在 20 世纪 60 年代便极力主张社会主义商品经济，即使为此付出了很大的代价也在所不惜。

很显然，科学家行为的这些外部社会学规范，与其内部社会学精神，是不相矛盾的，它是科学的内部规范、科学的基本精神气质在科学与社会互动中的外部表现和扩展，表现在开发新技术上的风险性创新精神，是怀疑主义的科学精神在技术上的表现与延伸，而科学应用上的竞争性合作精神是知识共享主义和世界主义科学精神的外部表现与外部延伸，至于科学家的肩负社会责任的精神则是他们知识无私利的求真精神在科学社会后果问题上的具体表现。一旦这样来理解问题，科学与军事相结合、科学与政治相结合以及科学与商业相结合，就不是一个丧失科学精神的问题，而是将科学精神贯彻到底的问题。

◈ 续篇 现代科学与伦理的拓广研究

四 "为科学而科学"在人类多元价值体系中的地位

科学卷入了冷战，为超级大国制造新武器进行军备竞赛服务，为此大国政府给物理学家以自由研究的空间，指望他们搞出奇招来对待敌国；冷战结束后，美俄等国又突然缩减基础物理的研究经费，转向激励应用研究和民用技术的开发，促使科学为提高经济竞争力服务。美国因而在20世纪末在经济竞争力上压倒日本。许多发展中国家也加强应用研究的转向，强调科技就是第一生产力。不过这件事情被某些人做出一种奇特的理解：科学就是生产力意味着不是生产力的科学就不受重视。与此同时，大学生和青年知识分子对科学的价值观念也发生极大的转变，那些数学、物理、化学等基础理论专业在他们的眼中，早就成为冷门，不屑一顾。而后现代的思潮的兴起，有些具有这种思潮的人们眼看着科学未能解决反而导致社会危机和环境危机而对科学的根本价值包括它的内在价值和工具价值都发生怀疑。这一切都导致一个问题：在市场大潮之下，在人间烟火之中，"为科学而科学"是可能的吗？"为科学而科学"是可取的吗？现在，科学内在价值受到怀疑的时期到来了。与20世纪80年代初的"科学春天"相比，科学内在价值黯然失色了。在这里，我们想用自己微弱的声音来呼喊：科学有自己的自主性。"为科学而科学是可能的""为科学而科学是必要的"，因为它的根源深深地埋藏于人类的根本价值体系之中。若要问人类的根本价值是什么，就要问人类有哪些根本的需要应得到满足。这种需要是多维的：人类不但有物质资料的需要（例如衣、食、住、行的需要），也不但有社会生活的需要（例如自由、权利、友谊与爱的需要），而且有精神生活上的需要。这精神生活的需要就包括不可还原和不可替代的艺术感受的需要和求知欲望的满足。因此科学作为探索宇宙奥秘、发现社会真谛、满足人类无止境的好奇心和对真理的追

第十四章　论新时代科学精神气质的坚持与扩展

求，这种美学的、精神上的和文化上的需要或内在价值和衣、食、住、行的需要一样，是终极的，构成有理性的人类生活的组成部分，它也是一种"人间烟火"，是永远不会消失和永远不应消除的，除非人类根本就堕落了。这就是科学的自主性和"为科学而科学"的价值根源。还应看到，"为科学而科学"的价值在人类需要的层次中，处于高层次的地位，并且是随着人们生活水平的提高而不断增长的。A. H. 马斯洛的需要层次论讲的是人们的需要是一层一层地向上发展的，生理的需要、安全的需要、爱情与归属感的需要、自尊的需要，最后一个层次也就是最高层次便是自我实现的需要。所谓自我实现，按照亚里士多德、马克思、马斯洛和阿马蒂亚·森的理解，就是个人的才能和智力，主要是认知力、理解力与创造力的自由的全面的发挥。这样的发挥肯定要在科学的发展中求得实现。当然，这样讨论问题并不是要否认科学的工具价值，否认科学在促进技术开发、经济发展和社会进步中的伟大作用。本书的主要目的之一就是要探求发挥科学工具价值时应有的精神气质。这里我们只是说科学有两种价值，一种是工具价值，另一种是目的价值，二者缺一不可，后者是"为科学而科学"这种追求的根源。科学作为工具价值需要充分发挥，我们在这方面发挥得很不够；但科学作为目的价值也需要实现，在这个方面也不能忽视。人类有多元的价值体系，生存、健康与福利、社会的公平和个人的自由、真理追求和艺术享受等都是人生价值或人生幸福的组成部分。于是"为科学而科学"的追求便有自己的一席地位。如果政府不去支持，自然也会有各种社会群体的赞助和个人自发的努力。不过代表或调节社会各种需求的政府自然不应该忽视人类对真理的追求和基础理论的发展。我们认为所谓"基础研究服从和纳入应用研究，物理学研究服从和纳入生物学研究"只是一种权宜之计或急功近利的策略。从根源上说应用研究以基础研究为前提，生物学的发展在很大程度上依赖于物理学的发展。

第十五章

人类基因解码的社会、伦理冲击

科学技术的发展,常常带动人类社会制度和伦理关系的变革,对社会产生巨大的冲击。在现代科学技术中,生命科学和基因工程的社会意义最为深远。2000年6月26日,人类基因组计划(HGP)的国际组织与美国塞莱拉(Celera)基因公司联合向全球公布人类基因的破译、排序研究工作已基本完成,构成基因组的全部31亿个DNA子单元已基本定位,人类基因组工作框架图已经绘出。这个工作从1990年开始到2000年基本完成,可以说是世纪之交的具有最重大科学意义的事件,人们纷纷将它比作哥伦布发现新大陆、哥白尼发现太阳中心、达尔文发现生物进化和阿波罗登月计划的完成。美国人类基因组计划主任柯林斯(F. S. Collins)说过:"将来的历史学家回顾这个计划,会说这是我们在世纪之交所做的最重要的科学工作,这比把人放上月球或分裂原子重要得多。"[1] 因此,社会科学工作者必须研究这项伟大科学成果的意义,不但需要研究它的科学意义,而且更要研究它的社会意义和社会效果。这里主要是对后一方面进行某些讨论。

一 从三个维度看科学的社会效应

在过去,人们往往不重视或不能够预见科学技术事件的社会效

---

[1] 转引自约翰·奈斯比特《高科技高思维》,尹萍译,新华出版社2000年版,第121页。

果。当 20 世纪 30 年代人们发现晶体管电路时，有谁会想到几十年后就有个人电脑呢？当 1939 年，爱因斯坦向罗斯福建议制造原子弹时，他也只是估计，只能用船而不能用飞机将原子弹运到一个港口，可以将整个码头或整个港口炸毁，他绝对没有想到后来一个超级的氢弹可以炸死一亿人口，核大战将会毁灭全人类，它对世界和平具有如此重大威胁，以至于有许多科学家为制造出原子弹而后悔不已。因此，我们必须重视和想办法预测科学事件的未来后果，包括正面的和负面的、积极的和消极的后果，以便做好心理准备和社会准备，迎接一些十分棘手的社会问题。1996 年英国出现了克隆羊，人们纷纷预测将来出现克隆人怎么办，我国报刊上也登出这种忧虑。不过立刻遭到一些将科学看作高于一切的人们的攻击，认为这是"新闻炒作""杞人忧天""克隆起哄"[①]。其实这种预测和担忧是必要的。1997 年 1 月，19 个欧洲国家签约声明复制人类违反人的尊严，是滥用科学的做法，签约国约定制订法律加以禁止。这是对科学消极效果的一种预测和一种防范措施，而在这个声明中，英国和德国没有签字。而 DNA 双螺旋结构的发现者，诺贝尔奖奖金获得者 F. 克里克以及社会生物学创始人 E. 威尔逊则纠集了许多知名科学家联名反对禁止克隆人。1997 年 9 月联合国教科文组织大会通过的《世界人类基因组与人权宣言》又提到禁止克隆人类，又有加拿大等国拒绝签字。这说明各国政府都十分重视对新科技的社会后果进行研究、讨论和立法。对于这些事，我们有些科学至上主义者可能认为，这又是闹得很大的"克隆起哄"。

我想对科学事件的社会效果可以作三个维度的分析。第一个维度是时间维，指的是对科学事件社会效果的事前预测和事后分析。工业化和原子弹试验在进行之前并没有对它的社会的或伦理的后果做出充分预测与分析，试验世界第一颗原子弹的美国陆军部甚至禁止科学家对这些问题进行三人以上的讨论，这是一个没有事前预测

---

① 《中国科学报》1997 年 4 月 2 日。

其社会效果的事件。不过，工业化造成的环境污染和贫富不均却被哲学家们、科学家们和政治家们做了许多事后的分析和反思。一些环境主义者和后现代主义者一直到现在还反复论及这件事。而原子弹带来的危害也是现代所有政治家和全世界人民所关切的事情。英国爱丁堡的罗斯林研究所（Roslin Institute）在克隆了多利羊的时候并没有同时估计它会引起的社会效应。不过比罗斯林研究所大得多的人类基因组计划的国际组织却同时下设一个伦理委员会，在HGP中包含一个子计划，称作EIST，即探讨人类基因组计划的伦理、法律和社会含义（Ethical, Legal and Social Implication），约有3亿美元的研究经费，这就显得对科学研究计划的社会的和价值的含义的事前预测和事前研究的重视了。

科学事件社会效果的第二个分析维度是因果维，指的是对科学事件的社会效果的近程社会效应的分析和远程社会效应的分析。科学事件的社会效果，表现为一条因果链，或者更精确地说，表现为一个因果的网络。所谓近程社会效果或社会效应的分析，指的是该科学事件或该科学技术领域的研究的直接社会效果。例如人类基因组的解读，如何对生物学的探索产生革命性的影响，使人体的奥秘进一步被揭开；它如何使医疗事业产生大幅度的改变，不但提高了医疗的效率，而且使重点转移到疾病的预防；它如何大幅度地增加了生物研究和医疗的专利，创立了许多前所未有的新产业医药公司，如何为企业家带来了投资的商机，为工人和知识分子创造了就业机会，如何使农业发生根本性变化，为人类创造更多的更富营养的食物，又如何引起了基因资源的争夺，造成了发达国家与不发达国家之间的矛盾、竞争与冲突，如何冲击着社会保险事业，冲击着个人的隐私，甚至如何使克林顿不得不在莱温斯基女士的裙前承认不正当的男女关系等，所有这些后果都是比较直接的，可以较明确地预料的社会效果。所谓远程的社会效应或社会后果，就是要求我们想象在因果链中远离要考虑其效果的事件一端的后果，即事件的后果的后果，后果的后果之后果等。对这些后果的分析，更少确定性，更多盖然性，它能使人想象出一些不可想象的事情。例如基因工程如何改变人类的进化方向，改变人性，使人性不知改变到哪里去了；基因工程的研究与开发，将来还可能彻底地消灭了家庭，使社会结构产生巨大的改变。当然人类的智力是有限的，离因果链越远，就越不确定，越具多变性。把对它的预测看作是社会发展不可避免的必然结果，将它的实现确定为唯一的奋斗目标，甚至组织政党为此进行决战，就会出现很多问题。不过社会科学也必须对各种可能的世界做一番分析研究，提出各种可能性的假说，这就是所谓远程社会效果的分析。本书的目的就是分析人类基因组织解读的几个近程的社会效应和一两个远程的社会效应。

当然科学事件社会后果分析还可以有第三个维度的分析，这就是价值维度，就是分析它们正面的积极的效应和负面的消极的效应。科学乐观主义者只看到科学的正面社会效应，而科学的悲观主义者只看到科学的负面社会效应。我不是乐观主义者也不是悲观主义者而是忧虑主义者，所以二者兼而有之。不过本章所特别注意的是科学社会效应的负面分析，因为危言耸听有时比歌功颂德要好一些，它有助于找出解决问题的对策。

二　基因专利大论争

人类基因组解码的过程，对研究机关、公司和国家政府的首要冲击就是基因专利问题。人类基因组及其认识是否有专利？如何确定专利的范围？这些确定会有什么积极的和消极的社会效应？这就是问题。

许多科学家认为"人类基因组，人皆有之，与生俱来。基因与心肺、胳膊等器官、肢体一样，是人体的组成部分"[①]，都不应该有专利，也不应该有专利之争的。

---

① 杨焕明等：《生命大解密：人类基因组计划》，中国青年出版社2000年版，第114页。

还可以补充说，在给定的技术下，对人类基因的解码、对它的描述与认识只是一种科学事实和科学规律的发现，并没有发明什么，正像发现人体各个器官的位置、结构与功能及其运行数据一样，不应该有专利。

所以，1997年联合国教科文组织第29届大会通过的《世界人类基因组与人权宣言》第1条和第4条规定："人类基因组意味着人类家庭所有成员在根本上的统一以及对其尊严和多样性的承认。象征性地说，它是人类的遗产。""自然状态的人类基因组不能产生经济效益。"该宣言的解释性说明文件对此解释道："不应单凭认识自然状态的人类基因或基因的部分序列而获取经济利益。"这些规定意味着，将人类基因组中某一段基因及其解码列入专利范围，有损人类尊严，有碍促进科学知识发展，有违科学伦理。著名人类遗传学家Volel还补充说："基因专利简直是人类的一场噩梦。"[①]

由美国政府出资30亿美元起步的人类基因组计划本来就是一项号召国际参与、成果共享的"公益计划"，它的初衷本来就旨在为人类造福，并无谋取商业利益之意，因此参加成员自然也没有将基因解码与专利联系起来，大家都签订协议，所有数据都在24小时内公布。其实所谓HGP（人类基因组计划）精神就是国际合作、成果共享、科学无国界、科学无专利的精神，它是由R. 默顿于1942年总结出来的科学的世界主义的、共有主义的、无私利的和怀疑主义的精神气质在当代的具体表现与具体拓广。

但是在现代，纯科学精神与企业精神、纯科学家精神与企业家精神发生了激烈的矛盾。人类基因组计划的完成过程充分体现了这种矛盾，在这个计划完成之后，这两种精神、两种价值取向更加会发生激烈的矛盾。事情的经过是：到了20世纪90年代中期，一些大企业的管理者认识到基因信息对于制造药物的巨大潜力，他们等不及人类基因组公布基因序列的数据，便自己动手弄清某些基因的

---

① 杨焕明等：《生命大解密：人类基因组计划》，中国青年出版社2000年版，第115页。

第十五章 人类基因解码的社会、伦理冲击

核苷酸序列,为此而耗费了大量的投资。例如克隆一个疾病基因,平均需要 1 亿美元,而一个肥胖基因的转让费高达 1.4 亿美元。尽管我们可以骂他们是"唯利是图"者,但是投资总要有回报,企业总是要赚钱。这是市场经济的竞争铁则,无论资本主义还是社会主义都是如此。于是这些企业及企业家就宣布作为知识产权"拥有"这些基因信息,而去申请专利以寻求对其投资以及知识产权的保护。在这种压力下,美国专利局便批准了所谓"功能明确"的基因的专利申请。第一个具有里程碑意义的案例是 Amgen 遗传学学院获得了用以发明促红细胞生成素的血红基因 DNA 序列的专利。由此开辟了基因专利的时代。紧接着,杜克大学拥有阿尔茨海默症基因专利,约翰普金斯大学拥有结肠癌基因专利,基容公司拥有细胞不老基因专利。根据美国专利局的计算,直至 1999 年初,已颁布 1800 项基因专利,另有 7000 件正在申请中。其中有相当大的一部分(1995 年占 40%)是政府的或其他公共的研究所申请的。而在 2000 年,仅仅数个月之内就注册了一万件 DNA 序列的专利申请。[①] 现在生米煮成了熟饭,企业家精神压倒了科学家精神,许多科学家,特别是欧洲的科学家反对也没有用,倒不如赶快去申请专利,以免后续的研究工作无法进行。因为从基因 DNA 序列的发现到制成药品出售之间有一个很长的过程。如果开始阶段工作成果被人占去了专利,就等于以后的研究工作被人卡住了脖子。生物伦理学家凯普兰说,不用多久,"整个基因组都会注册专利。遗传学从大学移植到工业界去。孟山都药厂之类的地方会拥有愈来愈多的动物与植物基因。各个生物科技与制药公司分别拥有人类基因,就是这样。我们会看到蓬勃兴旺的企业界,靠着基因专利与授权,销售各种各样遗传工程产品,赚进上兆的银子","遗传学一定会日趋商业

---

① 参见约翰·奈斯比特《高科技高思维》,第 145 页。另参见《Newton 科学世界》2000 年第 8 期。

化、私有化"①。

关于"功能明确的基因",或"功能已知的基因",或"有某种已知功能的基因"是否应该获得专利的问题,实际上已经没有争论了。因为许多国家已经立法,法律将人类某种基因及其功能的科学发现推向了技术发明这一端而发给其专利保护。正如美国高等法院判决提出:"分离出的或纯化的基因核酸序列与天然状态下存在的基因是不同的,……它是发明。"② 因为你要发现人类某种基因的排序,必须把它分离出来加以纯化。"发现"就是这样变成为"发明"了。又因为你要制造一种治疗基因疾病的药品或治疗该疾病的方法,必须搞清其基因的 DNA 序列,这样了解了其某些功能的基因就成了"技术","科学"就这样转化为"技术"了。这样一种观点在理论上是否成立?因而 DNA 序列的发现在何种情况下可以获得专利以及在这种情况下它是否应该获得专利呢?已知功能的基因应该得到专利在理论上是否已经成立?我觉得仍有许多问题没有解决,撇开基因专利的具体判据问题不谈(这些问题需要专文进行讨论),至少还有下列一些原则问题需要讨论。

(1) 从伦理学上说,每一个人都有人类的基因,我们的一切生命表现都根源于它。如果对这些我们所发现的最重要的生命物质可以一部分一部分地拿去申请专利,就像把我们身上的肉一块一块地割去申请专利、进行买卖一样,这是否有损人类尊严呢?

(2) 从社会学上说,科学与技术有着根本区别。科学的目的是寻求真理,发现自然界(包括我们的生命在内)的事实与规律,它必须无阻碍地求得全世界科学工作者的积极参与才能达到目的,所以科学无专利。技术的目的是寻求应用,创造人工自然,求得经济效益,所以需要专利来保护自己的发明与创新,才能在竞争中推动技术的发展。解码基因,弄清它的结构与功能,这明明是一种科学

---

① 约翰·奈斯比特:《高科技高思维》,第 145—146 页。另见《Newton 科学世界》2000 年第 8 期。

② 转引自贺林《解码生命》,科学出版社 2001 年版,第 376 页。

的工作，是科学的发现。尽管它通过干预自然的方法（如提纯、分离等）来发现生命的奥秘，尽管它对人类医疗的服务和医药的生产有着极大的经济价值，也不能改变它本身是一种科学发现这样的性质。给它以专利，就等于限制其他科学家投入进一步的研究之中，妨碍信息的自由交流，并使药物成本增加，与传统的科学精神气质和传统的科学社会规范相违背。大家知道，在20世纪即物理科学世纪开始的时候，爱因斯坦、密立根、居里夫人这些科学家都曾坚决拒绝给自己的研究成果以专利，明确地指出，这些成果是属于全人类的，个人无权私有它们。怎么生命科学家们在21世纪即生命科学世纪一开始就与专利紧密结合在一起呢？这不是违背传统的科学精神吗？

（3）从经济学上来说，像有关基因编码及其功能这样的知识产品本身，它显然是一种科学研究成果，就像公共道路、公共广场和公共路灯一样是所谓非竞争性产品，并且很难使它具有排他性。这样的产品大多数应列入公共产品。而且，从这些知识的获得到作为药品和治疗方法的终端的商业产品和服务，有一条很长的路要走，中间需要吸引很多人参与研究与开展，为此需要免费提供他们以信息，所以原则上是不应该广泛地确立它们的私有产权的。政府在这个问题上绝不应推卸责任，而应大量予以投资、予以资助这些作为公共产品的研究。这样的制度可能比科学私有化有更大的效率优势，否则大公司便可能造成一种垄断研究，这岂不是反而降低科学生产的效率吗？

（4）从文化背景上看，古代希腊与近现代欧洲的科学精神，是比较注重基础科学的研究和科学成果的共享的，他们尽量避免将商业精神引进科学研究中。而美国的科学精神虽也注意基础科学的研究，但更重视将科学应用于实业，具有不可阻挡的实用主义趋势。在基因专利问题上我们为什么比较倾向于美国精神而不倾向于欧洲精神呢？

人类基因组计划实施过程中，这个世界性的合作组织虽然并没有质疑"已知功能的"基因专利,并没有一律反对这种专利,且对从基因信息中导出的有用利益(useful benefits)的专利持肯定态度。但对于私人公司提出的基因表达序列(EST,即 Expressed sequencetag)专利则做出强烈的反应,坚决加以反对,尽管1996年美国专利局准予 EST 专利申请。该组织还与坚持将一部分基因序列申请专利的私人公司在人类基因组计划方面进行激烈的竞争。在这方面又表现出默顿的科学气质占着主导地位,并由此取得成功,与私人公司在竞争中取得了双赢的地位。2000年6月26日人体全部基因破译基本完成的振奋人心的消息是由当时的美国总统克林顿宣布的。而克林顿宣布人类基因组计划国际组织和美国私人基因公司——塞莱拉(Celera)公司完成了第一张全部人类基因组的实测图,并在几个月后"同时公布它们的基因组资料",这应该说是科学精神与企业精神同时胜利。不过这两种精神、两种文化在今后基因研究的道路上将会有更加激烈的斗争。正如剑桥大学基因系研究员彼得罗·利奥指出的:"毫无疑问,市场经济不可避免地会与人权捍卫者,尤其是国际公共机构之间发生冲突,对此我们现在还难以做出预测。这就是基因工程学所面临的真正根本性的问题。"[1] 科学的商业化是极有效率的同时又是极为可怕的,全球基因资源的大争夺不过是其中的一幕。

三 基因资源大争夺

在21世纪,人类基因的研究,一开始就在激烈的竞争(科学竞争与商业竞争)中进行,首当其冲的是上节所说的专利竞争,与此密切相关的是基因资源的争夺。人类的一切疾病都在一定意义上是基因病。它或者是由单基因引起,如血友病、镰刀形细胞贫血

---

[1] 彼得罗·利奥:《我们是人,不是由 DNA 组装的机器人》,《Newton 科学世界》2000年第8期。

症、亨廷顿舞蹈病等，叫单基因病；或者是由多基因引起，有其中一种基因就可以决定有这种病或"易感"这种病，如高血压、糖尿病、老年痴呆症等，有些癌症也是多基因病；或者是外源性基因病，它由外界细菌与病毒感染引起，人体如何与这些病原体进行斗争也与人体基因有关。对疾病或基因疾病的研究需要基因资源，所谓基因资源就为对某一疾病及其治疗方法的研究所需要的基因资料，包括患病的家族系、患病的群体和患病个人的遗传材料。有了这些天然资料和人工的记录，就可找出同病相怜者的共同基因缺陷，发病者与健康者之间的基因区别，从而认清某种基因，基因中某个序列的功能或其表达型。尤其是那些与外界相对隔离开来的发病人群的血样，是最为宝贵的基因资源。于是政府的、大学的或医药公司的研究机关，为了基因的研究与开发，也为了专利，必然要争夺这个基因资源。由此而引起公司之间、政府与公司之间，特别是发达国家与不发达国家之间的矛盾与冲突。

基因资源的研究与开发引起许多不发达国家人民的恐慌。例如毛利人就坚决反对与人类基因组计划平行实行的 HGDP（人类基因组多样性研究计划）。他们控诉说："你们掠夺了我们的黄金，我们的钻石，现在又来掠夺我们的基因了。"[1] 冰岛国会通过决议，允许某些国际医药公司，使用本岛居民的基因档案，来研究该岛居民某些常见多发疾病，其条件是提供免费治疗之类的回报。这个决议引起该岛居民的激烈反对，称这些医疗公司为"生物海盗"。

我国人口众多，民族多样，疾病繁广，又加上现代化过程较晚，人口流动较少，因而有许多在遗传学上相对隔离的人群，是世界上基因资源最为丰富的国家之一，而在遗传学的研究与开发方面无论在资金上与研究人员水平上都大大落后于英、美、德、日等先进国家，因此我们对于基因资源的争夺与开发也有强烈的反应。例

---

[1] 邱仁宗：《人类基因组研究和伦理学》，载《自然辩证法通讯》1999 年第 1 期。

◇ 续篇 现代科学与伦理的拓广研究

如，2005年5月18日《南方周末》就以"抢滩基因新大陆"为题报道了我国基因资源流失的情况。该报说：

"今年1月，美国塞莱拉公司（即上面说到的与人类基因组国际组织同时宣布完成人类基因组测序的那家公司）开始了大规模攫取我国基因资源的行动。在台湾，该公司得到了政界和商界的协力支持，计划投资1亿美元，建立台湾的生物基因资源序列资料库。在上海，该公司收购了 GeneCore 公司 95% 的股份，并公然声称：获得中国富甲天下的植物、动物与人类遗传资源多样性，对塞莱拉攫取遗传信息是至关重要的。

1997年，美国《科学》杂志报道说，美国西夸纳公司获取了浙江某山村中哮喘病家族的致病基因，随后又大肆宣扬该基因的价值如何如何，以达到其商业目的。遗憾的是，西夸纳公司是如何从这个山村中盗走基因的，我们至今不明白。

同样在1997年，哈佛大学推出了一个所谓的'群体遗传学计划'，在中国研究包括糖尿病、高血压、肥胖症在内的各种'富贵病'。哈佛大学打着与国内某机构合作研究的幌子，'有机会、有权利、有途径'使用中国这一巨大遗传资源库。难以预料的是，今后我们究竟要为此付出多少专利转让费。

1997年7月，中国遗传学泰斗谈家桢教授致函国家领导人：'我国人类基因资源流失情况已十分严重，如再不采取有力措施，我国基因资源将被掠夺殆尽，很快变成外国公司的专利。'"[①]

发达国家的研究单位和商业公司，在对不发达国家人类基因资源的发现、研究和利用上，到底在什么情况下、在什么程度上可以叫作"掠夺""攫取""盗走"或"抢劫"不发达国家资源呢？我们认为对国外的或跨国的医药公司、大学和研究单位科学家与企业家在这方面的行为评价上应划清掠夺资源和竞争性合作研究与开发的界限。我们认为，一个行为称得上掠夺不发达国家人类基因资源

---

① 《南方周末》2000年5月18日。

行为，则它的行为特征至少具备下列两个标志之一：

1. 侵犯不发达国家有关人员（包括被研究对象与参与研究单位的人员）的人权。一个人的基因，是他身体的组成部分，正像个人对于自己的身体具有自我所有权一样有权支配它。因此要对某一个人和某一遗传群体的基因进行研究与开发，必须事先得到这个个人或这个群体的知情同意（informed eonsent）。《世界人类基因组与人权宣言》（1997年9月）第5条明确规定："在各种情况下，均应得到有关人员的事先、自愿和明确同意"，"才能进行某个人的基因组的研究，治疗或诊断"。而人类基因组计划研究组织（HUGO）的伦理委员会《关于基因研究的原则性行为的报告》（1996）则补充说"同意是在知情的基础上获得"。这就是说，被研究者具有知情同意权，你要取我的基因样品做试验，不但要得到我的同意，而且要告诉我有关真情。以欺骗的手段取我的血样，即使我同意了，而我不知情也是对我人权的侵犯。1998年3月有国外机构资助，以"高龄老人健康长寿监测"为名，企图取我国万名老人的血样，事实上就是企图获得我国老人的"长寿基因"，这是一种掠夺基因资源的行为，因为它侵犯了受测老人的人权——知情同意权。

2. 违反被研究对象所在国家的法律。随着科学技术的发展，有些不是经济资源的天然物会成为极为重要的资源。在内燃机发明之前，石油是没有什么价值的天然物，而工业革命后，它就是工业社会的头号自然资源。同样铀矿在原子能发现以前是根本无用的天然物，而原子时代它就成为最重要的资源。20世纪40年代，德国因为缺乏这种东西，他们的原子弹研究与开发大大落后于美国。现在生命科学与技术的进步，使原来被认为没有什么价值的某遗传群体的血样，甚至其遗弃了的细胞，都会成为极有价值的人类基因资源。它的边际效用将极大地提高促使它们所属国家对此进行严格的保护，就像石油的输出国保护自己的石油资源，富有铀矿国家保护铀资源一样。不发达国家由于自己缺乏足够的投资和人才未能开发自己国家的基因资源，就必然要通过一些法律保护这些资源。例如印度，尽管在医药发明的专利保护是世界最少的（它对非药物化合物、药物化合物、药物组合物都不作专利保护），但对于本国基因资源和基因多样性却做出严格保护。如果没有印度"国家生物多样性委员会"的批准，将与基因资源有关的标本、数据输出国外，要判监5年和罚款3万美元。所以如果违反所在国的法律，采取贿赂或欺骗等不法手段与所在国家有关单位签订使用基因资源的经济合同，或者直接将这些基因资源偷运出境就构成了掠夺所在国家基因资源的罪名。

用以上两条标准来分析外国公司的行为，GeneCore公司对冰岛人常见病的基因研究与开发就不是掠夺基因资源的海盗行为，因为它得到国会的批准和同意，确定双方同意的回报。这是科学上和经济上竞争性的国际合作关系。是的，作为发展中国家，我们必须保护自己的资源，包括基因资源使其不会白白的流失，但是我们也不能闭关锁国，一律不搞开放，一律不吸取外资。而在吸取外资来开发我们的基因资源时，不发达国家由于资金与科技力量的缺乏又不可避免要用资源来换取国外投资，用资源来换取国外的高科技。我们不可避免地在某些项目上做出痛苦的选择，与某些国外公司签订带有"本项工作产生的全部知识产权归属甲方"的经济合同。

很显然，在人类基因组计划完成之后，世界将兴起一场争夺人类基因资源的大竞争。这是全球高科技竞争的组成部分，用我们喜欢用的语言来说：它带来了机遇，又带来了挑战。对于不发达国家来说，问题不仅是如何通过立法，将本国基因资源作为"科技秘密"保护起来，关键在于如何加强基因科学和基因工程的投资，使自己的经济逐渐向高科技转轨，否则世界必然分裂成"头脑"国家和"身体"国家，掌握越来越高科技的国家和给他们提供资源的国家。基因工程和基因科学的进步是否加速了这种分化呢？它是否会使这个世界加深发达国家和不发达国家的鸿沟，使富者越富，贫者越贫，并使无产者一无所有而且连自己的基因也丢失了呢？当我们看到美国加州大学政治学教授R. Rosecrance《虚拟国家的兴起》一文中"中国将是 21 世纪'身体'国家的模式"① 这句话时，真是不寒而栗。

四 改变人性，重新设计新人类

如果我们沿着当代生命科学和基因工程发展的趋势，其发展可能的因果链，一环一环地走下去，考察其远程的社会效应，我们就会发现，未来的生命科学和基因工程将会利用不断发展的基因重组技术，改变人的体能、智能和行为品质，改变人的自然进化方向，重新设计新人类。就产生出一个重大社会问题：谁来控制，谁有权控制人类自身的改造及其改造进行方向？如果改造失控，将会造成什么社会后果？美国未来学家 A. 托夫勒在《未来的震荡》一书中写道："我们是否将触发一场人类毫无准备的灾难？世界上许多第一流的科学家的观点是：时钟滴答作响，我们正在向'生物学的广岛'靠拢。"②

有一种观点认为，特别是许多宗教人士认为，我们只应将遗传工程应用于基因诊断和基因的防治，例如治疗糖尿病、肥胖症、先天心脏病、小儿麻痹症、老年痴呆症等，而不可用于基因改良。可是基因治疗与基因改良有界限吗？一旦基因工程在治疗疾病表现得相当成熟的时候，原来不认为是疾病的一些东西像秃头、个子矮小、大耳朵以及相貌不美等也被看作"残疾"，需要运用基因手段来加以改良，就像现代外科手段用于美容，如修鼻、拉皮、丰颊、隆胸等一样。

于是，总有一天，孩子们的形状与特征，是设计出来的，即通过基因的设计有意识地创造出来。这时家长们在生小孩之前可以在电脑的屏幕上选择他（她）们的肤色、性别、成年时期的身高与体

---

① 达尔·尼夫（Dale Neef）主编：《知识经济》，樊春良等译，珠海出版社 1998 年版，第 70 页。

② A. 托夫勒：《未来的震荡》，任小明译，四川人民出版社 1985 年版，第 220 页。

重、外观、容貌、智商、某种性格与品行，并去掉那些易犯"酗酒""犯罪""攻击性""游手好闲"等基因。于是人性在某些方面也就被有计划地改变了或被有计划地设计出来了。于是在世界上便出现了有超常视觉的、有超常听觉的人、有超常体能的人（适合做超级运动员）和有鳃的人（适合在水中生活）。就像从野猪到家猪的过程，通过基因突变的人工选择，人们已大大改变了猪的野性，并创造出各种各样的新的猪种一样。这是不是基因决定论呢？不是。因为这里我们并不是将人的行为还原为基因决定这个唯一因素。而只认为在决定人的品性与行为中，基因是一个非常重要因素，所以改变了基因，人性也就改变了。根据人类组织行为学的研究，人的行为，例如劳动者的劳动态度等是由他们的价值系统决定的。这个价值系统可以从他们各人分配于自由、快乐、自尊、诚实、顺从、平等等价值的不同权重中看出来。S. P. Robbins 在他写的《组织行为学》（第七版）中写道："人们的价值系统来自何处呢？一个非常重要的部分是由基因决定的。其余归之于国家文化、家庭教育、教师、朋友以及其他环境的影响。根据出生后就分离开的同卵双胞兄弟姊妹的研究，价值系统的多样性有40%是由基因决定的。"[1] 所以通过基因的方法，改变人性，改变人的行为与品质，改变人的价值观念和价值系统是完全可能的，更不用说改变人的生理特征了。社会对于这种改变的态度如何？自然是越来越多的人赞成。DNA双螺旋结构发现者沃森说道："没有人有胆说出来……在我看，如果我们知道怎样添加基因，制造出较好的人类，何乐而不为？"美国遗传学家J. 亨贝尔说："每一代为人父母者，都会想要给儿女最新、最好的改良特质，而不会听天由命，遗传到什么染色体就接受什么染色体。"在1986年和1992年美国民意调查中40%—50%的人赞成用基因工程改良身体与智力。[2] 当然，也有反

---

[1] S P. Robbins, *Organizational Behavior* (Seventh Edition), Prentice-Hall International, Inc., 1996, p. 175.

[2] 参见 J. 奈斯比特《高科技高思维》，第129页。

第十五章　人类基因解码的社会、伦理冲击

对对后代人进行基因改良的，特别有些伦理学家，认为人们这样对后代人的操控，不但决定后代人的外形和性状，而且决定他们的智力与体能，甚至决定他们的性格和职业取向，这就等于侵犯后代人权。那时，人们对后代人会像现代人对时装一样摆弄。随着遗传时装店的兴衰起落，人体形态式样也将像现在的服装式样一样，不是变得千奇百怪就是变得时髦入时。①

不过科学技术与人文伦理是交互发展、协同进化的。在一定发展阶段上，人们会用现有的伦理观念控制科技的发展，使科学的自由限制在社会伦理可接受的自由。但到了另一阶段，社会伦理又必须随着科技发展而发生重大的改变。现在我们不能接受克隆人，但将来总有一天会接受它。同样，如果我们现在不能接受用基因改造人性进行"优生"，但我们将来肯定要冲破现行的心理的道德的原则而去接受它，因为它将来会给人类带来利益。问题只是，我们将会如何解决基因改良人种所带来一系列社会问题呢？在未来的社会里，谁来控制人类基因的改良呢？美国著名伦理学家 P. 辛格和 D. 韦尔斯，在他们的《基因工程》一书中比较了"中央计划方案"和"自由放任方案"各自的优缺点之后提出如下的建议：

> 因此，我们的建议是：儿童的基因禀赋必须掌握在它们通常总是掌握在的人的手中，即双亲的手中。但那些想运用基因工程来获得先前没有被社会所认可的那些特征的父母，必须向政府提出许可申请，才能进行这项基因工程，公众必须知道父母们想进行一些什么样的冒险，并同样有权说"不"字。
>
> 这样的系统机构是不难设计出来的，一个有广泛基础的政府实体必须安排好批准或拒绝父母们的基因工程建议。它必须考虑这项基因工程的建议，如果在实践上是比较普遍的，它是否对个人或社会有害呢？如果没有预见到它会有害的效应，则

---

① 参见 A. 托夫勒《未来的震荡》，四川人民出版社 1985 年版，第 224 页。

委员会应批准这个程序。这就意味着双亲可以自由地进行这项工作。委员会应跟踪了解有多少人进行了被批准的程序及其效果如何。如果有未预期的伤害效果出现，委员会总可以撤回它的批准。由此委员会所同意进行的只是那无害的基因工程，所以其工作进行比起要按照其所获得的肯定效益来确定同意某项工程容易一些，当然这项工作仍然是困难的。选择有特殊能力的人进行克隆，也按同样方式进行控制。[1]

我认为，这个建议是可行的，是未来社会用以对付基因改良人种可能被滥用的社会方案，不过它是以政府必须有很好的政治伦理为前提。如果在改良人种、改良人性或掌握人类进化方向问题发生社会失控，那确实会出现生物学上的广岛甚至比广岛更为可怕。这时富有的国家、富有的人、特权阶层的子女变得越来越聪明，而不发达国家、贫穷的人、处于社会下层的人的子女因无钱无力运用基因改良技术，其子女的素质变得越来越差，这就出现了"基因种族"和"基因阶级"。如果基因改良技术掌握在企图霸占世界的独裁者和种族主义者的手里，掌握在自以为是的中央计划者手里，掌握在恐怖主义者和黑社会手里，那将会出现千奇百怪的具有特殊功能的"基因奴隶"执行他们主人的任务。只要想象一下现在世界上有多少"蠢人"和"坏人"，这个生物学广岛的前景就不难想象。第二次世界大战和广岛上空的原子弹之所以出现，是因为人类的政治道德特别是政府的政治伦理赶不上科学技术的发展。人类基因组计划完成大大推向 21 世纪科学技术的迅猛发展，人类当今的道德水平以及各国政府政治伦理的进步真的能赶上科技发展的步伐吗？这不能不是一个值得 21 世纪人们深思的问题。

---

[1] P. Singer & D. Wells, *Genetic Engineering*, New York：Macmillan Publishing, 1985, p. 169.

第十六章

科学发展与伦理问题

——敬答刘华杰教授

北京大学刘华杰教授正在研究一个课题,是关于科研发展的伦理环境的。他说我对科技伦理有一些特别的见解,想听听我对相关问题的看法,他分两次向我提出八个问题(见黑体字)。下面是我的两次公开回答,并有刘兵、田松学弟的回应。文章将刊登在田松主编的《我们的科学文化》(华东师范大学出版社)第五期上。

第一轮问题:对科学发展出现的伦理问题,科学家有道德责任吗?

你好!谢谢你提出的问题,也很高兴能回答你的问题并发表一些个人见解。

一 科学家从事一项研究,他(她)会面临哪些伦理约束?某些技术开发肯定有伦理问题,但基础研究是否涉及伦理问题?如数学、理论物理。

科学家从事一项研究首先遇到科学行为的伦理规范问题(例如:不要抄袭,不要弄虚作假等),在这方面需要行为的伦理约束。不过你的问题主要是讨论科学研究遇到哪些社会伦理约束,他(她)要承担哪些社会责任的问题。

◇ 续篇　现代科学与伦理的拓广研究

关于技术开发,"肯定有伦理问题"。我们暂且把这个问题的论证搁置起来。虽然技术发展的线性模型(基础研究→应用研究→开发研究—技术进步和技术革命)受到质疑,但质疑的只是它不是技术创新的唯一途径,但科学,尤其是基础科学发明与发现的驱动仍是技术发展的根本动力之一。这就出现一个问题:数学、理论物理以及理论生物学的一些基础研究,科学家在进行这些研究时,常常会遇到它本身以及它将来的技术开发会带来什么社会后果的问题。研究者对此要负部分责任,因而科学家必须考虑这些伦理问题,调整自己的研究计划,包括发表形式等。下面是有关这个问题的几个历史案例:

(1) 关于核物理中原子核的结构以及放射性元素的核链式反应研究。1932年,英国科学家 J. 查德威克发现中子,开始了核物理的研究。1938年底,德国物理学家 O. 哈恩和 F. 斯特拉斯曼用中子轰击铀,结果将原子核分裂为质量约相等的两块,并释放出大量能量,后来知道这"两块"就是化学元素钡和镧。很显然,这是标准的基础科学研究,旨在探求原子核的结构及其变化。1939年3月,美国的费米、西拉德等人在哥伦比亚大学实验室发现铀裂变过程产生大量中子。实验表明铀原子核链式反应的概率很大,这时正是纳粹分子发动第二次世界大战的前夕。对科学的政治后果和伦理责任比较敏感的犹太人西拉德从这个理论物理的基础研究中立刻意识到"这可能引起一场工业革命,但或许首先会引起一场灾难"。于是他极力主张英、美等国核物理学家约束自己的行为,对这个发现进行"保密"。这个科学伦理主张,立即受到费米及其项目资助人的反对。他们说"试图限制发表文章,不仅是无益的,而且由于违反科学传统而令人反感"。德国核物理学家约里奥·居里也反对这件事。尽管如此,历史证明,西拉德的观点是对的。基础科学的研究同样可能发生重大的社会伦理和政治约束问题。

(2) 关于生物基因的研究。生物基因的研究,包括人类基因组的研究,是很难区分它是基础研究还是开发研究,一般说来,为了探索自然规律以获得知识为目的的研究是基础研究。但为了弄清DNA，我们需要重组DNA。因此1973年当美国斯坦福大学一个实验室要把动物肿瘤病毒植入大肠杆菌进行研究（这不是技术开发，而是一种求知的活动）时，就遭到该校的保罗·伯格教授的反对，他担心为实验的目的而改变细菌的基因，会不会从实验室中泄漏出来危害对这些人工细菌没有抵抗力的人类呢？在这里理论研究做一些什么实验就受到社会伦理约束，产生一个科学家的社会责任问题，对于理解DNA做了开创性工作的E.查理伽夫问道："我们有权利为了满足少数科学家的求知欲而不可逆地抵制亿万年自然进化的智慧吗？未来将会咒骂我们。"这场争论导致1974年夏天，美国科学院成立了一个就由伯格任主席的特设委员会进行研究，出于对人类安全和对生态环境的保护意识，委员会建议：暂禁重组DNA的研究，直到制订出适当的安全措施为止。后来发现问题并没有那么严重，所以美国政府后来开放了这个研究，但需严格的审批手续。这个案例和第一个案例很不相同的是，西拉德关于科学研究中的政治伦理意识一提出就受到大多数主要科学家的反对，而伯格关于科学研究的社会生态后果的担心却受到了大多数科学家支持，无论基因重组实验在技术上如何有挑战性而在理论上又如何激动人心，科学家也要将它暂时禁止。这意味着科学家的社会伦理责任感的觉醒。谁说基础研究不涉及伦理问题呢？正因为这种觉醒，所以不久前的国际人类基因组计划对人类基因组的研究便规定5%的研究经费，用于人类基因研究的社会伦理问题。

（3）第三个案例是N.维纳的控制论。控制论现在被看作是系统科学的基础理论之一，但当它进行理论研究的时候，一般人将它看作一门数学学科。维纳1947年写的《控制论》一书，基本上属于基础理论研究。但他立即意识到这项研究会导致整体生产部门的自动化和第二次工业革命，从而导致工人的失业与社会的灾难。于是他在那本书的导言中，写了下列语重心长的话：

◇ 续篇　现代科学与伦理的拓广研究

也许我可以澄清一下目前局势的历史背景，如果说，第一次工业革命是革"阴暗的魔鬼的磨房"的命，是人手由于和机器竞争而贬值；……那么现在的工业革命便在于人脑的贬值……当然，正如第一次工业革命在某种程度上留下了熟练的木匠、熟练的机器匠、熟练的成衣匠一样，第二次工业革命也会留下熟练的科学家和熟练的行政人员。然而，假如第二次工业革命已经完成，具有中等学术能力水平或更差一些的人将会没有任何值得别人花钱来买的可以出售的东西了。……因此，我感到有责任把我对于这个局势的知识和理解告诉积极关心劳动的条件和前途的那些人——即告诉劳工联合会。

我们这些对于控制论这个新的科学有所贡献的人，因此都处在一个道义的位置上，这个位置，至少是不很安适的，我们促进了一个新的科学的发轫，这门新科学，我已经说过，包含着这样的技术发展，它具有为善和作恶的巨大可能性，我们只能把它交给我们在其中生存的这个世界，而这就是德国贝尔森集中营和广岛的世界。我们甚至无法制止这些新技术的发展，它们属于这个时代。我们中间任何人所能做的最高限度，是制止把这方面的发展交到那些最不负责任和最唯利是图的工程师的手中去。我们最多只能指望广大公众了解目前这项工作的趋势与方向，把我们个人的努力限制在诸如生理学和心理学这样的远离战争和剥削的领域里。①

我觉得维纳对于基础研究会有什么社会的、政治的乃至生态的后果也已经说得很清楚，对于进行基础研究的科学家有什么道义与伦理的责任也说得清楚，他们应该做一些什么事也说得很清楚了。这就是保卫和平，防止战争；坚持社会正义，反对剥削与唯利是图，让人民对科学的社会功能有知情权，参与对科学的应用的社会

---

① N. 维纳：《控制论》，郝季仁译，科学出版社 1962 年版，第 28—29 页。

管理，尽可能防止科学对社会的有害应用。

二 当科学事务涉及伦理问题时，"科学标准"或者"科学判据"在其中担当什么角色？是不是在所有的问题层面和社会系统各层面，都要坚持"科学标准"或者科学标准优先？

首先要讨论你的"科学事务"（affair of science）的概念。根据科学社会学家贝尔纳的看法，科学不仅是一种理论体系，而且是人类的一种社会文化活动，以及还是人类社会的一种建制。这样：

（1）作为发展知识体系的科学事务，是一个如何构造一个理论体系、评价和选择理论体系的问题，这里又分为：a. 建构作为自然科学知识体系的科学事务。b. 建构作为社会科学知识体系的科学事务。b 的问题很复杂，我们暂且将 science 与 natural science 当作同义语，先避开 b。

作为建构知识体系的科学事务，它的"科学标准"就是科学合理性的标准。一个理论体系好不好视它是否符合与经验事实精确地相一致，是否具有内部与外部的逻辑融贯性，是否具有广泛的解释力，是否具有简单性，是否具有内容的丰富性来定，即库恩的"五大标准"作为科学理论体系的标准，在这五个标准中，首要的是看它是否与科学实验和科学观察的结果相符合。

（2）作为人类文化活动和社会建制的科学事务，是科学的社会事务，它是人类活动、人类事务、人类社会体制的一个部分。纯科学或基础科学的科学研究的事务，既然是社会活动、社会行为，就有社会规范。对于这个规范，默顿系统研究过，这就是世界主义原则（科学无国界等）、知识公有原则（如知识无保密原则但它的发现者有优先权等）、知识无私利原则（不因个人利害关系影响知识的发现与接受等）、有组织的怀疑主义原则（百家争鸣原则等）。可以发展默顿所概括的科学行为的规范，但它是一个基础，旨在说明为了达到追求真理的目的，科学共同体应有什么科学伦理规范、什么科学伦理标准。

讲到这里，才进入你的问题："当科学事务涉及（社会）伦理问题时'科学（伦理）标准'或'科学（伦理）判据'在其中担当什么角色呢？"有时科学行为的内部标准与社会伦理标准发生价值冲突。这时正确的方法是依具体情境做出价值协调与利益安置，一般不放弃社会伦理标准，也一般不放弃科学伦理标准。而是在处理具体问题时确定一个"排序"或"权重"问题，在 A 问题的三个案例中，表现出人们将社会伦理放在优先地位。从追求真理的利益来看，原子核链式反应的发现应公之于世。重组 DNA 的研究不应暂时禁止。但从社会的、政治的、生态的利益来看，有些核物理研究应列入国家机密，暂时禁止 DNA 重组研究也是必要的。这里科学标准并不优先。这是一个社会交往合理性问题，要用商谈伦理来解决，所以在这个问题范围里，我的回答是，当科学事务涉及社会伦理问题时，科学（伦理）对人的科学行为只起到局部辩护的作用，担当局部辩护的角色。

你的问题 B 中有一个更为重大的问题是：科学主义者可能会说，在有些问题和有些系统的层面上，社会伦理标准占有优先地位，但社会伦理标准本身是怎样决定的呢？作为一个伦理价值体系，它的评价、选择的标准又是什么？难道不也是库恩所说的五大科学标准吗？难道不可以用经验理性的科学方法，主要用精确的实验方法和融贯的逻辑方法来解决吗？这个问题使我们想起 80 多年前由张君劢与丁文江引发的连梁启超、胡适、陈独秀和瞿秋白都卷进去的"科学与人生观"大论战。事实上，价值体系有自己的判据，有自己的选择标准和评价标准是不能完全用科学来解决的。作为知识体系的科学标准只能对它做出局部辩护。人生观问题、价值观问题、伦理观问题甚至发展观问题是不能完全由科学来解决的。这一点正是科学主义所没有注意到的要害问题所在。这是值得重新检讨的大问题。北大的"德先生"与"赛先生"还有一个"莫（moral）姑娘"，都是人们所尊敬的。不能只要一个"赛先生"，将"德先生"和"莫姑娘"赶出北大，我认为，你 B 问题的重要性也在这里。

三 与"合理性"问题有关的是,在讨论科技伦理问题时,"证据"除了科学证据(逻辑经验论讲的经验证据)之外,伦理、美学和宗教方面的材料可否成为"证据"?

科学技术伦理与科学技术所涉及的社会伦理是属于社会价值体系的范畴,不是属于科学假说或科学理论体系的范畴,所以它的评价与选择的标准与科学评论与选择标准是不一样的。科学评价与选择的标准,按库恩所说的是五条标准:与经验事实相符的精确性,内部与外部的逻辑融贯性,解释范围的广泛性,表达形式的简单性以及获得成果的丰富性。一般地说,在五条标准中,"证据"(的精确性)占着首要地位,因此科学是经验地可检验的,一个科学假说,或一个科学理论体系是"真"是"假",是"好"是"不好"拿什么做标准、拿什么去判别它呢?拿什么去选择它呢?最重要的标准或最重要的标准之一就是经验事实的证据。为了讨论的方便起见,库恩曾"对'证据'(evidence)作了广义的解释,包括简单性和有效性等的考虑"[①]。以便于研究科学假说对于评价标准能成立的概率,但是科学标准无论狭义证据还是广义证据都不适合于用来评价价值系统。

让我首先来举一个例子,有晚期癌症病人,痛苦不堪而无治愈希望。为了减轻乃至消除他的痛苦,"我们应不应该给他注射大量的吗啡(麻醉药)呢?"这是一个价值判断或价值命题。对于减轻与消除痛苦这个目标来说,这是一个手段价值命题。对于能否达到目的来说,它的执行结果是经验地可检验的。经验证据表明,这个价值判断及其效果得到确证,我们当然根据证据可选择这个价值命题。可是,病人知道自己的不治之症,他提出一个更彻底的方案,一个这样的价值判断:"为了消除我的不可忍受的痛苦,你们做医

---

① 托马斯·S. 库恩:《必要的张力》,纪树立等译,福建人民出版社1981年版,第322页。

◈ 续篇 现代科学与伦理的拓广研究

生的应该给我安排安乐死,谁要你的吗啡,只有安乐死才能使我彻底解脱痛苦。"我们有充分证据证明,对于解除痛苦来说病人的要求是对的。这样经验证据是这个低层次的手段价值或工具价值的判别标准,至于简单性、有效性等,安乐死在执行上非常简单,也很有效,合乎库恩标准。可是,这个判据不能解决目的价值判断,这里要害的问题是,难道给病人注射大量吗啡减轻了他的痛苦却缩短了他的生命在伦理上是可接受的吗?难道安排他的安乐死在伦理上是可接受的吗?对于这个问题无论用狭义的科学证据还是广义的科学证据都不能判别这个问题、评价这个问题和解决这个问题。也就是说科学和科学方法对于解决这个问题无能为力。科学不能完全解决人生观问题,不能完全解决生死观问题。这是一个社会契约问题,是一个文化问题,是一个宗教问题,是一个个人自由意志的选择问题。"赛先生"不能完全解决只有"德先生"和"莫姑娘"才能解决的问题。

那么"莫姑娘"会怎样回答这个对晚期癌症病人大量使用麻醉剂或让他们安乐死这个方案,对这个方案进行价值的或伦理价值评价呢?病人本人意愿采取什么方案,首先取决于他个人对什么是善的生活,什么是终极的善的看法,这就是由他自己的人生观和生死观决定。这个决策可能是宗教的、道义的、利他的或利己的,只要这个决策不侵犯、不妨碍他人的利益。他采取什么方案(例如安乐死)都属于个人的意志自由,"莫姑娘"不发表意见,也不做出规劝。但是对于医生对这个癌症病人采取什么医疗方案,这里牵涉他人利益,有伦理问题。"莫姑娘"必须发表意见,这是医学伦理问题,医学伦理有个基本的原则,就是对病人不伤害原则,这个原则无论对于道义论的生命尊严原则来说,对于功利主义的最大多数人的最大幸福原则来说或者对于宗教要求行善原则来说都是说得通的,依据"不伤害原则",大量使用麻醉药和施行安乐死都是不可取的。在这里表明,一个伦理价值判断是否适当,为首的标准就是看它是否符合社会基本伦理原则。

这样看来，价值命题或价值体系或伦理体系的评价标准与科学假说和科学理论体系的评价标准很不相同。如果要像库恩那样给它规定几条，那"莫姑娘"可能将它归纳为四条：（1）与基本伦理原则的一致性。（2）它操作上的可行性。（3）与人们道德直觉的相符性。（4）尊重社会文化宗教传统。一个科学伦理命题是不是适当的，视它是否符合上述四条标准以及符合到什么程度而定。在这里将这四条标准说成是四个"证据"似乎是不合适的，建议改为四个"论据"。这里有一个终极的问题，就是基本伦理原则的根据是什么？我认为它的根据就是社会契约和民主商谈。在这里"赛先生"必须请教"德先生"。其中有一个"德先生"就是哈贝马斯。他提出社会交往合理性和程序伦理。这个"德先生"也是一个"马先生"，即法兰克福学派的马克思主义者。现在的问题说来说去都是"赛先生"太唯我独尊，自高自大，以为自己能解决一切问题。

四 您认为中国科技工作者在中国社会环境、文化环境下从事科技研究，受到的伦理约束情况如何？在未来，中国科技发展的伦理问题会更多还是更少？中国多数科学家需要关注伦理问题吗？

回答是简单的。由于科学主义的影响近一个世纪以来在中国始终占了上风，所以中国科技工作者受伦理约束较少。这种情况必须改变。随着社会的发展有越来越多的科技伦理问题，所以中国多数科学家需要越来越关心伦理问题；并且中国的政治家也须越来越关心伦理问题；而更根本的问题可能是政治家的职业道德问题没有解决，就影响了科学家也不能解决自己的职业道德问题。

以上回答是否妥当，望您能给我一个答复。

（以上为2008年10月25日的回答）

第二轮问题：科学理性能解决伦理问题吗？

非常感谢华夏老师如此详细的回答，您提到的几个案例非常有启发性。您作为学者首次对纯科学中是否存在伦理问题给出了明确的答复:"研究者对此要负部分责任,因而科学家必须考虑这些伦理问题。"您的认真远远超出了我的预期,再次感谢您。这也鼓励我向您进一步求证若干困惑的问题。我知道这会打扰您,浪费您宝贵的时间,不好意思。您是一位令人尊敬的真正学者,我忍不住还是把问题提出来,您的观点对许多人都有参考意义,在我们的报告中也会详细反映。我接下来的问题是:

五 您上述回答中多次提到"科学主义"或唯科学主义这个词。我们都知道在中国关于科学主义存在许多争议,有学术层面的也有非学术层面的。在中国,科学主义与科技发展的伦理道德关注之间,存在怎样的关系? 科学主义是否一定程度上掩盖了科技事务中广泛存在的伦理问题?

您好! 从第五个问题开始,您提的问题愈来愈现实、愈来愈敏感,因而也就愈来愈难于分析、言说和表达。这样的一些难题,也许不是我们这个年龄段的人能攻得下来的,所以我故意让这些问题在我头脑中冷却一段时期,再来提出一些一开始就要声明是很不成熟的看法与大家商谈讨论。

要解决第五个问题首先需要定义科学主义,以便讨论有个共同语言,而不至于不可通约。然后再来讨论科学主义怎样侵犯社会对伦理道德的关注,包括科技发展的伦理道德的关注。

什么是科学主义(scientism)。这个术语一般有两个方面的含义:

(1)从认识论的观念看,它是这样一种信念,认为自然科学的方法和概念可以而且应当适用于包括哲学、人文和社会科学在内的一切研究领域。而在这些领域中,自然科学方法具有超越其他任何生活探索和生活诠释的权威。英国卡文迪许实验室主任卢瑟福在20世纪初说过:"要不就是物理科学,要不就是集邮。"

第十六章 科学发展与伦理问题

这句话充分体现了这种信念：只有科学才能探明存在的规律和真理，获得真正的知识。至于意识、人文和社会的研究所使用的诠释的方法、思辨的方法、精神分析的方法等都必须为科学还原论的方法所代替。例如，有些少数民族地区，久旱无雨，人们就跳起一种求雨的舞蹈，从科学的观点看，这是一种完全无效的手段，是对雷雨成因的一种完全错误的认识。殊不知，当久旱无雨，人民苦不堪言，这样一种舞蹈就起到激励人们相互团结、共同奋斗、共渡难关的作用，运用文化诠释学的方法就能揭示这一点，这是科学方法所不能说明的。

（2）从实践论和决策论的观点看，科学主义还具有这样的信念，即科学具有无限的边界，所有的人类的问题、所有人类的事业都可以单独用科学来解决，包括环境污染问题、饥荒问题、贫富不均问题、伦理道德问题、宗教问题、战争与和平问题等文化与社会问题都可以依靠科学技术来最终解决。这种观点可以叫作科学的扩张主义（scientific expansionism），将科学技术运用于它所不能解决的领域和不能解决的问题。

所以科学主义的错误并不在于它弘扬科学精神，也不在于它坚持运用逻辑的和实验的方法去认识世界和改造世界，而在于它夸大了科学的作用，将科学与技术看作一把万能钥匙，将它运用于它所不能认识的领域和不能解决的问题。现在看来科学和科学方法所不能认识的领域和不能解决的问题，首先就是伦理道德领域和伦理道德问题，有关这一点科学家爱因斯坦和哲学家詹姆士都说得十分清楚。爱因斯坦说："指引社会主义方向的是一个社会—伦理目的。可是，科学不能创造目的，更不用说把目的灌输给人们；科学至多只能为达到某些目的提供手段。但目的本身却是由那些具有崇高伦理理想的人构想出来的，只要这些目的不是死胎，而是有生命的，并且是生命力充沛的，它们就会被许多人所采纳并且向前发展，这些人不自觉地决定着社会缓慢的进化。由于这些理由，在涉及人类问题时，我们就应当注意不要过高地估计科学和科学方法；我们也

◆ 续篇　现代科学与伦理的拓广研究

不应当认为只有专家才有权利对影响社会组织问题发表意见。"[1]

而詹姆士则说:"道德问题直接表现为这样的问题:它的解决不可能依赖于感性的证据。道德问题不是关于感性存在的问题,而是关于什么是善,或者如果它确实存在的话什么会是善的问题。科学能够告诉我们什么东西存在,但要比较各种价值——不论是关于存在的东西还是不存在的东西,我们不可能请教科学,而必须请教帕斯卡尔所谓的'我们的内心'。当科学认为关于事实的无穷的确定和对于错误信仰的纠正是人类至高的善时,它自己就在求救于自己的内心。如果有人诘难这一陈述,科学只能神谕般地重复它,否则就以下面的方式来证明它:这个确定和纠正给人们带来所有他们在内心依次断言的其他善（goods）。"[2] 詹姆士所说的社会伦理目标要"求救于自己的内心"。这个内心当然是社会性的产物,也就是爱因斯坦所说的,它首先"由那些具有崇高伦理理想的人构想出来"然后"被许多人所采纳并且向前发展"。这就是我们在上面第三个问题所说的来自伦理研究、民主商谈和社会契约,这是一种与科学合理性不相同的社会交往合理性的问题。

我们认为,两种不同的合理性的区分是科学与伦理关系的症结所在。因为如果社会只有一种理性,即逻辑合理性和科学合理性,人们就会将一种价值,即作为工具价值的科学技术价值以及由此运用于社会的成本效益价值、最大效用决策价值凌驾于一切其他价值之上。这种价值就是通过有效的科学方法主宰、控制、支配和征服自然。但在社会存在着阶级之间、集团之间以及国家之间利益冲突的背景下,科学方法不但造成科学技术统治和压迫自然界,而且通过统治压迫自然界最后实现少数专家与精英的"权力意志"达到统

---

[1] 爱因斯坦:《为什么要社会主义?》,见《爱因斯坦文集》第三卷,许良英、赵中立、赵宣三编译,商务印书馆1979年版,第268页。
[2] 詹姆士:《信仰的意志》,见约翰·杜威等《实用主义》,杨玉成等译,世界知识出版社2007年版,第161页。

第十六章　科学发展与伦理问题

治和压迫人。① 这就像人文主义技术哲学的创始人之一路易斯·芒福德所说的"巨机器"（mega machine）。他说："巨机器的标准实例是庞大的军队或者像建造金字塔和中国万里长城那些组织起来的劳动集体，巨机器经常会带来惊人的物质利益，但却付出了沉重代价：限定人的活动和愿望使人失去人性。"② 其结果就是科学主义由科学扩张主义发展为科学霸权主义。

　　科学主义与科技发展的伦理道德的关系如何？科学主义认为伦理问题、宗教问题以及其他人文问题都可以单独用科学来加以解决，因而在这个领域就不需要独立的专门研究和讨论，不承认它们有自己一个独立的研究领域和生活领域，不尊重它们有存在的权利、有改进和发展之必要。例如如果认为科学可以解决宗教问题，就会对一些国家科学如此发达却还会有这么多的人信仰基督教这个问题百思不得其解。宗教不是迷信吗？用科学来解决这个问题不是十分简单的吗？将它们从社会上加以清除不就解决问题了吗？那又有什么必要在讨论科技发展的伦理问题上邀请宗教界人士参与呢？至于生命伦理，包括基因伦理和克隆伦理之类的问题，既然科学和科学的发展将会自行解决这些问题，有什么必要在医院成立伦理委员会呢？如果一定要成立伦理委员会，找几个医生来组织一个便是了，又有什么必要让专业的伦理学哲学博士参加进来并负责日常的工作呢？如果要派人参加的有关克隆人问题的国际会议。找一两个做克隆实验的科学家去参加不就行了吗？所以科学主义必然是以科学包打天下的架势造成对科技发展的伦理道德问题的忽视、蔑视甚至鄙视，从而掩盖了科技事务中广泛存在的伦理问题。在20世纪中科学主义在我国有很大的影响，有关这个问题我基本上同意范岱

---

　　① 参见威廉·莱斯《自然的控制》，岳长龄、李建华译，重庆出版社1993年版，第五章。
　　② 卡尔·米切姆：《技术哲学概论》，殷登祥、曹南燕等译，天津科学技术出版社1999年版，第21页。

年教授的意见，在此就不再多说了。①

六　北师大的田松博士提出一个说法，大意是，过去科学是神学的婢女，现在某些科技沦为资本的帮凶。我很想知道您对此的评论。

田松博士的观点是马克思的观点，是马克思关于科学、技术与社会的几个观点之一。关于这个问题，马克思的观点至少有三个：（1）科学技术是一种生产力，而且在生产力中"起着最有决定性的作用"②。他说："劳动生产力是由多种情况决定的，其中包括：工人的平均熟练程度，科学的发展水平和它在工艺上应用的程度，生产过程的社会结合，生产资料的规模和效能，以及自然条件。"③"大工业把巨大的自然力和自然科学并入生产过程，必然大大提高劳动生产率，这一点是一目了然的。"④（2）科学技术的资本主义应用使它成为资本的奴隶与帮凶。（3）随着科学技术的进一步发展，它造成的生产力与资本主义制度发生冲突，从而成了推翻资本主义的力量。恩格斯这样评估马克思对科学的态度："他把科学首先看成是历史的有力的杠杆，看成是最高意义上的革命力量。而且他正是把科学当做这种力量来加以利用"⑤，例如研究社会科学，指导工人革命运动等。

关于（1），在我国改革开放以后，以"科学技术是第一生产力"为命题讨论得很多了。关于（3），由于对当代国际共产主义运动的遭遇与现状尚未做出一种有权威的重新解释，关于生产力是社会发展的最终原因，而社会主义是它发展的最终结果这个假说尚未得到证实，有待于未来的实践检验，所以目前很难加以讨论。而

---

① 范岱年：《唯科学主义在中国——历史的回顾与批判》，载《科学文化评论》2005 年第 2 卷第 6 期。
② 《马克思恩格斯全集》，中文 1 版，第 23 卷，第 561 页。
③ 同上书，第 53 页。
④ 同上书，第 424 页。
⑤ 《马克思恩格斯全集》第 19 卷，人民出版社 1963 年版，第 372 页。

第十六章　科学发展与伦理问题

关于（2）倒是一个很现实的问题。马克思多处提到这个问题，他有一段原话是这样说的："在我们这个时代，每一种事物好像都包含有自己的反面。我们看到，机器具有减少人类劳动和使劳动更有成效的神奇力量，然而却引起了饥饿和过度的疲劳。新发现的财富的源泉，由于某种奇怪的、不可思议的魔力而变成贫困的根源。技术的胜利，似乎是以道德的败坏为代价换来的。随着人类愈益控制自然，个人却似乎愈益成为别人的奴隶或自身的卑劣行为的奴隶。甚至科学的纯洁光辉仿佛也只能在愚昧无知的黑暗背景上闪耀。我们的一切发现和进步，似乎结果是使物质力量具有理智生命，而人的生命则化为愚钝的物质力量。"[①] 这里不仅说到科学技术变成了资本的帮凶，而且连工人甚至资本家也异化为资本的奴隶。大概珠江三角洲的外地劳工每年被科学产品，即机器切掉的手指头的数目可以显示科学技术成为资本的帮凶的形象。就这一点来说，我是同意马克思的话的。

不过应该怎样评价马克思的这个论断呢？马克思关于生产力组成要素的论断粗糙地说就是生产力包括劳动力、科学技术、劳动的社会组织、资本（他说的是生产资料的规模与效能即固定资本、机器、厂房等）和自然条件。当抽出两个因素资本与科技来分析，它们就可以有"好的"运用和"坏的"运用，可以有"人性的"运用和"非人性的"运用，可以有"合乎伦理道德规范"的运用，也可以有"违反伦理道德规范"的运用，可以有"资本主义原则"的运用，也可以有"社会主义原则"的运用（在这里我们将社会主义看作是对资本的一种伦理调控）。当它们进行坏的运用时，或者说它坏的一面时，资本是丑恶的，科技是资本的帮凶这个命题是合适的。科技被用于只顾挣钱，不顾工人的生产安全、劳动保险和生活福利，指责这种行为为资本的帮凶是恰当的。但是如果一个企业运作良好，是所谓"公私兼顾、劳资两利、保护环境、增加福

[①] 《马克思恩格斯选集》第2卷，人民出版社1972年版，第78—79页。

利"。而科学技术也为了达到这个目的,指责科技是资本的帮凶是不恰当的。这就是说科技本身和科技的社会使用方式完全是两回事,不能将它们混淆起来,科学技术本身只是一种工具理性,它是不能决定它的使用目的和社会使用方式的。这又引导到我们回到爱因斯坦的论断上去了。"科学不能创造目的,科学至多只能为达到某些目的提供手段"。所以它天生是手段、工具、"奴隶""帮凶"和其他类似的东西。有关这一点休谟说得更绝,他在《人性论》一书中说道:"(科学)理性是,并且也应该是情感的奴隶,除了服务和服从情感之外,再不能有任何其他的职务。"[1] 如果这种情感只是对金钱和资本的情感,则科学便沦落为资本(主义)的奴隶和帮凶了。

七 科技绝对是有力量的,如果未来某一天有什么能够摧毁这个星球的话,从人类的"贡献"来看似乎只有一个候选者:科技。政客的权术、伪科学、伪技术等,本身并不能把地球怎样。不知您是否同意这种看法。在您看来,科技伦理、全球利益、国家利益、民族利益等之间应当如何协调?

我同意你的看法,科技的发展足以具备摧毁这个星球,摧毁整个星球人类的能力。人类已经有过两次走向毁灭边缘的体验了。第一次是核大战危机,第二次是目前正在经历着的全球变暖。自从人类有了核武器,就逐渐具有这种毁灭全人类的力量,目前世界储存的近五万颗核弹,其威力等于100万颗广岛原子弹。广岛原子弹炸死30万人。如果这样计算,五万颗核弹可炸死3000亿人,何况我们已知道,那些超巨核弹,一颗就可以导致1亿人的死亡。所以核战一开,像鲍林说的:"可以肯定将导致人类的毁灭。"[2] 至于基因

---

[1] 原文是:Reason is, and ought only to be, the slave of the passions, and can never pretend to any other office than to serve an obey then. *A Treatise of Human Nature*, Ⅱ. Iii3/415。休谟:《人性论》下册,关文运译,商务印书馆1980年版,第453页。

[2] I. 鲍林:《告别战争:我们的未来设想》,吴万仟译,湖南出版社1992年版,第121页。

重组、特种生命的制造以及"人类的基因改造",并且还有人工智能的发展、特种机器人的出现,如果不加控制,后果不堪设想。不过现在最重要的科技发展的伦理问题,恐怕还是近百年科技发展引起的环境问题,首当其冲的是全球气候变暖。根据最有权威的由英、美、法、德、意、日、俄、中、印等国参加的IPCC(Intergovernmental Panel on Climate Change,政府间气候变化专业委员会)的研究,由于化石燃料的燃烧、工业废气的释放以及森林的砍伐,大气中二氧化碳及其他温室气体激增。根据IPCC建立模型预测(这项预测在2007年底已公布):从1990—2100年地球平均气温将上升6.4℃,即地球平均气温从目前的33℃升至39.4℃。这已经是一个可怕的数字,不过这项研究只有几十个国家的专家参加,因而相当保守,许多因素尚未计入。例如尚未包括因伐木公司增加而注定要消灭全球热带雨林等因素,英国气象组织哈利研究中心重新计得21世纪平均气温将增加8.8℃,即地球平均气温将达到41.8℃。IPCC和美国前副总统环境专家戈尔曾告诉我们,从现在开始,海洋温度升高引起的热浪和飓风、暴雨将不断袭击人类,造成巨大的死伤;干旱、湖水干枯与森林大火比平常多了许多,造成许多灾难;洪水与热带疾病将有明显的增加,它们不仅伤害人体健康,而且伤害许多动植物;许多物种将会灭绝,100万种物种受到死亡的威胁。但有些昆虫,例如蚊子则大量繁殖,向北移动,带来更多的传染病,有些莫明其妙的疾病和病因(如SARS之类)也大量增加;预计海平线将会升高88厘米,影响世界上的30%耕地,使它遭受涝灾,一些低地国家如孟加拉国和其他岛国将损失惨重。这当然是一种估计,不过如果格陵兰的冰块融化一半,地球海水的水平面就会升高20英尺,东京、纽约、上海、香港、加尔各答、孟加拉国等地方就会被淹没。科学技术曾给人类带来极大的安康福祉,但也造成极大的危险。单是全球变暖的人为现象,如果不加控制,任其发展,不出几百年将会导致一个新的突变,例如新的冰河时期之类,就是以毁灭整个人类。大家知道建立数学模型进行预测,使

◇ 续篇　现代科学与伦理的拓广研究

用一些常规定律演绎方法，尚不足预测那些突发事件。灾难可能出乎人们的预料突然提早到来。面对这些可能出现的人类灾难，是有许多防止措施的。科学技术有摧毁人类的能力，但是也有挽救人类和造福人类的能力。问题在于避免生态危机的种种可能措施涉及你所说的全球利益、国家利益、民族利益以及企业利益之间的矛盾与冲突。单就减少 CO_2 排放量的国际协议（例如1997年通过的京都协议）就有一些大国不愿签字，签了字也不愿实行。大家知道，个人是有脑的，但不存在一个集体脑或社会脑，每个人都是有意识的，有些人已意识到全球危机的存在，并且意识到这一点的人越来越多。但是人类社会、国家、民族本身是没有意识的，只有意识形态、文化传统、宗教传统这些东西，并且一个能包括科技伦理在内的全球普适伦理和全球政府尚未出现，它们的出现也许还要再等待几百年，所以唯一能解决问题的方法就是民主讨论、平等协商和国际协议，这就是一个我对你的问题回答中反复提到的社会交往合理性。不过我们对人性还是应该有信心，人类曾经生活在农奴制度和奴隶制度之下，自由、民主的制度不是终于克服了它们吗？人类曾经经历过法西斯的统治，不是终于战胜了它们吗？我们曾经处于核大战的边缘，尽管危险依然存在，不过裁减核武的谈判以及结束冷战不是取得了成功了吗？

八　中国的传统文化、中国人的生存习惯、中国人所受的教育，与当前中国人对科技伦理问题的认知、态度之间，是否有重要的关联？在您看来，从教育的角度如何改进科技发展的伦理环境？高校需要开设相关的课程吗？还是等学生毕业后走上科研岗位再作适当的培训？

我对中国传统文化缺少研究，只是对近半个世纪以来的中国文化教育传统有点个人感受。这是一个重理轻文、重实利轻道义的科学主义传统，由此而导致对真正的、自由的人文社会研究的忽视。这就导致对科技发展相关的伦理课题的研究和教学的忽视。在这方面,我希望人文、社会、伦理研究的"百家争鸣"方针政策得到落实,我希望高校有更多的有关科技发展和经济发展的伦理课程作为通识教育(博雅教育)课程开设,不但让学生知道发展的"硬道理"而且知道发展的"软道理"。这个科学的和人本的发展观念要在学生时代就树立起来,等他们走上工作岗位,就已经来不及了,他们很可能成为新一代的唯科学主义者。

(以上为 2009 年 1 月 5 日的回答)

对上文的几点评论

(1) 清华大学刘兵教授的评论

刘兵(2009 年 1 月 17 日):非常有兴致地读完了张华夏教授的文章《科学发展与伦理问题——敬答刘华杰教授》。从中,实实在在地感受到一位老前辈执着的思考,也高兴地看到,在一些前沿性的学术问题上,在深入思考和沟通的前提下,其实,代际间的见解并不一定非要有不可跨越的鸿沟。在刘华杰提出的问题下,张华夏教授的回答,有些似乎可以用是或否来简单地总结,实际上我最初也确曾尝试进行这样的总结,但是发现,有些问题却有着相当的复杂性,很难简单地用是或否来进行选择题式的回答。

从整体上看,我觉得,张华夏教授与刘华杰教授在绝大多数问题上的立场和观点都是一致或相近的。对于刘华杰这些在当下某些人看来仍然显得有些激进的提问(以及背后所隐藏的立场),张华夏教授所给出的回答恐怕在某些人看来,也会显得有些激进,但在这种"激进"上的一致性,却恰恰反映出,在以某种方式理性地思考当下科学与伦理的问题时,这样的思考方式和结论自然会超越科学主义,而且是可以得到论证和辩护的,也是很值得人们重视并很有启发性的。

因为对作者在文中的绝大多数观点我基本上都持赞同的态度,

◆ 续篇 现代科学与伦理的拓广研究

在这里，仅就两个问题简要地做点议论。

其一，张华夏对于我们传统中只强调"德先生"和"赛先生"的做法提出的修正，即还要请出令人尊重的"莫姑娘"的说法。这一说法是颇有新意的。以往，我们在讨论中，虽然关注伦理，却没有把长期以来对科学和社会的研究中在伦理上的缺失与我们对伦理的基础地位联系起来，而张华夏教授明确地把道德伦理置于与科学和民主同样重要的地位，这确实是值得弘扬的重要观点。

其二，关于田松近来提的"过去科学是神学的婢女，现在某些科技论为资本的帮凶"的观点，与我们周围一些关注田松近来的研究的朋友在关注点上是有所不同的，张华夏明确地指出："田松博士的观点是马克思的观点。是马克思关于科学、技术与社会的几个观点之一。"这也是颇有新意的说法。我们之所以没有这样的意识，恐怕与老先生相比，我们对马克思主义还是理解得不够深刻。当然，在涉及近些年来有关科学、技术和社会的一些争论时，我虽然有时也隐约地感到，马克思的一些观点经常是有前瞻性的（当然这不是说那些教条的、僵化的、教科书式的马克思主义），但张华夏教授的敏感和分析，显然是我们应该学习的一种榜样。只是，不知那些简单化地将田松的这一观点指责为"反科学"的人，会如何应对张华夏教授的分析和论证。当然，还可以简要提及的是，张华夏教授在论证中，还要区分科技的"好的"运用和"坏的"运用，也许这与田松的观点，还是有一些差异的。

张华夏：谢谢刘兵教授的评价。不过，"莫姑娘"的提法并非我的首创，它出自国民党元老、教育家吴稚晖《一个新信仰的宇宙观及人生观》（1924）的论文[①]，那里提到了"穆姑娘"，我只改了一个字，我的工作是要强调她的重要地位。我希望将 STS 扩展为 STSE（科技、社会与伦理）。

---

① 《中国现代哲学史资料汇编》第 1 集第 6 册，第 130—175 页。

(2) 北京师范大学田松博士的评论

田松（2009 年 1 月 21 日、24 日、26 日，Berkeley，向阳小院）：拜读张华夏先生对华杰问题的回答，令我肃然起敬。关于科学在当下社会生活中应该具有什么样的地位和作用，张华夏先生的表述在很大程度上偏离了主流意识形态和大众话语惯常的缺省配置。这意味着要在很多方面，甚至在很大程度上否定自己的过去。这是很多坚定的科学主义者所坚决不肯的——因为他们相信自己掌握了真理，一旦否定过去，就意味着自身可能被否定，也就意味着他现在所掌握的、所宣称的未必是真理。然而，一个真诚的思想者必然会不断地否定自身。

从张华夏的叙述中，我能够感到一种范式上的变化。关于科学是否存在伦理问题，关于科学是否应该受限制，张华夏先生给我们提供了很多案例。比如维纳的案例、西拉德的案例，老先生积数十年的学养，掌握了大量的文献。但我相信，这些案例在以往的解释都是从科学主义的立场上进行的。显然，张华夏先生对这些案例进行了重新阐释。

关于科学和技术曾经受到的约束，张华夏先生也提供了一些案例，这些案例有一个共同的特征，即不是制度性、结构性的，而是由于某些科学家个体的道德自觉，从而导致某一个局部的科学共同体采取了自我约束。显然，在面对强大的资本和国家机器时，这种约束是非常脆弱的，更多的时候是无法实现的。在我看来："科学技术已经从中世纪神学的婢女，堕落成了资本的帮凶。"在工业文明的社会结构中，制度化的科学和技术在制度上就是为资本和国家机器服务的。反过来，这种制度也改变了科学本身。因为在这种制度下，只有能够最大限度帮助资本增值的科学和技术，才会得到更充分的扶持，因而得到更充分的发展。而那些不大能满足资本增值的科学门类，比如传统的作为人文养成之一部分的博物学，则逐渐萎缩。指望受雇于资本和国家机器的科学家依靠其个体的道德自觉战胜这个机器，几乎是不可能的。小科学时代作为道德楷模形象的

◈ 续篇 现代科学与伦理的拓广研究

科学家，在大科学时代已经被湮没了。而即使是在小科学时代，这种楷模形象也常常是建构出来的幻觉。斯蒂芬·夏平在他的新著中，以大量的科学史案例论证，科学家并不比常人具有更强的道德水准。当然，关于资本与科学的联姻，还可以做另一种解读。

对于"从神学婢女到资本帮凶"这个相对激进的命题，张华夏先生认为这是马克思主义的观点，并且给出了经典文献的相关说法，这让我受宠若惊，如遇知音。

对于中国学者来说，马克思主义的影响是不可避免的。尽管这个马克思主义可能只是二手的，乃至三手的。我们反思科学，批判科学主义的意识形态，调整我们对科学的态度，这是个逐渐深入的过程。从对科学的绝对崇拜，到意识到科学的负面效应，再到对科学价值的全面质疑，每一步突破都有理论上的风险。我们学校一位领导多次语重心长地对我说："别反科学，科学怎么能反呢？"我不但继续反，而且观点越来越激进。在这个过程，我的确是受到了马克思的启示。可以想到的有两条。

其一，马克思说："资本来到世间，从头到脚，每个毛孔都滴着血和肮脏的东西。"[①] 判定了资本以恶的形象。而资本的全球扩张，如果没有科学和技术的帮助，是绝无可能达到现在这样的规模和深度的。现在，GDP之类的经济指标成为全球最大的话语体系。仿佛经济一停滞，天就要塌下来似的。尼尔·波茨曼说："整个美国不再是一个文化共同体，而是一个经济共同体。"随着工业文明向全球拓展，整个世界主动或被动地变成了一个资本主导的共同体。没有现代技术，这当然是不可能的。

其二，我当年熟记的中学"政治经济学"教科书上说：资本主义的生产是为了满足资本增值的需要（大意），所以生产杀人武器和生产粮食医药，对于资本家来说是一样的。教科书还说：资本主义生产表现为企业内部的高度有秩序，而整个社会则高度无秩序。

---

① 《马克思恩格斯全集》，中文1版，第23卷，第829页。

从而导致资源配置的严重浪费。马克思的论断还是在无限地球的背景下做出的。而在有限地球时代,全球资本主义生产的每一步,都会导致资源的开发与垃圾的形成,进而加剧全球生态危机。在工业文明的框架下,科学和技术必然会首先为、主要为资本所用。受资本控制的科学附庸资本为恶,与工业文明的发展是互为因果的。

非常感谢张华夏先生为我提供的马克思主义依据。

张华夏:谢谢田松来自美国的评论!无论对马克思主义、科学哲学或道德哲学,我的确有一个艰难的自我反思的过程。这就是我经常说的,走进一个理论体系或意识形态容易,走出一个体系困难,特别是走出自己的体系就更困难。所以要有不断的反思。这就是你所说的"自我否定"或"否定自己"的过程。后期马克思不是否定了早期马克思吗?后期维特根斯坦不是否定了早期维特根斯坦吗?连后期的库恩也部分地否定了早期的库恩,哪有一贯正确的理论呢?我们对于科学的社会地位、作用、界限和约束的认识也是一样,要反复思考。当然资本的社会作用并非完全是负面的,科学的社会作用更非完全是负面的,经济增长也是如此。不过现在是到了我们应该着重认识它们负面作用的时候了,而且还要利用马克思的资源来研究这个问题,并要"超越"马克思。

至于您的科学技术与"制度性、结构性的"问题以及"资本和国家机器"问题,已经超出华杰八问的问题域,似乎应有一组田松问题供公开讨论。在起草田松问题时我希望能触及一个怪圈:计划经济何以失败?不应向市场转轨吗?市场与资本何以失灵?不应宏观调控吗?宏观调控的价值与伦理目标是什么?不应转向绿色经济和绿色科技吗?绿色经济何以可能?不应转向计划经济吗?计划经济何以失败?……新伦理运动和新文化运动,包括科技伦理运动,在走出这个怪圈中起什么作用?如果我的健康允许,很愿意和你们讨论田松难题,这也是一个 STSE(科技、社会与伦理)问题,并且是当代"批判主义社会理论及其建构理念"问题,但现在只好搁笔了。

田松博士回应：华夏老师提到的怪圈值得深思，我发现到了这一步，我们的交集越来越多了，让我有殊途同归之感。

我在批评科学主义的过程中，逐渐后退，逐渐寻找科学主义后面的问题。现在我的靶子已经从科学主义变成了工业文明。我现在对自己工作的定位是"文明批判"，或者具体而言："工业文明批判"。

记得上学期给新生上课，在课上我提到了我的强命题，一位刚入学的女生很困惑、很小心地提问说："你们批判科学，反对科学，为什么呀？"我回答说："这个问题非常好，这样，你回去之后，好好想一想这个问题，你维护科学，捍卫科学，为什么？你把这个想清楚，想深入，你的答案就是我的答案。"

科学主义问题单就科学主义本身是不能解决的。退回来看，科学主义问题是工业文明问题的一个部分。而工业文明的问题，就与华夏老师说的怪圈有关。所以在我看来，关键在于，工业文明的理念和方向出了问题，关于"什么生活是好生活"的回答出了问题。华夏老师提出的怪圈，以及把 STS 扩展为 STSE，都从另外的角度触及了文明批判的问题。华夏老师切入的角度我并不感到陌生，但是在理论（市场经济与计划经济等）上是非常薄弱的。华夏老师为我们提供了新的理论支持和资源。

田松问题：工业文明与科学理性批判

田松博士，二刘教授：

很高兴又收到田松的来信。首先有两个问题：第一，你们主编的《我们的科学文化》第五期，预备发表我对华杰"八问"的回答（题目改为：《科学发展与伦理问题》），将会在什么时候出版？出版后我是否可以将它收集到我的一本文集中？第二，我在上封信提及要起草一组田松问题。我不知道田松博士是否同意这个主张。我对华杰和田松的问题的回答是很不彻底的，或者说是吞吞吐吐的。回避了其中一些敏感问题。我之所以要绕过你们的问题,你们是很清楚的。青年人一般火气大一些,老年人相对"四平八稳"点。不知你是否愿意将田松难题也在第五期同期刊出,还是觉得问题已包含在田松的来信中,不再整理成田松问题了。

现在言归正传,我从田松的评论和评论的评论中,悟出了八个问题,也可以叫作田松八问。

(1)"反科学问题"。从领导找我谈话和女生找我问话中可以看出的一个尖锐问题:为什么要反科学?科学为什么不能反?这首先涉及一个什么是"科学"的问题,如果科学就是完全正确,而且是一贯正确的代名词,当然就不必去反它,不但不必去反它,而且要在我们想要宣传的东西前面加上"科学的"定语,如科学的社会主义、科学的人生观等。但如果科学不是这样的,反它又何妨?波普尔认为科学就是可证伪的东西,就是叫人不断去反科学,去证伪那科学的东西。费耶阿本德有一篇最有名的论文叫作《怎样反对科学,保卫社会》(How to Defend Society Against Science)在科学哲学中波普尔和费耶阿本德都可以反科学,我为什么反不得呢?德国科学哲学家 Kurt Hübner 有一本非常著名的书,叫作《科学理性批判》[1],对于科学,为什么我们不能批判?张华夏教授可能回避了应不应该"反科学"的问题,所以他闭口不谈我这个强命题。其实在科学哲学界有许多学者都持这种强立场,例如刘大椿教授在 2008 年全国博士生学术论坛上所作的基调报告就是《费耶阿本德:另类科学哲学的标杆》,大量引用《怎样反对科学,保卫社会》这篇论文。

(2)张华夏教授对于科学的评价要区分科技的"好的"运用和"坏的"运用,而提倡"好"的运用。当然"好"的运用或坚持用"科学技术伦理"指导科学的应用是必要的。但是,某些科学家个人的道德自觉或科学共同体的自我约束对于科学的社会作用到底能起多大作用是值得怀疑的。毕竟在竞争的社会和商业的大潮中

---

[1] Kurt Hübner, The *Critique of Scientific Reason*, The University of Chicago Press, 1983.

道德说教是苍白无力、非常脆弱的。我不是伦理无用论者，我是伦理无力论者。我曾说过当代科学技术这个不对、那个不对就惹来很多麻烦，挨了许多闷棍就是一个证明。我想从事科学伦理研究的人都有这样的感受。记得苏格兰一个研究所克隆绵羊成功。我们说这里有伦理问题，至少我们不应去克隆人，《中国科学报》（1997年4月2日）就有"科学家"出来指责我们不要"新闻炒作""杞人忧天""克隆起哄"。现在看来，全球天气变暖也是属于"杞人忧天"之类。我现在说了"人为什么要喝牛奶"，"你知道牛奶是怎样生产出来的吗？"肯定又有"科学家"出来说田松这家伙是个"兽道主义"者，可能还会说这家伙是"畜生主义"者。所以总体来说科学家并不比常人有更强的道德水准，甚至并不比政治家有更强的职业道德标准。三鹿奶粉事件不是有科学技术人员介入吗？纳粹医生不也是科技专家吗？就从张先生所引用的维纳的话来说，许多人是"那些最不负责任和最唯利是图的工程师"。所以我的第二个问题是我另一个强命题：科学家的道德伦理是靠不住的。

（3）制度化的科学和技术在制度上就是为资本和国家机器服务的，所以我现在仍然坚持我的命题："科学技术已经从中世纪的神学的婢女，堕落成了资本的帮凶。"你认为这个观点正确吗？马克思和恩格斯在这方面有许多重要的论述。例如马克思说："资本来到世间，从头到脚，每个毛孔都滴着血和肮脏的东西。"① 马克思又说："蒸汽机一开始就是'人力'的对头，它使资本家能够粉碎工人日益高涨的、可能使刚刚开始的工厂制度陷入危机的那些要求。可以写出整整一部历史，说明1830年以来的许多发明，都只是作为资本对付工人暴动的武器而出现的"②；"在大工业本身内，机器的不断改良和自动体系的发展也发生类似的作用"，即"扼杀工人"③；恩格斯说："机器，用马克思的话来说，就成了资本用来

---

① 《马克思恩格斯全集》，中文1版，第23卷，第829页。
② 同上书，第477页。
③ 同上书，第473页。

对付工人阶级的最有力的武器，劳动资料不断地夺走工人手中的生活资料，工人自己的产品变成了奴役工人的工具"[1]。至于列宁在《帝国主义是资本主义的最高阶段》一文中有一段话就更加"偏激"了。他说："建筑铁路似乎是一种简单的、自然的、民主的、文化的、文明的事业。由于粉饰资本主义奴隶制而得到报酬的大学教授和小资产阶级庸人，就有这样的看法。事实上，几根资本主义的干线已经用千丝万缕的密网把这种事业与整个的生产资料私有制联系在一起了，已经把这种建筑事业变成压迫附属国（殖民地加半殖民地）里占世界人口半数以上的十亿民众和'文明'国里资本的雇佣奴隶的工具。"[2] 很显然，列宁将马克思、恩格斯在19世纪有关科学技术是资本的帮凶的观点运用到20世纪了。这样便产生了下列三个问题：其一，马克思和恩格斯的这些论断对于典型的资本主义国家，如英、美等国过时了吗？如果过时了，是在哪些方面过时了呢？你能用整整一部历史来告诉我吗？其二，马克思、恩格斯的这些论断对于实行计划经济的社会主义国家有没有过时了呢？如果已经过时了，以下的一些现象如何解释呢？在"典型"社会主义制度中，斯大林为了实行社会主义工业文明，1932—1933年将乌克兰足够人民吃两年的粮食出售到国外换取机器，支持第一个五年计划，结果造成当年乌克兰大饥荒，包括饿死700万至1000万人，约占乌克兰人口的18.8%—24.5%。[3] 对这样一种工业原始积累是不是应该进行反思与批判呢？从苏联那里学过来的，为了急于实现工业文明，我们搞了总路线，人民公社和大跃进（即向工业社会"大跃进"），结果造成大饥荒的三年困难时期是不是也应反思和批判呢？这个批判不是对工业文明的批判又是什么呢？我宁愿将矛头指向工业文明而不指向别的地方。这难道不是马克思所说的"血与火"的历史？其三，马克思、恩格斯关于工业文明的这些批判对于

---

[1] 《马克思恩格斯全集》，中文1版，第19卷，第235—236页。
[2] 《列宁全集》，中文1版，第22卷，人民出版社1958年版，第82页。
[3] 参见 http://en.wikipedia.org/wiki/Holodomor。

社会主义市场经济是过时了吗？如果对于社会主义市场经济已经过时了，那么我们应该如何重新定义"资本"与"资本家""利润""雇佣劳动""工人阶级""剥削""失业"以及"皇帝新衣"这些概念，并能自圆其说？将经济社会问题变成一个语言问题、用语问题，那些经济社会问题就会休克了吗？

（4）科学理性批判与工业文明批判的关系如何？是工业文明导致现代科学理性还是现代科学理性导致工业文明呢？在科学理性与工业文明之间是否存在一个经济理性呢？即经济学上所说的"经济人"：最大限度谋求自己的最大利益和利润的人。这个经济理性或经济科学理性可不可以进行批判呢？马克思的《资本论》的副标题不就是"政治经济学批判"吗？如果经济理性和工业文明可以进行批判，则导致我的第五个问题。

（5）GDP必须不断增长，是不是经济理性的表现，是不是经济理性的"硬道理"？如果经济理性是可以批判的，工业文明也是可以批判的，将GDP的不断增长看作是发展的最高目标这个观点对不对呢？如果不对，什么生活是好生活呢？是不是我们只能受经济命运的主宰，奴隶般服从经济命运而不能提出人文研究的问题呢？当然，各人有各人的"好生活"理想，但真正"好的生活"有没有标准？同时，各人有各人的"好生活"目标的追求，社会有没有共同的目标。如果连起码的共同目标都没有，是不是要回到霍布斯所说的"一切人反对一切人的永恒的战争状态"？如果存在着共同的目标，那么：

（6）人类是不是可以为自己设立社会发展的目标，人类是不是可以掌握自己的命运，从而人类是否可以为科学与技术设立共同的目标，走出张华夏教授所说的那个怪圈？这就是工业文明及其科技文明的批判和后工业社会及其科技的建构问题。这就引出了下面两个批判与建构问题。

（7）什么是工业文明批判。现在看来工业文明批判包括工业文明的"异化"批判、工业文明的反人道批判、工业文明的生态危机批判，也包括科学理性批判、经济理性或经济科学理性批判、专家治国批判、科学技术霸权主义（technopoly）批判。"科学理性批判只是工业文明批判的一个子问题"。而且还要指出的是，工业文明批判的着重点在于"批判"，指出工业文明和现代科学技术的弊端，并不急于提出后工业社会的实施方案，后者是政治学家们、管理学家们、政治家们、管理者们的事。社会及其研究应该有分工，如果工业文明的历史作用和历史弊端不研究清楚，就急于宣布"批判的武器当然不能代替武器的批判，物质力量只能用物质力量来摧毁"①是危险的。这种社会实验和社会工程是不能轻易做的，它牵涉到许多人的利益，并且谁有权做这种社会实验需要民主决策。

（8）但是，我们的工业文明批判也不是对社会改革无所作为，我们对后工业文明的基调是自发的机制与自觉的机制相结合的。张华夏怪圈的表述是："计划经济何以失败，不应向市场转轨吗？市场与资本何以失灵？不应宏观调控吗？政府的宏观调控的价值目标或伦理目标是什么？从长远来说，不应转向绿色经济和绿色科技吗？绿色经济何以可能？不应转向计划经济吗？计划经济何以失败……"这是市场经济的怪圈，这是过分强调自发机制的作用不敢进行计划控制而引发的恶性循环，这个市场经济怪圈与计划经济怪圈有异曲同工之妙。计划经济的怪圈就是在不改变计划经济基本体制下进行的改革或调整所导致的怪圈："一统就死，一死就叫，一叫就放，一放就乱，一乱又统，一统又死。"这个怪圈在"文化大革命"前就在政府干部中特别是经济干部中广为流传，是经济学家赵延年将它记录下来的。② 它显然是过分强调政府的自觉机制不敢"放开"市场调节作用而引发的恶性循环。一旦实行市场经济打破计划体制改革的怪圈，就进入张华夏怪圈。我自己的经济学理论修养比较弱，对市场经济和计划经济都没有研究，这里只是提出问题

---

① 《马克思恩格斯选集》，第2版，第1卷，第9页。
② 参见日山编《著名学者论社会主义市场经济》，人民出版社1992年版，第278页。

供大家讨论。幸好世界上已经有绿色经济学、生态经济学、生态伦理学、生态政治学、生态社会学、民主社会主义、生态社会主义、"红绿党""绿绿党"的政治家和理论家提出各种方案可为我们解决这个问题提供借鉴和参考。

如果我的健康状况允许，我愿意在半年或一年之后，对田松八问做一个初步分析。不过还是首先征求公开解答为好。我不知道我是否已经将田松问题重构出来，不过至少这八个问题对我来说，是一个有关工业文明和科学理性批判的研究纲领的一个备选方案。2009年5月在全国第二届科学技术与工程伦理学术研讨会上和2009年10月在第十四届全国科学哲学学术会议上，我两次见到田松教授，问及"田松八问"是否符合他的意思，他说的确把他的问题系统化了，于是我便放心写在本书中。

续篇参考文献

一 外文文献

Barcalow, Emmett. *Moral Philosophy*: *Theory and Issues*. Wadsworth, Inc., 1994.

Caston, J. *The Reward System in British and American Science*. New York. John Wiley & Sons, Inc., 1978.

Forssell, Dag. (1997), PCT Introduction and Resource Guide. p. 13. http://www.ed.uiuc.edu/csg/resource.html.

Frankena, W. K. *Ethics*. Prentice-Hall, Inc., 1973.

Great Books of the Western World. Vol. 9. Encyclopedia Britannia, Inc. 1990.

Heylighen, F. (ed)., Workbook of the 1st Principia Cybenetic Project Workshop. Free University of Brussels Press. Belgium, 1991.

HUGO Ethics Committee, Statement on Benefit Sharing (April, 2000).

HUGO Ethics Committee, Statement on Cloning (March, 1999).

HUGO Ethics Committee, Statement on DNA Sampling: Control and Access (February, 1998).

HUGO, Statement on Patenting Issues Related to Early Release of Raw Sequence Data (April, 2000).

HUGO, Statement on Patenting of DNA Sequences (April, 2000).

Jardins, J. R. Des, *Environmental Ethics*, Wadsworth Group, Third Edition, 2001. Chap. 7.

Kant, I. *Foundations of the Metaphysics of Morals.* In A. I. Melden (ed.) *Ethic Theories: A Book of Reading.* Prentice-Hall, 1950.

Kroes, Peter and Bakker, Mar (eds.) "Technological Developmentand Science", in *The Industrial Age.* BSPS. volume 144, Kluwer Academic Publishers, 1992.

Lepold, Aldo. *A Sand Country Almanac, and Sketches Hereand There* 1948, New York. Oxford University Press, 1966.

Mackie, J. L. "The Subjectivity of Values", in *Contemporary Ethics*, J. P. Sterba ed. Prentice-Hall, 1989.

Marken, R. S. *Mind Readings*, A Control Systems Group Book.

McClelland, Kent. "The collective control of perceptions: constructing order from conflict". *International Journal of Human-Computer Studies.* volume 60, issue 1, January 2004, pp. 65 – 99.

Merton, R. *The Sociology of Science: Theoretical and Empirical Investigations.* Norman W. Storev ed., Chicago, University of Chicago Press, 1973.

Noelle Lenoir. *Bioethics: Human Right First.* in Unesco Sources No. 94. October., 1997.

Popper, K. *Objective Knowledge*, Oxford University Press, 1972.

Popper, K. *Unended Quest: An Intellectual Autobiography.* Fontana, London, 1976.

Powers, W. T. (1973). *Behavior: The Control of Perception*, New York, Aldine de Gruyter, Inc. Fourth Printing, 1987, p. 47.

Powers, W. T. (1990), "A Hierarchy of Control", pp. 59 – 82, in *Introduction to Modern Psychology: The Control-Theory View*, R. J. Robertson & W. T. Powers (ed.) Gravel Swith, KY: Control Systems Group.

Powers, W. T. (1992), Thread on Levels of Perception. http://

www. ed. uiuc. edu/csg/documents/PERCEPT. LVL. html.

Powers, W. T. (1995), "The Origins of Purpose: the First Metasystem Transitions". in F. Heylighen, C. Joslyn & V. Turchin (eds): *The Quantum of Evolution*. New York. Gordon and Breach Science Publishers, 1995.

Powers, W. T. (2003). A Brief Introduction to Perceptual Control Theory. http://home. earthlinknet/powers W/What-pct. html.

Powers, W. T. A Brief Introduction to Perceptual Control Theory, http://www. brainstorm-media. com/users/powers-w/what-pct. html.

Putnam, H. *The Collapse of The Fact/Value Dichotomy*. Harvard University Press, 2002. Chap. 2.

Rawls, J. *A Theory of Justice*, Oxford University Press, 1973.

Raws, John. *A Theory of Justice*. Oxford University Press, First Published, 1972. Eighth impression, 1988.

Richards, S. *Philosophy and Sociology of Science*, Basil Black-well Limited. Oxford Press, 1985.

Robbins, S. P., *Organizational Behavior* (Seventh Edition), Prentice-Hall International, Inc., 1996.

Rolston, H. *Environmental Ethics*. Philadelphia. Temple Uni-versity Press, 1988.

Rosenblueth, N. A. Wiener and J. Bigelow (1943). "Behavior, Purpose & Teleology". *Philosophy of Science* Vol. 10. pp. 18 – 24.

Sen, A. *On Ethics & Economics*, Blackwell Publishers Ltd. 1999.

Singer, P. & Wells, D. *Genetic Engineering*, New York: Macmillan Publishing, 1985.

Sivard, R. L. *World Military and Social Expenditures*, 1987 – 1988, 12th ed. Washington: World Priorities.

The White House. "Text of Remarks on the Completing of the First Survey of the Entire Human Genome Project" (June 26, 2000).

UNESCO：*Universal Declaration on the Human Genome and Human Right*（1997.9）.

Ziman, J. *The Force of Knowledge*, Cambridge University press, 1976.

二　译著

［加］威廉·莱斯：《自然的控制》，岳长龄、李建华译，重庆出版社1993年版。

［美］H. 范里安：《微观经济学：现代观点》，费方域等译，上海人民出版社1994年版。

［美］L. 鲍林：《告别战争：我们的未来设想》，吴万仟译，湖南出版社1992年版。

［美］N. 维纳：《控制论》，郝季仁译，科学出版社1962年版。

［美］阿尔温·托夫勒：《未来的震荡》，任小明译，四川人民出版社1985年版。

［美］爱因斯坦：《科学定律和伦理定律（1950）》，《爱因斯坦文集》第三卷，许良英、赵中立、赵宣三编译，商务印书馆1979年版。

［美］爱因斯坦：《探索的动机》，《爱因斯坦文集》第一卷，商务印书馆1976年版。

［美］爱因斯坦：《为什么要社会主义?》，《爱因斯坦文集》第三卷，许良英等译，商务印书馆1979年版。

［美］达尔·尼夫：《知识经济》，樊春良等译，珠海出版社1998年版。

［美］戴斯·贾丁斯：《环境伦理学》，林官明、杨爱民译，北京大学出版社2002年版。

［美］弗兰克·梯利：《伦理学概论》，何意译，中国人民大学出版社1987年版。

［美］卡尔·米切姆：《技术哲学概论》，殷登祥、曹南燕等译，天津科学技术出版社1999年版。

［美］托马斯·S.库恩：《必要的张力》，纪树立等译，福建人民出版社 1981 年版。

［美］约翰·奈斯比特：《高科技高思维》，尹萍译，新华出版社 2000 年版。

［日］水野隆德：《美国经济为什么持续强劲！》，杨廷梓译，华夏出版社 2000 年版。

［印］阿马蒂亚·森：《以自由看待发展》，任赜、于真译，中国人民大学出版社 2002 年版。

［英］波普尔：《客观知识》，舒炜光等译，上海译文出版社 1987 年版。

［英］卡尔·波普尔：《无穷的探索》，邱仁宗等译，福建人民出版社 1987 年版。

［英］维特根斯坦：《哲学研究》，汤潮、范光棣译，生活·读书·新知三联书店 1992 年版。

［英］休谟：《人性论》下册，关文运译，商务印书馆 1980 年版。

三　中文文献

《马克思恩格斯全集》第 19 卷，人民出版社 1963 年版。

陈晓平：《伦理与科学》，《自然辩证法通讯》1999 年第 5 期。

范岱年：《唯科学主义在中国——历史的回顾与批判》，《科学文化评论》2005 年第 2 卷第 6 期。

范冬萍、张华夏：《复杂系统的目的性与深层生态伦理》，《学术研究》2003 年第 7 期。

范冬萍、张华夏：《基因与伦理》，羊城晚报出版社 2003 年版。

郝柏林：《20 世纪我国自然科学基础研究的艰辛历程》，《自然辩证法研究》2002 年第 8 期。

贺林：《解码生命》，科学出版社 2001 年版。

李翀：《现代西方经济学原理》，中山大学出版社 1988 年版。

李平、徐文俊：《智慧之镜》，广东人民出版社 2000 年版。

◈ 续篇参考文献

梁小民：《微观经济学》，中国社会科学出版社 1996 年版。

路甬祥：《中国近现代科学的回顾与展望》，《自然辩证法研究》2002 年第 8 期。

马克思：《在"人民报"创刊纪念会上的演说》，《马克思恩格斯选集》第 1 版，第 2 卷，人民出版社 1972 年版。

马克思：《资本论》，《马克思恩格斯全集》，第 23 卷，人民出版社 1972 年版。

邱仁宗：《人类基因组研究和伦理学》，《自然辩证法通讯》1999 年第 1 期。

杨焕明等：《生命大解密：人类基因组计划》，中国青年出版社 2000 年版。

杨振宁：《杨振宁文选：读书教学再十年》，台北时报出版公司 1995 年版。

约翰·杜威等：《实用主义》，杨玉成等译，世界知识出版社 2007 年版。

张华夏：《博弈论与霍布斯问题》，《自然辩证法通讯》2000 年第 5 期。

张华夏：《根本的规范．学术自由与学术创新》，《自然辩证法通讯》2000 年第 4 期。

张华夏：《科学与人权》，《开放时代》1998 年第 6 期。

张华夏：《论道德推理的结构》，陶黎宝华、邱仁宗编：《价值与社会》第三集，中国社会科学出版社 2001 年版。

张华夏：《人类基因解码的社会冲击》，《二十一世纪》2001 年第 2 期。

张华夏：《现代科学与伦理世界》，湖南教育出版社 1999 年版。

张华夏：《主观价值和客观价值的概念及其在经济学中的应用》，《中国社会科学》2001 年第 6 期。

张华夏、颜泽贤、范冬萍：《价值系统控制论》，《广东社会科学》2003 年第 4 期。

张培刚:《微观经济学的产生和发展》,湖南人民出版社 1997 年版。

张志林、陈少明:《反本质主义与知识问题》,广东人民出版社 1995 年版。

周辅成编:《西方伦理学名著选辑》,商务印书馆 1996 年版。